Brincando de guerra na pacata Bruxelas:
**Otto se diverte a sério com
Bruno, seu segundo filho [1959].**

Com André, o primogênito [década de 1950].
Nessa época Otto era um dos redatores do jornal *Última Hora*, de Samuel Wainer.

No Bois de la Cambre, parque de Bruxelas [1959]. **Durante toda sua permanência na cidade europeia, o autor oscilou entre o tédio e o fascínio.**

De volta ao Rio, antes de Lisboa: com André, Bruno, Cristiana e Helena [década de 1960].

Otto com Helena Cristina,
a filha temporã,
em Lisboa [década de 1970].

Com o crítico Antonio Candido e o amigo Fernando Sabino, Paris [década de 50].

No papel de homem de TV em
O Pequeno Mundo de Otto Lara Resende,
na Globo [1967].

Capa de *O lado humano* [1952],
o livro de contos que marca a estreia de OLR na literatura.

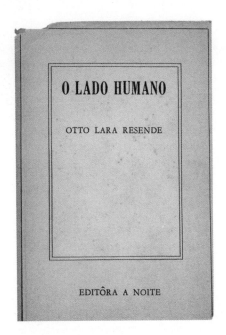

Correios e Telégrafos homenageiam
um de seus mais ativos usuários.

O desatino da rapaziada das letras. Em pé (da esquerda para a direita),
Otto, Fernando Sabino, Paulo Mendes Campos. Sentados:
Murilo Rubião e Emílio Moura
[Belo Horizonte, 1940].

O RIO É TÃO LONGE
Cartas a Fernando Sabino

Otto Lara Resende
O RIO É TÃO LONGE
Cartas a Fernando Sabino

INTRODUÇÃO E NOTAS
Humberto Werneck

COMPANHIA DAS LETRAS

Copyright © 2011 by herdeiros de Otto Lara Resende
Copyright da introdução © 2011 by Humberto Werneck

Todos os direitos reservados

Grafia atualizada segundo o Acordo Ortográfico da Língua Portuguesa de 1990, que entrou em vigor no Brasil em 2009.

CAPA E PROJETO GRÁFICO
Mariana Lara

FOTO DE CAPA
© Alécio de Andrade, ADAGP, Paris (1973). Cortesia do Instituto Moreira Salles

REPRODUÇÃO DAS CARTAS A FERNANDO SABINO
Coleção Otto Lara Resende/ Acervo Instituto Moreira Salles

PREPARAÇÃO
Léo Rubens

ÍNDICE ONOMÁSTICO
Luciano Marchiori

REVISÃO
Huendel Viana
Jane Pessoa

Agradecimento especial ao Instituto Moreira Salles (IMS)

Dados Internacionais de Catalogação na Publicação (CIP)
(Câmara Brasileira do Livro, SP, Brasil)

Resende, Otto Lara, 1922-1992
 O rio é tão longe : cartas a Fernando Sabino / Otto Lara Resende; introdução e notas Humberto Werneck — São Paulo : Companhia das Letras, 2011.

ISBN 978-85-359-1993-6

1. Cartas brasileiras 2. Resende, Otto Lara, 1922-1992 — Correspondência 3. Sabino, Fernando, 1923-2004 — Correspondência I. Werneck, Humberto. II. Título.

11-12479   CDD-869.965

Índices para catálogo sistemático:
1. Cartas : Século 20 : Literatura brasileira   869.965
2. Correspondência : Século 20 : Literatura brasileira   869.965
3. Século 20 : Cartas : Literatura brasileira   869.965
4. Século 20 : Correspondência : Literatura brasileira   869.965

[2011]

Todos os direitos desta edição reservados à
EDITORA SCHWARCZ LTDA.
Rua Bandeira Paulista, 702, cj. 32
CEP 04532-002 · São Paulo · SP
Tel 11.3707-3500 · Fax 11.3707-3501
www.companhiadasletras.com.br
www.blogdacompanhia.com.br

SUMÁRIO

P. 9
INTRODUÇÃO: O TAGARELA IMPENITENTE
Humberto Werneck

P. 15
LEMBRETE DO ANJO A FERNANDO SABINO
Otto Lara Resende

CARTAS A FERNANDO SABINO

Belo Horizonte, 1944-1945 . . . . p. 17
Bruxelas, 1957-1959 . . . . p. 25
Rio de Janeiro, 1964-1965 . . . . p. 195
Lisboa, 1967-1970 . . . . p. 261

P. 401
CRÉDITOS DAS IMAGENS

P. 403
ÍNDICE ONOMÁSTICO

O TAGARELA IMPENITENTE
Humberto Werneck

"Se há uma coisa boa de ler, é carta", escreveu Otto Lara Resende numa crônica — e especulou alto: "A correspondência do Flaubert é bem capaz de ter mais leitores do que os seus romances, mesmo obras-primas como *Madame Bovary* e *L'éducation sentimentale*".

Não é impossível que o mesmo se vá dizer, daqui por diante, do ficcionista de *O braço direito*, *Boca do Inferno* e *A testemunha silenciosa*. Muito antes de vir à luz esta primeira coletânea, afortunados destinatários já desconfiavam que o melhor Otto, ou um dos melhores, seria o das cartas — as milhares de cartas em que, num país pouco afeito à epistolografia, ele espalhou sua prosa ágil, inteligente, cintilante, ainda quando não tivesse esperança de retribuição.

"Eu respondo até bilhete", insistia Otto. "Considero-me um dos últimos brasileiros que respondem cartas." Não foi apenas pelos méritos literários do escritor mineiro que em 5 de julho de 1994 a Empresa Brasileira de Correios e Telégrafos emitiu um selo em homenagem a Otto Lara Resende, falecido ano e meio antes. Com a efígie do escritor desenhada pelo artista plástico Fernando Lopes, dele foram impressas 1 000 200 unidades, que circularam até 31 de dezembro de 1995. Teria merecido mais este nosso raro compatriota que, depois de encher laudas, quase sempre à máquina, espraiando-se muitas vezes em anotações no alto e nas laterais da página, num vertiginoso palavra-puxa--palavra, ia se postar, paciente, na fila de uma agência dos Correios. Uma comenda, certamente: "Neste país de tantas e tão tolas condecorações", propôs ele numa crônica, "prego a única ordem civilizadora, que seria a de Pero Vaz de Caminha, para distinguir os brasileiros que escrevem cartas; e sobretudo os que respondem".

Otto gostava de lembrar que "o Brasil começou com uma carta", e explicava: "Sim, a nossa certidão de idade é a carta de Pero Vaz de Caminha a Sua Majestade d. Manuel, o Venturoso". Gostava de lembrar também que esse nosso documento inaugural é datado de um 1º de maio — o dia em que, exatamente 422 anos depois, ele chegaria ao mundo, na mineira São João del Rei. Até por isso, não se conformava com a inapetência nacional para o papo entre remetentes e destinatários. "Único país que começou com uma epístola, devíamos ser um povo que adora cartear", observou certa vez — e lamentou que assim não seja: "O que parece ter ficado nas dobras da nossa alma é o fato de a carta ter se extraviado. Por trezentos e dezessete anos!". Referia-se ao fato de que, uma vez lido por d. Manuel (será que o rei respondeu?), o calhamaço de Caminha esteve desaparecido até 1817. Pode-se imaginar com que emoção Otto Lara Resende, em Lisboa, teve um dia nas mãos essa relíquia.

"O brasileiro é tagarela", disse ele. "Fala como matraca. Mas é pouco postal, o que pode ser interpretado como índice negativo da nossa cultura." E lastimou: "Milhões nascem, vivem e morrem sem saber o que é uma carta. Ou um selo". Acreditava que "em país civilizado, todo mundo tem sua hora para correspondência. Não é grafomania. É civilidade".

Tão diferente do que se vê no Brasil, deplorava Otto. Na sua fluvial correspondência, boiam reclamações ante a falta de resposta. Da capital portuguesa, onde viveu entre 1967 e 1969 como adido cultural, ele enviou a Fernando Sabino mais de um protesto — como este, de janeiro de 1969, a que não falta um divertido grão de sotaque lusitano: "F'rnando, o seu silêncio me desonestiza e acabrunha. Até este momento, nem uma carta daí, apesar de todos os apelos dramáticos que fiz. Imagino como é difícil escrever cartas aí. Falta a infraestrutura. Ainda não atingimos a era postal. E a comunicação por meio da fumaça e outros recursos indígenas (nacionalistas, pois) ainda, ou melhor, já não é viável sobre o Atlântico".

Em carta de dez anos antes, datada de Bruxelas, onde também viveu como adido cultural, de 1957 a 1959, Otto queixou-se do mutismo de Hélio Pellegrino e Paulo Mendes Campos, os companheiros de vida e de literatura que com ele e Sabino formavam o grupo célebre dos (o rótulo é seu) "quatro cavaleiros de um íntimo apocalipse": "Outro que não me escreve é Hélio. O Paulo, nem se fala! Não me mandou uma linha. Aliás, estou convencido de que eu sou o último cidadão que ainda se dedica a este gênero obsoleto que é o epistolar".

O baixo comparecimento em sua caixa de correio, felizmente, não fez arrefecer o ânimo carteador de Otto Lara Resende. "Ainda sou um incorrigível epistológrafo", fez saber a Sabino em fevereiro de 1958. "Não lhe conto o número de folhas que já enchi com minhas cartas da Europa porque seria escandaloso, você nem acreditaria." Mais adiante, definiu-se como "um tagarela impenitente, atirado à carta compulsivamente". Num dos muitos momentos em que, contra todas as evidências, pôs em dúvida seu talento de ficcionista, tratou-se com ironia: "Eu, que fui outrora um futuroso prosador, estou hoje reduzido à condição de epistológrafo — de maneira que você me defenda e vá escrevendo o prefácio para minha correspondência, túmulo, cova rasa do meu extinto brilhante espírito".

E não é que Sabino, além do mais editor atento e sagaz,

andava pensando exatamente nisso? O projeto, unilateral, se robusteceu quando, dois anos depois, o romancista de *O encontro marcado* criou com Rubem Braga e o advogado Walter Acosta a bem-sucedida Editora do Autor — responsável, aliás, pelo lançamento de dois livros de Otto Lara Resende, o romance *O braço direito* e os contos e novelas de *O retrato na gaveta*. Sabino tentou, sem êxito, obter do amigo o *nihil obstat* e o *imprimatur* que abririam a mais leitores as deliciosas cartas em que Otto, tão contido na ficção, se esparramava.

Em 1967, tendo iniciado com Braga um novo empreendimento editorial, a Sabiá, Fernando Sabino voltou a insistir na ideia de uma coletânea — mas o correio lhe trouxe de Lisboa um balde de água fria: "A ideia de editar as cartas pra falar a verdade não me anima", rechaçou o autor — e como justificativa invocou a imponência e solidez do bate-bola postal entre Henry Miller e Lawrence Durrell: "isso sim é que é correspondência, fiquei arrasado".

Sabino não desistiu, e tempos mais tarde, por sua conta e risco, organizou uma seleta das cartas que recebera de Otto entre janeiro de 1944 e a volta de Lisboa, em março de 1970. Mas o projeto, pronto para ser submetido a uma editora carioca, capotou uma vez mais na negativa de Otto — não fosse ele notório sofredor daquilo que o amigo Hélio Pellegrino, psicanalista além de poeta, diagnosticara como "bibliofobia", o horror a se ver exposto numa livraria. Não se falou mais do assunto.

Os dois já estavam mortos, Otto em 1992, Sabino em 2004, quando um mergulho no acervo do primeiro, no Instituto Moreira Salles, trouxe à tona os originais preparados por Fernando, que não apenas selecionou como, aqui e ali, editou a correspondência do amigo. Num texto feito originalmente para apresentar as cartas, ele opina: "Sempre desconfiei que uma parte do melhor de sua obra talvez estivesse nas cartas que vem enviando fartamente a vários amigos ao longo de sua vida".

Sabino não era o único a saber do enorme valor literário e documental da prosa epistolar de Otto, só comparável, talvez, em interesse e volume, à de Mário de Andrade. Ainda mais enfático haveria de ser outro afortunado destinatário, o jornalista e romancista Carlos Castello Branco. Num comovido "Pequeno réquiem para Otto Lara Resende", publicado em seguida à morte do escritor, escreveu Castelinho: "Os amigos que tiveram o privilégio de receber suas cartas julgam que o melhor do Otto estava na incontinência do espírito do missivista tanto quanto no fulgor da palavra e do poder de comunicação direta desse que foi quem melhor soube conversar no país e no seu tempo".

Mesmo a contragosto do autor, portanto, era mais do que hora de baixar aos arquivos e de lá trazer um primeiro naco da copiosa produção do missivista Otto Lara Resende, sem a qual a grandeza de sua obra não terá sido inteiramente desvelada. É o que se faz aqui, retomando os originais exatamente como foram editados por Fernando Sabino, aos quais se acrescentaram notas que ajudem a iluminar fatos e pessoas.

O melhor Otto? Esta pode ser uma boa aposta.

LEMBRETE DO ANJO A FERNANDO SABINO

Fernando Sabino, o Demônio é uma árvore frondosa cheia de frutos maduros e doces. O Demônio dá sombra aos caminhantes fatigados, o Demônio, Fernando Sabino, dessedenta os que têm sede e dá de comer a quem tem fome. O Demônio é uma romã fresca e saborosa depois do sol e do cansaço. Deus, Fernando Sabino, é uma galhada seca e magra, onde os homens sangram as mãos para nada. Uma caveira no meio do pé da estrada é Deus, Fernando Sabino. Deus é um osso duro de roer. Deus, Fernando Sabino, é uma fieira de dentes amarelos enfiados como em colar e passado no colo de um esqueleto esquecido de si mesmo. Fernando Sabino, o Demônio é uma macieira, o Demônio é alto, louro, simpático, tem olhos azuis e fuma cigarros americanos. Fernando Sabino, o Demônio tem poltronas, Fernando Sabino. O Demônio toma chá com torradas e tem varandas no flanco esquerdo e no flanco direito. Deus é cáustico e sem alpendre. Deus é uma caveira: PERIGO!

Otto Lara Resende
Rio, 24 de outubro de 1954
Noite

[À MÃO]
"Lembre-se, F. S.!"

BELO HORIZONTE, 1944-1945

RH 6.1.44

. Ix

' Quando comecei a ler seu conto.Não. Antes, deixe:me protestar contra a torpeza de me ter mandado o conto com as páginas todas fora da ordem, o que me foi uma verdadeira calamidade. Eu estava tão burro que li tudo fora da ordem e é verdade que achei meio estranho, mas co o grande e estranho é o mundo, fui logo achando deliciosa a sua loucura.

Pensei logo, desde que o conto se passa nos Estados Unidos, na questão da côr local, da verossimilhança espacial que, é claro, deve existir em toda ficção, exceto na do Rubião, que para isso teve lice ça especial do Dono do Arco:Iris. Mas logo acreditei, meio sombriamente, que você pode escrever contos que se passem nos Estados Unidos: me surgiram no inconsciente umas inevitáveis revistas americanas que seu irmão assina e você folheia, de sorte que esta questão foi logo liquidada.xxixvxxxxxxVxxê E ia lendo deliciado, com a imaginação feito um passarinho sorridente pousa da no meu ombro direito, quando tudo se me tornou realidade con: creta. Você mostrava conhecimento de Nova I_oŕque, fala em "sub:way" em "tycket", em estações e gares, luzes, etc., Mas o melhor, melhor mesmo, foi quando vi aquêle detalhe: "Aquela multidão imensa, acotovelando:se apressada, na entrada do sub:way, descia rápida aos magotes". Como! O quê, rapaz! Há de ver queo malandro estudou o ambiente primeiro, pois aos Estados Unidos êle nunca foi, mas como conhece a côr local! Até detalhes! Eu jamais xxx pensaria num detalhe assim, como êsse de saber qe a multidão para tomar o trem, ou sub:way, dáve descer... aos magotes! Sim, senhor! Eis aí os magotes, lugar por onde se toma o ix sub:way. E quase que eu durmo nessa doce ilusão. Sômente à tardeyxqxxxxxxvfxixxxxVxxxxix é que dei pela história dos magotes, que não são, como eu esperava, nenhum Hall dos sub:ways, que desilusão, Senhor! Para onde o senhor vai? Who, me? I am going to the magott to get my train. Aos mago: tes: a multidão descia aos magotes...

Belo Horizonte, 6 de janeiro de 1944

Quando comecei a ler o seu conto. Não. Antes, deixe-me protestar contra a torpeza de me ter mandado o conto com as páginas todas fora de ordem, o que me foi uma verdadeira calamidade. Eu estava tão burro que li tudo fora de ordem e é verdade que achei meio estranho, mas como grande e estranho é o mundo, fui logo achando deliciosa a sua loucura.

Pensei logo, desde que o conto se passa nos Estados Unidos, na questão da cor local, da verossimilhança espacial que, é claro, deve existir em toda ficção, exceto na do Rubião,* que para isso teve licença especial do Dono do Arco-Íris. Mas logo acreditei, meio sombriamente, que você pode escrever contos que se passem nos Estados Unidos: me surgiram no inconsciente umas inevitáveis revistas americanas que seu irmão assina e você folheia, de sorte que esta questão foi logo liquidada. E ia lendo deliciado, com a imaginação feito um passarinho sorridente pousada no meu ombro direito, quando tudo se me tornou realidade concreta. Você mostrava conhecimento de Nova York, fala em "subway", em "ticket", em estações e gares, luzes etc. Mas o melhor, melhor mesmo, foi quando vi aquele detalhe: "Aquela multidão imensa, acotovelando-se apressada, na entrada do subway, descia rápida aos magotes". Como! O quê, rapaz! Há de haver que o malandro estudou o ambiente primeiro, pois aos Estados Unidos ele nunca foi,** mas como conhece a cor local! Até detalhes! Eu jamais pensaria num detalhe assim, como esse de saber que a multidão para tomar o trem, ou subway, deve des-

---
* O contista mineiro Murilo Rubião (1916-1991).
** Só em 1946 Sabino iria conhecer Nova York, onde viveu até 1948.

cer... aos magotes! Sim, senhor! Eis aí os magotes, lugar por onde se toma o subway. E quase que eu durmo nessa doce ilusão. Somente à tarde é que dei pela história dos magotes, que não são, como eu esperava, nenhum hall dos subways, que desilusão, Senhor! Para onde o senhor vai? Who, me? I am going to the magott to get a train. Aos magotes: a multidão descia aos magotes...

Belo Horizonte, 19 de janeiro de 1944

É o diabo haver sempre gente disposta ao cinismo de ter vinte anos. E é uma impiedade carregarem a gente assim contra a vontade para não sei onde, para a nostalgia dos 43 anos. Mas eu vou fazer 23, pílulas! E a vida não se limita ainda pela morte porque há caminhos que talvez seja preciso recusar. De qualquer maneira, à nossa revelia, tudo vai se imobilizando no granito dos compromissos e os amigos imperceptivelmente começam a usar chapéu-coco e já não admitem que lhes pegue pelo braço sem finalidade, apenas para "puxar angústia" ou para sobrenadar no balanço gostoso da conversa mole. Imperceptivelmente algumas coisas vão sendo surrupiadas, o vocabulário diminui e nem todas as palavras se dizem. Porque já não fica bem. Talvez 23 anos seja uma idade. Mas meu coração é um passeio público.

Belo Horizonte, 13 de julho de 1945

Não posso dizer que fiz uma ótima viagem. Você certamente já soube do desastre que sofremos. O Lúcio* teve uma intuição

---
* O romancista mineiro Lúcio Cardoso (1912-1968).

assombrosa e chegou até a escrever que haveria o acidente. Em Barra do Piraí o trem descarrilhou e atrasamos uma hora e quarenta. O maquinista voava para tirar o atraso e chegou a tirar grande parte. Quando chegamos perto de Arrojado Lisboa, um quilômetro antes da estação, foi aquele caos. Até agora não tive consciência exata do que se passou. Um trem é uma coisa que anda sobre os trilhos, sei que é, e não consigo então revolucionar esse conceito para compreender o que se deu: um barulhão dos diabos, tudo quebrado, a locomotiva e três carros tombados, engavetados, estrambelhados. Acho que foi filme de faroeste, sobretudo sabendo que estou vivo, sem um arranhão. Eram quase nove horas da manhã. Eu cochilava, pensando em coisas. Pouco antes, quase saí para ir ao lavatório, pois me chamaram para o café. Talvez eu já não pudesse estar escrevendo esta carta. De repente, não mais que de repente, o ruído, eu atirado em cima de uma mala, gritos, vidros quebrando, a madeira em estalidos. Tivesse a exata noção de que ia morrer, uma ideia súbita, de não existir no tempo. Calculei que nos precipitávamos sobre o rio, que corria logo à frente da curva. Mas o carro parou, tombado. Me levantei estupidificado, depois de gritar seguidamente Nossa Senhora, Mãe de Deus, Santíssima Virgem (como sou católico!), vi o Hélio,* que dormia pouco antes, de pé entre vidros e logo tive ideia de correr, de pular, de não sei o quê. "Hélio, você se machucou?" Ele só dizia, como quem acorda no susto = oi, oi, oi, indefinidamente. Espiei pela janela. Saltei pela janela, atravessei por debaixo de um vagão. Dois operários estavam espatifados de encontro ao barranco. As vísceras espirraram como baratas. A um meio metro do corpo de um, um coração inteiro, convulsionado. O sexo arrancado, extirpado, o fígado de um

---

* Hélio Pellegrino.

misturado às tripas. Estive olhando algum tempo, cinco minutos antes estavam vivos. Agora, era aquela pasta de morte. Me apalpei, percebi que eu também posso ser esmagado e tenho um coração que espirra para fora. Senti uma euforia estúpida de estar vivo, fiquei burro e coisa, insensível. A mulher de um dos que morreram apareceu, com duas crianças, uma levava marmita de almoço para o pai. A coitada ficou sem lágrimas, reconheceu o marido pelas pernas, só o que restava de íntegro, ficou feito louca, gritando que o marido tinha morrido sem almoçar... Houve vários feridos, uma mulher atrás de mim foi atingida pelo ferro da poltrona, que penetrou numa perna, varou-a e entrou na outra, deixando-a umas duas horas imobilizada, perdendo sangue. Dois passageiros também do meu vagão ficaram presos entre os destroços, imprensados, e tiveram as pernas quebradas. Quase todos no carro se feriram pouco, nas pernas, na cabeça. Um ficou ridiculamente preso sob uma enorme mala. O Lúcio bateu com o queixo na poltrona da frente e o braço não sei onde. Ficou azul e todos os seus 37 demônios verdes funcionavam.

Belo Horizonte, 23 de dezembro de 1944

Nesta chatíssima questão de Minas,* você me coloca como o sujeito tipicamente sem caráter, que não quer perder os partidos, que quer navegar nas duas margens. Você me pergunta por que

---

* Alusão às reações, por vezes passionais, provocadas por um artigo que Vinicius de Moraes publicou em O Jornal, do Rio de Janeiro, em 5 de novembro de 1944, "Carta contra os escritores mineiros (Por muito amar)". "Por que só olhais o mundo das janelas de vossas casas ou dos vossos escritórios?", incitava o poeta. "Por que economizais e para quê: para comprar o vosso túmulo?"

escrevi ao Tristão.* Porque achei que devia e estou certo que devia mesmo, por nada mais. Estou burro para dizer o que quero, a mão está dura, mas continuo. Eu não vejo nenhuma atitude de subserviência na carta. Você aí vê demais, porque você quer me ver como você me imagina: aquele farrapo de fraquezas e conciliações, aquela miséria bem procedida que não quer ofender... Coitado do Otto! Um sujeito de certo talento, mas perdido, sufocado, abafado, emaranhado naquela falta de caráter, incapaz de atitudes claras e corajosas, como nós! Vós, os heróis, sim, vós sois os heróis. Olhe: não concordo com o que você disse do Tristão, acho besta e com ar de menino embirrado que quer se mostrar livre das exigências paternas... Desculpe se não concordo uma vez com você, vou dar um jeitinho para nos arranjarmos, não quero ofendê-lo, perdão, mil perdões. Que coisa, meu Deus! Meus parabéns pela sua superação genial. Você que era assim, está agora assim. Muito bem! É uma conquista, um progresso = e o progresso é natural... Você agora é o homem das atitudes claríssimas, só se compreende a você, só aceita a você mesmo, você é a verdade, ide a vós os transviados: que maravilha! Belo caminho aberto à incompreensão, à intolerância, ao narcisismo de bazar chinês... Me desculpe, eu é que estou com minha falta de caráter, sujamente querendo aceitar todo mundo, compreender todo mundo, abrir a todo mundo meus braços onde todo mundo cabe. É minha mania de ser humano, de querer compreender antes de julgar... Certamente sou ótima carne para vossas ferozes guilhotinas do mundo novo que virá e que se levantará sobre o sangue dos fracos e dos conciliadores. Pode passar, com sua banda de tambores argentinos, ruflando piruetas e clarins: eu entro pra

---

* Tristão de Athayde, pseudônimo de Alceu Amoroso Lima.

casa meio desapontado, chupando o dedo feito menino bobo, de lágrima presa e coração esmagado. Fico à espera da vossa Gestapo que vai libertar o mundo dos inúteis. Adeus.

Belo Horizonte, 19 de agosto de 1945

Fico besta como morrem os personagens de Shakespeare, nem os passarinhos morrem com mais naturalidade, com mais simplicidade. Exeunt, esta palavra tem algo de misterioso e poético. Vede, o personagem faz um teatrozinho, é ferido (ninguém morre de cama, é tragédia!) e... morre. Morre assim nesta única palavra, dies.

O, I am slain! If thou be merciful
open the tomb, lay me with Juliet.
    (Dies)

É ou não é formidável? Morrem numa palavra.

BRUXELAS, 1957-1959

Bruxa, 27 de maio de 1959.

Fernando,

Tráfego engasgado, nervos à mostra, passei na Embaixada, a porta apertou meu dedo, sangrou, xinguei, me indignei, Helena desencavou a bagagem do Benedito, saí lascado pelos Champs Elysées, Concorde, Madeleine, rumo ao subúrbio (esqueci de comprar o <u>Rinoceronte</u> do Ionesco), estrada -na volta se anda mais depressa, num instante estávamos em Soissons, omeletes de queijo, bomba de chocolate, café três fff, pé na estrada, tempo nublado, frio, mas sem chuva. Fronteira num átimo, a pátria belga (meus olhos ardendo, mas nem cochilei, viemos conversando, que coisa faltavam vocês no banco de trás) e a Bruxa me recebeu como um regaço materno, seis horas estava postinho em sossêgo no Rond Point Os meninos, ótimos, Bruno perdeu um dente de leite, mas sorri o mesmo encanto, Cristiana arrumadinha, André gordo, a televisão ainda não voltou do consêrto, André telefonou ontem para Paris para se lamentar, ainda bem que não nos encontrou, nem deixou recado na portaria do hotel. Correspondência (para vocês, aqui vão as cartas), livro do Marechal, já estou lendo, Lucy espanhola já falando no Damaso Alonso (no que êle me disser yes, taco-lhe a mão na cara -estou com uma antipatia dêsse sujeito!), cartas familiares, com os recortes do Pessimismo, Brasília, carta de Ma Inês confirmando que Marta morreu, com edema pulmonar, em seis horas, estava sòzinha em casa, acordou de madrugada gritando por socôrro, a vizinha chegou, coma, etc. Mala aberta, coisas no lugar alegria de reencontrar a toca -e depois aquele jantarzinho manero, arroz sôlto, bife honrado, salada temperada pela mão mágica Helena, doce de leite e café, que café! (<u>Venha tomar um café direito aquí em Bruxelas, antes de seguir para a Suiça.</u>) Cigarri fumado com o espírito ainda fora do prumo, volta de viagem põe gente assim, pânico, cortada do mundo, as próprias cartas assustam, olham a gente com ôlho hiticoquiano, o cadáver está atrás porta! O Grande Órfão chocando na gaveta, vamos a êle. Meu car viva a tristeza pacata da Bruxa, ideal que oponho à soupe à l' oignon do mercado, que chatos! E aquela ilusão parisiense: qué a gente vai fazer, au fromage ou aux champignons, le service compris?, merci madame, merci monsieur, je vous en prie, taxi taxi TAXI, agora é difícil pra burro, vamos de metrô, chegamos trasados porque erramos a rua, vamos passar na UNESCO?, preci

---

Marginal note (left side, rotated): Quer escrever de parceria um livro? TURISMO: CALEIDOSCÓPIO DO DEMÔNIO. Encontrou o homem? Please, may I talk with Mr. Miller? Just a few minutes, el señor Dali está?, Yo soy un periodista brasileño, mi madre pasya bien, gracias, s'il vous plaft, Monsieur, combien? L'addition, por favor! Passo na Embaixada, preciso não esquecer as encomendas, onde é que se pode comprar confete?, eigth eigth, please, don't you think so? Oh, c'est chaurmant!, dançam rus da cintura para baixo, sim, o franco estabilizou graças ao de Gaulle, o Franco está caindo de pôdre, Salazar?, só vai veado, mas é muito divertido, vestem-se de mulher, dança-se um pouco, eu que convidei, 3.000 para cada um! Enlouqueci!

Bruxelas, 1º de junho de 1957

    Fernando: Cá estamos em Bruxelas.* O que parecia impossível tornou-se realidade. Tenho me lembrado sempre de você e dos amigos em geral. Não me falta vontade de escrever a todos, muito particularmente a você, mas, por incrível que pareça, não tenho tido tempo para isso. Desde que chegamos, andamos na luta pela instalação, pondo fim a esta vida provisória que já nos cansou até os últimos limites da paciência (o pior é que provisória será minha vida aqui, até o último dia, o que me precipita no desejo de retornar logo, o mais depressa possível, imediatamente...). Dias e dias a fio passamos a ver apartamentos. Não vou lhe contar toda essa odisseia sem graça, mas lhe conto apenas que hoje me telefonou o advogado que, a conselho do Henrique Mesquita, cônsul em Anvers, procurei, para dizer-me que vou receber comunicação de uma senhora Devos sobre o processo que ela me move pelo fato de eu ter assumido responsabilidade que não cumpri. Tudo uma conversa fiadíssima de uma gananciosa senhora que me queria alugar um apartamento na base de me passar a perna. Como desisti do contrato, ela agora me ameaça de processo e já tomou advogado. Imagine em que terra vim me meter. Hoje pela manhã, achamos um apartamento mobiliado que talvez alugaremos, com um velhinho à primeira vista muito simpático. Imagine que o apartamento foi de um amigo dele, que morreu (aos setenta anos) depois de jantar com certo excesso, no momento em que tomava um copo de vinho. Há na parede quadros horrendos, inclusive um nu, com a enorme bunda voltada para a gente, que representa Madame la propriétaire,

---

* Adido cultural da embaixada do Brasil, Otto viveu em Bruxelas de maio de 1957 a agosto de 1959.

quand elle était jeune. Resolvido o caso do apartamento, creio que as coisas ficarão menos amargas. Tratarei de comprar o carro (poderei levar para o Brasil? ninguém sabe me dizer ao certo). E depois virão outras providências, no sentido de amenizar minha vida aqui. Não comprei sequer máquina de escrever. Estou batendo esta carta na máquina do ministro Caio de Lima Cavalcanti,* um tipo que não precisa de nenhum retoque para ser personagem. Aqui, todo mundo é mais ou menos louco. Gostaria de ter mais tempo (daqui a pouco vou sair, há uns gaúchos de passagem pela cidade, vamos a um cocktail na embaixada) para lhe contar por miúdo as passagens pitorescas desta vilegiatura. Gouthier** está procedendo exatamente dentro do previsto. Você já notou como ele lembra, sobretudo na maneira de falar e no corte mental, o Murilo Rubião? Às vezes, ouvindo-o, na ligeira gagueira que também é comum ao nosso amigo madrilenho, me rio sozinho. Aliás, em momentos graves, já tive dois ou três frouxos de riso de quase me matar. Outro dia, passamos todo um dia e entramos pela noite adentro redigindo um telegrama a JK.*** É uma comédia engraçadíssima, que daria uma daquelas suas excelentes crônicas. Mas, à margem disso, tenho tido grandes períodos de depressão. Me sinto inútil, numa atividade (?) kafkiana. É pena que não haja aqui um amigo do peito para eu contar os eventos e sofrê-los e gozá-los com aquela conhecida técnica de verrumar o cotidiano na qual somos indubitavelmente campeões. Estou quase adotando o seu conselho de fazer um diário. Já teria tanta coisinha a anotar! Mas me falta máquina, me falta pouco, base física. Aliás, ontem, depois de uma conversa com o

---
* Diplomata pernambucano (1898-1975).
** O embaixador Hugo Gouthier de Oliveira Gondim (1910-1992).
*** Juscelino Kubitschek era então presidente da República.

Mozart Gurgel Valente* (que deverá chegar aí em agosto próximo), fiquei matutando comigo mesmo que talvez você tenha razão na sua tese de se voltar para a própria experiência e colher na vida do autor, pelos caminhos da ficção libérrima, um depoimento sempre interessante. Comecei a examinar minha vida e fiquei besta! Seu Fernando, isto exigiria grandes noites polares de conversa, de puxar angústia... talvez (ou certamente), esta vida bruxelenta me trará benefícios, me dará aquela famosa perspectiva etc. Veremos. É uma pausa para meditação. Mas a viagem não me traz muitas surpresas e, por antecipação, já calculava o que seria. Não tenho tido surpresas. Viajar é uma frivolidade de senhoras na menopausa (ou de mocinhas sirigaitas, ansiosas de recolher um pobre e superficialíssimo material para despesas da conversação). Estou louco para fumar e acabou meu fósforo. Está hoje um belo dia. Aliás, vem fazendo bom tempo há quatro ou cinco dias, o que aqui, dizem, é raríssimo. Pergunte ao Newton Freitas,** se o vir, como é o clima aqui — só tem um tal de éclaircie para lavar a alma encharcada e pluviosa. Por enquanto, não posso nem pensar em sair daqui. Tinha intenção em voltar imediatamente a Paris, combinei com o Demetrius,*** mas não vai ser possível. Paris está aqui do lado, sim, mas tudo custa um dinheirão e os meus oitocentos dólares mal dão para cumprir os meus compromissos. É muito menos dinheiro que eu esperava. Além de a vida ser cara, os belgas são safadíssimos — quem tinha razão é Baudelaire, que invectivou esta terra e este povo *voleur et rusé*.

---

* Diplomata. O irmão, Maury, também diplomata, era casado com Clarice Lispector.
** Jornalista capixaba (1909-1996), grande amigo de Rubem Braga e funcionário do Itamaraty.
*** Apelido de Vinicius de Moraes.

Não estou muito animado, pois, quanto às possibilidades de poder viajar por estes arredores. Conforme se encaminharem as coisas, desistirei de tudo em dezembro e retorno à base. A família complica, embaraça e encarece qualquer movimento meu. Helena e eu não teremos coragem de deixar aqui sozinhos os meninos. Por enquanto, eles vão se dando muito bem. Cristiana engordou, como por duas antigas Cristianas. Hoje, ela está com um furúnculo no pumpum. André andou meio doente, com dor de garganta, e Bruno teve dor de barriga. Saldo favorável, pois. Não fosse a pensão em que nos encontramos, creio que eles estariam gostando muito destas plagas. A pensão é de morte. Quanto ao conforto, é boa. Come-se bem, estamos instalados em dois grandes quartos, ultra-atulhados de espelhos, tapetes, poltronas, cortinas, quadros, o diabo. Tipo da casa muito encontradiça por aqui. Mas a dona da pensão não é tão simpática quanto fez crer pela cara e pelos modos (estamos desconfiados de que nos vende água da bica e cobra como água mineral, marquei a garrafa e verifiquei que é a mesma — a madame é belga, meu caro). Além da dona, há uma velha alemã que implica com os meninos. É uma castelã decaída, com 84 anos, chatíssima. (Já imaginei um conto com esse personagem, com um fim tão arrepiante que Helena me pediu para não escrever, mas escreverei!) Vê você que não tem faltado material. Escreverei minhas histórias belgas, positivamente. O romance mesmo, nada. Não escrevi uma palavra sequer de nada, a não ser as cartas e os cartões noticiosos. Não acredito que venha dispor de tanto tempo como daí me parecia. Se a Exposição* sair, isto é, se o Brasil participar, vou ter água

---

* A primeira grande exposição mundial do pós-guerra, realizada em Bruxelas de abril a outubro de 1958.

pela barba. Se não, já há outros planos para tornar minha atividade mais efetiva e menos acadêmica. Conferências, já tive convite para fazer pelo menos duas, mas acho de um ridículo atroz, vou me esquivar. Anunciei ao embaixador na Holanda que irei falar no Museu dos Trópicos sobre os reflexos da paisagem e da civilização tropical na literatura brasileira... Imagine que grotesco! Estou mentindo como um diplomata! (Já fiz grandes observações sobre a vida diplomática, como a Clarice tem razão, pobre coitada! Todos eles venderam a alma ao diabo, depois lhe conto.) Falar no diabo, li um livro sobre esse grande personagem, fiquei meditando e cheguei a grandes conclusões. Vou reescrever aquele meu velho conto, todo de novo, a partir do nada, aquele "O hóspede". Será o Diabo. Olhe, meu caro, tudo é o Diabo, pode ficar certo que ele age muito e, na minha vida, tem representado com sucesso o seu papel. (Dum polo a outro, dia 12 chega aqui o Juarez,[*] amigo do supracitado Caio Cavalcanti — ah, eu vou escrever minhas observações!) E o Brasil, esse adorável país? Ouvi aqui, por jornais velhíssimos, os ecos do caso Lacerda. E mais nada. Soube da morte do pai do Jânio Quadros, que tragédia chula, hein! Me escreva, seu sacripanta. Você já viveu experiência igual e eu lhe escrevi muito. Me conte tudo. Fale com o Hélio para escrever, fale com o Paulo,[**] com o Castello,[***] com todo mundo. Não mando já uma carta ao Paulo, porque não tomei nota do endereço dele. Nem do seu, foi o Fernando[****] que me

---

[*] O marechal cearense Juarez Távora (1898-1975), candidato derrotado por JK nas eleições presidenciais de 1955. Fernando Sabino foi um de seus assessores de campanha.
[**] Paulo Mendes Campos.
[***] Carlos Castello Branco.
[****] Fernando Lara Resende, irmão de Otto. Vai aparecer na correspondência também como FLR.

mandou, mas do Paulo não mandou. Ouvi dizer (pelo mesmo Fernando) que saiu um artigo contra meu livro, por que não me mandam? E meu conto — saiu no *Estado*?* Veja se me diz uma palavra, se não saiu vou escrever ao Décio. Valeria a pena mandar correspondência para algum jornal aí? Não seja ingrato. Escreva generosamente. Vi aqui, por vários dias, o Jorge C. Brito** e Dadá, que moram em Amsterdam. De vez em quando, fala-se de você. HVS*** deixou aqui um rastro de simpatia, Laís**** especialmente e o pessoal todo em geral gostaram muito dela. Em que ficou o seu caso judiciário? Que pena! Ah, Fernando, a vida não é apenas um sorriso de cocktail! Abraços para todos. Minha bênção para Pedrinho***** (péssimo padrinho sou eu). Escreva. Dê abraços aos amigos, peça a todos que se lembrem deste pobre exilado bruxelento. Bruxelas é uma merda seca. Vi uma exposição excelente de Paul Klee e uma de Kandinsky. Como vai AB?****** Fale com o Hélio para escrever. Converse com o Hélio. Me escreva. Cuide do FLR. Abraço.

---

* O conto, "Sábado à tarde", foi publicado na edição de 11 de maio de 1957 do Suplemento Literário de O *Estado de S. Paulo*, editado por Décio de Almeida Prado, com ilustração de Aldemir Martins. Reescrito, tornou-se o conto-título de O *retrato na gaveta* (1962). Outra vez refeito, entraria, com o mesmo título, em O *elo partido & outras histórias* (1992), seu último livro publicado em vida.
** Jorge Carvalho de Brito, diplomata brasileiro.
*** Helena Valladares, a primeira mulher de Fernando Sabino.
**** A embaixatriz Laís Gouthier.
***** Pedro Valladares Sabino.
****** Anne Beatrice Estill, a segunda mulher de Fernando Sabino. Otto se refere a ela como Ana Beatriz.

Bruxelas, 28 de julho de 1957

Fernando: você viu afinal que não tinha razão de estar uma fera comigo. Que eu apenas lhe reservava uma conversa maior. Você, entre as muitas pessoas em que penso, está entre as primeiras, se não é a primeiríssima de todas. Na minha disponibilidade bruxelense, estou sempre pensando nos amigos — e em você e passando em revista o que há, o que aí ficou. Felizmente, já estamos devidamente instalados, num apartamento que ainda cheira a velho estranho, mas ao qual já me acostumei, com minha mesa, minha máquina, alguns livros e sérias meditações. Hoje estou profundamente deprimido. De manhã (ontem dormi pela madrugada, depois de meditar em vão e de nada concluir), acordei com o André me entregando um envelope dentro do qual Fernando LR me mandou o artigo do Wilson Martins. Você viu? Que pausado e frio estilo para dizer que eu sou uma besta, um mediocrão! Depois, fui para a embaixada, onde, depois da viagem do Gouthier, bati um longo e deprimente papo com Mozart Valente (amicíssimo do Araújo Castro),* ótima figura. Aquela coisa. Depois, vim para casa e recebi uma carta pálida, espantada e melancólica do Iglésias,** inclusive me desanimando sobre um vago plano que eu lhe expusera (a ele) anteriormente. Horrível. Houve outras cartas, todas na nota depressiva, e entre elas há notícia de que seu desquite se ultima e correm rumores (desmentidos pelo Fernando LR, diz o missivista) de que você vai deixar o

---

* João Augusto de Araújo Castro (1919-1975), diplomata carioca. Foi contemporâneo de Fernando Sabino no consulado do Brasil em Nova York, nos anos 1940, e, vinte anos mais tarde, como chanceler do governo João Goulart, responsável pela ida do escritor para Londres como adido cultural.
** Francisco Iglésias (1923-1999), historiador mineiro.

cartório para Helena.* Não sei por quê, a notícia me cheirou a verdade. Você decidiu mesmo isso? Pensou bem, na certa. E conversou com alguém, com o Hélio, por exemplo? Soube ainda que você assenta planos de estabelecer-se em bases novas, renunciando a todo o seu passado, cortando, quem sabe, as amarras com o FS de até aqui, cartorário, genro, pai de quatro filhos etc. É mesmo? Peço a Deus que o ilumine e não o deixe fazer besteiras, sobretudo que não repercutam (nem será preciso que eu diga, mas me desculpe, quero dizer e digo) sobre seus filhos, ou que neles repercutam (porque sempre repercutem o mínimo possível). Escreva-me, conte-me o que há, não me deixe nessa cegueira, morrendo de curiosidade e imaginando que o nosso tempo acabou, que agora, à minha volta para aí (voltarei?), tudo será diferente e os nossos próprios nomes serão outros, outros serão os que estão em torno, outra coisa o que está por dentro de nós e outríssima o que está por fora. Será possível, fora do chamado caminho cristão, inventar um homem novo tão novinho em folha? Juarez foi embora para Paris. Vi-o apenas de passagem duas vezes nestes dias, depois que voltou da Cortina de Ferro. Não lhe dei o recorte, mas lhe transmiti o recado e ele ficou de apanhar o recorte na sua volta, porque voltará. Zé Lins,** hein! É verdade que está à morte? Você o visitou? Visite-o e leve a minha visita, por favor. Gosto dele, não me esqueço daquela coisa do Rubem,*** que ele se parece com uma árvore, uma mangueira de quintal. Ou qualquer coisa assim. Política, não sei nada. Me conte, por

---

* Separado de Helena Valladares, com quem teve quatro filhos, Sabino renunciou ao cartório que ganhara ao se casar com ela, em 1944.
** José Lins do Rego (1901-1957).
*** Rubem Braga (1913-1991).

favor. Rosa,* vou cumprimentá-lo pelo prêmio. Marco Aurélio** e Castejon*** me escreveram. Castello, idem. Estou sem apetite para escrever cartas, mas vou responder a todos. Quero ter sempre cartas daí, isto me anima, afirma que não morri. Como vai o "próximo casamento" do FLR? Escreveu, mas não contou nada. É da moita. Me conte tudo. As suas considerações sobre minha velhíssima *Boca do Inferno***** são percucientes, mas não sei avaliar se você tem razão. Espero que, a esta altura, você mesmo já terá esquecido o que disse... Em todo o caso, há ali uma frase que é grande: "Com o material que você tem sobre um só assunto, ninguém escreve livros de contos, todo mundo escreve é romance". Anotei a frase e me animei ao romance. Vejamos. Mas se se chamasse "Meninos" o meu livro, o que que tem? Posso escrever um chamado "Meninos". Você diz que o livro "vai fazer sucesso". Não tive notícias do José Olympio, não sei se vendeu ou não. Sei que fui esculhambado deprimentemente pelo tal de Martins,***** criticozinho filho da puta! Honestidade intelectual é pau no cu! Bom senso que me faz acreditar muito em mim é a babaca da puta que o pariu! Não estou tão infeliz aqui, não. Pelo contrário. Estou é sozinho. Olho o Rond Point de l'Étoile,****** me dá vontade de ir ver o Paulo no seu Nassif, porque é igualzinho o Abrigo Pernambuco.******* Mas vou indo, tudo

---

* O escritor e diplomata João Guimarães Rosa (1908-1967) havia recebido o prêmio Paula Brito pelo romance *Grande sertão: veredas*.
** O escritor e tradutor mineiro Marco Aurélio de Moura Matos (1920-1991), muito amigo de Otto e Fernando.
*** João Batista Castejon Branco, jornalista mineiro.
**** Livro de contos de Otto publicado naquele mesmo ano.
***** O crítico Wilson Martins.
****** Praça onde Otto e família moraram em Bruxelas.
******* Antigo abrigo de bondes em Belo Horizonte.

arranjado. Não estou infeliz, não. Estou livre para pensar. Vêm aí umas chateações, com essa história, com essa história de Exposição, de que, parece, sou comissário adjunto, mas não há de ser nada. Aguento firme e seja o que Deus quiser. Fico em casa, medito, leio, me sinto velhinho, a caminho. Imagine que passei quatro dias sem fazer barba e, quando fui me olhar ao espelho, tive a surpresa de verificar que estou com a barba cheia de fios brancos. Agora fui ao médico oculista e soube que meus olhos estão um pouco usados, já não veem tão bem. Mas não é preciso botar óculos, por enquanto. Não é formidável? Não quer dizer que a gente se acaba mesmo? Que é apenas mais um pouco, o tempo de dizer bom dia, colher uma flor, dar um abraço, sorrir para uma criança — e aí está o ponto final do túmulo. Li umas cartas do Proust tão melancólicas sobre a morte, a morte não tema-geral, mas a morte de cada um, a minha morte. De madrugada, me deitando depois, senti os ossos gelados, cracando, e precisava me mexer na cama para atrapalhar a postura do cadáver. Sou um jornalista condenado a só considerar importante a morte e o que virá depois — o JULGAMENTO! O resto não tem importância, isto é, só tem importância enquanto se reflete aí, nesse capítulo final. Mas deixemos de filosofar. Escrever para jornal? O quê? Não tenho coragem, por enquanto, mas obrigado pelo conselho, que fui eu que pedi. Me mande algumas de suas crônicas, tenha pena de mim, Fernando. Vocês todos são uns grandessíssimos merdas, nem se lembram da gente. Lembre-se daqueles informativos do Moacir Werneck* para você nos EE.UU. Veja o número e o tamanho das cartas que EU lhe escrevi. E a senhora do poeta, hein! É o Demônio. Fernando, tudo é o Demônio. Eu sei que é ele. Hoje, mais

---

* Moacir Werneck de Castro (1915-2010).

do que nunca, eu sei quem é o Demônio. Depois lhe conto. Mas, pelo amor de Deus, faça de cinco em cinco minutos o Pelo-Sinal, não vá na conversa dele, não, Fernando. Ele é paciente, costura o seu destino tão mansinho, mas não o ouça, Fernando. Obrigado pelo abraço do Ovalle.* Retribuo! Ovalle esteve aqui, me esculhambou por causa de um busto que há na sala. Disse para aquele merda que o busto não é meu, mas ele continuou cuspindo fogo. Depois lhe escrevo mais. Estou triste. O céu é plúmbeo. O dia é frio e meus dedos estão meio marotos, se recusam a bater na máquina. Estou com dor nas costas e vou ter dor de cabeça. São quatro horas da tarde, vou tomar café com leite e pão com manteiga. Manteiga belga é ótima. Várias coisas são ótimas, mas quem sabe o que presta sou eu. Continue me escrevendo, longo e depressa. Pelo que me dizem, você anda sumido, não quer saber de mais nada, nem de mais ninguém, entregue à "renovação" de sua vida. Volto ao princípio. Ih, meu Deus, estou chato e cansado. Trabalhei muito nos últimos dias, agora me deu aquela "prostituição"... Vou parar por aqui. Adeus, Fernando Sabino — segue o poema do Hélio, que me escreveu tão depressa! Olha, a vida acabou mesmo. Vide poema do CDA,** "José". Mais um pouquinho, o tempo de ver Florença, e adio, bambino! Todo sentimento de compaixão, de compassividade, de compreensão etc. é puramente demoníaco. Deus é terrível, tem contornos nítidos e não gosta de ser compreensivo. O Diabo é que sopra na gente essa conversa de que é assim mesmo, a gente compreende, que diabo, afinal há a misericórdia divina... Há coisíssima nenhuma. Deus

---

* O poeta e compositor paraense Jayme Ovalle (1894-1955). Otto faz uma brincadeira — recorrente, aliás, como se verá —, pois Ovalle já havia morrido.
** Carlos Drummond de Andrade (1902-1987).

é a Justiça Punitiva, não quer saber de segredinhos, nem de mas-
-mas, nem de escuta aqui, seu Deus, não foi muito bem assim
não, com Ele é ali na batata. Aí o sujeito sai pitimbado e puto da
vida: "Poxa, mas afinal a tal misericórdia de Deus, hein!". E Deus
abre a janela, espia o condenado e lhe grita, furibundo: "Olha,
seu vigarista, não vem sacar essa história de misericórdia para
cima de mim não, porque o que você tinha era a conivência do
Diabo. Você ouvia o galo cantar, mas não sabia onde. Que misericórdia, seu porco! Misericórdia uma ova! Na hora lá disso assim
assim, você não pensou não foi na Minha Misericórdia, mas ouviu foi a voz do Satã, que lhe soprava que é assim mesmo, que
depois Deus perdoa, que afinal é preciso pecar para depois pedir
perdão, aquela velha história do Adão: pecar para conhecer etc.
Pois, olhe, seu idiota, você é quem saiu perdendo. Vá para o
Diabo!". E fecha a janela. E o Diabo esfrega as mãos, ri com
aquele riso do Guilhermino Cesar* e bate no ombro do companheiro: "Não liga pra isso, não. Esse Jeová é um chato! Me deu
uma rasteira, mas nós ainda pegamos Ele na curva. Fica firme,
meu chapa. A coisa agora vai ser infernal, do diabo". Porque você
sabe que o Demônio é tão orgulhoso que ainda não perdeu a esperança de dar uma rasteira em Deus. Está pensando que o Céu
é o Politburo e confunde São Miguel com Malenkov.** Adeus,
Fernando. Estou com fome, vou pitar um cigarrinho (tranquilize-
-se, comprei muito cigarro). Deus o abençoe. Me esqueci de escrever ao Pedrinho pelo aniversário dele. Diga-lhe, peça-lhe perdão. Ele é Pedrinho, eu não sou Padrinho. Sou um bosta. Estou
precisando demais de ler as palavras rituais do Batismo. Só me

---

* O escritor mineiro Guilhermino Cesar.
** Geórgiy Malenkov, premiê soviético de 1953 a 1955.

lembro do "Abrenúncio" e "Credo". Acho que não tenho aqui, não. Vou ter de comprar um livro que tenha. Novamente abraço. Lembranças aos amigos, aos quais, com calminho, vou escrever. Minha máquina, Remington, nova, perdeu uma tecla, está me machucando o dedo. Como vai AB? God bless her. É assim mesmo o inglês? A intenção é. Não vou reler esta carta, cheia de erros. Abraço até acabar o papel. Eu te contei que estive com o Saulo Diniz* aqui e fui com ele a Louvain? Pois fui. Depois apareceu o Chiquinho Rodrigues e conversei muito com a mulher dele sobre o seu livro. Ela leu o meu também. Representa a opinião pública de Bhte... Depois, imagine quem me entrou aqui pela casa adentro? O Benedito! Será o próprio? Não, o Benedito Coutinho! Sem avisar nem nada. O resto é Gilberto Chateaubriand.** Que, aliás, é bom rapaz. De aliás em aliás é que o Caó ganhou um cartório. Adeus mesmo.

Bruxelas, 4 de setembro de 1957

Fernando: Estou, como sempre, sempre pensando em escrever-lhe. Ultimamente, tenho adiado por motivos muito plausíveis. Andei trabalhando muito, com a história da Exposição. Você não imagina a trabalheira que aqui se criou, tudo sob a égide do Gouthier, que é realmente um monstro. Aliás, deu-se aquilo que você aí já previa. Não lhe conto nada. Adianto-lhe apenas que, num dia, o homem me pediu para responder a 56 cartas pessoais! Agora, o Gouthier está em Cannes, mas não deixa o telefone

---

* Cunhado de Fernando Sabino.
** Diplomata e colecionador de arte, filho do jornalista Assis Chateaubriand.

nem um minuto. Já estou pensando aqui que não convém que eu vá dormir tarde (é meia-noite, volto do cinema), porque amanhã de manhã certamente serei acordado para dar resposta a um dos 89 problemas que o sr. embaixador me passou. De qualquer forma, espera-se que agora as coisas retornem à sua doce rotina. Lucy Teixeira* deverá vir em 1º de outubro para trabalhar no Comissariado da Exposição (sou Comissário Adjunto e, dizem, Chefe da Secretaria). Por enquanto, estou praticamente sozinho. A ideia de trazer para cá a Lucy foi minha. Que tal? Depois que inventei a vinda dela, me deu aquele frio na espinha. E recebi uma carta dela (cacófaton? — como perguntaria o Etienne)** tão cheia de miaus que você nem imagina. De Roma, onde ela está, também me escreveu o Afonsinho,*** com quem estou acertando, por cima dos Alpes, uma viagem Itália-França-Suíça. Se o dinheiro (que é curtíssimo) não faltar, nem aparecerem dificuldades, é possível que eu vá mesmo. Por falar em cartas, recebi outra (triste) do Murilo Rubião, que me mandou um conto (aquele do Coelhinho que vira vários bichos e acaba virando gente).**** Minha solidão aqui tem sido povoada apenas pelas cartas, que agora escassearam muito. Nestes últimos dias, tive aqui a presença estimulante do Sérgio Bernardes,***** de quem fiquei amigo de infância. Você o conhece? Ele e senhora foram ontem para Paris, de onde seguirão para o Rio. O Sérgio, assessorado por mim, deu a isto aqui uma vida nova, polvilhada de mil e uma molecagens cariocas. Diverti-me bastante. O

---

* Escritora maranhense (1922-2007).
** O jornalista e escritor mineiro João Etienne Filho (1918-1997).
*** Afonso Arinos Filho, escritor e diplomata.
**** "Teleco, o coelhinho".
***** O arquiteto carioca Sérgio Bernardes (1919-2002).

homem fazia piada até sem querer. Como foi o caso da reunião, com um arquiteto gravíssimo, em que ele explicou, em cima dos planos do Pavilhão do Brasil, que ao lado havia uma *petite route pour les pédérastes* (queria falar pedestres, *piétons*). Mas não foi só o Sérgio. Imagine que, antes, aqui esteve, por um dia e meio, o Manuel Bandeira! Um belo dia, estava na chancelaria, o poeta me telefonou assim sem mais nem menos. Fui buscá-lo em Antuérpia, tivemos que descer a meio caminho, por causa de um raio que caiu no trem em que viajávamos, paramos numa cidadezinha (Vilvoorde), depois ele estava aqui em casa e, no dia seguinte, acompanhei-o de novo a Antuérpia, só o deixando quase à hora do navio partir. Foi um grande papo, que me animou bastante. Falamos de literatura e da minha literatura. Eu estava vivendo a crise do romance (vide carta Castello). O Manuel foi para a Holanda, agora deve estar em Londres. Ficou de me escrever, para nos encontrarmos em Paris, juntamente com o Vinicius (que foi removido para Montevidéu, sabia?). Com o Vinicius, aliás, eu tive, em Paris, uma série de desencontros, até que me chateei e vim me refugiar nesta Sabará belga. Um dia lhe conto minhas andanças ao miúdo. Por falar, fui à Alemanha sábado passado! Aachen, Colônia e Düsseldorf. A catedral de Aix-la--Chapelle é fabulosa, mas fabulosíssima é a de Colônia, que me esmagou. Grande impressão da Alemanha, lembrando-me do Marco Aurélio e de seu germanismo. Helena ficou entusiasmada com as louças alemãs, eu com as moças. Voltando ao Manuel Bandeira, a passagem dele aqui daria uma boa crônica (se eu fosse você). Fez uns versinhos para o André,[*] ficou besta com a

---

[*] O primogênito de Otto duvidou de que Bandeira fosse mesmo poeta e mereceu dele estes versos: "André, André, André,/ o Bandeira o que é?/ É poeta ou

Grand-Place de Bruxelas, vimos juntos quadros de Rubens, na catedral de Antuérpia. Outra crônica, esta cem por cento seu estilo, é a história da nossa empregada espanhola, de nome Maria Dolores, de apelido Lolita, amiga de Paquita e grande sofredora por amor. Já se foi, agora temos uma portuga calada e cabeluda. Em matéria de brasileiros, aqui tem aparecido uma leva deles. Desde o Benedito Coutinho ao Moacir Bernardes. Deputados pernambucanos, industriais mineiros, estudantes de Direito e toda a tripulação do "Duque de Caxias", com baile a bordo e um ensaio de porre meu (ligeiríssimo, o único europeu, sem contar uma vinhasca em Paris, com Cícero Dias* e Heron de Alencar).** Estou lendo Simenon. Você já leu? Comprei mais três romances dele. E o Afonsinho Arinos me disse, por carta, que você já está na direção de *Manchete*. Respondi-lhe que, por enquanto, não deve ser verdade, pois você não me disse nada. Mas o Borjalo*** me contou que você foi convidado. Explique. Tive reumatismo na perna direita e ainda não comprei carro. Mas dirigi o Chevrolet 57 do Jorge Carvalho de Brito, que fala sempre em você (ele perdia na natação, não perdia?). Dadá boceja em Amsterdam e estou no mato sem cachorro porque ambos me botaram a faca nos peitos e agora me esperam sexta-feira próxima, para um fim de semana holandês. Já dei dois bolos, como é que vai ser? Fui a Bruges ver o *Jeu du Saint Sang*, uma espécie de peça puxada à moda medieval, católica, com 2 mil atores funcionando diante

---

não é?/ André, André, André,/ e você o que é?/ É André ou Tomé,/ homem de pouca fé?".
* Pintor pernambucano (1908-2003).
** Jornalista, escritor e professor cearense (1921-1972). Exilado em 1964, voltará ao Brasil para morrer.
*** Mauro Borja Lopes, cartunista e homem de televisão.

de um palco armado em frente ao Hôtel de Ville, numa imensa e antiquíssima praça. Lembrei-me o tempo todo de dom Marcos,* que provavelmente gostaria de ver uma coisa assim. Pensei até em lhe mandar o texto da peça, mas ainda não mandei. Seria preciso explicar mais longamente e estou com preguiça. Meus dedos erram um pouco no teclado, porque hoje está meio frio, a mão fica dura. Durão está o Juarez, que chegou de volta a Bruxelas sábado passado. Avisado de Bonn, o Mozart Valente pôs-se a campo, arranjou quarto para o General e foi esperá-lo na estação. O General não foi visto, sumiu até segunda-feira de manhã. Depois disse que não viu ninguém na estação (suspeita-se que tenha descido noutra estação, há quatro em Bruxelas) e então se meteu no primeiro hotel que viu pela frente — uma espelunca numa zona possivelmente mal frequentada. Foi ao cinema, divertiu-se sozinho e reapareceu dizendo que já estava cansado de andar tutelado. Hoje, fui visitá-lo em casa do Caio Cavalcanti,** onde está hospedado. Vai amanhã para Londres, voltará dentro de cinco dias e continuará cumprindo o programa. Já lhe falei do recorte que você mandou, sobre a doença, que, aliás, o Caio diz que está curada. O bonzo*** esteve na Suíça, foi hibernado, diz que melhorou muito dos nervos e engordou. Esteve com Afonsinho em Roma e me contou uma história de Elianinha,**** aquela do Benedito, que fica calado e entende muito de política etc. Como era natural, falamos de você, dei-lhe as novidades. Antes, da primeira vez que aqui esteve, interessou-se muito pelo seu desquite, mas per-

---

* Dom Marcos Barbosa (1915-1997), religioso beneditino e escritor mineiro, futuro membro da Academia Brasileira de Letras. Amigo de Otto e Fernando.
** Caio Cavalcanti, diplomata em Bruxelas.
*** Juarez Távora.
**** Eliana Valladares Sabino, a primogênita de Fernando Sabino.

guntou se você aceitaria que ele tocasse no assunto com você, que sentia muito, que seus filhos, de quem ele gosta muito etc. Quando lhe falei no cartório, ele ficou sério, suspirou e comentou: "Pois é, e tantos pleiteando cartório!". Falou também no Millôr mais de uma vez. E do Casteja.* Riu a bom rir com uma história de pombos-correio inventada pelo Sérgio Bernardes, com a minha colaboração e uma ordem escrita do Gouthier, apócrifa evidentemente, com uma assinatura imitada por mim e outras molecagens que constituíram o show da semana na embaixada. Pelo jeito, você deve estar percebendo que estou integrado na vida bruxelenta. Em parte é verdade. Vou ao cinema, ontem fui até ouvir a Vanja Orico,** que aliás fez um sucesso impressionante. No show (é num lugar chamado Ancienne Belgique, uma espécie de teatro onde se senta à mesa de bar e se toma cerveja. Ou qualquer outra beberagem), estavam também dois outros brasileiros, dois ginastas, Vic e Madio, sobre quem o Rubem fez uma vez uma reportagem (eu também, na *Manchete*). Claro que vou com o Mozart Valente a estes lugares, pois o Mozart é, de fato, o meu Araújo Castro. Estou triste porque já está quase na hora de voltar ao Rio. Ia embarcar dia 6 de outubro, agora parece que só irá no princípio de novembro. No mais, há muitas intriguinhas na chamada colônia brasileira e algumas senhoras chatíssimas, esnobíssimas e débeis mentais. Em compensação, recebi uma pequena e mui inteligente carta do Eloi,*** anunciando que você, ele e o Hélio (que nunca mais me escre-

---

* João Batista Castejon Branco.
** Cantora e atriz brasileira (1931).
*** O médico mineiro Eloi Heraldo Lima, amigo de juventude de Otto e Fernando.

veu) virão aqui a Bruxelas. Como será isso? A carta do Eloi me deu um bom momento de bom humor. Ele e outros (isto não tem nada a ver com o bom humor) me dão notícias de você, com a repercussão nacional que teve o seu gesto anticartorário. Vi que você foi a vedete nacional. Agora, que certamente tudo passou, como vão as coisas? Me conte, estou interessadíssimo em saber tudo. Queria muito escrever-lhe a carta que seria preciso, mas renunciei a isso. No dia em que recebi a sua carta, comecei uma resposta, mas abandonei. Creia que esperava uma resposta violenta, um coice. Você me escoiceou, é verdade, e com muita vivacidade, raciocinando como um acróbata, ganhando, como sempre, qualquer discussão, mas não senti coice nenhum. Li a carta sorrindo e achei graça na sua reação, sobretudo com a sua esperteza de me apertar contra a parede tão inteligentemente (e até com razão). Gostei muito de sua crônica na *Manchete*. Veja se manda uma de vez em quando, que diabo! Como está a sua vida profissional e $? E Helena, afinal, foi nomeada? Comecei a ler agora a sua carta, mas desisto de ir adiante. Já a li várias vezes e não teria nenhuma graça ficarmos aqui a trocar frases mais ou menos agressivas sobre o Atlântico. De minha parte, não tenho nenhuma vontade de ser agressivo com você, muito pelo contrário. Conheço (mais ou menos) minhas falhas e estou pronto a bater no peito. Gostaria apenas de escrever-lhe algumas palavras que lhe fossem úteis neste momento. Que fossem as palavras que você espera de um amigo, que lhe aliviassem também um pouco do sofrimento que certamente tudo isto lhe custa. Pode ser que ainda mais gravemente do que hoje. Se não escrever, não será porque não me lembre de você, nem porque não dou bola para a sua vida. Dou demais, você sabe, ou devia saber. Se não sabe, também não tem importância. Deus sabe. Talvez eu agisse bem se lhe tivesse enviado a carta que era cópia fiel da minuta que você me mandou na sua: "Como vai indo Elianinha? Etc.". Desculpe o meu mau jeito, mas não duvide da minha amizade e sobretudo das minhas boas intenções (que você pode dispensar e mandar à merda). No mais, por que não me mandou o artigo do Tristão sobre o seu livro? Fico aqui esquecido! Me mande este e outros recortes. E também um exemplar da segunda edição de seu livro. E o que está fazendo agora, se está, como literatura? Eu nunca mais voltei ao meu romance. Mas acho que vou voltar, passou, de certo modo, o meu pessimismo, mas fiquei muito marcado pela cicatriz. Esqueci meus compromissos com a literatura, estou mais feliz assim. O romance chama-se *O carneirinho azul*.* Que acha do título? Estava com vontade de escrever tudo na 3ª pessoa, mas acho que vou reescrever na 1ª mesmo. CDA tem um verso assim: "Toda história é remorso". Boa epígrafe! Estou com vontade de fazer uns contos etc. Escreva-me. Helena e os meninos estão bem. Abraços aos amigos. Como vai AB? Receba o abraço muito afetuoso.

P.S.1: É verdade que o Etienne ficou noivo? Como é que vocês não me contam nada? O Paulo recebeu minha carta, meu cartão etc.? Eu sei que já me esqueceram... Não há de ser nada. O nosso tempo passou. Foi o que disse, para experimentar. E o seu eco me deu medo, tão conformado e seco!

P.S.2: Como vai o Rubem? Recebeu meu cartão? O Dalton**

---

* Na verdade, uma novela, publicada em *O retrato na gaveta* (1962). Posteriormente reescrita, teve o título trocado para *A testemunha silenciosa*.
** Dalton Trevisan.

apareceu no Rio? Como vai Tati?* Andei me lembrando dela aqui. E diga a Janet** que já vi *The giant*. E o FLR? Noivou mesmo? Tem jogado peteca com o Armando Nogueira*** na praia? O livro da Clarice saiu? Ela tem lhe escrito?

P.S. 3: É verdade que o Millôr deixou o *Cruzeiro*? Como é a história do processo do Chateaubriand? Como vai a política? Há pelo menos cinco semanas não vejo nem um jornal daí. Você tem ido ao Zé Olympio? E à redação do *DC*?**** Como vão o Rodrigo MF e o Prudentinho? ***** E a sua Pontiac? Sua mãe curou-se? Recebi carta do Marco Aurélio. E do Carlinhos (com miaus). Escrevi há tempos ao Millôr. Quem me escreveu foi o Castello. E o Borjalo.

P.S.4: Que "comentário" provocou meu livro no Mosteiro?****** Me conte, não me torture! Por que você não me diz o que achou do livro do Castello? Poxa, sua carta é violenta pra burro! Será que eu ofendi também a ele com a minha?... Escreva mais, conte tudo que há. Deus o abençoe.

---

* Tati de Moraes, a primeira mulher de Vinicius de Moraes.
** Janet Estill, então cunhada de Fernando Sabino.
*** Jornalista acreano (1927-2010). Comandou por anos o jornalismo da TV Globo.
**** *Diário Carioca*, que circulou de 1928 a 1965.
***** Prudente de Morais, neto (1904-1977), jornalista carioca.
****** Mosteiro de São Bento, no Rio de Janeiro, que Otto e Fernando frequentavam. Otto estava preocupado com o que poderiam pensar os religiosos seus amigos das histórias pouco edificantes de *Boca do Inferno*.

Bruxelas, 10 de outubro de 1957

Fernando:

Dentro de dois dias, você, a América e o seu irmão Gerson completarão mais um ano de idade, o que prova que todos, continentes e conteúdos, estão sujeitos à lei do tempo, a mais cruel e a mais geral de todas as leis. No dia 7 de outubro, vendo este papel de carta em cima de uma mesa, na tranquila penumbra de um hotel parisiense, pensei em lhe mandar uma mensagem de aniversário, com alguma anotação do momento, de que já me esqueci. Assim, era possível que, no dia 12, fosse o meu o primeiro abraço de aniversário que você receberia. Pois estamos separados por cinco dias de correio aéreo. De qualquer forma, aqui vai o abraço, com os votos a Deus pela sua felicidade, ou sua tranquilidade, ou sua estabilidade, ou o que melhor seja. Hoje é dia 10, estou com dor de barriga (talvez o vírus da "asiática"),* passei a manhã trabalhando para e com Gouthier, que por sinal está atacado de gripe, almocei, voltarei agora para o trabalho. Não há novidades a contar. Estive duas vezes em Paris, rapidissimamente, não vi ninguém, a não ser o Gilberto Amado e o San Tiago Dantas. Do nosso amigo Vinicius não tive mais notícia, mas espero vê-lo antes que vá para Montevidéu. Andam ou andaram por Paris também o Otávio de Faria,** o Bandeira, e o Rodrigo M. F., mas nenhum deles eu encontrei. E dia 15 lá estará, segundo anunciou, o Mário Pedrosa. A Lucy Teixeira chegou a Bruxelas, me telefonou agorinha mesmo, procura

---

* Pandemia de gripe originária da China que a partir de fevereiro de 1957 se espalhou pelo mundo.
**Romancista carioca (1908-1980). Sobre ele Otto escreveu uma evocação em "Uma tarde, antigamente", de 1981 (incluída em O príncipe e o sabiá).

apartamento, faz muitas perguntas sobre gente antiga, fica pasma e cai na gargalhada diante de cada resposta. O Mozart Valente vai voltar ao Rio nos meados de novembro, o Henrique Mesquita está partindo para o Líbano, vem para cá um Sérgio que eu não conheço etc. Não continuei a escrever o meu romance, mas vou começar. A reescrever, quero dizer, pois escrito já está. Da reescritura só existe a primeira frase, numa folha em branco: "Vida é o segredo". O resto virá por acréscimo, mas infelizmente já concluí que não mandarei os originais para você ler em novembro, pelo Mozart, como era meu desejo. O que não tem importância, porque certamente ninguém tem pressa de ler o meu calhamaço. E a segunda edição do *Encontro*?* Você não respondeu à minha carta, nem o Hélio, nem ninguém. O que não tem a menor importância. Cristiana está com o pé inchado, deu um nevoeiro tremendo em Bruxelas e eu renovo-lhe o meu abraço de parabéns, que é do sempre inalterável amigo.

P.S.: No mais, a "Brasiliana", que eu vi ontem aqui, é uma boa besteira.

Bruxelas, 17 de outubro de 1957

Fernando Sabino:
Recebeu minha carta, pelo seu aniversário? Soube que você esteve em Belo Horizonte (foi o Iglésias que me contou), por causa da doença de sua mãe. Como vai ela: melhorou? Imagino que deve estar ligado ao que andou sentindo naquele tempo em

---

* O romance *O encontro marcado*, de Sabino, lançado em 1956.

que você a levou para São Paulo. Não deixe de fazer-lhe uma visita em nosso nome.

Em Belo Horizonte, quem Você viu?

Soube também que Virgininha* andou doente. Você me falou por alto a respeito. Tudo já passou? Quem me contou foi Laís, informada certamente por uma carta de Helena.

Sua vida como é que vai? Como é que Você está substituindo o cartório? Já arranjou algum emprego ou as crônicas estão dando para seu sustento? Me disseram que você foi convidado para dirigir a *Manchete*... Já perguntei isso, mas você na me deu a honra de uma resposta. Outro que não me escreve é Hélio. O Paulo, nem se fala! Não me mandou uma linha. Aliás, estou convencido de que eu sou o último cidadão que ainda se dedica a este gênero obsoleto que é o epistolar.

Não sei se saiu a segunda edição de seu livro. Gostaria de ver os artigos do Tristão e do Corção** sobre você. Se você tiver duplicata, não poderia me mandar os recortes, com a condição de eu os devolver imediatamente? Nunca mais vi jornais ou revistas do Rio. Aliás, minto. Vi três exemplares de *Manchete*, que me foram mandados pelo Jorge Brito*** (que vai ao Rio no fim deste mês), da Holanda. Um deles trazia exatamente a crônica que você me tinha mandado. O PMC está fazendo uma seção na *Manchete*, com aqueles casos tipo "Primeiro Plano"?****

E o livro do Autran?***** Soube, também pelo Iglésias, que

---

* Virgínia Valladares Sabino, filha de Fernando.
** Gustavo Corção.
*** Jorge Carvalho de Brito.
**** Coluna literária que Paulo Mendes Campos assina no *Diário Carioca*.
***** Autran Dourado.

ele deu uma entrevista de repercussão no *Jornal do Brasil*. Coisas assim não custava você recortar e mandar para mim...

Como vai o Rubem?

Aqui, vamos indo rotineiramente. Cristiana tem nos dado certas preocupações. Anda adoentada e está se submetendo a vários exames. Por enquanto, não se achou nada de grave. Tem febre e um pé inchado. Suspeita-se de reumatismo. Espero que não seja grave. É possível que, por causa disso, não possamos viajar, como pretendíamos. Aliás, Afonsinho Arinos foi também obrigado a adiar a vinda dele para Paris, por causa da doença (gripe) do filho menor. Agora, a época já não está tão boa para se viajar. No outono, as folhas caem. Minha alma já está apenas galharia.

Literatura: não escrevi mais, não voltei ao romance, não realizei nenhum plano (estudo sobre Graciliano, contos etc.). Não tenho também lido nada de aproveitável. Caí na rotineira burocrática, às vezes agitada pelo dinamismo gouthieriano. Penso na Exposição de Bruxelas e atendo ao expediente cultural da embaixada, sobretudo depois que o encarregado do setor partiu para os Estados Unidos, onde ficará até o fim do ano. É possível, aliás, que, mesmo depois da volta dele, eu continue com a parte cultural. Trabalhinho chato, pessoinhas chatas, chateações chatinhas.

Ouvi dizer que você escreveu uma peça, mas que avisa que ela não tem categoria literária. Como foi? Vai levá-la? Eu estou engasgado com minha peça. Por enquanto, estou cercando alguns bons espetáculos por aqui. Pretendo ir a Paris proximamente para ver algumas coisas que interessam.

Vi sua crônica contando o encontro com o Tristão no trem. Não vi o artigo dele. O Castejon prometeu me mandar sempre o suplemento do *Diário de Notícias*. Mandou? Uma ova! Aliás, o Castejon não me respondeu as duas cartas que lhe escrevi.

De uma pelo menos eu queria resposta. Se o vir e lembrando-se, pergunte-lhe, ou melhor, peça-lhe que me escreva sobre o caso do Mafra no Senado. Eu estou passando aqui por vigarista, porque garanti que o Castejon daria logo resposta e providenciaria tudo. Estou com a cara deste tamanho.

Tem ido ao Mosteiro? Não se esqueça de me contar como foi a conversa sobre meu livro. Estou muito vaidoso. Ou masoquista...

Como vai AB? Como vão os amigos? Quem Você tem visto e não tem visto e não tem visto?

... Abraço magoado do

Bruxelas, 28 de dezembro de 1957

Fernando: Tem uma luz no banheiro aqui de casa que devia ser sua. Sempre me lembro de você e, por associação de ideias, de PMC, rindo-se das suas complicadas instalações elétricas, que o acompanham, fielmente, pela vida afora. A gente entra no banheiro, tem que mexer no comutador para baixo e para cima umas dez ou vinte vezes, até que a luz se acenda. É daquelas lâmpadas compridas, em cima do espelho, luz branca, se chama. Às vezes, acende só um pouco, fica uma penumbra com aquele traço luminoso em cima do espelho. De repente, quando você já desistiu, ela se acende completamente. Aí você se entrega às suas necessidades, ou se espicha no banho, o diabo da luz se apaga, ou volta à penumbra. Tem que torcer a lâmpada para lá e para cá, até dar certo de novo. Como faz frio, sobretudo de noite (hora em que tomo banho, mergulhado na água quentíssima), é chato levantar-se e recomeçar a trabalheira para fazer luz. Como em geral estou lendo no banho (Moravia, Butor, Vailland, nos últimos dias), fico fulo da vida e saio das águas para a batalha contra a lâmpada. Um dia desisti, na terceira vez em que ela se apagou. Consequência: dormi dentro do banho, acordei pela alta madrugada, me senti morto, num mundo escuro de além-túmulo. E peguei um resfriado tremendo. Fora disso, a Lucy Teixeira foi a Londres com Madame Camboropoulos, que se tomou de amores por ela. É a grega em casa de quem morou até há poucos dias. Porque agora ela mora sozinha, num apartamento bem central, pertencente à Baronesa Hortá, que é sueca. A Lucy foi a Londres, toda contente. Primeiro, perdeu o navio em Ostende. Em vez de chegar de tarde, chegou só à noite ao destino. Ia ficar na casa da filha da Camboropoulos, mas a filha estava, sorry, na estação, para avisar que tinham chegado uns parentes na última hora e já não havia lugar para Lucy. Reservara-lhe um hotel em Piccadilly. Lucy foi para o hotel, com o coração doendo, porque só tinha se decidido à viagem em vista da economia que iria fazer, sem pagar hospedagem. No hotel, ela tirou os sapatos e botou um shilling no chauffage, que só anda, em Londres, engolindo moedas. Foi dormir. De manhã, acordou e viu que os sapatos tinham encorujado completamente. Botara os sapatos junto do chauffage, para secar (claro que chovia). Como não tinha outros, calçou-os assim mesmo (pareciam sapatos do André) e saiu para a rua, procurando uma sapataria. Por paus e por pedras, encontrou uma, explicou-se, apontou os sapatos nos pés, mas verificou que a casa não tinha o seu número: 33. Assim, sucessivamente, foi a sete sapatarias. Não encontrou o seu número. Londres faria da Lucy uma condessa descalça. Mas aí os sapatos queimados já estalavam por todo lado, furados e duros. Era hora de voltar para o hotel, hora de dormir. No dia seguinte, ela comprou um bilhete para fazer um tour pelos arredores de Londres. Mas continuou procurando os sapatos de Cinderela. Quando viu que estava quase na hora, perguntou onde era tal rua, a rua da agência de turismo, mas era tão longe! Um velho se ofereceu para conduzi-la, tomou-a pela mão e saiu sacolejando-a por Londres, exclamando: Dear! Dear! You lost the bus! Quando ela chegou, pela mão do velho, à agência, o ônibus acabara de partir. Ela voltou para o hotel, botou outra moeda no chauffage e descansou os pés, metidos naqueles sapatinhos ridículos. Depois saiu, achou que não era possível continuar com aqueles sapatos e comprou uns de salto alto, número muito maior do que o pé. Saiu então de sapatões pelas ruas de Londres e perdeu-se. Levou quatro horas para reencontrar o hotel. Chegou com os pés empolados de bolhas e calos, calos e bolhas dos sapatinhos assados e agora dos sapatões atamancados. Então era Natal. Ela tomou um subway e foi à casa da Camboropoulos filha. Era longe pra burro, no subúrbio. Mas lá chegou, participou de uma festa sem entender nada da coisa, conversou com uma porção de gregas velhas, depois, quando eram nove horas da noite, saiu rumo ao hotel. Mas a rua era escuríssima. Começou a pensar no Vampiro de Londres exatinho quando um cavalheiro muito dignamente começou a segui-la. Até que a abordou, de braços abertos, como se se tratasse de uma velha amiga de infância. A Lucy correu, o vampiro correu atrás. Ela com aqueles sapatões horríveis e cheia de dores pelos pés, pelas pernas, tropeçando na escuridão, mas enfim chegou no subway e entrou num trem, disparada. Resultado: perdeu-se de novo. De madrugada, chegou ao hotel, acendeu o chauffage e dormiu. Mas teve de levantar-se cedo porque no dia seguinte, 26, devia voltar a Bruxelas. Pegou um táxi, pegou o navio, atravessou o mar dentro de um horrível nevoeiro no qual nada se via, com o barco apitando sem parar. Uma velha explicava-lhe que aquilo era perigosíssimo e que um choque dentro do brouillard seria o fim, que nunca, em quarenta anos de travessia, tinha feito uma viagem tão ruim. Mas o navio chegou, Lucy desceu, tomou o trem, não havia lugar, veio de pé mesmo. Quando desceu na Gare du Nord, tomou, é claro, a escada rolante. Mas o salto do seu sapato direito agarrou num degrau movente, ela ficou vai-não-vai, acabou metendo o outro salto dentro doutra fissura mecânica e a escada continuava rolando, indiferente e fria, rolava, levando a flor, como naquela poesia da antologia do Cláudio Brandão. Então a Lucy se precipitou escada abaixo, machucou a perna na coxa, mas parou no andar inferior. Totalmente descalça. Como uma peregrina, ela tomou um táxi (não aceitou a ambulância que já tinham chamado) e, chorando, foi para place Stéphanie, 18, chez la Baronne, de onde nunca deveria ter saído. Ficou de cama dois dias, o médico diagnosticou um deslocamento da articulação femural, recomendou-lhe repouso e, para os pés, enviou-lhe um pedicuro, também médico, mas chinês. O chinês veio vê-la, silencioso como um gato, fez milagres de carícias nos pés empolados da nossa amiga, curou-lhe os calos e ficou de voltar. Mas, antes de sair, quase botou fogo na casa da Baronesa. Pois, como não havia água quente (a Baronesa se esquecera de acender, ignorando a volta da inquilina), o chinês acendeu um fogareirozinho jeitoso, para preparar a água esperta que, com os sais competentes, iria aliviar os sofrimentos de sua cliente. Mas o fogareiro, nas costas do chinês, botou fogo na cortina e foi um Deus nos acuda. O chinês não se alarmou e, muito britânico, recomendava calma, num péssimo francês. Lucy, sem poder pisar no chão, por causa dos pés doendo, dava pulos de tigre enjaulado com fogo nas ventas e gritava pela Baroa, que tem 87 anos e levou 25 minutos para subir os dezoito degraus que a separam do local do sinistro. Quando a Baroa viu o fogo, não teve dúvida: chamou o Corpo de Bombeiros, que veio, eficientemente, apagou o fogo, apagou-o (preço dos prejuízos: 7500 francos, discutindo-se ainda se a cortina foi ou não completamente inutilizada) e queria cúidar dos pés da Lucy, que pareciam empolados por queimaduras de primeiro grau. Foi um Deus nos acuda para que os bombeiros não registrassem a ocorrência, na forma da lei, isto é, com o registro de uma vítima, queimada nos pés. Nesse ínterim, o chinês (que, suspeita-se, não tem os papéis em ordem) evaporou-se. Hoje, Lucy está passando bem e acabo de convidá-la para ir conosco ver uma comédia inglesa que estão levando no cinema Vendôme. Chama-se *Doctor at large*, é chatíssima (já vi). Mas ela não quer ir, porque é inglesa (a comédia). No mais, quase me agrediu quando lhe perguntei que tal o Natal em Londres, se é realmente bonito como dizem. Fora disso, o Gouthier cismou primeiro com o meu cachecol. Aí deu um vento e arrancou-o do meu pescoço. Eu voltava do botequim da esquina, era domingo à noitinha, e eu tinha os braços cheios de embrulhos. Quis apanhar o cachecol, mas tinha de me equilibrar para não deixar cair os embrulhos. Quando me aproximei do cachecol, o vento soprou-o para mais longe, como num filme do Carlitos. E tirou-me o chapéu da cabeça, lançando-o bem no meio da rua, que estava molhada. Em síntese: perdi o cachecol, mas salvei o chapéu. Comprei outro cachecol, mas continuei provocando a fúria dos diplomatas, pela maneira por que o colocava no pescoço, aqui conhecida como "moda de São João del Rei". E passaram a bombardear o meu lindo chapéu, comprado em Paris, com o Mozart Valente. O chapéu, coitado, realmente tomou uns ares capiaus, virou chapéu de tio do Emílio Moura.* Então o Gouthier preparou uma vaquinha e perdeu todo um dia para comprar um chapéu tipo gelô para mim. Preto, elegantíssimo, de abas viradas. Depois fizeram um auto de fé condenando o meu chapéu parisiense (dito nesse auto "de Matozinhos"),** depois me botaram numa sala, solenemente, com todo o pessoal da embaixada servindo de inquisidores, sentados em alas em torno do réu. Leram-me o auto de fé, condenando meu chapéu à queima. Depois, com gasolina adrede preparada, queimaram-no, com risco de incendiar a embaixada. Era no gabinete do embaixador. Depois me botaram o novo chapéu na cabeça, retirando-o duma caixa que ali estava. E de tudo foi feito farto documentário fotográfico pelo ministro Caio Cavalcanti. Depois lhe remeterei uma das fotografias do acontecimento. Tenho comigo o auto de fé, que passaram redigindo toda a tarde, em confabulações que me fizeram suspeitar da brincadeira. E eu tenho um novo chapéu (troquei-o por um cinza, mas ainda assim não tenho coragem de usá-lo, de tão besta, e prefiro o meu chapéu de mineirão fumador de cigarro de palha). Agradecendo a oferta, com muito *fair play*, eu disse que é comum os homens de cabeça se descuidarem do chapéu e que é sempre certo que os que não têm cabeça sempre capricham no chapéu. O Jorge Carvalho de Brito estava bem ao meu lado com um incrível chapéu, imponentíssimo, tipo embaixador britânico... No mais, os meninos têm tido uma grande falta de sorte com o frio chuvoso deste merdífero clima belga. Estão todos doentes. Bruno melhorou, levantou-se, caiu André. Febre, tosse, vômitos etc. Cristiana voltou a nos dar cuidados. Estão pá-

---

* O poeta mineiro Emílio Moura (1902-1971).
** Cidadezinha do interior de Minas Gerais.

lidos e tristes. Lá fora faz frio e sobretudo está úmido, chovendo. Já nevou aqui, sobretudo um dia, direito, mas geralmente é esse cocô. Terça-feira (hoje é sábado), vou levá-los a uma praia belga, onde ficarão dez dias, com Helena. Eu voltarei na quarta, já em 1958, para o trabalho. E irei buscá-los. Tenho trabalhado chata e rotineiramente, caí naquela vida que você sabe, não sabe? Claro que sabe! Andei com certas chateações de ordem moral, não de todo superadas. E guardo grandes segredos, que um dia conversaremos. O Hélio não deu sinal de vida, ninguém mais escreveu. A passarinhada calou-se, eu acho também que vou me calar. Meu romance continua empacado, é definitivamente uma merda. Mas só (fora outro assunto, proibido) tenho pensado nisso e, se Deus ajudar, vou recomeçar tudo mais uma vez. Sobre o romance é uma grande conversa. Depois lhe escrevo só sobre isso. Dê sinal de vida, conte novidades, mande sua crônica na *Manchete*, nunca mais vi (desde as que você mandou, ótimas, engraçadíssimas). Vi por um recorte do PMC, mandado pelo Fernando LR, que vocês jogam truco. Eu envelheço à distância, que diabo vim fazer na Bélgica? Só voltarei dentro de quinze anos! Meu amigo Nicolai Fikoff faz anos hoje. É olhá-lo e penso no Hélio, não só por causa do nome. O homem tem barbas e outros atributos fabulosos. É o arquiteto do Pavilhão do Brasil. Irei tomar um uisquinho com ele agora (são sete horas da noite, vou jantar e sair). Estou eternamente gripado, com os cabelos grisalhos. Como vai sua mãe? Seus filhos? Muito feliz Ano-Novo para todos os seus. 1958: quem diria? Deus o abençoe. E a mim também.

   Abraço do
   Otto

Bruxelas, 30 de dezembro de 1957

    Fernando: Não pus a carta no correio e caí doente, gripadíssimo. Agora estou melhor. Contei a Lucy que tinha escrito a você contando as aventuras dela que intitulei "Natal em Londres". Ela ficou verdadeiramente preocupada, achando que você vai tomá-la como assunto de crônica,* todo mundo vai saber, vão deformar tudo, a mãe dela vai ler e ter um ataque cardíaco etc. Ficou realmente aborrecida comigo pelo fato de eu ter escrito a você, mas eu disse que já tinha posto no correio. Então ela me deu um selo de dez francos, para eu escrever-lhe imediatamente, alertando você para não divulgar a história. Helena é que saiu com essa que você não deixaria de fazer uma crônica a respeito. Assim sendo, aqui fica o pânico anticrônico da Lucy, que lhe peço respeitar. Agora, se você estiver em crise de assunto e achar que aí há sugestões, então elimine o nome da Lucy. Remember Paula Lima!** O caso é igual... * Pedrinho ficou inteiramente bom? Dê um grande abraço nele, com a bênção do péssimo padrinho. Seu carro voltou de Bhte? Acho que ainda não lhe contei: comprei uma Mercedes 220-S, cor preta, muito alinhada. Modelo 1958. Vou recebê-la dia 15 de janeiro. Até há poucos dias, andei com um Chevrolet 55, emprestado. Agora estou sem carro e estou achando péssimo. Viciei de novo. Carro aqui é infinitamente mais barato do que no Rio. Minha Mercedes, toda equipada, com rádio etc. custou 2800, a prestações. O Chevrolet é muito

---
* O que de fato aconteceu, pois Sabino contou em "A condessa descalça" as desventuras de Lucy Teixeira na viagem a Londres.
** Francisco Pontes de Paula Lima, professor e homem de teatro mineiro, amigo de juventude de Otto e Fernando.

mais barato. Não recebi nenhuma outra crônica sua. Aliás, não recebo nada do Rio. Soube que saiu a revista feminina dos Blochs, chamada *Joia*. Bom, mau ou péssimo, esse título fui eu que sugeri. Devia cobrar direito autoral, porque aposto que esses filhos da mãe nem sequer se lembram de que o título é meu. Nunca tiveram a gentileza de me mandar um exemplar da *Manchete*, nem dessa nova revista. Pensei em escrever um cartão pro Adolpho,* agradecendo a remessa da nova revista e o envio semanal da *Manchete*. Mas ele não ia entender. Todavia, o Renato Mendonça me disse que esteve com você aí e que ficou impressionado como no Rio perguntam por mim. Deve ser saque, pois me considero morto e enterrado. E seu livro, saiu ou não? Estou em faltíssima com Autran e Dalton, recebi de ambos os contos, não respondi. Andei (e ando ainda, algo) meio abafado, sem gosto para nada. Estou me prometendo reagir nas próximas horas, para entrar no ano novo (merda! já vi tanto ano novo que isso não é novidade mais) com o pé direito. Por falar, tem um padre Jerônimo aqui que viveu 25 anos no Brasil. Levita inteiramente, está velho e é positivamente santo. Helena se confessou com ele, mas eu estou resistindo. Ele me pediu para levar uns selos lá para ele. Com esse golpe dos selos, ele acaba me pegando. Quando é que você aparece aqui? Traga uns selinhos do Brasil para o padre Jerônimo... Com o Gouthier, estou trabalhando no duro, cheio de chateações, aquelas. Como vai AB? Janet veio à Europa? Meu caro, ADEUS.

                  Otto

[No verso de uma fotografia]

---

* Adolpho Bloch, o dono da *Manchete*.

Fernando:
Ao fundo, devia-se ver a Catedral de Chartres, pois estamos no caminho da peregrinação de Péguy. A moça do meio é Eliane Valente. Não deixe de receber bem o casal Valente (Mozart). Já estão no Rio desde o dia 18 deste. O Mozart é um triste! Converse com ele. Você acha meu cachecol e meu chapéu tão indecentes assim? Agora tenho outros. Mas sou o mesmo sãojoanense del Rei. Abs. Otto. 30.12.1957

Bruxelas, 10 de fevereiro de 1958

Fernando:
Só hoje recebi seu livro.* De navio, custa a chegar, mas chega. Já o tinha mesmo reclamado, em carta ao Castello e ao Fernando LR. Hoje mesmo comecei a relê-lo, com muito gosto. Mergulhei num banho quente, saí do banho com o livro na mão. Estilo enxuto, hein! Positivamente, você trabalhou bem, trata-se de um romance com peso e permanência. Não me inclua entre os inimigos do seu livro, muito pelo contrário. Nesta releitura, vou gostar mais ainda. E agora — que é que você está fazendo? Acredito que não esteja consumido pela crônica diária e que esteja dedicado a outro livro — contos, crônicas, romance? Eu, se fosse você, faria também uns ensaios. Bote os seus conhecimentos para fora, doutrine para essa moçada, mostre que nós somos do barulho e que sabemos de tudo. Nas suas próprias crônicas jornalísticas, não seria cabível, com jeito e medida, uma virada assim, de vez em quando? Por falar, fiquei besta com o artigo da

---
* A segunda edição de O encontro marcado.

Vera Pedrosa* sobre Beckett, na primeira página inteira do suplemento do *Jornal do Brasil*. Não li o artigo, mas deve ser importantíssimo, deu para me impôr um minuto de silêncio. O Marco Aurélio leu-o? O suplemento citado foi-me emprestado pela Lucy, que o recebe parece que com frequência. Eu muito raramente o vejo. Aliás, não vejo nenhum jornal brasileiro. Hoje recebi três números de *Anhembi*,** que ainda não abri. Adolpho me mandou uns exemplares de *Manchete* e prometeu que vai mandar toda semana. Vamos ver se manda. Se o Armando Nogueira ou o Borjalo providenciassem para eu receber *O Cruzeiro*, gostaria bem. Ao menos veria o que vai acontecendo por aí. Porque carta mesmo, é inútil esperar. As mais frequentes e noticiosas são as do Fernando LR. Os outros todos estão na moita, calados, cansados. O Hélio, nem para agradecer os parabéns que lhe mandei pelo aniversário. O Paulo, nem se fala. Etc. etc. Você, já se vê que não perde tempo em escrever carta. Conheço sua teoria: o tempo que gastaria para fazer uma carta você o emprega para compor uma crônica, que é matéria paga e destinada a público mais numeroso. É uma maneira de ver. Vocês não perdem tempo, não se gastam para contentar um amigo distante. No que, de resto, fazem muito bem. Digo-o com sinceridade e lamento que eu não tenha ainda atingido esse grau de sabedoria, que espero alcançar o mais cedo possível. Ainda sou um incorrigível epistológrafo. Não lhe conto o número de folhas que já enchi com minhas cartas da Europa porque seria escandaloso, você nem acreditaria. Só verifiquei esse número ontem, quando iniciei um novo bloco

---

* Vera Pedrosa Martins de Almeida (1936), diplomata e intelectual carioca, filha do crítico Mário Pedrosa.
** Revista cultural editada em São Paulo de 1950 a 1962.

de papel (cada bloco tem cem folhas). É um esforço brutal, que passa despercebido. Por um lado, me senti confortado, concluí que escrevi à beça. Se eu fizesse um diário, em lugar de cartas, posso lhe garantir que seria mais de um alentado volume impresso. Sou um tagarela impenitente, atirado à carta compulsivamente. O dr. Pellegrino dirá se é ou não sinal de imaturidade, de desequilíbrio emocional, consequência talvez de algum complexo (o de rejeição?, por exemplo). Fora disso, 57 me deu o meu atormentado e empacado romance, que encravou definitivamente. Toda noite, como agora, uma hora da madrugada, me sento à máquina, fico fumando, fuxicando, escrevo (cartas, evidentemente), contemplo o papel em branco (comprei mil folhas), escuto, como diria o Etienne, o meu silêncio e adio para amanhã o começo de minha obra. Ó meu Deus, fazei-me santo a partir de amanhã — parodio o Ovalle. Conto, só comecei a escrever um apenas. Estou hoje na página seis, mas acredito que esse vai sair. Por enquanto, chama-se "Com a luz apagada". Faço questão de remetê-lo a Você assim que estiver pronto e pode ser que o termine ainda hoje, quem sabe. Andei planejando outros, mas nem sequer comecei a escrevê-los. Anunciei para mim mesmo uma peça de teatro e caí no maior mutismo teatral. Já está chato este assunto da minha frustração literária. É o meu grande tema, talvez seja o único. O pior é que eu não componho polcas, como aquele personagem do Machado de Assis. Ou pode ser que minhas cartas sejam modestas e desentoadas polcas, não acha? Você, eu soube, escreveu uma pequena crônica em forma de carta dirigida a mim, mas nem ao menos se deu ao trabalho de recortá-la e metê-la no envelope, com a direção do destinatário. O que demonstra que o destinatário aí foi apenas uma figura de retórica, um truque de cronista em busca de novos truques. Agora, na sua dedicatória no *Encontro*, você dá a entender que eu não lhe escrevo, não conto nada. Se Napoleão não tivesse dito, você diria que a melhor defesa é o ataque, ainda o mais cínico. Também, a dizer a verdade, não há muito o que contar. Repetirei que engordei três quilos? Bom, direi que tenho visto um pouco de teatro, mas há muito ainda para ver. O tempo é curto, a ignorância é muita. Vi anteontem um bom filme, *Nuits blanches*, adaptação de um romance de Dostoiévski, direção de Visconti, com Maria Schell (fabulosa) e Marcello Mastroianni. Vi hoje, aliás, *High noon*. Tenho ido muito mais frequentemente ao cinema do que aí no Rio. Aqui a noite é longa e livre, há que enchê-la com um programa qualquer. Os meninos dormem cedo, de nove à meia-noite custa a passar. Depois que Helena dorme, fico entregue às baratas, isto é, a mim mesmo. Penso pra burro! Que nem a coruja da conhecida anedota. Mas penso com tranquilidade, preguiçosamente, com as vísceras funcionando bem. Estou sólido, tranquilo, meio anestesiado neste parêntese bruxelense. Um desvio sereno, de onde não há muitas mensagens a emitir. E talvez sem a certeza de que a viagem continuará um dia, sei lá para onde, para quê. Confesso que não sei, não posso avaliar bem o que significa (ou significará) para mim esta permanência na Europa. Se eu não emendar a mão (e não emendarei mesmo), não terá sentido, pois sentido, o mais alto, eu próprio não tenho. Em todo caso, pela primeira vez cá estou, salvo do jornalismo, da luta do Rio, quase diria da luta pela vida. É bom estar assim, vou estando enquanto puder estar. Mas o que importa é ser, e ser eu acho que não sou. Já fui? Fui a Londres, mas me nego a contar mais uma vez essa viagem. Só lhe digo que passeei, à noite, pelo Soho, vi Trafalgar Square, passei em frente da Scotland Yard, seguramente — caminhei naquele mapa dos seus (do Eduardo

Marciano)* personagens policiais e adolescentes. Às vezes, tenho a impressão de que estou chegando tarde a tudo isso. Não bebo, não me alegro, não me alumbro. Não deixo de dormir minhas oito horas por noite, volto pesado e cansado, arrotando, para o hotel. Tenho um calo no dedo mínimo do pé direito, vá doer assim na puta que o pariu! Esse calo me foi generosamente dado pelo Castejon, que, nas vésperas de minha partida daí, me recomendou uns sapatos finos e delicados da rua da Quitanda. Em Londres, uma gentil senhorita libertou-me, no dr. Scholl, do meu martírio. Lembrei-me de você, do Emílio Moura, daquelas palmilhas que você tão justamente louvava. E me lembrei de você também noutros momentos. Uma noite, no Curzon Hotel, Claridges Street, escovando os dentes, com a minha cara enrugada dentro do espelho, eu disse para Helena, como se concluísse um raciocínio: "O que está me faltando aqui é a companhia do Fernando Sabino!". A cama era fofa, o quarto era frio e eu dormi profundamente, homem sem passado, sem futuro, com o presente enquadrado na moldura de uma cama. Não me aborreço, não me angustio, não me debato. Vou enfiando um dia no outro, como as contas iguais de um rosário — quantos mistérios terá? Você sabe que eu não quero ser Presidente da República. Um cartório não me tenta. A deputação por Minas não oferece qualquer atrativo. O jornalismo não me seduz, tenho confiança em Deus que nunca mais serei diretor de *Manchete*, nem jamais pleitearei, sem estar perdidamente louco, o lugar de redator chefe de *A Trombeta do Diabo* ou do *Correio da Manhã*. Não quero as mulheres do sabonete Araxá, estou com a carne pacificada, tão fria como o toucinho de um ex-porco. Estou velho para me ini-

---

* Protagonista de O *encontro marcado*.

ciar nas artes plásticas e não tenho ouvido para a música, seja clássica, seja popular. Quero escrever uns contos, umas coisas... Hoje, estou decididamente convencido de que o homem (eu inclusive) é um ser mortal. Sobre isso, não tenho a menor dúvida. Tenho visto morrer muita gente boa, dessa eu não escapo. Se a morte é certa, a vida é quase sensaborona. Os sputniks, russos e americanos não me espantam. Já não tenho medo do frio e a asma foi definitivamente banida da face da Terra. Foi-se o tempo dos asmáticos. Pelas estatísticas, o câncer tabágico mata 6 mil pessoas por ano só na França. Todos os que escapam a esse flagelo também morrem, o que é extremamente consolador para os cancerosos. Espero que você se anime a me escrever e me diga o que devo concluir daí. Gostaria de saber como vai sua vida, você sem cartório, você 1958, que imagino renovado, enriquecido. Liberto, fecundo. Dê notícia de tudo, de suas leituras, do truco, da sua gastrite, me informe se ainda está tomando mate gelado, se há bananas em cima da sua geladeira, se o telefone o tem acordado, se trocou os pneus de seu carro. Eu sou glorioso possuidor de uma Mercedes-Benz 1958, 220-S, máquina perfeita, perfeito e sereno cretino (eu) a dirige com desenvoltura pelas ruas de Bruxelas. E não saio daqui porque a estação é má, há frio, neve, verglas.* Pode ser que em abril eu esteja perlustrando as ruas de Lisboa, com passagem por Madri, com Murilo Rubião e João Cabral.** Afonsinho Arinos me conta maravilhas da Itália, eu acredito. Janet, segundo me comuni-

---

* Fina camada de gelo que, após a chuva, se forma no piso de ruas, calçadas e estradas, trazendo risco de derrapagens e acidentes.
** O poeta João Cabral de Melo Neto (1920-1999), diplomata, vivia à época em Sevilha, encarregado de fazer pesquisas históricas no Arquivo das Índias.

cou, numa cartinha engraçada, deve estar partindo hoje de Paris para destino ignorado. O Anahory* apanhou com ela a carta para Helena. Eu faço votos para que você esteja feliz, sem rugas nos cantos dos olhos e com a alma lisa, limpa. Seus filhos devem ir bem, dê notícias, ponha minha bênção de mau padrinho no Pedro. Gostaria que Você aqui aparecesse, com prazer ajeitaríamos neste entulhado apartamento um modesto cantinho para recebê-lo. Então conversaríamos com calma, lembraríamos velhas histórias, iríamos, a esta hora, a bordo da Mercedes, dar uma espiada nos bares lá embaixo. Talvez eu bebesse o meu primeiro uísque, Você descobriria que Bruxelas é uma cidade pitoresca, eu lhe falaria mal de todos os que aqui comigo convivem, lhe faria perguntas antigas sobre o Brasil. Já na estação Você teria um choque com o meu chapéu inglês, meu capote (sem estrelas), minhas luvas, meu bigode aparado, meu cabelo à italiana, minha cara gorda e minha familiaridade com os nomes flamengos. Como vai o Gerson Seu Irmão? Como vai sua mãe?** Afinal ficou boa? Escreva, rapaz!, não seja mesquinho. Não venha sem avisar, que meu programa é variado, é intenso. Dois gatos estão miando agora à distância, lua não há. Como vai AB? Lembranças a todos. Receba o abraço do velho, perplexo e inalterável amigo do Otto.

P.S. de 11 de fevereiro de 1958: A carta era de Janet mesmo. Ela afinal, segundo explicou, não trouxe as radiografias de Helena. Desencontro.

---

* Eduardo Anahory (1917-1985), arquiteto português.
** Odete Tavares Sabino.

Bruxelas, 17 de fevereiro de 1958

Fernando:
Já lhe falei, de outras vezes, no Mozart Gurgel Valente. Você até me disse que ele é o meu Araújo Castro de Bruxelas... Agora aqui lhe estou escrevendo rapidamente só para falar do Mozart. Gostaria que você o procurasse logo, batesse com ele uns papos. É ótima pessoa, sujeito sério, boa presença, inteligente e sabedor de coisas, interessado e interessante. Mas é tímido (por iniciativa dele, dificilmente procurará você) e anda terrivelmente deprimido, conforme você verá se se tornarem amigos. Ainda que à primeira vista você não veja muita razão em encontrá-lo, atenda o meu pedido e procure-o, normalmente, sem qualquer sinal de samaritanismo, pois não seria o caso. Acho que ele se daria bem com você e você lhe faria bem. Convide-o para sair um dia qualquer, chame-o para uns bate-papos na sua casa, ou na casa do Marco Aurélio etc. O possível tom cerimonioso dele desaparecerá e você ganhará um bom companheiro, ao nosso estilo. Gostaria que você o convidasse para ir ao Mosteiro de São Bento e lá o apresentasse a dom Marcos.* Ele gostaria certamente, conforme já lhe escrevi, a ele, agora mesmo. Não é católico, mas é muito melhor do que eu, que sou católico de merda e não rompo meu pacto com o Demônio. Eu acabo de escrever ao Mozart dizendo-lhe que você e o Hélio irão vê-lo, dei seu número de telefone, é provável que ele lhe telefone, mas não é certo. Sei, avalio que isto pode ser (sobretudo parecer) meio chato para vocês, mas não me decepcionem e sobretudo sejam bons e acreditem em mim. Deus lhes pagará, que diabo! O endereço do Conselheiro é o se-

---

* Dom Marcos Barbosa.

guinte: rua Hilário de Gouveia, 84, apart.º 501. Ainda não tem telefone. O Araújo Castro saberá dizer-lhe como encontrá-lo, se for preciso recorrer a algum expediente. É possível que o meu tom aqui esteja falso, mas procure entender... Se eu estivesse aí, tudo se faria mais facilmente. Mas se você o procurar tudo se fará normalmente, espero que se estabeleça rápido uma camaradagem entre vocês. Chame o Mozart para bater um papo com você aí no seu apartamento uma noite dessas, ele gosta de música, tem bom ouvido, é lido e cultivado, sabe bem pra burro inglês, francês e italiano, é um rapaz prendado pra chuchu, cheio de boas qualidades. Apresente-o ao Marco Aurélio, divirtam-se falando mal de mim, o Mozart poderá lhe contar como é que eu vivo aqui etc. Com o tempo, se você conseguisse interessar o Mozart a, por exemplo, escrever para algum jornal, isto então seria ouro sobre azul. Não é escritor, ou pelo menos não me parece que pretenda ser, mas sabe escrever e precisaria muito de ser seduzido um pouco pela vida, por qualquer coisa que o puxe um pouco para fora do círculo de peru do Itamaraty.

Por favor, assim que puder, o mais depressa possível, me mande uma palavra a respeito, me conte que já se encontrou com o Mozart e que tudo está às mil maravilhas. Não lhe conte que estou lhe escrevendo de novo e sobretudo neste tom. Acabei de escrever, no mesmo sentido, com implicações psiquiátricas, ao Hélio, que, espero, não me decepcione.

Recebeu minha carta de outro dia?

Não tenho tido notícias daí. Nada vezes nada.

Abraço amigo e agradecido do seu

Otto.

P.S.: O Mozart já telefonou uma vez para o Hélio, que estava em Belo Horizonte. Certamente, vai retelefonar-lhe. Fale com o Hélio a respeito.

Bruxelas, 4 de março de 1958

Fernando:
Pensei muito em você ontem. O João Emílio Costa jantou aqui em casa. Está, coitado, de dar pena: magríssimo, com dois drenos na barriga porejando, um no pâncreas, outro aí pelo fígado. Depois fui levar o homem ao hotel, já deixei aqui o famoso Barbusse,* Nicolai Fikoff, de barbas de molho. Então chegou Lucy trazendo o gramofone do Ney, que também veio com a senhora. Lucy e seu Sacy Pererê. Servi um delicioso uísque aos presentes, foi me dando aquela coisa. Às três horas da madrugada, para encerrar a festa, fiz um cafezinho forte e delicioso. Mas o uísque continuou até as quatro, quando todos se retiraram e eu fui dormir, acordando com sua carta na mão de Cristiana, que me dizia: "Papaizinho, dezora!". Ih, acaba de me telefonar agora a mulher do João Emílio (não é a Marisa, não), me cobrando uma visita à Exposição, que eu tive a leviandade de prometer ontem. Estou correndo, rapaz, pois vou pegar uma carona amanhã para Genebra, é quilômetro pra burro e o pior é que eu não estou com muita vontade de viajar, acho que vai ser uma estopada. Depois, como andaram descobrindo ultimamente, a Coisa é aqui, Bruxelas, a Bruxa na intimidade, é que é bom. Em todo, vou, se bem que já tenho começado a botar dúvidas na cabeça da Helena, mas a moça é dura e não fica hesitante, eu é que conti-

---
* Alusão trocadilhesca ao escritor francês Henri Barbusse.

nuo. Helena está me chamando para tomar cabeça, que merda, queria escrever café, mas Helena está me gritando tanto que eu erro. Paro aqui, tomo o café e volto já. Pronto, voltei. Estou arrotando mais do que aquele burro que bebeu uma bacia de Coca-Cola no deserto (quem me contou foi o Anahory, com o qual sempre estou a falar no Rubem). Tocou o telefone de novo, é o Caio Cavalcanti para me dizer que está com uma sensibilidade pior do que radar e me chamou para ir à embaixada ouvir a voz do Hugo, é o Gouthier que vai telefonar do Rio ao meio-dia, não sei como é que vai ser com tanta coisa, ainda tenho de tirar dinheiro no banco, tenho que ir ao hotel do João Emílio, tenho de levar meu passaporte à embaixada da Suíça, será que precisa de visto? Não deve precisar, suíço não usa essas coisas. Cristiana tomou banho, está aqui toda cheirosinha. O diabo é que ando meio de ressaca, foi a primeira vez que isso aconteceu, aqui é uma casa de respeito, ninguém bebe, mas anda soprando um vento do diabo por aqui, vem do Saara e traz cheiro de petróleo. Sou um homem sem entrelinhas, fiquei burro sem gretas, não tem nem uma fresta para espiar lá dentro, é aquela burrice armada, cimentada, opaca, predial, como diria o Eloi, que por sinal nunca mais me escreveu. Mas o Etienne escreveu ontem. Há tanto tempo estava sem carta do Brasil que ia me dando uma raiva, uma amargura. Hoje chegou também um bilhete do Hélio, tão mixado, sobre o Mozart, que me escreveu nova carta, terrível, e a que ainda não respondi, por mal dos pecados. Veja se o procura, mas já falei com ele para ir aí ver você, ele disse na última carta que telefonou para o Hélio, mas que para você não tinha coragem de telefonar, pois não tem interesse (ele que diz que não tem), não quer chatear etc. Vou escrever para ele de novo. Eu ia grafar <u>pra</u>, mas depois que você disse que eu sou o Mário de Andrade redivivo, fiquei com vergonha de fazer essas piruetas da naturalidade, tão postiças e engomadas. Tocamos o Hino Nacional de noite (no gramafone, é claro), eu ouvi com a mão em cima do coração. Tocamos um dobrado, me lembrei do Eloi e do meu tio Quinzinho, que ele e o Osvaldo chamam de Quincas. Não entrou debaixo do meu carro, deu um trabalhão para espantar. E tinha o diabo da velha que ia e vinha e me pedia para enxotar o gato. Eu ali feito idiota, a levar cada drible do gato! Quis tocar o carro, a velha quase que chorou, disse que ia matar o gato dela. O pior é que eu levava meio quilo de filé embrulhadinho na mão, para dar para o tal dançarino. O gato me farejou, pronto! Não saía mais de debaixo do meu carro. E a velha a chatear. Uma escada íngreme, verdadeira cabeça de porco, com uma catinga de doer e eu ainda a ter de enxotar o gato da velha. Um veadinho ficou me espiando no café italiano, saiu na minha frente fazendo espuma, com aquele passinho de tricô, cruza prum lado e pro outro (agora virei mariodeandradino). Sua carta é fabulosamente genial, quase morri de rir com o "não sunga não, mãe", aplicado ao nosso amigo. E o resto, me deu grande saudade. Depois vou responder direito à sua carta, mas nem por isso deixe de escrever mais, logo, agora. Você não pode calcular o bem, a brisa que faz à minha alma adusta, desconfiada e bolorenta. Você vai escrever um grande romance, não tenho dúvida. O Dalton escreveu contos geniais, diz você, e aqui estão os anteriores dele, ótimos. Isto está me dando uma raiva, estou ficando invejoso pra burro e notícias assim me esgotam, me lançam num cansaço, numa sensação de impossibilidade, é aquela coisa de jogador que, além de perder, não ganhar nada, ainda tem de contemplar a felicidade do filho da puta que levou a bolada. Estou muito ressentido, se continuar assim vou ficar inabitável, você vai ver. A menos que eu saia com um romance no duro, aí eu endireito. Conto, não escrevi mais. O tal que lhe anunciei, parei. Teria prazer de mandar para você, você ia gozar. Romance, meu romance é o maior bluff da Bruxa, nem é romance, nem vale nada e nem consigo ler o mastodonte, quanto mais mexer nele, sai pra lá, carniça fedorenta! Mas o que eu queria lhe dizer são duas coisas: primeiro é que você deve vir para a Bruxa. Dou-lhe tudo de que você precisa, aconchego, peito amigo, cama, comida, roupa lavada, até dólar, se você quiser. Apenas o seguinte: me escreva dizendo a época, se possível já o dia em que você pode vir. Porque Papai* vai sair daí no dia 8 de abril e seria talvez bom que não coincidisse por muito tempo a permanência dele com a sua, para não encher demais a pensão. Sobretudo porque a cozinheira é dona Helena, a espanhola é um traste, não sabe nem fazer arroz, como aquela do Paulo (escrevi, ele recebeu?). De maneira que o convite foi mesmo pra valer, pode vir. Lhe empresto meu carro, que carro! Iremos passear pelas Europas, já estou me derretendo todo com essa perspectiva. O dinheiro que você tem dá e sobra. Veja a possibilidade de ajeitar uma passagem. Venha diretamente a Bruxelas, ou a Paris, vou buscar você lá de carro. Pode descer aqui em Bruxelas, mas acho melhor Paris porque assim a gente já metia lá um vale por conta e esvaziava o saco primeiro, antes de chegar à Bruxa. Daqui vamos à Alemanha, aonde você quiser. A boa época é agora, o inverno está se despedindo, teve uma nevada aqui outro dia, poxa! O segundo ponto que lhe quero dizer é o seguinte: li de novo o *Encontro*. Só lhe digo que perdi o sono uma noite. Não vou entrar em mais detalhes, depois lhe escrevo só sobre isso. Gostei demais do livro, achei muito melhor do que quando li aí, será que eu estou ficando burro mesmo? Mas achei tão bom que nem posso lhe dizer

---

* O professor mineiro Antônio de Lara Resende.

que você vai ficar muito vaidoso. Não tem muito romance bom assim, não, ouviu? Entendi tudo, eu sou o Schmidt.* Mas me deu certa amargura, caí num estado angustioso, ansioso, você calcula, eu com todos aqueles fantasmas, sobretudo começou a tocar na minha cabeça um disco do edifício Elisabeth,** você esvaziando cinzeiro etc. Até simpatizei mais com o Hugo.*** Tem duas cenas que considero magistrais, me arrepiam. Que economia, que síntese, que beleza! Isto é trabalho, só o trabalho constrói para a eternidade. Eu não sou escritor porque não trabalho. Porque talento você sabe que eu tenho para dar e vender. O negócio é mesmo sentar a bunda, mas eu sou bom para dar conselho, fazer eu não faço. Sou um merda. O resto eu lhe conto depois. Escreva logo para entrarmos no detalhe da sua viagem, quero saber a época certa, o dia, a hora. Primeiro me proponha todos os seus problemas, diga o disponível em dinheiro que você teria aqui, onde quer ir etc. Eu lhe explico tudo, eu sou o Schmidt e sei de tudo. Europa para mim é canja. Escute, meu rapaz, conte tudo, ouviu? — e considere que eu estou lhe pegando pelo cotovelo, o levo para a janela e estou gordo e balofo, já posso assumir esses ares. Parece você em Nova York e eu na Merda, mas só que tem que agora vai dar certo, isto é, agora sai uma viagem disso, você vem, enquanto que eu não fui, nunca fui. Ah, fui sim: à merda. Estou atrasadíssi-

---

* O poeta Augusto Frederico Schmidt (1906-1965). Otto e Fernando gostavam de brincar com ele, pois, com mania de grandeza, costumava dizer "Eu sou o Schmidt!", ou "Diz que é para o Schmidt!", na esperança de que isso abrisse qualquer porta.
** Referência ao prédio, na avenida Nossa Senhora de Copacabana, 769, onde Fernando Sabino morou ao chegar ao Rio, nos anos 1940.
*** Para grande irritação de Otto, dizia-se que o personagem Hugo, frágil, atormentado, talvez homossexual, teria sido inspirado nele.

mo. Ainda bem que acabou o papel. Depois eu conto. Helena está de acordo, claro, e escreverá.

Otto.

P.S.: Fernando, pode vir. Abraços. Helena.

Bruxelas, 25 de março de 1958

Fernando Sabino:
Cheguei em casa puto da vida, comi, e Helena me disse (comi na cozinha) que tinha uma carta sua. Acabei de ler agora, estou com um gostinho maravilhoso de café forte na boca, pitei um cigarro, dormi mal à beça essa noite, primeiro porque me deitei tarde, segundo porque Cristiana, com o pezinho doendo, passou para a nossa cama (nossa aí é minha e da Helena), ficou aquela macaquinha no meu marsupial a madrugada toda — e eu preocupado porque tinha de me levantar cedo para ir buscar o dr. Edgar para a reunião dos comissários gerais, que é longe pra burro, já no recinto da Exposição, foi difícil pra burro achar, me perdi, acabei encontrando, encontrei uma fair hostess que falava francês, e de repente, começou a falar português com sotaque luso, ficou tão engraçadinho que valeu minha manhã, que todavia continuou mal-humorada, eu ouvindo as maiores chateações sem interesse, com o tal dr. Edgar, a placa BRÉSIL na sua frente, a espiar-lhe a nuca, a contar-lhe os fios de cabelos, a ver como ele penteia a careca com capricho etc. Depois passei na chancelaria, vim correndo, deixei a Lucy em casa, encontrei o Pascoal Longo, que é um rapaz de fala mole que está aqui, vou encontrar o Anahory, que eu jante com ele, vou encontrar o João Maria dos

Santos, o Bandeira* me pediu para estar na chancelaria às quatro horas porque vai telefonar de Paris, para saber se afinal faz ou não faz o painel dele para o pavilhão, depois tem mais uma reunião dos delegados culturais da Exposição e o mesmo dr. Edgar, tirano sorridente, cortês e chato, me pediu para comparecer, não tenho nada para dizer, não sei de nada, ainda por cima me perguntam como deve ser o uniforme das moças brasileiras que vêm trabalhar, se eu acho verde e amarelo bom, vão todos para a p.q.p., estou cheio, sobretudo estou com sono e certo desânimo, depois passou de zero, não sei o que está se passando comigo, acho que é a primavera, que aqui levam a sério pra burro, aí é só o Schmidt e o João Condé** que tomam conhecimento dela etc. mas não quero deixar de lhe mandar esta palavra imediatamente só para dizer-lhe: 1) que você vem sim, não desanime, daremos um jeito, os seus dinheirinhos citados, com bom controle e boa gerência, vão dar suficientemente; que 2) seu romance, não dei superior desprezo para ele aí, não, foi equívoco, juro que não fiquei assim como você imagina e que também minha opinião de agora não é sentimental, pela distância, mas verdadeira, depois de uma leitura atenta e até reli outra vez o final, sobre o qual tinha certas dúvidas; mas dissipadas, aguenta a mão, vá para a frente, você já está em pleno mar, não se trata mais de um rapaz de futuro, mas de um escritor com passado, o que é excelente; e 3) esqueci qual é a terceira coisa, ah, me lembrei: que suas crônicas são muito boas, apesar de só ter lido uma, aquela sobre o cocô do Leblon e o PMC*** — gostei muito, está se vendo que todas são boas, vou ler deliciado, mas agora tenho de sair correndo para aquelas retro-

---

* O pintor cearense Antônio Bandeira (1922-1967).
** Jornalista pernambucano (1912-1996) que durante décadas manteve na revista semanal *O Cruzeiro* uma página literária muito lida, "Arquivos implacáveis".
*** Paulo Mendes Campos.

mencionadas chateações, sem contar que estou também com um pouco de dor de barriga e vou ter de dar um jeito nisso, mas logo passa e a vida não é ruim, não, o diabo é que ela passa, fiquei besta de saber da morte de José Morais,* ninguém me contou, você não fez uma croniquinha a respeito?, ninguém me conta nada, outra coisa que eu vi na mesma *Manchete* que o Adolpho me mandou é a sua peça sendo encenada pela Cacilda Becker, por que você nem ninguém me contou? Se eu tivesse a certeza de que alguém ia encenar a minha peça, é claro que já tinha escrito a bicha, mas sei lá, meu tema de fracasso literário é verdadeiro demais para eu não falar nele, meu romance continua fedendo cada vez mais aqui na gaveta, parece um urubu morto, nem tenho coragem de exumá-lo porque aí então vou cair em crise e agora resolvi que, com essa Exposição, não é possível a gente ser direita e levar a vida (literária) para a frente, o João Cabral é que não é besta, me escreveu ontem dizendo que aqui ele não vem, não, por que viria se agora exatamente vem tanta gente neste "vasto domingo" belga? Tem razão, isto está ficando meio chato, ando meio nervoso e realmente vou pensar em ir ao Brasil por dois meses, ao menos Helena irá no fim do ano, quem sabe, eu estou pensando também em ir para Madri, o Josué Montello** e o Murilo Rubião mandaram me comunicar que o primeiro (Montello) de lá sairá em novembro próximo, que acha você?, fique na moita para não aparecerem muitos candidatos, estou ficando muito esperto e diplomático, acabo fazendo carreira, você verá, sobretudo se continuo no exterior. No mais, não posso en-

---
* Jornalista e crítico de cinema mineiro.
** Escritor maranhense (1917-2006), na época servindo na embaixada do Brasil em Madri.

tender porque vocês nunca falam no Paulo, acho que vocês estão abandonando muito o Paulusca, veja o que há, pergunte-lhe se ele não recebeu minha carta etc., afinal é uma merda, nem responde à gente, no duro merece mesmo é esquecimento, como o Hélio, outro sacana de marca maior, meu grande problema aqui é a falta do Brasil, de vocês, dos amigos, daquele bate-papo etc. porque no mais a vida vai e até quando eu não sei. Abraços.

Escreva. Vou ler s/ crônicas e direi. Recebi carta do P. Gomes* dizendo que chega a 30.

Otto.

P.S.: Escreverei s/ sua viagem. Mas me escreva, mantenha o diálogo. Vou à Itália, você irá comigo. Explicarei.

Bruxelas, 3 de abril de 1958

Fernando,
Recebi nova carta do Mozart Valente, o que me leva de novo a vir dizer a você o que eu já disse duas vezes. Não é que o Mozart tenha feito qualquer referência a você. Não tocou mais no assunto de procurá-lo, desde que, na primeira carta, me disse que não se achava em condições de procurar você. Por isso mesmo é que eu pediria a você telefonar (que merda! Ele não tem telefone), sim, telefonar, porque agora ele está no Itamaraty, no D. A., Departamento Administrativo, com um horário meio vago. O melhor é fazer o contato através do Araújo Castro, que você sabe como encontrar. Eu sei que é chato pra burro isto que estou lhe

---

* Jornalista baiano que fez carreira na imprensa do Rio de Janeiro.

pedindo, mas tenho necessidade de pedir-lhe. É possível que daí não saia nada, mas se você chegasse a fazer uma relação de amizade com o Mozart, isto seria para ele muito importante e você ganharia um excelente amigo, cheio das melhores qualidades, conforme já lhe expliquei. Aqui muito entre nós, ele me escreve cartas tão angustiadas e terríveis que acho o estado dele grave. Seria profundamente melancólico que eu tivesse de lamentar de não ter feito ao menos uma tentativa de ajudá-lo. Infelizmente, essa tentativa custa a você o sacrifício de procurá-lo, mas não deixe de fazer, chame ele e o Araújo Castro para irem te visitar, depois me conte como foi. Ou chame ele sozinho, converse sobre mim bruxelento, seria tão fácil! E até agradável. Ele é irmão do Maury,* tem a Clarice etc. Custo a entender a dureza de seu ouvido — será que eu preciso falar mais claramente, pedir de joelhos, berrar, sangrar? Que coisa triste, meu Deus! Como somos sós! O endereço do Mozart é rua Hilário Gouveia, 84, apto 501, Copacabana, telefone depende do Negrão** querer dar.

Você podia levar o Mozart ao Mosteiro. Hoje é quinta-feira Santa. Estou profaníssimo nesta Semana Santa. Trabalho como um cão, até raiar o dia, para a Exposição. Tenho feito, a esse respeito, algumas tristes considerações, muito pessimistas a meu respeito. Afinal, não consigo, neste mundo, encontrar uma pedra em que repouse a minha cabeça. As sinecuras, ao serem por mim ocupadas, se transformam em cálices de amargura. Enfim, o Pedro Gomes me telefonou hoje de manhã de Paris, vai chegar às oito e meia e o ambiente vai ficar muito otimista...

---

* Maury Gurgel Valente, diplomata, à época marido de Clarice Lispector.
** Referência ao político mineiro Francisco Negrão de Lima (1901-1981), então prefeito do Rio de Janeiro.

Você conhece o João Maria dos Santos? Grande figura! Está aqui e é o sujeito mais delicado que há sobre a Terra, pergunte ao PMC. Está também o Rob. Burle-Marx, como envelheceu e está cada vez mais, conversando comigo, meio de pileque, aquela conversa com o sujeito oculto, aquela que desmancha com a pergunta assim — Afinal qual é o problema? Está também o Anahory, contando imundas anedotas portuguesas. Está o Murtinho, muito amigo do Mozart. E estão outros, está, sobretudo, Batistinha, o Comissário. Imagino o que não será quando chegar o Gouthier.

Você viu minha carta ao Castello, a última? Tem aquele problema de ficar na Europa e optar por uma das situações que se apresentam, veja se você me dá uma palavra sobre isso. Às vezes, apesar de tudo, o que eu quero mesmo é voltar para aí, ficar qui-e-to, tran-qui-lo. Minha vida está acabando, não tem jeito mesmo, estou de uma bondade acanalhada, sem esforço, bunda-d'água.

Desculpe esta carta tão malfeita, mas estou cansado e correndo. Papai vem aqui no dia 8 (sai daí nesse dia). Fernando LR parece que se casa, mas não me contou nada. Você virá quando? Vou acertar direitinho com você sua viagem, isso tem tempo (uns meses ainda). Mas em hipótese nenhuma admita a ideia de não vir, você deve, tem que vir! Virá.

Vou almoçar. Lucy está chegando, azul, com bolinhas brancas. Escreva. Procure o Mozart, eu sou chato, eu sei, mas procure o homem, faça esse gesto de caridade, de amizade, de compreensão.

Seu velho Otto.

P.S.: Como vai meu afilhado Pedrinho?

Bruxelas, 20 de maio de 1958

Fernando,
Ainda hoje me perguntaram se você vem mesmo a Bruxelas. Eu disse que vem. Mas você é uma bosta seca, nem ao menos me responde às minhas cartas! Tinha tanta coisa para lhe contar! Agora, passou a oportunidade, eu estou correndo, vou viajar amanhã cedo para Paris, onde vou encontrar Nogueirinha e Luís Carlos Barreto. Milhares de brasileiros por aqui têm surgido. Adolpho Bloch e Lucy, Bilac Pinto, Kelly, Oscar Corrêa, Ruy Palmeira, Jean Barbará, Júlio Vito Guimarães (diga a Maria Urbana que o vi, que vai bem, que almoçou aqui em casa ontem) etc. etc. Milhões de brasileiros chovendo todos os dias! Agora, vou buscar a família Lara em Paris, meu pai e Gilberto,* este devendo chegar depois de amanhã. Só você não vem à Europa. Mas espero que ainda venha, combinaremos, se você me der a honra de responder à minha carta. Sabe quem me telefonou outro dia? Marion! Claro, nos lembramos carinhosamente de você... Estão aqui várias moças brasileiras, com quem me divirto nas folgas, o que leva Helena a me chamar de gagá.
Mas a razão deste bilhete rápido é a sua crônica. O Pedro foi leviano de lhe dizer tudo aquilo, com tantos exageros e tantas inverdades ou deformações da verdade, e você foi leviano de aproveitar o assunto sem pensar nas consequências que disso surgiriam, como surgiram. Não vou me queixar, está feito, está feito. Mas a indignação foi grande. Claro, até falaram mal de você, do seu romance, de tudo. Eu quase simpatizei com a crônica, por causa disso... Mas, por favor, trate bem o Pascoal Longo,

---

* Gilberto Lara Resende, irmão de Otto.

que lhe escreveu uma carta a respeito, tão séria! O rapaz é hipersensível e me parece direito, deu um grande duro aqui, coitado. Sentiu-se injustiçadíssimo e muito ofendido com o Pedro. Aqui entre nós, até chorou quando leu a crônica. Está acabrunhadíssimo e anunciou que vai embora etc. Você pegou o pitoresco e foi uma cagada no ventilador, lambuzou todo mundo. Como meu nome está citado logo de início, atribuem-me a autoria intelectual da coisa, as piadas etc. Hoje fui até chamado, segundo soube, de "Calabar do Comissariado"... A confusão é geral. Todavia, o Pavilhão vai magnificamente bem, lotado de visitantes, vendendo café e mate à beça, fazendo um sucesso fabuloso.

Se você, portanto, tocar de novo no assunto, por causa da carta do Pascoal, não o trate mal. Posso lhe garantir que é um bom rapaz, meio neurastênico e sofredor. Considera, a sério, a vinda dele a Bruxelas um castigo, um martírio etc.

Escrevi ao Pedro Gomes uma carta contando certas coisas, mas Helena achou-a muito cruel e desisti de enviá-la. Recebi dele carta amabilíssima hoje, cheia de exageradíssimos agradecimentos. Mas aí, vocês tramaram a minha caveira. Podem aguardar minha próxima volta ao Rio... Se é isso que estão querendo, vão conseguir logo!

Como vão os amigos? Estou devendo carta a muita gente, mas ando numa vida doida, dormindo pouco, me agitando como nunca, para baixo e para cima, cheio de probleminhas e gente dependurada em todos os galhos de minha alma. Literatura, esqueci. Parei tudo, estou distraído de mim e de Deus. Às vezes, penso com angústia em tudo isso, mas não vou puxá-la (a angústia) agora. Deixo para quando você vier, pois você vem, não vem?

Como foi o livro do Paulo?* O canalha nem ao menos me

---

* *O domingo azul do mar*, poemas de Paulo Mendes Campos.

mandou um exemplar. Recebeu uma carta minha, a milésima, pelo aniversário dele, não deu a menor bola. Procurei visitar-lhe a sogra em Londres, escrevi contando minuciosamente — nada! Idem quanto ao Millôr. A estes dois, não escrevo mais.

E o Castello? Respondi-lhe petulantemente, mas ele não deu mais sinal de vida. Acho que não deve ter gostado, ou então me gozou muito aí, com você. Mas não faz mal. Eu agora não ligo mais e nada e sou um homem destemido, isto é, nada temo, nada, nada! Libertação de medo!

Procurou o Mozart Valente? Nem isso você me diz. Bom, vou parar, senão me queixarei até o fim e são tantas as queixas! Depois dizem que tenho muitos e bons amigos. Uma ova!

Adeus, doutor. Continue me intrigando, mancomunado com o Pedro Gomes. Mas, por favor, não me atribua frases pejorativas para com São João del Rei. Qualquer pessoa que me conhece sabe que eu sou incapaz de depreciar a minha nobre e leal São João del Rei, que não troco nem por todas as capitais do mundo. Lá ficou um menino que não existe em nenhuma metrópole do mundo. E esse menino sou eu. Respeite esse menino, respeite a cidade desse menino. Não mexa com o S. João.

Abraço sempre amigo do velho e caluniado,

Otto.

[No alto da página: "Não reli".]

Bruxelas, 31 de maio de 1958

Fernando,
Neste momento, oito horas da manhã, eu saindo de carro com pai e irmão para a Alemanha, recebo sua crônica, que já ti-

nha lido, com comentários à margem. Recebo também carta do Castello. Caso crônica definitivamente encerrado, de minha parte não fiz barulho nenhum em copo d'água, nem fora do copo. Não fiz barulho — eis tudo. Escrevi-lhe a carta mais silenciosa que se poderia escrever. Idem ao Pedro Gomes. Pessoalmente, não atribuí a menor importância ao fato, apesar de ter ficado, por um momento, em situação meio chata para com os outros brasileiros aqui, diretamente atingidos. E quem foi esculhambado não fui eu, ora essa! De maneira que não se fala mais nisso, tá bem? Acabo de receber carta de Castello, redigo, verifico, juntando com a sua, que agora o Pedro é a vítima. Muito bem, que seja, mas não queira ser MINHA vítima, porque este não é o meu esporte preferido. Lamento PROFUNDAMENTE que o Castello não tenha recebido minha carta dita petulante. Foi a única em que eu aparecia de corpo inteiro com orgulho e vaidade, me dizendo... antológico! Não deixava por menos. Mas se perdeu, vá lá. Não reescreverei. Diga ao Fernando LR que recebi os recortes e fiquei besta, mas já esperava, a Justiça tarda, mas não falta. Escrevi ontem ao Casteja, premido pelas circunstâncias (os outros), retiro a ofensa que lá há para você. Para você apenas o velho abraço amigo de quem aqui o espera, velho sacripanta, você vem? Diga!

Otto.

Bruxelas, 10 de outubro de 1958

Fernando Sabino,
Estou vesprando uma carta para você, mas fica sempre para amanhã. No fundo, acho que você merece e nem está ligando

para as minhas cartas. É, sobretudo, o que depreendo de seu silêncio, realmente tumular. Minha impressão, cada vez mais fundada, é que amigos como você e Paulo, por exemplo, não querem nada comigo. Fico me achando mulher de soldado, tanto mais apaixonada quanto mais desprezada...

Em todo caso, depois de amanhã é seu aniversário, assim como da América. E do Gerson, seu irmão, a quem por seu intermédio mando um abraço de velho admirador.

Parabéns, parabéns, parabéns. Felicidade total, paz de espírito, realização verdadeira: tudo lhe desejo de coração, com sinceridade verdadeiríssima, nada convencional.

Soube pelo Castello que você fez uma peça semipolicial. Soube pelo Fernando LR que saiu a terceira edição do *Encontro*. Soube pela Condessa Pereira Carneiro* (que vem jantar aqui hoje) que suas crônicas fazem sucesso. Não soube mais nada. É verdade que o Paulo publicou um livro de poemas? Li no Ibrahim Sued.

Eu: estive na Itália, viajei, viajei, viajei. Vi coisas, muitas coisas. Fiquei crente que falo italiano. Me lembrei de você com grande frequência, sobretudo certo domingo, na praia, em Fregene, num bar meio boate. Não seria difícil explicar, mas esse momento, como outros, já ficou distante. Pensei em lhe escrever brandamente, com uma lógica implacável, irretorquível. Para convencê-lo do seguinte: que, apesar do preço do dólar, você deveria dar um pulo aqui, hospedar-se comigo, batermos uns papos longos, desprogramados. Mesmo no inverno. Mesmo sem muita andação por estas Europas. Vir a Bruxelas, ou melhor, ao Rond Point de l'Étoile, sentar-se nesta poltrona, dizer cumé? sacumé?

---

* Maurina Dunshee de Abranches Pereira Carneiro, dona do *Jornal do Brasil*.

pois é isso, rir porque eu não sabia, dizer Pajé,* você está gordo, parecido com o Gilson Amado,** ou sei lá com quem. Só para isso. Depois você pega o avião da Panair, com 50% de abatimento, e volta. Depois de ter me insultado muito, dizendo que eu estou inteiramente enganado, que ficção não se faz assim, que não aproveito a sua experiência literária etc. Você vem? Falaremos do Papa (que morreu),*** de Deus (inquietante), do Demônio, dos homens e das mulheres. O Osvaldo Gusmão**** foi candidato a quê? Não sei de nada, venha me explicar.

Eu lhe contarei umas histórias engraçadas, você vai morrer de rir. Eu já não fui à Nova York quando você estava lá, agora você comete esse erro de não vir aqui! Está ficando frio, tenho uísque em estoque, li duas páginas inteligentes, finjo que cheguei a algumas conclusões batata, você destruirá facilmente os meus argumentos, venha.

No mais: andei cheio de gente, hoje estou gripado, tossindo. Ontem conheci e conversei com Françoise Sagan. Se eu ganhasse quinhentos dólares a menos, escreveria uma entrevista interessante. Mas para que jornal? Por isso mesmo, outro dia, à uma e meia da manhã, desesperado, peguei o telefone, acordei a Lucy Teixeira, que sonhava com Croce, e falei com uma voz cavernosa: — Um elogiozinho, pelo amor de Deus! Senão eu morro!

Me lembrei do Jorge de Lima e do Ovalle (acerca do qual conversei com o Villa-Lobos).

Conversei também com a Soraya, que admira Hafiz. Outra

---

* Apelido de Otto.
** Professor sergipano (1908-1979), pioneiro da televisão educativa no Brasil.
*** Pio XII tinha morrido na véspera.
**** Oswaldo Herbster de Gusmão, professor mineiro de ciência política, que será colhido na primeira leva repressiva do golpe militar de 1964.

entrevista que não escrevi. São relações do Hugo Gouthier, que me contou outro dia, no aeroporto, umas histórias fantásticas.

Minha solidão é total.

Fiquei besta de ver a filha do Fred Chateaubriand.* É uma moça! Diz que é repórter. A Yvette Pitanguy caiu da escada. A Lucy Teixeira teve um desastre há muito tempo, ficou com uma cicatriz. Diálogo dela (L) com um belga (B) no Pavilhão do Brasil:

L: — Boa tarde etc.

B: — Queria saber informações sobre o Paraná.

L: — Pois não. Precisamente?

B: — Sobre um chacaré que comprei no Paraná.

L: — Sobre um jacaré?

B: — Sim, senhora. Comprei um jacaré no Paraná e queria saber se foi bom negócio.

L: — Depende. O senhor comprou por quê?

B: — Tenho um belga amigo lá. Ele me disse que era bom negócio.

L: — E o senhor comprou?

B: — Comprei pela fotografia.

L: — Seu amigo lhe mandou a fotografia?

B: — Mandou. A senhora quer ver? Está aqui na carteira.

L: — E, muito bem. Com que finalidade o senhor comprou?

B: — Para valorizar. Dizem que tudo lá valoriza, por causa do café. Jacaré não valoriza?

L: — É possível.

= Silêncio, pensamentos estranhos. =

L: — Mas não estou vendo o jacaré aqui, não.

B: — Olhe aí, é isso mesmo.

L: — Só essa paisagenzinha. Há de ver que está atrás da árvore.

---

* Jornalista, filho de Assis Chateaubriand.

B: — Que é que está atrás da árvore, Mademoiselle?
L: — O jacaré.
B: — Não, a árvore é na divisa.
L: — Mas então quede o bicho?
B: — Que bicho?
L: — O jacaré, c'est-à-dire, le crocodile.
B: — Que crocodilo? Então existe crocodilo na minha propriedade?
L: — Pois não foi o senhor que disse que comprou um jacaré?

Em suma: o homem tinha comprado uns lotes, mas dizia "chacará", ou seja, chácara, mas a Lucy entendeu "jacaré" e corrigiu para "jacaré", conforme o homem passou então a falar durante todo o diálogo, certo de que pronunciava uma palavra portuguesa que queria dizer "pequena propriedade rural".

Aqui me desço. Parabéns, parabéns, parabéns. Lembranças ao Eustáquio Duarte e à Diva Esperança da Terra.

Helena se associa no abraço. Meninos, bem. A bênção para o Pedrinho. Como vão os seus?

Abraço saudoso do velho Otto.

P.S.: Esqueci de dizer que o belga tinha comprado o jacaré por 250 mil cruzeiros. Lucy achou meio caro, mas como não entendia do ramo, disse que era razoável.

Bruxelas, 19 de novembro de 1958

Fernando,
Cheguei de Paris ontem e encontrei seu livro.* Confirma-se

---

* A segunda edição de A *cidade vazia*, crônicas.

o que já me disseram aí do Brasil — que você é hoje uma das maiores e mais ativas glórias literárias do País. Parabéns. Não (re)li ainda todas as crônicas, mas já (re)li várias delas, nesta segunda edição (quantos exemplares foram? Certamente se venderá a edição toda com facilidade, não?). Fiquei pensando em você nos Estados Unidos, nos Estados Unidos em você — isto é muito importante e é engraçado que talvez eu nunca tivesse percebido essa importância com tanta nitidez como hoje, quando estou também longe do Brasil, neste Rond Point de l'Étoile. Sei que você está escrevendo valentemente crônicas diárias e semanais, ganhando os tubos, viajando por todo o Brasil. Nunca tinha visto a crônica do CDA (de 1950!) que está na orelha da *Cidade vazia*. É esplêndida e altamente lisonjeadora. Vocês não me contam nada. O pior é que você, na dedicatória do livro, ainda se faz de vítima e menciona queixas. Ponha a mão nessa imunda consciência! Você, no duro mesmo, só me escreveu uma única carta, prometendo escrever outras, que nunca vieram. Compreendo, como já lhe disse, porque sei que, com o esforço gratuito de escrever uma carta, Você escreve $$$ uma crônica. Recebi também hoje os livros do Sérgio Porto,* do Altino Arantes (fabuloso, tem 650 páginas!) e do Léo Godoy Otero,** que evidentemente não se lembraram de mim (o José Olympio editou). O Sérgio afinal ficou bom do enfarte, se é que teve mesmo enfarte? Andei espiando o livro dele — que cronista, hein! Mas falemos objetivamente. Estive em Paris uns dez dias, talvez pela última vez, porque ou volto para o Rio ou me mudo para outro lugar da estranja. Recebi

---

* *O homem ao lado*, livro de estreia de Sérgio Porto (1923-1968).
** Ficcionista goiano (1927). Tinha acabado de lançar *O caminho das boiadas*, contos.

hoje um telegrama do nosso amigo Araújo Castro (Você tem estado com ele? Ou se limita a constatar que "precisamos estar mais com o Araújo Castro"?), anunciando que o Ministro está receptivo quanto à minha transferência para Madri, o que me encheu de susto, como se me soltassem um touro em cima num pequeno quintal encurralado. Ando de novo dado a sustos. Acordei às três horas da madrugada (dormi muito cedo ontem, antes de dez horas) e fiquei em pânico com a ideia de estar dormindo tão longe do Matola.* Vi umas coisas em Paris, dois bons teatros, John Osborne e A. Miller, algum cinema etc. Dei uma grande volta de carro pela madrugada, sozinho, e me perdi por tanta rua desconhecida. Fui da Étoile à Concórdia, às quatro horas da manhã, meio de pileque, dizendo em estribilho "Champs-Elysées, merda pra você". Você era eu. O Cícero Dias me mostrou às gargalhadas uma crônica sua na *Manchete* e me perguntou pelo Paulinho (que não me mandou *O domingo azul no mar*). Parodiando o Amanuense,** que dizia que "em Paris é a mesma coisa", eu me repeti que em Belo Horizonte é a mesma coisa. Duas prostitutas me abordaram, me puxaram pelo braço e eu as afastei com o Vade retro do século XX, isto é, dizendo "je n'ai pas d'argent, je suis fauché". Uma moça me contou que um dia, quando tinha doze anos, ia de madrugada para a igreja comungar, quando apareceu um homem horrível, bêbado, e deu-lhe um tapa na cara. Foi o maior medo que ela teve em toda a vida. Então eu disse: "Eu conheço esse sujeito". E descrevi-o. Ela ficou espantadíssima — como é que eu sabia? Eu disse que sabia o nome dele. Ela perguntou qual era. "Belzebu", eu respondi. Ela me disse no

---

* Lugar onde Otto nasceu, em São João del Rei.
** Protagonista de *O amanuense Belmiro*, romance de Cyro dos Anjos.

dia seguinte que não pôde dormir e acabou chorando sem saber por quê. Você nem sequer acusou a carta em que eu o convidei para vir a Bruxelas. Nem acusará esta. Tenho vontade de passar um ano nos Estados Unidos, mas meu inglês não desasnou, apesar das aulas que tomei aqui. Você, apesar de minhas perguntas, nada me disse sobre a peça que escreveu. Eu também escrevi uma coisa que pode ser uma peça, um bate-papo de dois sujeitos. E estou desanimado, conforme lhe explicarei. Seus filhos, como vão?

Imagino que devem estar todos crescidos, imensos, estive pensando outro dia no Pedrinho rapaz de vinte anos. Li num jornal de Paris que o Brasil vai espantar o mundo dentro de alguns anos, com o seu imenso progresso. Pertenço à geração do Costa Rego* e estou só. Aqui, tudo bem.

Abraço do velho Otto.

P.S.: Li toda a sua *Cidade vazia* — esplêndida. Grande e jovem cronista.

Bruxelas, 29 de novembro de 1958

Fernando,
Escrevi-lhe duas cartas a que você não respondeu. Há alguns dias falei de você longamente com alguém que só conhece você de nome e me perguntou se você era muito agitado ou se parecia com o Afonsinho Arinos. Depois seu nome saiu de novo numa

---

* O jornalista e político alagoano Pedro da Costa Rego (1889-1954). Otto, que trabalhou sob seu comando no *Correio da Manhã*, dedica a ele longos parágrafos do artigo "Da imortalidade dos jornais" (incluído em O *príncipe e o sabiá*).

roda de três senhoras, uma das quais não leu, mas me pediu emprestado, o *Enc. marcado*. Depois me escreveram que sua ida a Belo Horizonte foi um sucesso e que havia uma imensa fila de brotos com sua *Cidade vazia* na mão, disputando o seu autógrafo. Ontem à noite, depois de fazer milhares de contas para saber se o dinheiro vai dar mesmo para minha ida ao Brasil, dormi com grande ansiedade, tanta que me sentia mal até fisicamente — foi preciso tomar um Equanil que, vou avisando logo, não faz qualquer efeito. Acordei de madrugada rindo à toa, rindo do sonho que tive com você. O sonho se esgarçou um pouco, para contar agora (dez horas), mas era assim. Você estava numa grande sala, como aquela em que funcionava o seu cartório na rua dom Manuel (o segundo, não o primeiro cartório, que PMC chamava de colegial). A sala era bem maior e o que tinha de peculiar era a sua divisão em duas partes: uma parte normal, com teto, paredes etc. e outra exposta ao sol, descoberta. Você estava sentado à mesa cheia de papéis e a mesa estava em cima de um estrado (como no cartório). Eu me sentei ao lado de sua mesa, mas você assinava tantos papéis e dava tantas ordens, com mil mãos se agitando, que não parecia dar muita atenção à minha presença. (Desculpe interromper, mas o telefone tocou, atendi, uma voz estranhíssima e, no entanto, familiar disse Alô! Alô! Alô! E não disse mais nada. Helena saiu, foi ao cinema com Laís. Liguei para a Lucy, que ficou com medo de minha conversa e desligou o telefone, mas o meu continuou ligando para a casa dela.) Continuando o sonho: Você estava muito agitado, mas evidentemente se apressava para poder arranjar uma folguinha e então conversarmos. Suas mãos faziam ruídos de papéis e de chaves, Você queria tirar o molho de chaves do bolso e não conseguia. Eu aí disse que você estava muito bem instalado, tinha uma multidão de auxiliares a quem dava ordens e a quem passava processos, inteiramente à vontade. Você não parecia me ouvir, mas respondeu que a parte da sala que era descoberta tinha o inconveniente de deixar passar a chuva, quando chovia. E me contou (assinando sempre papéis) que tinha caído uma chuva tremenda no dia anterior e tinha inundado tudo. E isto você me contava rindo muito, com a mais sadia alegria, sem nenhum aborrecimento pelos prejuízos que a tempestade lhe tinha causado. Eu achava fabuloso o seu bom humor e não sei por que eu parecia convencido de que você tinha razões para estar triste (no entanto, não estava). Vai daí você se levantou e foi até perto da porta, onde havia uma estante com discos expostos, como numa loja que eu vi em Paris. Você atendeu a uma moça que queria comprar um disco, de repente começaram a aparecer outras moças, dezenas de moças, e Você as atendia com a maior rapidez, com aquelas mãos de Gerson Sabino, lépidas e espertas. Eu, ao lado, estava besta com sua eficiência e você, vendendo os discos, ainda achou jeito para me explicar que se tratava de grande negócio, que eram discos americanos e me deu um nome inglês que eu não entendi, ou não guardei. Perguntei se você ia sair ou não, você respondeu: — Como é que eu posso sair com tanta moça querendo meus discos? E riu de novo com uma espontaneidade impressionante. Aí eu disse: — Deixe os seus funcionários trabalhar um pouco e vamos tomar um cafezinho lá fora. Mas você respondeu, torcendo a cara para as clientes não ouvirem, que elas só queriam comprar discos da sua mão. Então eu perguntei: — Por que é que você não autografa os discos? Você me explicou qualquer coisa sobre a inconveniência de autografar e me apontou do outro lado da sala uma outra estante comercial, cheia de blusas de cachemir. Aí eu fiquei mais besta, sobretudo porque você me explicou que as blusas eram a última moda das "teenagers" brasileiras. Eu perguntei como é que você conseguiu importar cachemir inglês, contei que Helena em Bruxelas tinha comprado umas blusas parecidas. Você então sussurrou no ouvido: — Fica firme que não é cachemir inglês nada, é argentino. E uma grande agitação se estendeu por toda a sala, que era como uma grande loja moderna em véspera de Natal. Aí eu pensei que você devia estar em risco e que, no entanto, ninguém me tinha contado que você tinha se estabelecido com aquele comércio. E eu fiquei meio chateado porque você se demorava demais e eu queria contar-lhe umas coisas de minha viagem (era a primeira vez que nos víamos no Rio). Então você voltou para a mesa em cima do estrado, dando ordens e gritos, e me pediu que o esperasse lá fora, que ia dar um jeito de sair escondido. E eu saí e, chegando lá fora, vi a fachada da casa com um imenso letreiro em gás neon. Li: SABINO'S SHOP. E em seguida eu acordei, rindo da sua eficiência e da sua espantosa alegria. Muito bem, acabou o sonho. Agora, numa *Manchete* filada na embaixada, acabo de ler sua crônica sobre o seu caso com o guarda que você "subornou" com quarenta pratas. Vi que estou citado nas entrelinhas. E decidi escrever-lhe esta carta, a que Você também não responderá. Conforme o Fernando lhe terá contado, estou programando uma viagem ao Rio em abril, isto é, em janeiro (que lapso engraçado este!). Vai me custar os olhos da cara e não sei no que vai dar. Me mande uma palavra.

Otto.

Bruxelas, 6 de dezembro (sábado) de 1958

Fernando Sabino,
Pequenas coincidências acontecem.
....

    Escrevi essa primeira frase aí em cima e fui procurar num livro que eu estava lendo hoje de tarde certa frase sobre o crepúsculo. A coincidência foi a seguinte: fechei tal livro e peguei um exemplar do *DC*,* que trouxe ontem da embaixada, num monte de jornais velhos. Dei com uma crônica do PMC sobre o crepúsculo na qual encontrei, quase textualmente, a mesma frase. Eu queria iniciar esta carta contando-lhe esta pequena coincidência e fui então procurar o tal livro e a tal frase. Pois bem. Mais de três horas se passaram e não houve jeito de eu achar o diabo da frase. Faltam quinze minutos para uma hora (da madrugada). Duvidando sobre se a tal frase crepuscular não estaria no volume do *Journal* do Julien Green, aconteceu-me de praticamente reler inteirinho esse livro (*Le bel aujourd'hui*), por pura teimosia. Porque eu sou um jerico empacado, quando teimo vou até o fim. Caráter neuroticamente obsessivo. Acontece então que me deu vontade de citar-lhe uma frase muito Etienne, isto é, muito Julien Green que encontrei na página 111 do citado volume: "Un roman est fait de péché comme une table est faite de bois". E uma outra frase, do mesmo autor e do mesmo livro, na página 219. Aqui está: "Le secret, c'est d'écrire n'importe quoi, on commence à dire les choses les plus importantes. Il faut un peu laisser la main courir sur le papier. Alors un autre la conduit, quelqu'un qu'on ne connaît pas et qui porte notre nom. Quel âge a-t-il?

---

* *Diário Carioca*.

Mille ans, je crois". Esta última coisa tem o que ver com o que Você me disse na sua carta e que chegou aqui em casa da seguinte maneira. Eu tinha acabado de me sentar à mesa para jantar, quando tocou a campainha da porta da rua. Helena disse: "E, meu Deus, que será?". O Benedito (nosso esplêndido Benedito, pianista, coreógrafo e bailarino, que cozinha o nosso jantar) anunciou lá da porta: "Telegrama". Helena comentou: "Ih, meu Deus, não gosto de receber telegrama. Fico logo arrepiada. Olhe como é que meu coração está batendo". Eu me levantei e disse com uma certeza cristalina: "Que nada, é carta expressa e do Fernando Sabino". Um minuto depois o Benedito me entregou a sua carta, efetivamente expressa e sobretudo efetivamente sua. Li-a toda antes de tomar a sopa. Aí então é que deparei com outra coincidência, a principal. É que sua carta me comunica a sua iluminação a respeito de minha volta (ou ida) ao Rio. Pois bem. Eu não pensava em ir ao Rio. Pretendia ficar mais um ano no exterior, 1959. Até que há poucos dias comecei a ficar inquieto, ansioso, dubitativo. Uma noite, fui com Helena à casa da Stella Batista Pereira* (que estava em Nova York quando você também lá se encontrava) e falei horas a fio sobre o problema que me angustiava: voltar? Madri? Estados Unidos? A certa altura, tendo eu caído num tom bastante "maternalizado", espichei as pernas, deitei-me na poltrona e disse meio para mim mesmo: "Este é o tipo do assunto que eu gostaria de discutir com o Fernando Sabino, perguntando o que é que ele acha de sua ida para Madri?". Pensei comigo: "Ora, seria idiota!, o Fernando está lá pensando nas minhas hesitações diante de Madri!". E vim para casa, me sentei aqui à máquina, botei papel, não escrevi nada. Fiquei ma-

---

* Neta de Rui Barbosa.

tutando. Escrevi uma carta ao Araújo Castro.* Enderecei, fechei, selei, depois rasguei. De repente, me deu um estalo, caiu-me de uma só vez toda a erva-de-passarinho da indecisão: eu vou ao Rio! Preciso ir ao Rio! A solução é ir ao Rio e cuidar de tudo lá, pessoalmente. Porque muito do meu sofrimento vinha do total silêncio do Rio. Meu contrato chegando ao fim, uma porção de propostas vagas, todas pura conversa fiada, e eu sem saber o que seria de mim. O Gouthier ficou de dar um jeito (nada do que me interessa, em todo caso!), acabou mandando me dizer daí que tinha me arranjado trezentos dólares mensais com o Adolpho Bloch para eu escrever na *Manchete*... Que tal? Tudo nesse tom. Mesmo Madri não passava de insinuações aéreas infiltradas em cartas familiares. De positivo, nada. Foi quando me deu um pânico, a angústia, a ansiedade. Que culminou com a solução que me veio depois de muito sofrer, na forma por que acima lhe contei, depois de suspirar pelo seu conselho. Escrevi-lhe uma carta outro dia contando um sonho que tive com você e não toquei nesse problema. Pois agora, ontem, chega a sua carta, que eu adivinhei. Não é engraçado? De maneira que só posso crer que nossos fluidos andaram se cruzando por cima do Atlântico — e noto que Você me escreveu de madrugada, por volta de duas horas, hora em que eu aqui, torturado, me gritei com a alegria de uma decisão definitiva: Vou ao Rio! E desde esse momento, passei a cuidar de minha viagem. Escrevi imediatamente ao Araújo Castro. Escrevi ao Fernando LR, que é o sujeito mais vago do mundo e que não me respondeu ainda. Escrevi a vários outros cidadãos em causa. Na manhã seguinte, fui ver o meu navio. Tomei providências, andei,

---
* O diplomata era então o influente chefe do Departamento Político e Cultural do Itamaraty.

agitei-me, pedi abatimento, acertei os papéis, frequentei o consulado em Antuérpia, enviei telegramas e contratei uma empresa de embalagem e transporte, rescindi o contrato do apartamento etc. Minha viagem já estava marcada para o dia 3 de janeiro (de navio, pois a covardia do avião encontra boa justificativa para ir por mar no fato de haver bagagem, cujo transporte aéreo é caro etc.). Mas quando foi anteontem recebi um telegrama do Araújo Castro, que tenho chateado muito com os meus problemas, dizendo-me que eu deveria (sugestão) adiar a viagem para meados de fevereiro porque o Itamaraty não tem verba para me pagar agora a ajuda de custo (2 mil dólares só, não chegam nem para as passagens) a que tenho incontestável (sic) direito. Propõe-se a pagar-me janeiro (oitocentos dólares). Imediatamente, pus-me em campo, anulei rescisão de contrato do apartamento, adiei a viagem, ficou tudo, em princípio, adiado para fevereiro e daqui deverei partir dia 14, se Deus não mandar o contrário. Se assim for, chegarei ao Rio dia 3 de março. Descobri, na tal noite do estalo, que minha viagem não onera em nada o Itamaraty, pois tenho direito aos 2 mil na sua assinatura. O contrato termina dia 31 de dezembro próximo. Por outro lado, indo ao Rio, como planejei, para aí ficar janeiro, fevereiro e março, libertaria o Itamaraty de me pagar estes três meses (3 x 800 = 2400 dólares). Expliquei tudo ao nosso compadre Araújo Castro e, pelo telegrama que me mandou, vejo que não se opôs ao meus planos. Se eu me deixasse ficar por aqui, ninguém mais se lembraria de mim, como o Brasil é longe! Não haveria solução nenhuma para o meu caso, eu não ia para parte alguma, apodreceria em Bruxelas. Indo ao Rio, como vou, aí espero arranjar uma solução que me permita continuar no exterior por mais um ou mesmo dois anos (no máximo). Ao mesmo tempo, mato as saudades, retomo o contato etc. Já sei, de boa fonte, que o Israel* e minha sogra tudo farão para impedir que eu saia de novo. Mas ficar no Rio como? Voltar àquela vida de jornal? Só se o Itamaraty me trair, o que espero que não aconteça, pois o Araújo Castro e o Meira Penna** me informam que o Ministro está disposto a dar-me outro contrato. Gouthier quer que eu fique aqui, mas a Bruxa é uma solução de pura preguiça, de comodismo. Já deu o que tinha que dar. Já me despedi de Paris, numa vilegiatura de dez dias. Já andei um bocado, não sou muito de viajar. Claro, meu negócio é no Rio e eu, como naquela história, não tenho nada contra o Brasil, tal qual o Lauro Escorel.*** O único inconveniente de minha viagem agora é o que ela vai me custar. Consumirá todo o meu dinheirinho e provavelmente terei de vender o carro, uma doce e elegante Mercedes 220-S. Mas tudo se arranjará. Helena ainda se pergunta se eu, indo aí, não acabarei sendo tentado a ficar... Não creio. Sei que vou disposto a voltar, para qualquer parte do mundo e, de preferência, para os Estados Unidos. Já dei uma boa escovada no meu inglês. Leio ainda com alguma neblina, mas atravesso páginas e páginas no idioma de Shakespeare e do Marco Aurélio. Dei-me até a um luxo incrível: escrevi aquela história do meu duplo acontecido na casa dos Imbruglia (aquela casa em que morei, em Ipanema) em INGLÊS. Evidentemente péssimo, mas escrevi e levei para a professora corrigir e ela me disse que tenho muita imaginação e perguntou por que não escrevo short stories para publicar nas revistas americanas. Você vê que eu tenho os meus lados secretos

---

* O político mineiro Israel Pinheiro era sogro de Otto.
** J. O. Meira Penna, diplomata.
*** Lauro Escorel de Moraes (1917-2002), diplomata.

em Bruxelas. Atualmente, com o H. G.* no Rio, tenho tido, sobretudo, tempo e paz. Infelizmente a programada viagem para o princípio de janeiro inutilizou vários dias de minha disponibilidade. Agora, volto à paz, porque a viagem para fevereiro me dá tranquilidade. Mas o HG vem aí, bufando como um dragão, e o fogo de suas narinas vai me arrancar de minha toca. Em todo caso, vamos ver como é que viverei estes dias de paz que ainda tenho. Leio bastante. Li as *Mémoires d'une jeune-fille rangée* de Simone de Beauvoir. Impressionou-me muito este livro. Despertou-me um estado emocional adolescente, fiquei vibrátil e acabei a leitura na maior emoção, com a história de Zaza e do Jacques. Me atingiu também muito o problema da perda da fé. Este é um problema para conversarmos aí com calma. Daquela obsessão do Demônio em que andei no ano passado, quando lhe escrevi a carta que lhe irritou, passei para outras obsessões, muito piores. A verdade é que Bruxelas me revirou todo, ando sempre querendo passar a vida a limpo, acertar, rever, concluir. Fiquei entregue a mim mesmo, isto é, entrei em crise, grave, verdadeira, e vocês não perceberam (talvez o Castello tenha percebido um pouco), me abandonaram. Por isso mesmo não fiz as confidências que eu poderia ter feito e, cá para nós, valiam a pena... Gostei das esplêndidas citações do Fitzgerald.** Recortei uma reportagem sobre ele para mandar para você, vou ver se encontro. A qualquer momento, poderei sentar e começar a escrever uma longa história. Tenho tido ideias claras, nítidas e tranquilas. Por isso mesmo me dispenso de escrever. O caso do SP*** me impressionou muito

---

* O embaixador Hugo Gouthier.
** F. Scott Fitzgerald.
*** Sérgio Porto, provavelmente.

(não sei de nada). Você dizer que meu prestígio, agora internacionalizado, aumentou-me deu certa alegria (falando sério). Já lhe disse que estou vaidoso? Estou sentindo uma falta danada de elogio! Mas, por favor, não deixe o Castello publicar as minhas cartas. Ainda é cedo... Sua carta caiu muito bem, encheu meu dia e minha noite, fiquei babando de satisfação e reforçou minha convicção. Irei ao Rio. Só não chegarei a 22 de dezembro porque o Araújo Castro não deixa. Espere um pouco mais e aí conversaremos até bater com o bico no chão. Me escreva de novo, já. Escreva em papel fino, que você paga menos selo e tem menos remorso de fazer despesa... Pagar 41,50 cr. como você pagou não anima ninguém. Vi sua crônica sobre o Zico* transcrita no *DC*, que isso?

Adios. Seu Otto

P.S.1: O tempo aí também está passando? Você tem 35 anos e o Paulo, 36? O Vinicius deve andar pelos 98...

P.S.2: Escrevi-lhe mentalmente uma ótima carta sobre *A cidade vazia*. E como vai o Hélio?

P.S.3: Quando, na casa da Stella, eu falei no seu bom senso, a Lucy, que estava dormindo, acordou e disse: "O FS aprendeu isso nos EE.UU.". Então eu respondi: "Que nada, isso é o seu Domingos** dentro dele!".

---

* Apelido do jornalista capixaba Newton Freitas.
** Domingos Sabino, pai de Fernando Sabino.

Bruxa, 19 de dezembro de 1958

Fernando,
Sua carta me deu um imenso prazer. Eu nem merecia tanto! Pelo menos não esperava tanto. Para começar bem, vou lhe contar o caso que aconteceu com o Benedito Macedo. É um sujeito ótimo, vive de cara alegre, com o teclado do piano todo à mostra na cara mais preta do que a noite. É ex-bailarino da "Brasiliana",* morou em Paris dois anos, esteve na Tchecoslováquia, na Alemanha, em Israel, por toda parte. Fala francês e alemão. E agora, para me humilhar, está aprendendo inglês pelo Linguafone. O Benedito cozinha, arruma a casa, lava meu carro e faz mandados. Já não sei viver sem ele, não sei como será minha vida no Brasil sem o Benedito (que a preço nenhum sai da Bélgica, onde estuda piano, compõe músicas e faz um curso de Cenografia no Conservatório). Por cima de tudo isso, é macumbeiro. Dorme na casa de uma família alemã, de noite sai todo pelintrote por aí, de cachecol, capote britânico etc. Às sete horas da manhã, haja o que houver, está aqui em casa, pronto para o batente. Helena meteu-lhe um paletó branco de botões dourados e o preto serve um jantar que é uma beleza. Tem boa-pinta, é alto e atlético. Enquanto o feijão cozinha, ele acha tempo para levantar halteres no quartinho dele aqui em casa. E se dedica a outras atividades, tais como: fazer peças para o teatro de marionetes de André e Bruno; ensinar Cristiana a fazer um passo de bailarina; contar histórias de quebranto e mau-olhado; praticar o hula-hup (que aí se chama bambolê); ouvir discos de música popular; gravar peças musicais

---

* Grupo de dança afro-brasileira que nos anos 1950 se apresentou em várias partes do mundo.

para sua antologia etc. Mas o que interessa é uma outra atividade que ele arranjou nos últimos tempos: todo sábado, para abiscoitar seu cachê de quinhentos francos, ele vai a Antuérpia e lá integra um balé de negros africanos (do Congo). O teatro fica à cunha, pois a coisa tem sucesso para a flamengada descascada feito barata, tudo branco ou vermelhão. Preto é coisa rara, lá vai o Benedito embolsando seus quinhentos francos. Como o empresário não paga cachê para os ensaios, ele decidiu não ensaiar. No último sábado, estava azarado. Quando entrou no palco, para seu número especial, no qual é ele a primeira figura, a luz estava errada. E tinha um posto spotlight vermelho. Aí ele soprou para o eletricista para mudar a luz e o burro do sujeito, em vez de botar luz clara, botou ainda mais escura. Nesse momento, o Benedito já enxergava pouco, mas eis que lhe caiu a máscara que estava mal atada e lhe tapa os olhos. Continuou dançando quase às cegas, nos seus trajes típicos não sei de quê (nem ele sabe). Esse número tem uma particularidade: é dançado com duas galinhas vivas e pretas, uma em cada mão. A certa altura, o Benedito tinha que dar um salto, o clímax de seu balé. Pois bem: lá está ele, vai saltar. A plateia emocionada, toda atenção, pronta para os aplausos, pois já é sabido que o negrinho dá aquele salto fabuloso, o salto foi até fotografado e consta dos programas, dos anúncios no hall do teatro etc. Up! Saltou o Benedito. Até aí, nada de mais. Mas acontece que, enxergando mal, com pouca luz e a máscara nos olhos, ele calculou mal o lugar de onde devia saltar, saltou com mais ímpeto e gás! Foi cair no poço da orquestra, exatamente em cima do homem do violoncelo. Foi um Deus nos acuda. As duas galinhas saíram espavoridas pela plateia, o violoncelista quebrou cinco costelas (está no hospital), o violoncelo ficou imprestável e o Benedito não pode ainda olhar para o lado esquerdo sem sentir uma dor danada no pescoço. Não é fabuloso o caso? Os jornais aqui publicaram e o Benedito está uma vedete, já o estão querendo contratar para dar outros saltos. Vou acabar perdendo meu cozinheiro, que é uma santa criatura, cozinha bem pra burro e é simpaticíssimo. No mais, são quinze para dez da noite, vim agora da aula de inglês. Contei para a professora o caso do meu calo em Londres e a mulher quase interrompeu a aula, engasgada de tanto rir. Disse-me ela: "Surely you are very popular in London, Mr. Lara!".

Mas, como Helena quer sair para ir à farmácia, sou obrigado a interromper aqui. Voltarei daqui a pouco. Aguarde.

Uma e quinze da manhã: você vê que as professoras de inglês são, em toda parte, um pouco cretinas, enrolam aquele Ohh britânico na garganta, como se a gente estivesse querendo passar a mão no joelho delas (que são gordas, louras, desbotadas e feias).

Fui à farmácia com Helena, encontrei Lucy encolhidinha na porta da livraria ao lado. Estava com uma carta do João Cabral para mim. Viemos aqui para casa, tomamos chá (eu tomei café), fui levar a Lucy em casa e ela dormia de cabecear, mas também levou cada safanão incrível. Mesmo assim, não ouviu minha conversa, que, todavia, era interessante. Eu contava uns casos de Minas Gerais a partir da tese luiscamiliana* de que todo mineiro é doido. Outro dia, Lucy apareceu aqui em casa e eu disse a Helena: — Espere um pouquinho, vou só levar Lucy e volto já. Helena então deixou o forno ligado, pegando fogo, quase foi um incêndio, a casa toda cheirava a queimado. Eu sacudi Helena que estava dormindo e disse: — Helena, o forno pegou fogo, onde que desli-

---
* Referência ao intelectual mineiro Luiz Camilo de Oliveira Neto (1904-1953).

ga? E ela com uma voz pastosa e indiferente, de dentro do sono:
— Não esqueci não, pode tirar as torradas que estão prontas.

Fui visitar o Jadoul, que é um velho (76 anos) contínuo da embaixada que está péssimo do coração etc. Foi uma visita incrível. Ele me contou umas coisas sobre a morte dos pais dele que parecem um conto do Dalton. Os dois velhinhos eram tão unidinhos e amigos que, nos últimos tempos, trancavam a porta para comer sozinhos. E comiam num mesmo prato para se sentirem mais juntos etc. E morreram na mesma hora, conforme depois lhe contarei. Hoje, o médico do pobre Jadoul me telefonou, grandes complicações, passei a tarde metido nisso, mas são histórias que ou dão um romance, ou então a gente não conta assim. Me impressionou ver um homem à beira da morte, conversando, preocupado com o seu pequeno mundo, os seus fuxicos, o seu dinheirinho, depois tendo uma crise de choro copioso em cima de mim e me dizendo: "Monsieur Larrá, je crois que c'est le moment de Monsieur le Curé, n'est-ce pas?".

Mas, o Eiras sentou-se numa mesa no Père Emile (restaurante) e viu duas velhas conversando com dois rapazes, depois de um jogo de bridge. Entre outras coisas interessantes, contaram o seguinte caso. Morreu uma moça conhecida de ambos e foi assim. O pai e a mãe se preparam para ir passar umas férias num castelo que tem por aí. A filha, no mesmo dia, na mesma hora, se preparou para ir passar férias numa fazenda de uns amigos na França. Despediram, pois, todos os empregados, fizeram as malas, estava tudo pronto para a viagem. Fecharam a casa etc., beijaram-se, despediram-se, entraram o pai e a mãe no carro deles, entrou a filha no carro dela. De repente, a moça saiu do carro e disse que tinha esquecido a bolsa lá dentro de casa. E foi a filha correndo buscá-la. Os pais ficaram esperando, dentro do carro. Daí a pouco, a filha apareceu na janela do andar de cima e, agitando a bolsa, disse que a tinha achado, que descia logo, que eles podiam ir andando. Atiraram-se beijinhos, adeuses, o pai acelerou e partiu com a mãe ao lado. Chegaram ao tal castelo, passaram duas boas semanas de repouso, mas só tinham um aborrecimento: a filha não escrevia. Nem uma linha! Em todo caso, dizia o pai, ela está com amigos na França, há de ver que o correio é longe, ou está se divertindo e não pode escrever. Mas a mãe, no fim de catorze dias, levantou-se nervosa e disse que tinha um pressentimento, que queria porque queria voltar para casa. Então o pai arrumou as malas, entrou no carro, acelerou e voltou para casa. Quando foram chegando perto, avistaram o carro da filha parado em frente. Ela já chegou — pensaram (todos, pais e filha tinham combinado de passar três semanas fora, mas os pais voltaram no fim de duas semanas, por causa do tal pressentimento materno). Então o pai tirou a chave do bolso, depois de descer as bagagens, tossir etc. e enfiou a dita chave na fechadura, mas acontece que a porta estava cerrada apenas com o trinco. Então ele entrou, seguido da mãe e, logo na sala, sentiram um mau cheiro tremendo. E afinal descobriram a filha morta, putrefata, dentro do elevador. Pois havia um elevadorzinho mínimo de um andar para outro. A filha, morta há vários dias, tinha se arrancado todos os cabelos, que se encontravam pelo chão do elevador. Estava literalmente careca e toda desfigurada, como se tivesse se arranhado antes de morrer. Morreu louca. Ao descer do andar superior, depois de apanhar a bolsa (a bolsa ou a vida! Bem que dizem os ladrões), tomou o elevador, o qual encrencou entre os dois andares. Os empregados tinham saído, não havia ninguém na casa, ninguém ouviu os gritos que ela teria gritado, nada de nada! Que morte, hein! Já pensou? Esse caso me impressionou muito.

E há outros que não vou contar. Como diz você, só pessoalmente.

No fundo, estou evitando tocar na sua carta, que me deu grande alegria (li-a ao acordar), mas também me deu um aperto no coração, um susto que ficou como um soluço nas dobras da alma. Eu tenho medo de voltar para o Brasil, é um sentimento que levaria tempo para explicar, mas é como se estivesse fugindo, entende? Literalmente fugindo. No entanto, minha solidão aqui às vezes é tão real que posso tocá-la com a mão. Outro dia, de madrugada, me senti acabando, me deu aquele medo de mergulhar no sono, aquela angústia, pavor do desconhecido, velhos remorsos voltando à garganta, sentimento de culpa (quem não tem? Diz você, com o pecado original, mas o original não é nada, as cópias é que são o diabo), sensação de estar existindo e, portanto, de estar morrendo, meu Deus! Você não imaginou o que foi esta minha experiência de ser retirado daquela larga convivência no Rio e ser atirado a Bruxelas, face a face comigo. Como diz o meu personagem inspetor, não se pode passar a vida a limpo. No entanto, bem que seria preciso! Pensei muito em você também, em nós, no nosso distante passado, nas nossas burrices, inexperiência. Na Itália, andei obcecado com a lembrança daqueles seus primeiros tempos de Rio, você casado, H.,* edifício Elisabeth, praia, noitadas, chope no Alcazar, Ziloca, CL, MWC, VM, RB, PMC,** aquela sua preta cozinheira, os discos na vitrola (aliás, esta longa rememoração começou por causa de um disco, numa boate, do Duke Ellington, o mesmo que você tinha então), fiquei triste a

---

* Helena Valladares.
** Respectivamente, Carlos Lacerda, Moacir Werneck de Castro, Vinicius de Moraes, Rubem Braga e Paulo Mendes Campos.

mais não poder. Somos uns pobres seres frágeis e desmiolados, você já tem perspectiva também para ver, não? E claro, sua situação me preocupa, penso sempre nela — não se pode passar a vida a limpo, hélas! Tudo é tão triste, Fernando Sabino! É irremediável. A grande solução, se não é a conduta católica, é pelo menos a imensa misericórdia divina, que tem de ser maior do que os espaços infinitos, maior do que Deus ele mesmo, do contrário estamos (estou, você não, que é um sujeito mais privilegiado) f. Em meio a tudo isto, me veio uma crise religiosa besta, como nunca tive e da qual peço não falar a ninguém. Helena ficou triste, eu fiquei triste, o Demônio esfregou as mãos de contente. Comecei a ficar lúcido, de uma lucidez demoníaca, tudo começou a ruir, se eu não seguro um último caibro e se Nossa Senhora não ajuda, a casa ia por água abaixo. No seu caso, imagino os problemas que você deve ter, sofro por eles, choro sobre eles, espero que você, que é melhor do que eu, muito melhor, mereça a graça de resolvê-los bem, certo. Ando apavorado, de vez em quando me dá um mal-estar que não sei de onde vem, aquela onda de bosta que reflui, subterrânea, catadúpica, desmentindo a tranquilidade aparente de minha vida, meus filhos, Helena, tudo arranjadinho, que será de mim? Que será de mim? Que será de nós? Se eu descolasse com mais facilidade, estava aí, estava me analisando com um psiquiatra aqui que já serviu a um brasileiro e serve a uma brasileira. Mas eu sou duro, eu não me confesso, e diz Júlio Sacramento, personagem central do *Carneirinho azul*, que vida é segredo. Até onde a literatura me equilibra, até onde ela me perde? Todo homem que acusa me acusa, todo homem que se condena me condena. Vamos nascer de novo, FS, passar a limpo, não errar, não recair no erro. Não sei como é que você está, nem ninguém aí. Mas sinto que ameaças pesam no ar, sempre pesam, o Demônio ruge em torno a nós como um leão. É possível que a gente morra, é provável que a gente morra, é certo que a gente vai morrer. Ah, Pascal! Ah, aspirações! O diabo é que um homem nunca é o que é, é sempre o que foi — arrasta-se esse cadáver amarrado aos calcanhares. Em Paris, meio de pileque, eu disse isto a uma moça e ela me retrucou que eu estava muito literário. Resolvi abrir uma válvula literária, isto é, resolvi trabalhar literalmente. Pois então lhe conto um segredo: escrevi outro romance. Acabei-o, chama-se *Diário de um inspetor de órfãos*,* é uma história metafísico-policialesca, mais policialesca do que metafísica. Estou acabando de passá-lo a limpo e espero levá-lo para vocês lerem. Banquei o Fernando Sabino e cortei, cortei impiedosamente, limpei ao máximo, cortei cem páginas, tive um trabalho monstruoso, fiquei obcecado, dias e noites a frio sentado à máquina, emagreci, fiquei nervoso, estive à beira de um desequilíbrio, não comi, não bebi, apenas escrevi, escrevi, escrevi. De desânimo, de desespero. Mas a experiência me vale, eu vou caminhando para perto de outros assuntos, de assuntos mais MEUS, compreende? Vou refazer todo o outro romance, já dei um jeito nele, o carneirinho. E tenho doze contos novos. E escrevi um diálogo meio teatral e estou às voltas com uma comediazinha divertida, para espairecer. E só não faço uma conferência sobre o Brasil de hoje na literatura de amanhã porque não sou do ISEB,** não tenho citações alemãs, nem li os sociólogos. Pelo menos o *Diário* estará pronto quando eu aí chegar, para você ler. Mas me conte o que você descobriu sobre mim, você me mata de curiosidade. Me conte o que há com o Castejon e com o Marco Aurélio, estou fazendo as piores hipóteses, imagino o MA internado numa casa de saúde, o Castejon tiroteado por um marido que descobriu tudo

---
* Versão original do romance *O braço direito*, publicado em 1964.
** Instituto Superior de Estudos Brasileiros, criado em 1955 e extinto após o golpe militar de 1964.

num sábado. E o Pedro Gomes, o triste PG! E as histórias da B. do I. que você viveu, me conte, me escreva, não espere minha volta, se você soubesse minha alegria com a carta sua, você passava o dia me escrevendo, para dar a luz a este cego.

Depois, mesmo antes de receber carta sua, voltarei a escrever-lhe, vou tentar dizer-lhe certas coisas, assim preparamos nossos bate-papos aí, à base metafísica e cabalística.

Adeus. Escreva. Abraços.

Otto.

P.S.1: Espero que você não tenha encontrado o HG. Ele não sabe nada a meu respeito, mas EU SEI TUDO a respeito dele. Não faço um romance porque não tem graça, seria covardia, abusar da minha superioridade... Vocês todos devem ter percebido que eu silencio propositalmente o lado Bruxelas... Mudando de assunto: você tem ido aos Mosteiros? Tem comungado? Há quanto tempo, meu filho, não se confessa?

P.S.2: Se quer alguma coisa da Europa, mande dizer. Que presente gostaria de ganhar o meu afilhado Pedrinho?

P.S.3: Feliz Natal para você e os seus. Feliz 1959!

P.S.4: Recebi sua carta sobre minha ida e lhe respondi logo, você recebeu? Seguirei de navio em princípio dia 14 de fevereiro, para estar aí dia 3 de março. Araújo Castro tem sido uma flor, meu defensor.

P.S.5: Se você estiver muito ocupado ou com preguiça de me escrever, lembre-se que em Bruxelas o céu é cinzento, está chovendo ou nevando e eu estou só, como o Anto Querido. Então escreva, por CARIDADE.

P.S.6: Você já pensou na influência (às vezes demoníaca) de umas pessoas sobre as outras! Na sua sobre mim? Vou reescrever "O hóspede"...

Bruxelas, 6 de março de 1959

Meu caro Fernando,
Sua última carta (sem contar a de hoje) me aconselhava a voltar ao Brasil imediatamente. Eu preparei a volta, mas não voltei. Escrevi-lhe contando a coincidência que foi a chegada de sua carta depois de uma conversa em que seu nome foi muito citado, estando eu desejoso de conversar com você acerca de meus problemas. Hoje, outra coincidência. Tenho me lembrado sempre de você. Ontem, lembrei-me de forma intensa, obsessiva. Passei a tarde lendo A consciência de Zeno, romance do qual foi você o primeiro a me falar. Concluí a leitura do livro por volta de meia-noite, mas só fui dormir quase ao raiar do dia. O livro mexeu comigo, me doeu, ou me dói eu a partir do livro. Andei esses dias deprimido. O início desse estado de espírito deu minha última carta ao Castello, de que talvez você tenha tomado conhecimento. Reli as poesias completas do Carlos Drummond. Nossos tempos de Belo Horizonte, adolescência, mocidade, vieram me apertar a garganta. Entre todos nós daquela época e desta, sua figura se destacou. Já lhe contei como liguei a lembrança de você ao romance de Svevo. Foram horas de meditação, de reflexão, de sofrimento. Dormi e sonhei confusamente com você. Acordei às dez e meia da manhã. Não havia ninguém em casa, a campainha

tocava insistentemente. Fui abrir: era o carteiro com sua carta. Não digo que tenha adivinhado o seu conteúdo, porque já tinha tomado conhecimento de sua viagem e de sua decisão por um recorte de jornal. Comentei-o numa carta ao Fernando LR, há dois dias. Não lhe escondo que queria acreditar que a notícia não fosse verdadeira. Você fala em minha possível perplexidade. Sua carta acompanhou-me por todo o dia de hoje. Mentiria se lhe dissesse que não sofri, que não sofro ainda, por você, com você. Gostaria de poder dizer-lhe neste momento palavras essenciais, verdadeiras e amigas. Jamais viria aqui bancar o acusador público, atirar-lhe pedras. Você inclusive não pede, nem pediu minha opinião. Comunica-me um fato, uma decisão que diz longamente meditada. Imagino, sim, pelo conhecimento que tenho de você e pela amizade que nos liga, o seu sofrimento. Longe de mim, ah, muito longe!, qualquer atitude que desmentisse a compreensão, a amizade e (acrescento) o respeito que lhe devo e que não lhe nego nesta hora. Confessa você que seu coração está precisando de um pouco de tranquilidade. Não vou amargurá-lo com palavras que poderiam ser interpretadas como cruéis. Não me cabe julgá-lo e peço a Deus que me faça humilde diante de sua decisão. Você saberá avaliar os atos de seu destino. Imagino também que não lhe terá faltado a assistência de amigos e de conselheiros com autoridade para transmitir-lhes as palavras justas, se você as quis ouvir. Compreendo, ainda que você não o diga que se sinta sozinho, ainda que cercado da solidariedade de amigos. Respeito sua solidão.

Ah, Fernando, não sei bem o que dizer, meu estilo não é pausado e sóbrio como o de certas cartas que fingidamente andei hoje compondo mentalmente para você.

Objetivamente, atendendo ao seu pedido, informo-lhe que meu programa para os próximos três meses é ir ficando em Bruxelas. Estou contente com a perspectiva de vir a encontrá-lo. Lamento que você não tenha vindo no ano passado, quando lhe dirigi reiteradamente apelo e convite para conversarmos aqui pela Europa. Poderíamos tanto ter conversado! Me escreva logo informando seus planos, se já os tem. Que dia conta embarcar? A falta de dinheiro me tolhe atualmente os movimentos (o que não acontecia no ano passado). Se você descer em Paris, não lhe prometo com segurança, mas farei todo o possível para ir recebê-lo à porta do avião, em Orly. Diga-me o número do voo, para evitar equívocos. Se eu não puder ir a Paris, telefone-me assim que chegar. Meu número é 48 5928, tome nota. É fácil fazer a ligação, imediata e barata. Então veremos como nos encontrar. A Panair faz escala em Lisboa, mas você pode deixar a Península Ibérica para ver na volta quando de novo escalará por lá. Não conheço o itinerário que lhe oferecem, mas creio que não será difícil você ir depois a Roma (acho que não há linha Paris-Roma, da Panair, mas há a partir da Alemanha). Paris é o melhor ponto de desembarque. Se eu lá estiver, trocaremos pernas por uns dois ou três dias, depois viremos para Bruxelas. Aqui poderemos programar uns passeios que já lhe serão úteis à sua atividade jornalística. Então, com calma, você verá como melhor lhe convém prosseguir a viagem. Estou às suas ordens para qualquer ajuda ao meu alcance e, podendo, procurarei acompanhá-lo em alguma fuga tímida e não dispendiosa. De carro, há sempre aonde ir. Na pior das hipóteses, nos veremos ao menos só em Bruxelas, mataremos as saudades, conversaremos, beberemos à nossa saúde, disfarçaremos, poremos guizos nas nossas solidões. Você não vem dono de você mesmo, nem eu sou dono de mim mesmo — mas sempre haverá momentos de fusão e certamente de fraternal compreensão. Praza aos céus que eu possa ajudá-lo como gostaria!

Me responda, pois, sobre o que decidiu. Espero que haja ainda tempo para uma troca de cartas entre nós (cinco dias no máximo é o que leva uma carta daí até aqui). Se não houver tempo para carta, telegrafe night letter, que é mais barato, ou peça ao Araújo Castro para, sendo possível, me expedir um telegrama pelo Itamaraty.

Quanto a querer alguma coisa do Brasil, não quero nada. Muito obrigado. Se puder, me traga um exemplar dessa tal revista SR,* um livro qualquer que seja novidade e que me interesse ler. Se tiver ânimo, telefone para a casa de minha sogra e diga que verá Helena, mas evite os embrulhos. Helena e os meninos não irão ao Rio. Helena iria, se houvesse dinheiro. Como não há, não vai mais.

De tudo, pois, fique isto: sendo-lhe útil, estou às suas ordens. Mas quem sou eu para amparar esse monstro de eficiência e decisão? Quase sempre e especialmente agora, me sinto esmagado, inútil, errado. Se duvidar, tenho vontade de morrer ou de enlouquecer! Minha pessoa, porém, não importa. O que importa é você, Fernando Sabino! Deus o ilumine, Nossa Senhora o ampare e o Diabo não o conte nunca como seu fiel servidor.

Helena se recomenda. Lembranças a AB. Explique-lhe, se achar conveniente, que não há da minha parte hostilidade a você ou a ela. Hostis, duras, cruéis, desumanas, rígidas, estreitas e incompreensíveis poderão às vezes parecer as convicções que não tenho sabido dignificar, nem merecer. Tudo me leva a crer que são as mesmas que informam sua vida, que só Deus julgará. Você sabe o que faz.

Estou sinceramente convencido de que não há nestas minhas palavras razão de mágoa para você. Jamais pretendi feri-lo e passa longe de mim qualquer intenção de dar-lhe lição moral, ou de

---

* A revista Senhor, lançada em março de 1959.

censurá-lo. Você já uma vez se zangou com aquela minha carta meio intempestiva. Não, Fernando, não é preciso ofendê-lo, longe disto, nem precisamos repetir-nos palavras que você e eu, ainda quando acaso as desmentimos, jamais, até agora, pudemos esquecer.

Repito-lhe: estou satisfeitíssimo com a perspectiva de nosso encontro próximo. Não é o caso de falar em "gênio da inoportunidade". Venha, cá o espero. Não se zangue com as possíveis excessivas vírgulas desta carta, com minha respiração presa, com talvez minha falta de graça. Por cima ou além das circunstâncias da vida, estendo-lhe a mão de amigo, que você generosamente nunca negou. Não o lastimo como você pretende insinuar. Apenas procurarei entendê-lo.

Receba o velho abraço amigo do sempre seu

Otto.

P.S.: Não deixe de me responder sem demora. No caso de eu ir a Paris, precisarei sempre de alguma antecedência.

Bruxa, 5 de maio de 1959

Fernando,

Chegou uma carta do Gerson (está escrito o remetente) para você. Quer que mande para Frankfurt ou alhures?

Viagem excelente. Tempo bom todo o tempo. Passamos pela Holanda, para ganhar trinta km, mas havia uma fila enorme de carros na fronteira e, depois, erramos o caminho por distração, voltamos quarenta km e fomos cair em Liège, que evitávamos. Mas chegamos bem. Pouco adiante de nós, perto de Louvain, um desastre terrível, com dois carros. Um dos maiores que já vi em minha vida. Helena não quis parar, para ver de perto (havia mortos). Cinco minutos depois, outro desastre, menos grave. A asa da catástrofe rondava e, o que é pior, sempre sem se anunciar. Graças a Deus, chegamos sãos e salvos.

Meninos, ótimos. A e B tiraram a sorte para escolher as pastas. Cristiana abriu a boca a chorar, porque queria sapatos e não sainha e blusa. Dormiu chorando.

Jantamos na cozinha, aquele jantarzinho maneiro. Mas o bom mesmo foi o café, de matar você de inveja (como é ruim o café na Alemanha!).

Vi um filme na TV e uma reportagem sobre o festival de Cannes. Estou reingressando no cotidiano bruxelento, mas me sinto ainda meio tonto — andamos mesmo naquelas caçambas em cima do Reno, ou sonhei?

Vou remeter a carta (Brasil) e o livro (Itália), esteja tranquilo, amanhã de manhã.

Novidades do Brasil, nenhuma. No letters, salvo uma, rápida, de meu pai.

Estou bastante viúvo, mas eta Bruxinha gostosa! Apesar de ter emprestado minha pena dourada ao Miguel Turco, vou meter mãos à obra — *O grande órfão* me espera. Já estou meio desistindo de tosquiar o carneirinho e de concluir a peça — Você me corrompeu, com essa história de voltar logo ao Brasil (Helena não fala noutra coisa).

Tranquilize-se: viemos calados quase todo o tempo da viagem. Malinconia verdadeira. Você tornou por ora insuportável minha solidão bruxelenta.

Não deixem de ir a Salzburgo.

A casa aqui está vazia, com aqueles bustos indecifráveis. Helena já foi dormir (são onze horas). Tem uma mulher tocando piano na televisão, mas sem som, isto é, sem piano. Ridículo.

Tendo em vista o pavoroso desastre que vi na estrada, tome cuidado quando estiver dirigindo.

Esqueci de lhe dar as moedas alemãs que tinha no bolso. Para gastá-las, parei em Aachen e comprei chocolates e outros quitutes.

Se chegar outras cartas aqui, mando? Para onde?

Dê lembranças à moça da Panair aí, se for tão simpática como a de Düsseldorf.

Não se esqueça de recomendar o Lara ao Fischer (como é mesmo o nome do homem?).

Stella ainda não telefonou.

Depois combinaremos o encontro em Paris. Vou fazer as contas, a caixa continua baixa. O tal hotel em Paris (recomendado pela Panair), o qual vi e achei simpático, é

HOTEL BURGUNDY
8, rue Duphot
Telefone: Opera 1432.

É pertinho da Madeleine. Nunca fiquei hospedado lá. Se tiver outra sugestão, diga. Eu também direi, aparecendo. Se for possível, telefone para cá assim que tiver marcado o dia da partida para Paris.

Estou inteiramente desfocado, fumando como uma chaminé.

Fale baixo, que há sempre brasileiros por perto.

Só até os 42?!

Estou tão velho quanto seu Marcondes.

Lembranças nossas para AB (como diria CCB).*

Abraço do Otto.

---

* Anne Beatrice Estill e Carlos Castello Branco.

P.S.1: Esquecemos de falar sobre o Hélio.

P.S.2: Meu telefone é sempre 48 5928.

Bruxa, 11 de maio de 1959

Fernando,
Por causa do domingo, só hoje recebi sua carta de 8. Estou lhe mandando as duas cartas que aqui chegaram para vocês. Espero que aí estejam antes de sua partida, que vai se dar mais cedo que eu esperava.

Sua carta me divertiu a valer, eta cartinha gostosa! Você é o meu autor preferido...

O casal Lara está agora muito unido. Temos conversado muito e longamente, nos serões noturnos e solitários, sobre a vida em geral e o amor inclusive, sobretudo sobre a volta ao Brasil — tema permanente de Helena. Estou meio convencido e, de repente, com sua partida, achei Bruxelas ainda mais chata do que me parecia! Estou ocioso como um sapo. Que vergonha! Comecei a trabalhar o Grande Sacripanta, o *Inspetor*, mas só na ponta da caneta, descobri que tenho muito mais coisas a fazer do que eu próprio esperava. Estou de cabeça fria, vendo claro, mas me ocorre às vezes se não seria melhor jogar tudo fora, começar de novo. Tudo, digo, o *Inspetor*, o intosquiado Carneirinho, e os contos — toda essa ganga literária que me impede de sair para outra, num estilo claro, sóbrio e másculo, assim como o Pelé das letras, driblando no meu balezinho particular todas as vigarices lodacentas que pertencem ao gênero "doido que pinta" (apud nossa conversa). Ao mesmo tempo, minha preguiça me segreda que bom é ficar quieto, calado, sem me expor, sem escrever. Não tenho grandes estímulos atualmente, envelheço com a calma que Bilac não teve e adquiri da vida uma sábia (ou estulta) visão antidinâmica, o que vier eu traço. Fico com a bunda sentada nesta cadeira horas a fio, pitando mais que as filhas do Bernanos.* Cabeça vazia, mas quem me vê pensa que estou cogitando e que logo existo. Às vezes, de madrugada, me dá medo, pânico, vejo tudo claro, o buraco vazio — aquele sopro do Demônio (dito sem literatura cardosiana). Outras vezes, nas horas mais impróprias, me persigno e resolvo que bom mesmo é ser santo, então os anjinhos cantam um coro de ninar em torno de minha pobre cabeça e de meu sujo coração. Sobretudo, estou vendo que dizer as coisas que estou entendendo é impossível, ou então tenho de trabalhar no duro, no duríssimo, o que me dá um desânimo! Ah, meu Deus, ao menos um epigrama de verdade, justo e cristalino! A leitura dos jornais do Brasil (obrigado) me assusta, que mundo ameaçador, todos estão de lança em punho para me espetar minhas pobres carnes (complexo de perseguição), agora acordado. Enterrado no túmulo de Costa Rego e Orlando Dantas.** Morro um pouco com os que morrem e não vivo com os que vivem. Brinco com André e Bruno, que estão esplêndidos, ontem foi a festa no colégio, brilhante intensamente, André foi Gato Preto, quase cutuquei o belga bigodudo do meu lado, ou o Simões Filho do outro, de barbas brancas, para contar-lhes que aquele menino lá no palco era aqui filho do papai. Estou transferindo as esperanças, isto é mau. Temo e tremo por eles. Cristiana, tão frágil, outros enigmas, no chão. Helena está lendo o romance

---

* Georges Bernanos (1888-1948), escritor francês que viveu alguns anos no Brasil, fugindo da guerra de 1939-1945. Sobre ele Otto escreveu o artigo "Sob o sol da glória" (incluído em O príncipe e o sabiá).
** Jornalista cearense, dono, no Rio de Janeiro, do Diário de Notícias.

do Lúcio Cardoso... Caí de novo naquela chave de ler os calhamaços (como o Rubem) para descobrir depois, com argumentos goethianos, que não tem sequer aquela ideiazinha de que se deve ler com método. Você ausente, resolvi me espalhar na minha bostinha querida e larguei de lado os ingleses e os americanos, mas ontem já li um ensaio do Orwell, "The prevention of literature", achei que o Mário Pedrosa também leu. Helena é, sim, mulher de Menelau, ao que me lembra minha mitologia adolescente (uma época, resolvi estudar mitologia, fiquei um verdadeiro Góis Monteiro, depois esqueci tudo de repente). Falar no Armstrong, vi na TV uma sessão dele inteira, você haveria de gostar. Que negócio é esse de diálogos e espírito não alemão? Dá de duro nesse gringo, ou publica ou então passa a faca no homem! E mete lá de quebrado o *Grande órfão*, que está precisando de uma mãezinha germânica. O editor português não existe, o O'Neill* não deu bola. Respondi ao Eulálio,** todo esportivo e grato. José Olympio também nada. Me deu uma "prostituição"... (falando àquela maneira). Sou um homem solitário neste mundo de milhões, isto é, não tenho ambições, nada me tenta, bom mesmo é queijo de chulé, vinhozinho branco gelado, rouge, e aquela comilança gulosa, o arroto de felicidade do burguês mais burguês de São Paulo, todo nádegas, coitado do Mário, você sabia que ele se foi desta para melhor? Recebi hoje cartas do Brasil, meu distinto irmão Fernando está de um pessimismo humorístico, diz que eu volto só se estiver louco. E o Hélio, hein! Não li, não vi a crônica tulipense do PMC, existe mesmo? Aqui está calor, céu claro. Estou escarrapachado ao sol, te confesso que só faço a barba porque está grisalha e ando numa saudade

---

* O escritor português Alexandre O'Neill (1924-1986).
** O crítico Alexandre Eulálio (1932-1988).

doida de gilete, porque todas as tomadas da casa estão encrencadas. Faço a barba me olhando no espelho de televisão, pareço doido. Ponho gravata e me visto para não dar passarinho e tenho tomado meu banho semanal, senão é aquela catinga de cinema belga. O meu jovem belga veio almoçar aqui, Marco Aurélio tem razão, que chato! Sexta-feira virão almoçar três padres, vou ver se convido também o Ovalle. Viola não, dona. Enfim, tudo se resume nesta verdade insuperável: a natureza também tem sensibilidade. É tudo que posso dizer do que sei e do que aprendi. Lembranças nossas para Anne, escreva de novo que eu me divirto.

Abraço do Otto.

P.S.1: O hotel em que Janet ficou em Paris é Oxford-Cambridge, 13 rue d'Alger, Paris, Ier. Achei o cartão que ela me mandou na época (e eu também estava em Paris).

P.S.2: Logo que você chegar a Paris, telefone. Não pretendo chegar junto com você, mas lá pelo dia 20. Falei com P. Carneiro,* que me espera (e estou com pouco $).

P.S.3: As fotos ficaram ótimas! Como AB é fotogênica!

Bruxa, 15 de maio de 1959

Fernando,
Aqui vão as cartas para você. Três: duas do Gerson e uma de Eliana. Se vier outra, remeterei logo.

---

* Paulo Carneiro, diplomata brasileiro.

Você se demorou menos do que era esperado, na Alemanha! Não gostou? Ou as ninfetas o atemorizaram?

Não recebemos o cartão de Ana Beatriz. Vê-se, pois, que os correios europeus não são a maravilha proclamada. Teria havido erro no endereço, ou selo a menos, coisa assim? É possível ainda que aqui venha ter, depois de nossa volta de Colônia, já reclamava contra a ausência de ao menos um cartãozinho... Ela está uma fera em matéria de protocolo, cuidado com ela!

Ontem, chegou o Marechal,* com a Marechala. À noite, houve reunião em casa do Caio, para ouvir o oráculo. Lá compareci. A reunião (Ney, Eiras, Stella) durou mais do que estava programado, até uma hora da manhã. Depois, ainda me demorei em conversa com o Caio até às duas e quinze, dentro do carro, à porta do edifício. ("Rouba? É escroque? Desonesto? De boa família? É divertida? Família tradicional?") Achei o Tenente com os cabelos bem mais brancos, mas a cara mais bem-disposta, colorida, saudável. Ele e senhora perguntaram enternecidamente por você, querem vê-lo, eu garanti que você volta a Bruxelas. O casal irá a Paris e quer saber se, na época, você ainda estará aí. Você ficou mesmo querido do homem, não vá lhe comer a dieta! Millôr e Castejon foram também lembrados, o Marechal sorri com embevecimento. Falar em dieta, Helena vai fazer-lhe a múmia de galinha, para o almoço amanhã (uma feijoada para três padres, com a adesão do Marechal e senhora, mas o Caio). Coisa sem jeito chamar general de Marechal! Disse Jânio etc. Mulherengo? — disse que nunca ouviu dizer, que ele nem tem físico para tal pretensão... Enfim, conversa sem novidades. Eu,

---

* Juarez Távora. Otto, mais adiante, o chama de Tenente, pela participação que Távora teve no movimento tenentista dos anos 1920.

um pouco por espírito de porco, um pouco por amor à verdade, zurzi o reacionarismo ambiente (sem conivência do Marechal), ergui esquemas marxistas, profetizei o Brasil, espanquei as sombras de pessimismo, provei o progresso moral (sic) e louvei PTB, tá bem? O Brasil de antigamente, de certo udenismo saudosista, era meia dúzia de gentes bem tomando chá num salão inglês. E em volta, o grande brejo, a senzala. Furamos o tumor etc., o País busca novas estruturas (toda a minha sociologia de salão, de uma inteligência irritante — e com aquela superficialidade confortável à beira do uísque).

Vamos ver o almoço aqui amanhã. Hoje em dia, dois brasileiros não se encontram sem que se fale de Brasília, que diacho! Viva Brasília! Viva JK! Viva Israel Pinheiro! Viva o trabalho, que desta estufa de preguiça que é Bruxelas a gente critica com tão fácil e sorridente brilhareco!

Etc. etc. Minha solidão é grande, meus bilhetes para remessas de suas cartas se encompridam, por isso. Estou revendo o *Grande órfão*, mudanças mil na linguagem, capada, podada, melhorada. Grande tédio da (minha) literatura, desejo mortal de parar, parar sem raiva nem ressentimento, por pura preguiça, desinteresse, certeza de que afinal, ora pílulas! Já existem tantos livros, que é que eu vou acrescentar com estas putinhas, estes pobres-diabos, esta língua trôpega, esta pobreza? Estou franciscano, com inclinações para o budismo. Jesus Cristo não tinha o menor senso de humor, os humoristas estão roubados. Para variar, li o Evangelho de São João — a divindade de Cristo etc. Ideias terríveis, satânicas. Esta lerdeza (agora com sol, parece o interior de Minas), lagarto em cima de pedra, de boca aberta, linguinha para fora, ofegando e tanto nada, tanto vazio, tanta luz, barriga cheia.

E o Hélio? Estou parecendo com ele?

Recebi os *Dois romances* do Cyro,* caí quase sem querer no *Amanuense*, velho Belmiro, a que sou fiel. É um grande livro e o autor tem um coração mole e <u>bondadoso</u>, tiremos-lhe o chapéu. Os ingleses estão me espiando, dou uma espiada, saio correndo com os rabos entre as pernas, quê que os ingleses vão dizer? O Caio saiu por aí, todo vitorioso, voltou e me contou a aventura. "Que nojo", disse ele. "De quê?", perguntei. Ele, repugnado e derrotado, monossilábico: "Velhos". Até os 42 é pouco demais, dê um jeito de prorrogar.

Carta do Brasil não chegou mais (para mim). Acharão que você estando aqui, estou farto. E você me trai em Paris, miserável. Iremos quarta-feira que vem, saindo de manhã. Chegaremos depois do almoço com certeza. Ontem, fui ver mais um castelo, com os meninos. Ai, ai, ai! Eta nóis, vida dura nesta almofada de penas. Lembranças a Anne.

Espeleólogo, estou enterrado vivo. Abraço, saudades, já já tou aí.

Otto.

Bruxa, 27 de maio de 1959

Fernando,
Tráfego engasgado, nervos à mostra, passei na embaixada, a porta apertou meu dedo, sangrou, xinguei, me indignei, Helena desencavou a bagagem do Benedito, saí lascado pelos Champs--Elysées, Concorde, Madeleine, rumo ao subúrbio (esqueci de

---

* Cyro dos Anjos (1906-1994), romancista mineiro.

comprar o *Rinoceronte* do Ionesco), estrada — na volta se anda mais depressa, num instante estávamos em Soissons, omeletes de queijo, bomba de chocolate, café três fff, pé na estrada, tempo nublado, meio frio, mas sem chuva. Fronteira num átimo, a pátria belga (meus olhos ardendo, mas nem cochilei, viemos conversando, que coisa!, faltava vocês no banco detrás) e a Bruxa me recebeu como um remaço materno, seis horas estava postinho em sossego no Rond Point. Os meninos, ótimos, Bruno perdeu um dente de leite, mas sorri com o mesmo encanto, Cristiana arrumadinha, André gordo, a televisão ainda não voltou do conserto, André telefonou ontem para Paris para se lamentar, ainda bem que não nos encontrou, nem deixou recado na portaria do hotel. Correspondência (para vocês, aqui vão as cartas), livro do Marechal, já estou lendo, Lucy espanhola já falando no Dámaso Alonso (no que ele me disser Yes, taco-lhe a mão na cara — estou com uma antipatia desse sujeito!), cartas familiares, com os recortes do Pessimismo, Brasília, carta de Maria Inês confirmando que Marta morreu, com edema pulmonar, em seis horas, estava sozinha em casa, acordou de madrugada gritando por socorro, a vizinha chegou, coma etc. Mala aberta, coisas no lugar, alegria de reencontrar a toca — e depois aquele jantarzinho maneiro, arroz solto, bife honrado, salada temperada pela mão mágica de Helena, doce de leite e café, que café! (<u>Venha tomar um café direito aqui em Bruxelas, antes de seguir para a Suíça.</u>) Cigarrinho fumado com o espírito ainda fora do prumo, volta de viagem põe a gente assim, pânico, cortada do mundo, as próprias cartas assustam, olham a gente com olho hiticoquiano, o cadáver está atrás da porta! O *grande órfão* chocando na gaveta, vamos a ele. Meu caro, viva a tristeza pacata da Bruxa, ideal que oponho à soupe à l'oignon do mercado, que chatos! E aquela ilusão parisiense: quê que a gente vai fazer, au fromage ou aux champignons, le service est compris?, merci madame, merci monsieur, je vous en prie, taxi taxi taxi TAXI, agora é difícil pra burro, vamos de metrô, chegamos atrasados porque erramos a rua, vamos passar na UNESCO?, precisa ver os impressionistas, a fase do cabelo no olho de Picasso, Jeu de Paume, uma baiuca onde se toca, que jazz fabuloso!, olha aquela ali, que pernas, não aguento mais, tenho de ir ao hotel fazer cocô, minha barriga está roncando, a cueca voou pela janela, lavou a camisa, Helena?, xi, esqueci a pasta de dentes, après vous monsieur, quanto é que dou de gorjeta?, a linha está ocupada, depois eu falo, pode deixar que nós vamos lá, teatro de vanguarda, diz que um filme fabuloso, procura-se na Semaine de Paris, 358 mulheres nuas, que bico de seio que nada, tudo nu, você já reparou como é inocente? A rua é um espetáculo, é isto mesmo, você tem razão, sempre ouvi dizer, agora é que eu vejo, achei bem montada, a mise en scène é excelente, no Lido tem um cafezinho, por quanto você está trocando o dólar?, petite tasse, s'il vous plaît, podemos ir a pé, é um prazer sair andando por aí, Malmaison, tem fila mas vale a pena, você reserva antes, conheço um golpe genial, é mão única, queijos, que queijos (o endereço do Androuet: rue Amsterdam, não deixe de ir), dos lados de lá, rive gauche, droite, em que hotel você está?, conheço um delicioso, a dona é velha e simpática, são muito delicados, grosseiríssimos, tem legenda em inglês? (com vistas a AB), onde é a entrada do metrô?, olha aí no mapa onde é a rua do Rabo Sujo, cada nome poético, você já reparou?, são artistas em tudo, e que bom gosto, uma vitrina é uma obra de arte, os toaletes são limpíssimos, paga--se pelo pipi mas vale a pena, brasileiros? Que prazer! Há 153 anos que não ouço a nossa língua (o esperanto), olha aí que Pipotê, rapaz!, ih, meu Deus, ainda tenho de escrever minha crônica, será que chega?, não vou com a cara desse porteiro, americanos pra burro, vamos primeiro à missa na Notre-Dame, depois a gente ainda pega o striptease no começo, é um padre fabuloso, faz apostolado nos bordéis, um café com cadeiras ao ar livre, clubezinho, eu sei onde é, então vamos até lá, se estiver chato (sempre está), a gente dá uma volta, estou com o estômago cheio (o Murilo Rubião tinha razão), et comme boisson, monsieur? Comme dessert?, Du rouge ou du blanc?, me falaram que é muito bom, não deixei de ir, vale a pena, é um saldo baratíssimo, não tem vaga para estacionar, será que roubam?, pergunta ao guarda, s'il vous plaît monsieur l'agent, que bom gosto, mas todas dão?, adivinha quem está em Paris?, não! Não é possível, então vamos telefonar, hoje não é possível, mas amanhã podemos almoçar juntos no Rabo Quente, um amor de restaurante, e o Louvre?, vou saindo, vou saindo com os rabos entre as pernas, viola não, dona!, é isto mesmo, você tem razão, o Hélio está certo, viva a Bruxa! Viva a Bruxa! Venham tomar um café direito, telefone.

Abraços,
Otto.

P.S.1: Quer escrever de parceria um livro? TURISMO: CALEIDOSCÓPIO DO DEMÔNIO. Encontrou o homem? Please may I talk with Mr. Miller? Just a few minutes, El señor Dalí está? Yo soy um periodista brasileño, mi madre pasa bien, gracias, s'il vous plaît. Monsieur, combien? L'addition, por favor! Passo na embaixada, preciso não esquecer as encomendas, onde é que se pode comprar confete?, eight, please, don't you think so? Oh, c'est charmant!, dançam nus da cintura para baixo, sim, o franco estabilizou graças ao De Gaulle, o Franco está caindo de podre, Salazar?, só vai veado, mas é muito divertido, vestem-se de mulher, dança-se um pouco, eu que convidei, 3 mil para cada um! Enlouqueci!

P.S.2: O Juarez, em Londres, vem cá de novo e deve seguir para aí sexta ou sábado, vou dar o endereço do seu hotel, não deixe de apresentar o Erico a ele (aviso aqui). Lembranças mil ao casal Verissimo, ilha de simpatia, de bom senso, de sabedoria e de paz, nessa merda de Paris.

P.S.3: Venha desenvolver aquela conversa aqui, em paz.

Bruxa, 30 de maio de 1959

Fernando,
Aqui vai mais uma carta (do Gerson). Mandei-lhe duas anteontem, recebeu?
Antes que me esqueça: vocês ficaram com minhas fotografias, o que me lança num estado de frustração lancinante. Bem que eu lhe disse para mandar fazer as cópias que lhe interessavam! Por favor, devolva as fotos. Se quiser, use os negativos, mas não se esqueça de devolvê-los, pois guardo, arquivo, coleciono negativos e positivos de minhas obras-primas fotográficas. (Estou na maior irritação por ter caído nessa armadilha de levar as fotos a Paris para lhe mostrar. Devia tê-las guardado todas aqui comigo, debaixo de chave.)
Muito bem: dormimos até não poder mais (doze horas), numa cama digna, que não entorna a gente para fora. Acordei com o corpo doendo de tanto descansar. Virei outro. Agi, tomei providências, lavei o carro, arranjei dinheiro, estive na embaixada (comuniquei ao Caio que você não aceita URSS), escrevi cartas, vi TV etc. Comi uns

morangos com creme de fazer inveja aos anjos. Hoje, tem morangos com sorvete! A gula virou pecado para mim. O pecado parisiense aqui não existe, a Bélgica é um breve contra a luxúria. Tenho uma porção de coisas para fazer! Agra, vou almoçar, depois vou sair por aí. Castelete* escreveu eficientíssimo. Reproduz diálogo com Israel e me diz que a coisa agora vai, pra eu voltar mesmo. Estou me sentindo vagamente chantagista... Bruno sonhou que tinha caído um outro dente dele. Acordou, vestiu-se, saiu, na escola é que foi verificar se tinha caído ou não — e ficou besta quando achou o dentinho no lugar. Custou a lembrar que tinha sido sonho. Muito bem, vou almoçar (aquele almocinho genial, hoje com um Châteauneuf-du-Pape, para variar). Você não gosta de champagne, mas lhe digo que tenho duas Viúvas geladinhas no freezer. Se você demorar muito, eu acabo com elas sozinho.

Abraços,
Otto.

P.S.: [N.E.: o início do texto, escrito à máquina na margem esquerda da página, está ilegível.]... capaz de ficar nesse hotel mesmo... Olha a gaiola! Por favor, me mande meus retratos e meus negativos, eu copio para você os que v. quiser, mas mostre sua eficiência devolvendo tudo pelo correio. Sabe o endereço do Erico (abraço) em Washington? Vendo o Celso Cunha,** diga a ele que o prof. Van Duk (com trema) me disse que Shewxvbgtskcbh é o maior poeta medievo, ao contrário da opinião de Luckghts. Fiquei espantadíssimo! Eta cafezinho bão! Bruxelas é o céu depois do inferno de Paris (com anjos decaídos).

---

* Carlos Castello Branco.
** Filólogo e gramático mineiro (1917-1989).

Bruxa, 1º de junho de 1959

Fernando,
A estas horas, o Marechal já está aí, no mesmo hotel. Eu disse a ele que você estava com medo da gaiola, mas ele disse que não precisava ter. Estou lendo o livro do Marechal, *Organização para o Brasil*. Fico pensando o que é que não vai nesse monte de esquemas, teorias e salvações. É que as coisas não são assim tão nítidas, que diabo! Suponhamos que você tenha uma casa, um sobrado velho, e está pensando em reformá-lo, lançar mão de um creditozinho na praça, trocar uns móveis, abrir uma janela para melhorar a vista, trocar a trempe do fogão e plantar um canteiro de cravos. Então você chama o empreiteiro, ou o chefe de obras. Este, dr. Sabe-tudo, dá uma espiada na sua casa e já vai doutrinando logo: tem que jogar o sobrado no chão, para fazer novas fundações; a área está mal dividida, há que redividi-la; harmonizaremos as correntes de ar no corredor; a luz virá da direita e não da esquerda, o que importa em reformar primeiro o lugar do nascimento do sol, que assim, após lei competente, nascerá a oeste e não mais a leste; os lugares frios da casa serão aquecidos e os quentes serão resfriados; o fogão será dividido em dezoito trempes, sendo as de legumes do tamanho 13,8 e as de proteínas do tamanho 14,7, para assim os donos da casa comerem mais proteínas e mais legumes, de acordo com a recomendação que salta à evidência das últimas estatísticas referentes ao período 42-57, na grande república do Norte; o dono do sobrado extrairá os dentes superiores, substituindo-os por um aparelho mastigador do tipo dentigrama, já aprovado na experiência-piloto de 1934, no Ministério de Viação e Obras Públicas; etc. etc. Eu poderia continuar indefinidamente mencionando as reformas que o chefe de

obras impõe ao sobrado e a seus habitantes. Esse chefe de obras é o Marechal. Que simplicidade de espírito! Depois, o estilo dele não tem a menor concessãozinha ao gracioso, vai naquela marcha forçada, ao sol, que nem travessia de deserto com o Rommel nos calcanhares da gente. Abro o livro em qualquer página e copio: "Se a União e os Estados, em mais de meio século de experiência federativa, absorvendo, em conjunto, cerca de 90% das rendas públicas arrecadadas, não conseguiram melhorar, através de sua ação administrativa — ao contrário, têm agravado — a situação de pobreza, desconforto e insatisfação de nossas populações do interior, que constituem, afinal, a grande maioria do povo brasileiro — parece-nos ser tempo, já, de tentar-se alcançar tal objetivo, através da ação direta do poder local, mesmo atrasado e displicente como o têm condenado a ser, até agora, os dois outros governos da Federação". Está vendo? Primeiro que tudo, como virgula! Virgula como quem freia nos dentes da gente, eu dou com a cabeça pra direita e pra esquerda, as vírgulas do Marechal seguram o trote da gente, dobram a nossa canela, ai como cansa! Mas você precisa ver o livro dele — muda tudo, se duvidar o Rio Grande do Sul para consertar passa a ser o do Norte, o Amazonas correrá doravante na bacia do São Francisco etc. etc. E talha novos estados, ou de 300 mil km², a escolher. Minas Gerais desaparece, cede lugar a seis estados com cada nome incrível. Meu caro, isso é uma conspiração no duro pra descer Minas e suas montanhas e aparar seu nariz triangulino. Etc. Estou esperando o Benedito servir o almoço e vou lhe escrevendo com alguma preguiça (mais inspirado, meu brilho seria maior). Segue desta vez a carta de Eliana que chegou anteontem. Não mandei logo porque fiquei com receio de que você já tivesse saído de Paris. Antes de embarcar, dá um telefone para nóis. Já lhe mandei cartas aqui chegadas de duas vezes, a primeira no dia em que cheguei daí, a segunda dois dias depois. Fale com AB que afinal chegou o cartão dela, não é incrível? Mas sempre chega. Onde é que ficou o Juarez? Se botassem ele no 88, você ia ouvir o homem virar a folha do jornal, que acústica nesse hotel! Aí é que eu queria ver você roncar aí do seu lado. Outra coisa: o Marechal não cabe naquela cama, não. Vai ficar p. da vida, ter de dormir encolhidinho feito papagaio velho. Você já encontrou o Caio? Rouba ou não rouba? Hoje, recebi de meu pai uma página da *Tribuna da Imprensa* — caí numa depressão profunda, que só vou vencer dentro de uns quinze dias. Me deu o maior desânimo de voltar para o Brasil. Por mal dos pecados, as notícias que meu pai me dá começam com esta frase lapidar: "Tudo vai mal por aqui". E há trechos assim: "A confusão cresce em tudo. O encarecimento aumenta diariamente de modo impressionante. Banha: 115 cruzeiros. Feijão: 45 cruzeiros. E assim por diante. Niterói esteve em pé de guerra. Mais de cem feridos a bala. Oito mortos até agora. Incêndios ateados pelo povo revoltado". Etc. Ou: "Belo Horizonte, inesperadamente, sem aviso nenhum das companhias fornecedoras, ficou quase que sem energia elétrica. A cidade quase toda às escuras. Nas casas, velas e lampiões por toda parte. A água, em consequência, diminuiu de mais de metade. Inconcebível. O povo, desesperado. Ontem, velas e lampiões causaram um incêndio que destruiu quatro casas comerciais, na av. Afonso Pena. Todo mundo espera novos quebra-quebras por aqui. A cidade toda policiada". Conclui assim: "Tudo, como vê, anda mal". E um postscriptum: "Na família, não há novidade". Fernando, se fosse pra fazer graça, eu ria. Como é a sério, que é que eu posso fazer, senão ir ficando em Bruxelas, remanchando, adiando? Por favor, me mande dizer como é o que o Gerson deu notícia dos mesmos acontecimentos em Niterói e em Belo Horizonte. A visão é a mesma de meu pai? Agora, você precisava ver é a folha da *T. da I.** — uma antologia de mau humor, acusações, impropérios, ameaças, inquisições, ironias, escárnios, sátiras etc. etc. Positivamente, que vontade posso ter eu diante disso? Pelo jeito, o país está inabitável. O jeito é morrer, Fernando Sabino. Sensatos foram o Ovalle, o Camilo, o Costa Rego, o Alceu Marinho Rego, o Zé Lins também do Rego, o Rafael, o Odylon Braga, o Nereu, o Jorge Lacerda, o Murilo Braga, o Eustáquio, o Edgar Cavalheiro, o Cornélio Pena, o José Bartolota, o Virgílio Melo Franco, o Getúlio, o Lauro Farani, o Dix-huit Rosado, meu primo Adão, meu primo Zé Lara Mourão, o Orlando Dantas, o Góis Monteiro, o Canrobert, o Washington Luís, o Artur Bernardes, o Melo Viana, o João Pinheiro Filho, o João Cláudio, o Paulo Pinheiro, dona Marta, dona Júlia, minha avó Zuzuca, o Sansão Castello Branco, o Rubem Navarra, o Lasar (não é Lasar!) Segall, o major Vaz... (parei aqui para almoçar, me lembrei do Mário de Andrade etc., que time enorme!). Ontem, Helena fez uma feijoada genial, passei o dia de pijama (de manhã fui buscar Laís no aeroporto, HG está no Rio). Pijama só moral. Solidão imensa. Deixe de ser orgulhoso, tem feijão preto aqui, o Marechal já saiu, pode vir só por três dias. *Inspetor* recomeçado em vão, rasgado. Sua carta, esplêndida, minha admiração por você ilimitada, total, vou dar um bofete na cara daquele cachorro daquele Michel Zseveterechksky** das edições Seuil, longa e francesa (aliás polaca) é a mãezinha dele. Você não me esculhambou tanto assim, só guardei as carícias. Pai-d'égua, é ninfeta, ninfetas

---

* O jornal carioca *Tribuna da Imprensa*.
** Na verdade, trata-se de Michel Chodkiewicz.

para você também. Na saída de Paris, quase que eu comprei o *Lolita*, tinha uns francos sobrando e na merda do jornaleiro só tinha livro pornográfico, mas resisti, pensei comigo que não vou ler, nem enriquecer o editor. Li vários artigos sobre, resolvi que já li o livro (aliás, li um trecho na *NRF*).* Helena está com gripe hoje, mas acho que é vontade de ir embora e desânimo diante da minha resistência passiva, estou de corpo mole (estou dizendo isto só para chatear Helena, que vai ler esta carta e ficar toda satisfeita, rindo até as orelhas, quando souber que eu vou mesmo para o Brasil, e é já, você vai ver). Mas tem muita coisa por fazer, comecei a pensar hoje que talvez valesse a pena trocar de carro, esperar mais seis meses etc. Afinal, a gente não joga fora assim pela janela um emprego de oitocentos dólares (na minha idade!) e o Itamaraty não cortou o contrato, por que eu é que hei de denunciá-lo? Estou pitando aquele primeiro cigarrinho do dia, depois de um café do Benedito pelo qual eu andaria de bom grado os trezentos km que separam Paris de Bruxelas (se quiser, vou buscar de carro, é só telefonar, tou aí num minuto!). Aliás, o Caio volta naquele cadilacão e, como o Marechal fica, vai sobrar espaço pra burro! Tive mais uma ideiazinha para o *Inspetor*, tão pequetitinha que só vendo. Ando muito pobre de ideias, acho que, como o Millôr dizia dele próprio e erradamente, eu acabei, mas de verdade. Não tenho a menor vontade de escrever um romance. Romance é do Erico (positivamente, já escrevi para o Castello que ele, o Erico, não o Castelete, é o maior romancista brasileiro). Helena ficou fazendo as contas para ver se valeu a pena o Erico repousar no apartamento da Nadine a troco de uma máquina de escrever. Mulher é assim mesmo, faz conta pra burro.

---

* *Nouvelle Revue Française*.

O Castello fez uma entrevista de dezoito páginas com o Lott,* que é mesmo candidato. O Dutra disse ao Vitorino que aceita, se for apoiado pelo PSD. O Juarez diz que o Osvaldo Aranha também quer. O Gouthier saiu atrás do Caolho pelo Japão, dizem que o Benedito** (agora é o outro) não pensa noutra coisa: quer mesmo ser o vice do Jânio. Stella leu sua crônica da escadaria em Gand e achou muito boa, só eu que não vejo revistas e jornais do Brasil. O f. da p. do Sousa Pinto*** não deu a menor bola sobre meu livro, que conto do vigário! Nem o O'Neill, muito bonzinho e tal e coisa, mas não devolve meu original, estou uma onça! Escrevi uma carta malcriada para o Novarro, o fotógrafo que não mandou os retratos. Comigo agora é assim, em cima da fivela (como dizia o Vitorino). O bom Cura d'Ars tem cem anos que morreu, santo homem! Parei de ler a Bíblia por uns dias, comecei a ler duro o *Tender* do Fitzgerald. Vou ficar doutor, você vai ver. Pensei no Thiers, que espetáculo triste é do homem sobre a Terra! André perguntou a Helena o *seguinte*: se Adão e Eva não tivessem pecado, ninguém morria. Então como é que ia caber tanta gente na Terra e como é que ia todo mundo comer à sa faim? Esse menino vai longe, acaba na Cofap. Bruno me revelou que só reza em francês e sempre uma Ave-Maria para mim, se Deus entende em francês mesmo. O menino é um santo. Fui ver um western que não é lá essas coisas, com o Henry Fonda, chama-se *Warwock*,****

---

* Marechal Henrique Duffles Teixeira Lott, ministro da Guerra do governo JK, que vai disputar as eleições presidenciais de 1960, sendo derrotado por Jânio Quadros.
** O político mineiro Benedito Valladares (1892-1973), ex-sogro de Fernando Sabino.
*** Editor português, fundador da editora Livros do Brasil.
**** *Warlock* (1959).

ou coisa parecida, *La cité sans loi*. Olhe: a peça do Ionesco, o *Tueur sans gages*, continua em cartaz sim, no teatro Recamier. Bobeei, só aqui é que vi no jornal. Dona Nair disse que só tem cama, ela não gosta de ver. Vi um desastre de noite aqui em Bruxelas, depois eu conto. De noite, não sei por onde pegar o *Inspetor*, não sei o que ler, fico por aí, com cada pensamento horroroso. O Villa-Lobos está pensando que eu sou o José Augusto Queiroz, que foi quem andou com ele. Vendo-o de novo, mande-o à merda em meu nome, nunca vi sujeito mais chato e mais presunçoso, além do mais sujo, com aquelas unhas de seresteiro e aquele cabelo amarelo de fumo e de velhice. Bachianas pras negras dele, pra cima de mim não pega. Agora comigo é de Verissimo pra cima, chato já tem muito neste mundo, não precisa ser compositor. Você se lembra de cada coisa, que memória! Eu tinha esquecido inteiramente aquele guarda, como é mesmo o nome dele?, de Belo Horizonte. Mas me lembro da voz do próprio e da imitação que do mesmo fazia o Pellé,* rolando como um tonel. Falar em Pellé, o Pelé (com um L só) jogou ontem aqui, há três times brasileiros na Bélgica, o Corinthians, o Santos e o Botafogo. Vi na TV o campeonato europeu de Boxe amador, mas nada como catch que vi há tempos, a violência me faz um bem! (Freud explica isto). Te recomendo *L'Express*, que tem umas coisas ótimas, podem dar saída para crônica. Andei pensando nuns assuntos para você, mas esqueci, ou pelo menos agora não me lembro. Você vai ficar besta com a Itália, vai ter assunto até não acabar mais. Lembre-se de mim no paraíso, isto é, mande de vez em quando uma palavrinha de lá, não se

---

* Hélio Pellegrino.

esqueça de minha úmida solidão bruxelenta. Já estou pensando em entregar pra Deus, engavetar o *Inspetor*, deixar para mexer mais tarde, no Brasil. Com 37 anos, não tenho nem um epigrama que preste, agora não tem mais jeito. Vou chegar ao Rio sem apartamento para morar, vão me dar aquela irritação, problema pra burro e aquelas sabidas aporrinhações, não sei o que vai ser de mim. Entrementes, aquela confusão nacional, Lott, inquéritos, Jânio, quebra-quebra, o diabo. Não quero emprego nenhum, já passei da época de ser empregado, afinal não sou um menino mais. Se tivessem contado como é que é a coisa, eu tinha tomado providência antes, mas agora é tarde. Será que você tem tempo para ler toda esta conversa fiada? Por mim ainda escreveria mais, estou com vontade de começar a lhe pousar uma porção de problemas, mas fica tudo adiado. Deus nos deu a palavra para melhor silenciarmos — uma vez, há muitos anos, eu escrevi isto e pensei que era um pensamento original. Mas o Juarez diz que sou é paradoxal. D. Nair perguntou a Helena na minha vista se ela me deixa viajar sozinho etc. O melhor é o casal andar sempre junto e tal e coisa. E disse que ela deixou o Juarez vir à Europa sozinho e que algumas amigas etc. Então eu comentei: "Pera aí, dona Nair, se ele também pode dar um escorregãozinho, então eu ando de rastros, como um jacaré". O Marechal sorriu atrás de seu queixal, com os olhinhos oblíquos. Já viu só? Bom, aguardo vocês. Telefone, escreva. Desculpe o mau jeito.

Abraços,
Otto.

Bruxelas, 2 de junho de 1959

Fernando,

Já encontrou o homem? Aqui lhe mando um recorte sobre seu livro, que veio numa carta do Gilberto. Vê-se que você não é autor nocivo aos bons costumes.

Recebeu minha carta de hoje, levando outra de Eliana? Acho que escrevi demais.

Vi *Le beau Serge* hoje, gostei. Você viu o outro filme do Chabrol, *Les cousins*? Vale a pena ver os dois. São ambos sugestivos. Saí do cinema (fui sozinho) meio triste, que esterilidade minha vida!

Precisamos enriquecer o Brasil!

Helena está embalada para o embarque. Deu telefonemas, falou com o consulado, escreveu, mexeu, retirou até malas. Estou perdido. Mas continuo firme de corpo mole. Só vou arrastado. Agora de noite (são duas horas da madrugada), a intuição me diz que vou, indo para o Rio, ao encontro de aborrecimentos.

Vou escrever agora uma carta ao Hugo, que está no Rio, informando que partirei. A Bruxa já me dá saudades.

Estou com uma dor de barriga desgraçada! Acho que foi feijão demais. Me desacostumei.

E se fôssemos a Hamburgo de navio, partindo de Antuérpia? Pensei nisso hoje. Será que custa muito caro? O filho do Moeller me escreveu pedindo para arranjar lugar para ele num navio brasileiro (é marinheiro). Você conhece algum almirante?

O civismo catastrófico de meu pai me abateu. E o livro do Juarez é uma das coisas mais inteiriçamente chatas que se pode conceber. Vendo-o, dê-lhe um abraço.

Não saia daí sem dar notícias. Você vai mesmo para a Suíça

quinta-feira? Que bobagem! O relais de Bruxelas seria oportuno, repousante e sensato. Think about it.

Saí de casa, andei pela rua sozinho. Não aconteceu nada. Vi Stella atravessando a av. Louise, fora do sinal. Foi tudo de sensacional que registrei.

Amanhã vamos almoçar com Laís.

Estou doido para te fazer uma carta, mas também chega, não? Dá até para desconfiar. Lembranças a Anne. Abraço forte para você.

Otto.

P.S.: [ilegível] ... esqueça de aproximar o Juarez e o Erico. O Juarez leu os romances em questão. Será que você pode me mandar aquele recorte do *Time* sobre o Brasil? Procure. Não se esqueça também dos negativos (e dos positivos) que aí deixei. Helena ficou comovida com a atriz italiana em férias. O Eulálio dizia que ela é mais bobita (bonita — que erro importuno) do que Ant. Lualdi.* A sorveteira do Lido, Sophia Loren.

[Bruxelas], 2 de junho de 1959

Fernando,
Aqui vão mais duas cartas chegadas para vocês. Fernando LR escreveu hoje e diz que suas crônicas estão fazendo "imenso sucesso" etc. Louvores entusiásticos (queria copiar, mas estou com pressa, vou almoçar com Laís na embaixada — e estou com aquela dor de barriga homérica...).

---

* A atriz italiana Antonella Lualdi.

Que tal Hamburgo por mar?

Não se esqueça de mandar a crônica (publicada) sobre Benedito, que está curioso — e merece toda a nossa atenção.

Apareça.

Otto.

Bruxa, 9 de junho de 1959

Fernando Sabino,

Recebi hoje com o mesmo gosto de sempre sua deliciosa cartinha, eta amiguinho gostoso! Já vi tudo: via Appia, mas você já imaginou quanto sofre o pobre do Afonsinho, que já fez esse passeio pelo menos umas quinhentas vezes? E você só uma, seu ignorantão! bárbaro! visigodo! ostrogodo! filhodapodo! O Heron é que me telefonou, com voz de quem estava em Bruxelas, tão natural (você sabe que voz interurbana e ainda mais internacional, além de estar no telefone, o que já não é muito natural, ganha outro timbre, por causa da conta correndo). Então eu disse a ele que queria falar com você, pra você ligar (porque eu já tinha ligado na noite de véspera, você estava na Ópera). Na verdade, até o último instante não acreditei que você fosse capaz de tanta ingratidão e tão duro coração — e saísse de Paris sem telefonar, ou mesmo sem dar um pulinho aqui, para assistir seu amigo que rolou de novo pelos abismos da crise mais sem saída de que há notícia. Mas enfim você não veio, não se fala mais nisso. Você saiu perdendo, claro que saiu, teria descansado, parado um pouco nessa corrida, esse inferno — sem falar que AB muito gostaria de respirar um pouco e conversar com H sobre umas receitas de torta de morango, uns novos modelos de vestido igualzinho àquele que usou a princesa Paola no dia da festa, lembra? etc. e tal. Falar na moça Paola, a festa aqui foi grande, você teria tido muito assunto — e vai continuar, até o casório. H. foi com Laís, espiar na Grand-Place, gramou lá umas seis horas pra ver a italianinha loura — quand elles sont blondes, les italiennes, elles sont quelquefois jolies, mais les brunes, elles sont toujours laides, les italiennes! — dizia uma velha flamenga perto de mim, vermelha, sardenta e feia pra burro, o critério de beleza dela vai mal (soltar uma mulata sestrosa ao lado desse <u>príncipe de merda</u>, vamos ver como sai dessa, esse babaquara). Há aqui quatro cartas para você, que aqui vão. A do Gerson, sempre rasgadinha do lado, não sou eu não, chegou hoje. Não mandei antes as outras porque estava esperando o endereço do Albergo Romano e não quis mandar para a embaixada, mas você não vai escapar de um drinquinho com o embaixador, que eu chamo de <u>Bonecão</u>, e pode estar certo de que é um bom sujeito, tranquilão, sem aquela suadeira afobada do Gouthier. No mais, você está perdido, trate de ler seu guia Michelin e solte umas coisas sobre Roma (a dos Césares, a da República, qualquer outra, pouco importa), com ar de quem sabe disso há muito tempo, reminiscências ginasiais não!, seria de mau gosto e parvenu, reminiscências pré-uterinas. O negócio de Hamburgo por mar era pra valer, foi uma inspiração, e tenho certeza que perdemos a nossa grande viagem de nossa vida, seria um ponto de referência para o resto de nossos dias, ia ser uma senha, iam acontecer coisas fabulosas, nós dois singrando os mares nortes, no tombadilho à noitinha, pitando na cabine, depois desembarcando em Hamburgo — foi um erro seu você não ter aparecido, teria sido a solução. De Hamburgo, a gente espichava até Copenhague, sempre rumo ao Norte, Estocolmo! — ontem fui ver Greta Garbo, continua divina, estão fazendo um festival dela aqui, já passou *Dama das camélias*, ontem, hoje e amanhã passa *Cristina* e depois virão *Maria Valewska* e *Ninotchka*, já vi os dois primeiros, vou ver os outros. Você fez mal de não ver os teatros e os cinemas em Paris, os recomendados, e bobeou de não comer os queijos do Androuet. Quando acabou o jantar ontem, H perguntou aos meninos o que queriam de sobremesa, Bruno pediu torta de morangos, André pediu cerejas e Cristiana bateu a mãozinha na mesa, exigente: "Eu télo tamambérrrl". E comeu tamambér — a menina começou cedo. Bem que eu gostaria de ir à Sicília, mas com que dinheiro? Não vamos poder ir a Madri, nem Lisboa, porque o dinheiro não dá, para embarcar em Lisboa, paga-se uma taxa de trezentos dólares para embarcar o carro. De maneira que estou muito desanimado e só renuncio a essa viagem com verdadeira dor no coração. Nunca mais volto pelas Europas, eu sei que não volto, por isso seria bom conhecer as raízes espanholas e portugas, ser Lara em terras de Espanha, Resende entre os lusos — cuspir naquela gente toda, dar bananas, produto nacional, para os bárbaros iberos. Tocar nesta corda, me lembrei da carta que me escreveu o Durmeval, aquele amigo com que andei em Paris, lhe disse, ríamos a valer, ele muito sério, sociólogo, filósofo, professor, secretário de Estado da Paraíba, eu molequíssimo, avacalhando como saci-pererê com todas as fichas da cultura dele. Então o Durmeval me escreve na carta de poucos dias o seguinte trecho: "Tenho lido as crônicas do Fernando Sabino (que não conheço pessoalmente) e elas me devolvem à lembrança, quase à saudade, coisas vistas por mim na Europa". Entre as pessoas citadas por ele, ou apenas insinuadas, vejo a sua sombra completa, as galhofas, irreverências e essa deliciosa forma de não se deixar europeizar.

A sua valentia em não se deixar esmagar, como um basbaque, pela civilização das Europas. O seu atrevimento de espadachim. Quem nos dera que você pudesse traduzi-lo num livro! Você iria para uma galeria onde estão o grande palavroso — mas grande, apesar de palavroso — Euclides da Cunha e o amargo Monteiro Lobato. Imagino você, às vezes, numa versão mais moderna do Lobato, com outras nuances, sem as intenções dele, sem querer dar duro como Lobato nessa valorização do Brasil; assim, mais "avulso", mas na mesma linha de afeição corajosa, bravia, de nosso boêmio e sofrido — e futuroso! — Brasil. (Em tempo: as suas afinidades com Euclides nada têm a ver com o palavreado, é claro!) Que tal, seu Sabino? (como diz o Juarez). Fico imaginando que o Durmeval com essa história de Euclides e Lobato quer é me gozar — este é, aliás, o sentimento que me vem sempre que ouço conversa na base da "valorização" dos meus pobres (sem falsa modéstia) dotes de espírito (e de corpo, que o corpinho moreno aqui é mimoso, só sei que elas gostam) — vou parar um pouco pra arrotar o enjoo deste último parêntese, estou parecendo José Augusto! A verdade é que caí de novo no brejo — não sei sair desta sozinho, você devia ter vindo aqui. Romance, parei, não continuo, vou desistir de fazer literatura, você há de ver, eu vivo ameaçando, mas um dia eu salto e então será pra valer, nunca mais ninguém me verá! Não tenho a mais mínima vontade de pegar na história do *Inspetor*, vá ser chato lá mais adiante!, comecei a repassar à máquina, mas não aguento, prefiro ver televisão, pitar pensando em nada, coçar o pé, tomar banho de banheira como sapão burguês de óculos, comer, ah, comer, agora estou na fase das frutas e das sobremesas, saio correndo vitrines de confeitaria pra descobrir doce apetitoso, estou gastando como um oriental, mas vou comendo, porque H com esta mania doida de querer voltar pro Brasil está me enlouquecendo e já vou tratando de me despedir, porque as vacas magras vão chegar, quedê que no Rio eu vou comer tão bem?, primeiro, não terei tempo, pra comer bem é preciso tempo, inclusive praquela sesta na cadeira de balanço (tirei do quarto e botei na sala), com um soninho bom que ronrona no estambo (é o estômago), e às vezes vai borbulhar até nas bochechas a forma honrada de um projeto de arroto evidentemente de satisfação. Fora isso, não existo. Escrevi umas cartas, recebi quase nenhuma (ninguém me escreve mais, já deve ter circulado lá a notícia de que vou cometer a loucura de voltar), leio pouco e mal, vou vivendo naquele ritmo — e que falta de fé! de esperança! de caridade! de ambição! de vontade! de certezas! de inspiração! de ideias! de tudo! tudo! tudo! Ontem de noite, peguei uma discussão com Helena, daquelas em que assumo a obra-prima da minha antipatia, eu sustentando que vou pro Brasil e vou me arrepender, que mané emprego que nada, pois se nunca saiu?, que já passei da idade e tal e coisa. O pior é que acredito piamente que não vou arranjar emprego nenhum e, bem analisado, é possível que H tenha razão: eu não quero emprego (falo de emprego público, honesta <u>sinecura</u> com estabilidade). Mas realmente, não vou arranjar nada, você vai ver. Ou então o IP* vem numa daquelas, como na época em que, eu já sendo controlador letra "L" na Prefeitura, ele me mandou procurar o Maciel Cabeleira, eu fui, era pra um emprego formidável, realmente tinha tido uma oportunidade (já fora preenchida a vaga), mas era de bailarino letra "I" do Teatro Municipal — eu

---

* Israel Pinheiro.

não bailo nem nada, minha letra é "O". Você viu aquele fuinha lá na Unesco como é que procedeu comigo!, falou em emprego, logo uma força se atravessa na frente, alguém mais forte do que meus pistolões não quer que eu arranje emprego, senão já tinha arranjado. Vou voltar é pro <u>Roberto Marinho</u>, vou fazer tópico no *Correio*, o Bahia é bom sujeito, não é possível que não me arranja um lugarzinho à noite, o Pinheiro vai me aceitar meio desconfiado, mas vou prometer levantar cedo, vou jurar pela felicidade de meus filhos como entro às sete horas da manhã, sou até capaz de insinuar que estou precisando no duro, que não é por mim, é pelos meninos etc. — e assim arranjo os meus cinquenta contos para ir sobrevivendo, até o enfarte (soube do Lucas, fiquei impressionado), o derrame cerebral, a boca torta, o braço paralisado, o câncer no lóbulo da orelha, os rins filtrando pedra, ou o fígado esfarrapado. E a comédia se acaba, está por pouco — fico pensando que afinal é uma pilhéria de mau gosto botar um sujeito pra viver neste mundo e sem fazer nada, sem deixar traço de sua passagem, ou que deixasse! merda! Não, Fernando, não entendo nada, preciso ler os clássicos e direito em ordem: Dostoiévski, Tolstói, Tchekhov, os russos em suma; Stendhal, Flaubert, Balzac, Proust e mais os modernos Malraux, Bernanos etc.; Shakespeare e o teatro elisabetano; a poesia inglesa; Dickens; os modernos ingleses; Fenimore Cooper, Stevenson, *Moby Dick*, *Tom Jones*, Mark Twain, Poe (Maupassant, claro), os twenties, o novo romance americano, o teatro moderno, a filosofia alemã, Max Scheler, a nova sociologia, a moderna antropologia, a nova paleontologia, a espeleologia, umas noções de física nuclear, a science-fiction, os quadrinhos, a *Brasiliana*, a História dos Mundos, dos Continentes, dos Mares, dos Astros, dos Países, do Brasil, de Minas Gerais, de São João del Rei, do Matola, de minha família, de mim mesmo. Ah, meu Deus! Quando é que vou começar a ler com método (como prega o <u>Afrânio Coutinho</u>). Sou um infeliz, Fernando, e me lembro de que li afinal a história da anãzinha da Clarice, me decepcionou, ela tem pelo menos umas dez coisas melhores, você está meio drogado pra julgar as coisas da moça, é bom, é muito bom, se fosse texto do <u>Darwin</u>* seria genial, mas também não precisava você fazer aquele esporro humilhante! Fui ler, não achei essas coisas, não. E a receita está muito clara, eu que não caio nessa prosa, que eu sei como se tece. Achei *SR* decepcionante, me falaram que era *Esquire*, que apresentação vagabunda!, que papel ruim! E depois, tudo meio sem sentido, os textos da redação tão sestrosos, tão fazendo força pra ser inteligentes e simples, a colaboração heterogênea, aquela rosácea de chateação do <u>Carlos Lacerda</u>, você tá é doido!, mas li a revista toda, naquela velha base, é o tipo da leitura que não escapava das minhas vistas, custou mas apareceu, estou doutor em *SR*. Recebi seu cartão datado de Montmartre, você imagina o drama que deu. O correio chegou, a correspondência como de hábito foi posta em cima da mesa da sala, eu dormindo tranquilo. O Caio tinha ficado de telefonar para irmos à embaixada, mas em vez de telefonar, veio pessoalmente, entrou, mexe em tudo como é, pegou as cartas, viu o cartão, leu os seus palavrões para ele, me esperou sair da cama, tomei café com o homem aniquilado, me enchendo pra saber por que você não gosta dele, ficou acabrunhado, depois teve uma reação contrária, disse que ia a Paris te encontrar, você ia ver o que é homem, o que é pernambucano, é na lambedeira que eu resolvo isto! Eu pego esse mineiro safado! etc. etc. Me deu um trabalhão enorme segurar o homem, tentei mentir,

---

* Darwin Brandão (1928-1978), jornalista e publicitário.

que era outro Caio mas ele se reconheceu, não tinha como não crer. A coisa tomou proporções bruxelentas, isto é, passou para a embaixada, todo mundo deu palpite, Caio começou a se sentir mal, a mulher e a filha te excomungaram, foi um drama de todo tamanho e, no meio da história, o Eiras resolve te telefonar te aconselhando a sair de Paris, porque o Caio insistia em ir te pegar. No final das contas, tudo passou, ou pelo menos amainou, mas o Caio não te perdoa, alterna a ira com a ternura triste, te tratou tão bem! O mais engraçado é que estou dando razão a ele, não achei outra saída. Quando ele chegou de Paris, me telefonou e logo entendi sua conduta para com ele. Não foi preciso me dizer nada. Ele apenas contou: "O Fernando, eu vi pouco. É um rapaz complicado, sabe? A gente telefona, está sempre no banho. Não tem banheiro no quarto dele, ele passa o dia no banho. Depois, ficou desconfiado comigo. Ele pensa que eu sou comunista? Me respondeu até meio nervoso, quando falei em ir à Rússia". Você vê por esse diálogo que o homem já veio prevenido contra você, depois dá de cara com aquele cartão! Não me lembrei de dar nele o golpe do juiz — esculhambá-lo por ter violado minha correspondência e atacá-lo antes que ele atacasse. Mas só me lembrei desse golpe tarde demais, ele já estava possesso, a mulher dele me pedindo para acalmá-lo, que ele ia ter outro ataque do coração, médico etc. H. não queria que eu contasse esta história pra você, mas agora que você está longe, não tem importância. Se você vier a Bruxelas (ainda te espero), venha incógnito. Recebi também sua carta de 30 de maio, de Paris, e recebi as fotos, mas você me desculpe, rasguei aquela em que estou sozinho, com cara de débil mental internado na fazenda do Dr. Bias, em Barbacena. Por favor, se você tem cópia, rasgue porque me ofende. H. gostou, você está melhorando, vá em frente, mas prefiro Leika mil vezes a essa bosta de Rolley, com foto quadrada, detalhada demais, lustrosa, horrível. As fotos que eu fiz de vocês é que não prestaram. Mando umas aqui, mas o diabo da mulher, onde fui comprar meu bom filme Tri-X de sempre, me botou na cabeça que eu devia experimentar um novo filme muito mais sensível etc. Consequência: saiu tudo uma bosta e o filme foi mal revelado, pessimamente copiado, uma vergonha! Em vez de mandar revelar na Cinama, que faz direito, mandei aqui perto de casa — e saiu uma porcaria. Fiquei danado da vida! Mudando de assunto (preciso acabar com esta carta, você aguenta ler tudo?): gostei dos versinhos com as <u>cuecas do General</u>, que não dá rachada no Caio nada! Que é que você andou conversando com o Erico sobre mim? Me conte, eu estou muito por baixo, preciso saber também umas coisas agradáveis, mas pode ficar certo de que não acredito, porque definitivamente não acredito mais em mim. Se você soubesse como é sério e triste tudo isto! E te confesso que gostaria muito de continuar em Bruxelas, pode me achar louco, doente, o que quiser, mas é meu único desejo, aqui ao menos eu sou feliz, como diz não sei o quê. Amanhã tenho de confirmar a reserva das passagens no navio. Vou confirmar com a faca nos peitos, porque H. não me deixa em paz se eu não o fizer. Vou-me embora, está bem, mas vocês hão de ver! Esperem e conversaremos. Mande sua crônica sobre Michèle Morgan (é pinto perto da Garbo), assim como outras crônicas, te devolvo (pode confiar, como é bom ser honesto! Como é arejado, sadio, confiar nos outros, I trust you). Agora, você também, meu último otimista, me diz que recebeu carta de amargar do Brasil, até o Gerson está pessimista, estamos perdidos. H. fez muita conta, mas acho que não está achando jeito de ir à Madri comer o regime do homem, nem ir a Portugal. O'Neill, <u>f da p</u>, até hoje não me devolveu meu

romance, se você pudesse avaliar o mal que isto me faz, como me envenena, COMO ME IMPEDE DE ESCREVER, como me enche de uma raiva impotente e homicida! Foi aquele gambá da madrugada, Eulálio, que chupou meu original, estou com ódio dele. E se aliou com esse O'Neill, os dois estão se rindo de minha ira, se eu pegar vai ser como o Caio, é na ponta da faca! Bom, meu caro, parei aqui, almocei pra burro, tomei um cafezinho (aquele insuperável, do Benedito do ronpuandeletuale), agora não tenho mais inspiração pra escrever. Não deixe de mandar notícias. Diga ao Afonsinho que ele nunca mais escreveu, que orgulho é este? Lembranças pra ele e Bia, não me estrague o cartaz por aí. Se o vir, abraço para o Arízio. Você sabe que aquela nossa brincadeira Go my son. Go to fight It is your country, my son, pois é Sociologia, vi no Viana Moog, e tem até livro sobre isso. Me escreva dizendo se devo ou não ir embora, acho que não, aqui está numa solidão formidável, ótima. Lembs e abraço para Anne, você também. Se você ficou preocupado com a história do Caio, pode respirar: é mentira. Adeus.
Otto.

P.S.: ME conte se você está delirando com a Itália — em todo caso é o melhor que há a fazer, invejo.

Fernando, eu de novo, num postscriptum rápido. Primeiro, a história do Caio é brincadeira, invenção minha, mas o diálogo que está entre aspas, que ele me falou no telefone, é verdade. Você deve ter se esmerado em ser antipático com o homem, te conheço. Quando você quer ser antipático, ninguém te supera. Aliás, te acho muito antipático à primeira vista, só da segunda em diante é que você vai descolando e vira aquele melado. Mas quando fica de nariz fino, desconfiado, de perfil, querendo ir embora, numa atitude dúplice, pensando que todo mundo é cretino e que não está percebendo (como naquela noite na casa do Heron, depois no Mercado), você é insuportavelmente antipático — imagino eu, para os outros. Mas esta é a sua defesa, que Deus te conserve e São Basílio, que foi te esperar na rua do Albergo Romano, Dom Basílio* quer conversar com você, São Basílio te proteja. Chegou sua porcelana da Alemanha, esqueci de dizer, mas ainda não foi retirada da alfândega, porque o contínuo da embaixada que faz isto para mim está de serviço militar, então vou tentar ir eu mesmo, com o auxílio de Helena. Tem de pagar o transporte e a armazenagem na alfândega, mas fique firme que não é tão caro assim, você merece, estou só dizendo pra você se comover com minha eficiência e generosidade e assim me escrever mais depressa. Helena foi se informar do preço das passagens de avião para Lisboa (pode parar em Madri, não altera o preço), mas é caro pra burro, são cinco pessoas, sem contar a empregada que também iria, acho que não vamos mesmo poder ir encontrar vocês. O jeito é você ir pra Madri via Bruxelas, o que positivamente é mais perto e mais econômico. Então iremos a Hamburgo de navio, o Moeller já esta nos esperando, que desculpa que eu vou dar? Você viu o Jânio aí? O Juarez escreveu uma carta para ele, apresentando o Caio e este me pediu pra fazer uma carta dele Caio para o dito Jânio, já fiz, toda empolada, ideais, caminho da honradez, progresso moral, salvação nacional etc. todo o farisaísmo conhecido, cada vez mais viro JK, no dia que ele sair do Governo vou ficar apaixonado por esse patriota visionário

---

* Dom Basílio Penido (1914-2003), da ordem dos beneditinos, amigo de Otto e Fernando.

e otimista. Caio continua com aquela conversa conhecida, agora cita a três por dois a tia do Afonsinho, Maria do Carmo,* que viu em Paris, e que disse que a vida está insuportável, caríssima, a corrupção nunca foi tão grande etc. Decidi que vou reler todo o Guimarães Rosa, não sei bem por quê, me deu esse estalo, vou aproveitar o tempo que tenho (mas o Hugo vai chegar, estou perdido e ainda por cima não fiz o trabalho que ele me pediu, já telefonou perguntando, escrevi para ele contando que vou embora). Recebi carta da Lucy, inteiramente espanhola e Dámaso Alonso, respondi meio espinafrativo, conversei sobre um livro da Nathalie Sarraute (é feia demais) chamado L'ère du soupçon, são três ou quatro ensaios sobre o romance, se você não leu ainda e quer ler, não compre, posso mandar para você aí na Itália, é um livrinho de ser lido fácil, com umas observações pertinentes sobre diálogo, mas naquele estilo, quase tudo, de ensaísta francês, não aguento mais, como disse na carta a Lucy, esse chulé da cultura francesa, que gente chata, meu Deus! Tive um sonho angustiante, depois te conto. Minha dor de barriga passou, as notícias do Brasil são péssimas: desastre ferroviário em São Paulo, o maior da história do Brasil, com quebra-quebra posterior, indignação popular. Aqui, acabou a primavera, mas ainda tem sol de vez em quando. Vou sair, vou buscar sua porcelana, vou botar esta carta no correio, vou passar no homem que organiza o concerto de piano de um brasileiro que vem por aí, vou comprar uma fita nova para minha máquina, vou comprar Le soir, vou tomar um café daqueles ruins lá embaixo, vou pagar o aluguel e o seguro contra fogo, não vou pagar o seguro do carro que está atrasado, vou comprar o romance da Nathalie Sarraute, o novo, pra ver como é

---

* Maria do Carmo de Melo Franco Nabuco.

que ela resolveu o tal problema do diálogo, o outro romance dela achei chato à beça, vou encontrar o sr. Bresciani, italiano que quer emigrar para o Brasil, o louco!, vou forrar o estômago com um copo de leite, o Castello não escreve, o Israel manda recados vagos, como os que você trouxe, mas quede o preto no branco, a coisa clara, direita, objetiva? Eu sou lá bobo! Se tiver jeito, vou ficando por aqui, com os rabos entre as pernas, bum tibum, volta, nego!, volto uma ova! Meu contratinho com o Ita* está vigente, acho que vou de férias, que tal? Se não sair nada, se eu vir que as coisas estão pretas e ainda tem desastre na Central, eu volto correndo, me escondo nas asas da Bruxa, ó minha chatérrima e queridíssima Bruxa, cuja graça é a falta de graça, bela na sua feiura, alegre de tão triste, flamengamente calma, com tempestades que duram sete minutos — e foi a maior dos últimos anos, segundo dizem os jornais com Balduíno** sorrindo, Alberto se casando,*** o povo quietinho, numa expansãozinha de entusiasmo tão discreta que até parece, quando é grande festa nacional, que é mortuório, velório, cantochão. Agora, até logo de verdade. Ciao

Otto.

P.S.: Tive a seguinte ideia: O Hélio deve escrever um livro sobre a psicanálise do jogo do bicho. É um grande tema, não se esqueça de dizer a ele.

---

* O Itamaraty.
** Balduíno I (1930-1993), rei da Bélgica de 1953 até sua morte.
*** O futuro rei Albert II se casaria dias mais tarde, em 2 de julho.

Bruxa, 16 de junho de 1959

Fernando,
Como diria Hélio-Pellegrino-Astolfo-Portela, seu silêncio me desonestiza e acabrunha. Será que a Itália embasbacou Você tanto a ponto de reduzi-lo ao silêncio?

Recebi carta do Castelete, que diz textualmente que suas crônicas fazem "sucesso fulminante". E acrescenta: "Tout Rio acompanha a viagem de FS". Fernando LR também escreveu dizendo que seu nome se repete mais no Rio do que o das lojas Ducal. E acrescentou: "É sério, nunca vi sucesso tão grande. Fala-se nele (e nas crônicas que está escrevendo) por toda parte". Rejubilemo-nos, pois! Fico satisfeito com o seu êxito, que espero sempre multiplicado, para seu bem.

Adolpho me mandou duas *Manchetes*. Li sua crônica (excelente!) sobre canivete. Fiquei meio revoltado com a sua dúvida sobre se sou ou não homem de canivete. Claro que sou! Como é que você pode ser assim tão distraído? Pense um pouco e lembre-se como lhe é familiar o meu gesto de sacar do bolso o canivete. Do bolsinho da calça, aquele em que se punham os relógios quando eram de bolso. Como é que você pode duvidar disso? E você devia lembrar-se (aliás creio que se lembrou) do meu encanto pela palavra "cutelaria", que, empregada por meu pai uma vez no Rio, representou para mim, às voltas com as chateações do Rio, *Globo*, Dantas etc., verdadeiro banho de infância, brisa, ar puro etc. Construí na época até uma teoria das cutelarias, com aproximações equinas com cutelaria, lembra-se? Agora, a divisão dos homens entre caniveteiros e não caniveteiros não é minha, nem sua. É do dr. Mário Mendes Campos, você não se lembra?

O engraçado é que o pai do Paulo tem ar de não usar canivete. Vai ver, usa — e dos grandes.

Gostei também de sua crônica sobre o falso Armstrong em Frankfurt. Que ideia de traduzir em Francforte! Parece outra cidade.

Chegaram aqui ontem e hoje cartas para você. Do Gerson e do Toninho.* Seguirão logo para aí, apesar de você não ter acusado recebimento da correspondência que lhe enviei, num envelopão, já há dias, para o Albergo Romano. Se não receber carta sua até amanhã de manhã, vou ficar p. da vida!

João Condé telefonou de Paris, com a mesma conversa, da casa do Heron (este não descansa, coitado). Fiquei de ir a Paris, meio de corpo mole, mas vou ter de ir mesmo, porque Amelinha deverá chegar (a confirmar por telegrama) domingo que vem. Depois de dois anos e meio na Europa, agora é que a família Pinheiro se lembrou de despachar o rebento para cá. Quando estamos pensando em ir embora, não podemos sair muito e o dinheiro é pouco, mais do que nunca. Aproveitarei a ida a Paris para ver umas coisas lá. Uma delas: a peça do Ionesco que acabei não vendo, *Le tueur sans gages*.

Dalton me mandou um artigo do Carpeaux** cretiníssimo sobre o livro dele. E outro dum daqueles gabirós do *Jornal do Brasil*, incrivelmente ruim, desagregado e débil mental, arrotando cultura sem saber escrever o viúvo viu a ave. Este último artigo é favorável, mas o do Crapaud*** é arrasante, se bem entendi. Espinafra o nosso curitibano. Escrevi-lhe uma carta solidária. E fui

---

* Antônio Tavares Sabino, irmão de Fernando.
** Otto Maria Carpeaux (1900-1978).
*** Para referir-se a Carpeaux, Otto diz *crapaud*, "sapo" em francês.

reler uns contos dele. Inclusive "A velha querida", que no tal artigo do gabiró está citado como o melhor do livro. É duro, hein!

Morreu Gastão Cruls.* Vi hoje o aviso fúnebre no Globo. Ninguém conta nada. Morreu também o Magalhães Barata.**

Minha ansiedade com o problema da volta está assumindo proporções neuróticas assustadoras. Ontem, tive uma angústia noturna inenarrável. Sinto que devia ter tomado providências há dez anos antes, para ajeitar minha vida. Me sinto só, fraco e sem sentido. Tenho grandes dores de cabeça, com desânimos trágicos. O que me sustenta é o buraco de Bruxelas, estou escondidinho. Não sei o que vai ser de mim, quando tiver de sair desta toca. Castello me escreveu, mas ignorou meu apelo patético e nem toca no assunto de minha volta. Fiquei escandalizado com tanta insensibilidade. Ninguém mais escreveu, o que estou considerando bom, porque me poupa o imenso trabalho de fazer cartas mil.

Hugo Gouthier chega quinta-feira. Caio anda adoentado. Stella vem jantar aqui hoje com o Bento Georgelette. Helena se esmerou na sobremesa.

Melhorei da saúde física, com umas pílulas a jeito. Os meninos estão bem, mas Bruno e Cristiana, depois do André, estão com rubéola, branda. Helena dá de duro, como sempre, e desentocou os malões, começou numa fúria irritante de rasgar papéis e tomar providências. Estou me sentindo expulso e renegado. Mas Deus é grande, essa viagem ainda há de gorar...

Escreva, rapaz! Como vai de ruínas? Lembs ao jovem Afonso e Bia. Quem você viu aí? Cansou-se demais? Pega na máquina e me escreve logo, deixa de ser miserável.

---

* Escritor carioca (1888-1959).
** Joaquim de Magalhães Cardoso Barata (1888-1959), governador do Pará.

Estou um cão sarnento. Literatura: néris de néris. Já não sou escritor, felizmente. Adio. Ab. para Ana Beatriz.

Seu velho
Otto.

Bruxa, 17 de junho de 1959

    Fernando,
Comprei uma fita nova para a máquina, mas não estou com vontade de sujar os dedos para trocar. Vai assim mesmo, você se dana com meu papelzinho azul, com fita nas últimas. Botei ontem no correio uma carta para você, espero que tenha recebido, apesar do número errado. Hoje seguem as duas únicas que aqui estão, do Brasil, para você. E recebi sua carta, que muito me deliciou. Mas depois de lê-la não consegui mais dormir como era minha intenção, começou a me dar aquele sempre-alerta no espírito, oscilei entre vários estados, mas lhe juro que não caí no <u>luciocardosismo</u> — como você pretende maldosamente, insinuando que minha sabedoria só é de boca, nunca de pena (ou de máquina). Mas a verdade é que estou tendente ao lamento em fá menor, acho que é essa merda dessa viagem que se aproxima, eu não sei senão sofrer sem resolver todos os probleminhas que vão surgir. Já sonho com Monsieur Finné, o gerente do edifício, por causa dos estragos que os meninos fizeram no apartamento, estou doido para saber quanto vai me custar esta brincadeira. Etc. Numa das coisas em que pensei foi na minha mania de entrever para mim as piores saídas, numa visão humorístico-pessimista que, ficando eu sozinho, vira só pessimista e me mata de dor fininha. Eu mesmo ri a bom rir me lembrando da história do Bruxelas, que você me

lembra na carta e que, pelo jeito, impressionou Afonsinho. Me vali dessa história para me convencer de que também agora estou magnificando desastres e desgraças quiçá inexistentes. Há de ver que vou chegar ao Rio e viverei direitinho, com a inflação carunchando minha perna direita, que é de pau. Quando se falou em sair do Rio e vir para cá, eu também não acreditei e descambei no pânico, na perplexidade. Fiquei de pé atrás, Mozart Janot* me falava, eu numa desconfiança danada, com medo de acreditar e depois ser mentira. Você contribuiu muito para me empurrar, lembra?, mas não me saía da cabeça a figuração que me fiz, então o tipo Bruxelas. Preciso perguntar a um bom psicólogo a interpretação dessas minhas fabulações, nas quais sempre me atribuo um lugar de mendigo. Sou o mendiguinho de minhas preferências. E volta e meia eu me vejo na porta da Candelária (logo a Candelária), de chapéu na mão, recolhendo os níqueis. Deus que me proteja, senão acabo lá mesmo. No caso do Bruxelas, a coisa roçou pela possibilidade. Se eu não dou duro, na hora em que quiserem cortar, depois de tudo prometido e assentado, se não dou duro, com apoio eficiente do Sette,** ainda estava lá no Rio — e agora no duro, naquela figuração que tanto te divertiu. Ia aos poucos. Nos primeiros tempos, eu estava meio desenvolto, o pessoal me falava com respeito e cordialidade. Depois de algumas semanas, alguns começavam a me evitar, lá vem o chato. Um ou outro mais paciente me ouvia as queixas, indagava com displicência de uma secretária por que é que não tinha batido ainda o meu contrato (o contrato para Bruxelas!), me olhava entediado e me pedia para voltar amanhã. E de degrau em degrau,

---

* Diplomata brasileiro.
** O diplomata mineiro José Sette Câmara.

eu acabava barrado na porta do Itamaraty, o porteiro já não me deixaria entrar (ordem de algum sacana). No primeiro dia, ainda na minha personalidade civil, eu ficava p. da vida, tomava um cafezinho naquele botequim da esquina, me demorava pitando um cigarro, à espera de passar algum amigo, Araújo Castro, alguém assim. E para poupar conversa, um ano depois, o tempo passa, anos mais tarde, Mozart Janot longe, cada um na sua carreira, e eu na rua Larga, debaixo de um sol de rachar, metido num paletozão grande, caído na frente, os bolsos cheios de porcaria, calça rasgada (o paletozão me teria sido dado pelo embaixador Alencastro, você já viu o tamanho dele?), umas botinhas carlitianas, sem cadarços, sem meias e sem camisa (sobretudo por causa do calorão e um pouco porque não teria camisa), a barba grande, imensa, profética, grisalha, a cabeleira suja e encaracolada, um olho meio caído, o outro vivinho da silva, uns lampejos de antologia francesa na cabeça alucinada, e lá estava eu andando em frente ao Itamaraty, doido varrido, dormindo atrás de uma lata de lixo, vivendo de níqueis dos empregados da Light (o pessoal do Itamaraty não me daria um tostão, explicando que no Rio eles ganham em papel, o dinheiro não chega etc.). Me via entrando naquele café, descobrindo, com o olho remelento de mendigo com direito à estabilidade, a turma dos diplomatas a me evitar, se cutucando, depois, já à distância, a me gritar o nome com que a gurizada me poria fora de mim, num transporte de fúria: "O Bruxelas". Aí eu perdia a calma, cuspia putas-que-pariu pra todo canto, ameaçava, invectivava, profetizava — e ninguém mais saberia que afinal tudo aquilo começara com a promessa de um contrato para Bruxelas. "Lá vem o Bruxelas, vamos saindo, que sujeito chato! Depois, como está fedendo!" Veja você, Fernando, que se as coisas não se passaram assim, afinal agora também é possível que, de volta ao Rio, eu não precise ir estender a mão à caridade pública. Por via das dúvidas, já escrevi ao Castello para ir me vendo um lugar a jeito num jornal, pois é lá mesmo que eu vou cair — espécie daquele velho plantão cuja história não contei (porque você achou convencional). Mas falando de você, não te achei muito entusiasmado com a Itália, que é que há? Você não se sentiu em casa, remontando à origem italiana, com seu nariz sabinesco e sua agitação meridional? Pensei que você fosse ficar besta com essa gente, essa paisagem. Se ficou, leia para compensar o livro de um francês chupelento e despeitado, mas divertido, acho que se chama Jean-François Revel, o título do livro, tenho certeza, é *Pour l'Italie* e tem uma cinta cheia de "esprit" (ai que nojo!) que diz: "Ou contre?". É contra pra burro, procura destruir todas as convencionais delícias italianas e ataca todos os lugares-comuns turísticos dessa ilustre Península. Acho que você até poderia aproveitar a leitura do livro para o conhecimento que você deve estar usando nas suas crônicas (está mal dito, mas você entende). Quer dizer que você já matou Spoleto (é bonito, tem uma praça linda) e Ostia (tem umas árvores aqui e ali que apreciei muito, por causa da sombra) — a ambas fui com Afonsinho, que, aliás, era própria inflamadíssima paixão pela Itália, com ecos em Bia, de maneira que é surpreendente que afinal eles hoje andem tensos com o ambiente. Bom mesmo é Bruxelas, porque reúne duas pilastras da felicidade humana: a chateação e a tranquilidade. Você deve andar por Assis hoje, depois Florença, te invejo muito mais do que eu mesmo pensaria poder invejar. Quando nós estivermos no Rio, vamos combinar de vir fazer uma viagem à Europa, você, o Hélio, o Paulo, o Castejon, o Castello, todo mundo, assim em grupo fica mais barato. Se a viagem não sair, a conversa ao menos sai. Você ainda é surdo aos apelos da paisagem? Confesso meio envergonhado que me lembro muito mais de certos momentos de êxtase bocó diante do céu de Sorrento, ou na costa amalfitana etc., do que de muita obra-prima que vi nos museus (e museu para mim, sobretudo na Itália, só me traz à cabeça a dor na barriga da perna, de tanto andar). Museu é vontade reprimida de fumar, você doido de olho no pito e obrigado a balançar a cabeça, sabido e sutil, diante de um óleo raríssimo de um pintor que deve ter vivido no séc. XIII, mas pode ser outro, nunca se tem certeza — e com aqueles nomes que você não sabe se são conhecidíssimos e familiares (portanto faz uma cara), ou se são inteiramente novos e desconhecidos (neste caso, cabe outra cara, completamente diferente). Deus me livre! Quanto à possibilidade de nos encontrarmos em Madri, acho difícil. Já disse que não quero outra coisa, acho um crime ir embora sem visitar Espanha e Portugal. Mas não vejo muita saída, os meninos muitos, o dinheiro pouco, essa arrumação de viagem. Helena acha que é possível, mas não lá pelo dia 5 como você diz, mas bem mais tarde, lá pelo dia 25 de julho. Pra começo de conversa, só recebo meu saque (US$ 800) no dia 30. Terei de pedir ao Hugo para me pagar com antecedência. E eu queria ver se, ficando uns dias aqui em agosto, se ele não me mandava também pagar o mês de agosto, que seria para mim a boa solução de me desencalacrar, caso contrário o dinheiro positivamente vai ser curto demais. O dólar, por mal dos pecados, está subindo, você já viu? Você vai mandar buscar mais dinheiro no Brasil? Ou o seu ainda está sobrando? O negócio do carro pagar mais trezentos dólares para embarcar em Portugal nasceu da informação que nos deu em Paris o homem da Chargeurs Réunis, depois confirmada por um diplomata amigo de Stella, a quem esta escreveu consultando. Mas depois Helena descobriu que os trezentos dólares no fundo são os mesmos, pouco menos, 250, que aqui pagarei pelo transporte do carro. Não sei, deve haver equívoco, mas de qualquer forma é uma história mal contada que ainda vem complicar mais meus receios. Sair daqui de carro, puxando a família repenica toda, para não mais voltar!, vai dar uma confusão danada. Tem que arrumar tudo com antecedência, embarcar em Antuérpia (será que a cia. faz isto direito?) etc. Na hora de fechar o apartamento, sair de carro comendo estrada por estas oropas de Deus, vai surgir complicação, à beça, Helena aparece com cinco ovos que sobraram na cozinha, ela é que não vai deixar ovo para os belgas, ah, isto é que não!, e vai ter mais uma bacia, como é que você queria que eu botasse isto na bagagem grande, se ainda precisava da bacia para lavar os pés do Bruno ontem de noite?, Helena vai ficar nervosa e eu vou ter acessos de cólera memoráveis. De maneira que eu acho que o melhor é a gente ter juízo, deixar de delírio de grandeza, largar Portugal e Espanha, que são de outra banda, e embarcar direitinho aqui em Antuérpia (afinal, nóis é Antuerpino), entrar no navio com o pé direito e só sair lá no Brasil, com os meninos, os trastes, o papagaio e os cacos de minha literatura (você, não sei se percebeu que quebrou minha louça toda, eu tinha vários livros prontos, você entrou aqui aos chutes, me largou de mãos abanando, nem título eu tenho mais, agora só tenho uns pedaços de história mal contada, mas é preciso virar tudo pelo avesso, contar do meio, cortar o fim, enxugar o princípio, passar da 1ª para a 3ª pessoa, pôr ponto onde tem vírgula, suprimir os parágrafos, fazer o inspetor matar o provedor, deixar o benfeitor vivo, mudar os nomes dos três, substituir os trechos religiosos por capítulos satânicos, contar a história de maneira indireta, do fim para o começo, com mais pressa e menos palavras, acabar no meio, botar os contos de lado — ninguém escreve livro de contos! —, rasgar tudo e reescrever o que rasguei, isto é, as peças de teatro). Parei um pouco aqui, fui levar André ao colégio, perdeu o ônibus. Está um dia fabuloso, com muito sol, mas eu estou com dor de cabeça. De maneira que depois conversaremos essa história da viagem direito. Você diga até quando pode se aguentar aí pela Itália, para saber se nos encontramos ou não. E também mande dizer que tal que acha a ideia de vocês virem até Bruxelas, aqui descansam um pouco, Helena faz aí uns almoços e uns jantares muito a propósito, depois nós seguiremos juntos para Espanha e de lá para Portugal. Poderemos seguir de carro, ou quem sabe de avião, me dá coragem, assim se morrer, não sobra ninguém para contar o pânico. Diga, pois, o que acha e até quando você fica na Itália. Repito-lhe que 5 de julho é muito cedo demais. Que negócio é esse de você falar daí com o Álvaro Lins?* Tenho medo de ir a Lisboa e me encontrar com ele, há tanto tempo não o vejo, depois: tenho medo de gente, a não ser a domesticada. Se eu for com você, apareço na embaixada; mas sozinho, não apareço não. Você sempre foi o meu introdutor diplomático. Confio naquele Fernando Sabino principesco dos salões, de que falava o poemão do Hélio.** Bom, parei aqui para armuçar (eu sei que é murçá), tomei uma champanhota (Jacintho de Thormes),*** sobra do jantar de ontem, comi uma tortinha de morangos com creme deliciosa, casalinga (já aprendeu esta palavra aí?), feita por Helena, depois um cafezinho que dá vontade de apertar o botão que detém a marcha do tempo só pra con-

---
* Crítico literário (1912-1970).
** "Carta-poema", de 4 de maio de 1944.
*** Pseudônimo do jornalista carioca Manoel Bernardez Muller, o Maneco Muller, pioneiro do colunismo social na imprensa brasileira.

servar o minuto de delícia completa, com aquele céu rubiáceo na boca que já adivinha o cigarrinho maneiro, eta vida! E eu vou largar isto para ir na rua da Alfândega, conversar com o <u>Aristóteles</u> (é o contínuo) sobre o sarampo dos filhos dele, que piorou por causa da falta d'água etc. Ce tá é doido! Que negócio das fotos de Madurodam é esse? Se são as que fiz, acho que os negativos ficaram com você, só trouxe de volta as cópias. Vou espiar direito, se os negativos estiverem aqui (Helena está dizendo que acha que estão), eu mando, claro que mando aqui para você, depois você devolve — depois que a gente virou gente adulta decente, a vida entre nós ficou muito mais fácil. Somos agora homens de vida fácil. De Madurodam, o que ficou aqui também foram alguns cartões que você esqueceu. Vou juntar neste envelope. Quanto ao negócio dos aviões viajaram sempre com dez ou quinze lugares vagos, também não é assim não, ué. Nesse raciocínio, você não paga mais nada. Tem sempre um lugar sobrando — até no céu você entra com essa esperteza. Na pior das hipóteses, cabe sempre mais um em pé, aperta daqui aperta dali, você acaba sentando ao pé do trono do Padre Eterno. Falar nisto, a Igreja precisa republicanizar-se, descobri que só tem oração para o Imperador e para o Rei, não tem para Presidente da República. Toda a simbologia católica é na base da monarquia, Cristo-Rei, trono, cetro, manto, púrpura de cardeal, príncipe da Igreja, príncipe das trevas, príncipe deste mundo, Rainha do Céu, Sumo Pontífice — tudo copiado do Império Romano, que afinal, na pessoa de Pilatos, lavou as mãos diante da Cruz. Vou estudar e analisar essa absorção dos valores imperiais pelo cristianismo, ou melhor, como dizia Bernanos, pela gente da Igreja. Pra tudo tem explicação psicanalítica. Você já imaginou Jesus Cristo visitando o Vaticano, ou querendo entrar na igreja de São Marcos, em Veneza, no meio dos americanos de máquina a tiracolo? Aposto como seria barrado, aquele sujeito de báculo e roupa ridícula ia impedir o Filho do Homem de entrar na casa de seu Pai. Você foi ver o Papa? Me diga qual a impressão que teve (ou terá) e, se escrever sobre, não se refira à história do Rei Momo, que é engraçada e até meio terna, mas pode ser interpretada como falta de respeito. Estou lendo um livro sobre o Japão!, é do Meira Penna, você já imaginou quanta coisa que tem neste mundo para a gente se desinteressar das pequenas, poucas e humildes coisas realmente interessantes. A viagem de avião para o Brasil é hipótese que já afastei, porque para mim o avião ainda não foi inventado. Depois, preciso me disciplinar e saber optar com clareza, já optei pelo navio saindo de Antuérpia, pelo amor de Deus não venha lançar no meu coco mais dúvidas, e mais hesitações. Agora, quanto à ida de avião dos dois meninos, isto é hipótese que ainda sorri a Helena, mas primeiro precisamos saber direitinho as datas etc. Vamos esperar o Hugo chegar para sacar a ajuda de custo etc. e botar um ponto final nesse drama da viagem. Amelinha, já te contei, vem aí, talvez chegue domingo que vem. Assim veremos como é que se pode fazer, se convém despachar os meninos na frente. Claro, usaremos a boa vontade de vocês, sem fazer cerimônia. Se bem que, intimamente, prefira chegar à Praça Mauá com a família reunida, e se possível todos tossindo e com o nariz correndo, para comover o Israel. Estou chupando os deliciosos caramelos Milady. Se você se decidir a vir de novo à Bruxa, para daqui demandarmos a Ibéria, quem sabe ainda poderíamos encaixar Hamburgo por mar? Ou também outra hipótese sorridente: uns dias em Londres, que é cidade de muito sabor. Com uma espichada aos países nórdicos... Quanto mais longe dos trópicos, melhor. Quer dizer então que meu caminho não é o euclidiano, nem o lobatiano, mas o andradino? Não entendi muito bem, mas vou ler o homem, quem sabe descubro afinal meu veio? A sua conversa com Bia deve ter sido errada, imagino como foi. De qualquer maneira, você vai me afagando a vaidade e eu fico satisfeito, qualquer bombom me diverte, estou cada vez menos exigente. Qual foi a morena que você viu na televisão? Foi aquela artista de cinema chamada Franca Betoja?* E você já entrou em contato com o <u>Antônio de Tefé</u>?** Outro dia descobri aqui que ele trabalha no cinema, mas é em filme pornográfico, que passa numa sala especializada no gênero, aqui em Bruxelas. Não entrei para assistir, mas espiei os cartazes e vi uma porção de belgas com cara de buldogue diante dos retratos, todos com a mão no bolso e o olhar aceso, sem espiar para os lados, com medo de dar de cara com algum conhecido. Pois eu achei muita graça nas mocinhas romanas, sobretudo depois de ano e tanto na Bélgica, o verão italiano zumbia com tanta rapariga de vestidinho de algodão folgado e seis balangando na gangorra do peito juvenil, salve salve! Quanto a escrever uma carta para o IP, sinceramente eis aí uma carta que eu não sei escrever. Meu nó nas tripas não deixa. Experimentei ver como é que seria a carta, mas não tem jeito: ou eu sairia para a porta da brincadeira, com medo de a sério cair na chantagem, ou então descambaria para o orgulho, que se esconde atrás das minhas fabulações de mendigo. Vou esperar Amelinha pra ver se ela traz alguma novidade, mas aposto que não traz nada. E o negócio deve ser naquela base que lhe disse, de bailarino letra I do Teatro Municipal. Se eu não estivesse tão velho, ia

---

* A atriz italiana Franca Bettoia.
** O ator ítalo-brasileiro Antonio de Teffè (1930-2004), que como Anthony Steffen estrelaria bem-sucedidos filmes spaguetti western.

tratar de fazer um concurso para arranjar um emprego mais consentâneo com a minha dignidade, acabar com esta situação indecisa, que nunca sei o que sou na vida profissional, e tenho medo do momento de encher as fichas de hotel, ou vivo me esquivando, sou controlador e não controlo, sou professor e não professo, sou bacharel e as lides forenses me causam horror etc. — debaixo de minha pele está sempre aquele medinho de que vão descobrir tudo e estou desmoralizado, arrastado na rua da amargura, poderei até, por um juiz justo, ser condenado à morte (como tenho sido tantas vezes e com tanto realismo, em sonhos). Helena, claro, concordou logo com a sua sugestão de eu escrever ao Israel — e despejou sobre mim todas as recriminações que mereço e por merecer a desarmo, porque sou a parte mais fraca, o objeto, não o sujeito (que é IP, sujeito ativo que providencia emprego para este pobre objeto indireto). Das fotografias, queria lhe mandar umas, depois mando, ou entrego pessoalmente. As de Paris não ficaram nada boas, já lhe contei. Ficou engraçada aquela que fiz de você me fotografando e que faz pandã com a sua de mim te fotografando. Parece aquele desenho do Steinberg. Não te contei que o Castello e o Dalton consideram *O grande órfão* título pior do que o *Diário* etc. O Dalton diz até que, sobre ser ótimo o primeiro título, já está conhecido. Só se for para as negras dele. E por falar, o f da p do portuga até hoje não me devolveu meu original, nem sequer acusou minhas repetidas cartas — permita que insista nesta raiva que me seca o sangue. Por outro lado, o Zé Olympio também me deixou de lado, nunca respondeu às minhas cartas, nem o irmão dele, o Athos, deu bola para a última de minhas missivas, depois da conversa do Dalton com JO. Também, agora já não preciso de editor, porque não tenho mais original para publicar. Você foi o meu Osvaldo Cruz, saneou inteiramente este cantinho do Rond Point de l'Étoile, matou todos os meus percevejos literários — meu trabalho restante agora é só varrer os últimos escombros, os cadaverezinhos do meu labor, os defuntinhos pulguentos e putrefatos de minhas modestas imaginações. Tenho fé em Deus que daqui até minha partida me livro de tudo e limpo a casa — chegarei ao Brasil sem uma linha de minha autoria. Se a febre voltar, tentarei fazer qualquer coisa, chuto para outra. Mas espero que a crise tenha passado e que de agora em diante não pense mais nessa bobagem de juntar mais uns livrecos à infinita multidão de livros, livrões e obras-primas que há neste mundo sublunar. Quanto a notícias do Brasil, não sei contar porque ninguém me disse mais nada. Soube ontem por um jornal velho que morreu o Gastão Cruls. O Magalhães Barata você sabe que também morreu, é defunto velho. Defunto fresco não tem mais nenhum, que eu saiba. Morreu em Brasília um rapaz da *Manchete*, que eu não conhecia. Num desastre de automóvel, e mais três morreram com ele. As opiniões, ou informações, sobre o sucesso de suas crônicas, já contei na carta de ontem. Você não conseguiu umas duplicatas para me mandar? Gostaria de ver. Se quiser, mande que assumo o compromisso de devolver, para o endereço que você determinar. E devolvo no mesmo dia, leio correndo e boto tudo no correio de volta. Trust me. Helena está numa mexeção nas minhas coisas que quase me bota doido. Resolveu rasgar papel a torto e a direito, eu vou pro quarto e me escondo, nem quero ver. Lá se vai o meu cabedal! Eu, que fui outrora um futuroso prosador, estou hoje reduzido à condição de epistológrafo — de maneira que você me defenda e vá escrevendo o prefácio para minha correspondência, túmulo, cova rasa do meu extinto brilhante espírito. Não deixe de me escrever mais. Não se esqueça, na sua colorida e alegre vilegiatura, da minha solidão bruxulenta, onde bruxoleiam suas cartas, como fogos de artifício na minha noite. Estou kafkianamente virando um ratão imenso, não vou encontrar porta de esgoto em que caiba, para me esconder. Serei lapidado na rua, pela corporação dos sargentos. Agora, só falta lhe contar minhas odisseias na alfândega com a sua louça. No dia, imaginei que ia lhe escrever uma carta imensa e minuciosa, mas acabei desistindo e estou com tanta preguiça de falar nesse assunto que até vou deixando ele para o fim. Em síntese: fui à alfândega, passei por uns vinte guichês, sem exagero, tive de comparecer diante do soldado alfandegário, com cara amarrada (ele), que me perguntou o que era, quantos embrulhos eram etc. Respondi que era uma loucinha, em dois pacotes no máximo. Ele perguntou se era minha mesmo (porque senão eu teria o direito da isenção com o 136-F) e assim de mansinho me armou umas arapucas em que caí de cheio. Me perguntou o preço, eu disse 1500 francos, Helena suspendeu para 1800. Pois o homem sabia que não era nada disso, fiquei com a cara no chão. Afinal, de tanto mexer e andar, consegui tirar a traquitana — e agora chegou minha vez de me cair o queixo!!! Eram seis caixas imensas, nem couberam no meu carro, tive de contratar carregador etc. No auge da fadiga em que me encontrava, depois de andar quilômetros de armazéns e repartições, depois de meter a cabeça em mil e uma bibocas chamadas guichês, com um imenso papelório confuso nas mãos, carimbos, selos etc. — depois de tudo isso, você imagina minha reação diante do cavalo de Troia que vocês despacharam para cá. Diz Helena que é porque embrulham a louça com muita palha, mas o fato é que o volume ultrapassou de muito minha expectativa. E me perguntei por que vocês não me contaram o que era, em Paris. Adivinhei inclusive, me lembrando das caras matreiras com que AB me perguntava lá se a louça tinha chegado, que ela estava é me gozando, queria ver minha surpresa. O pior foi o embaraço em que fiquei diante das senhoras autoridades alfandegárias! Acabei explicando mal que tinha sido presente de um amigo de Colônia, que eu próprio ignorava a extensão da generosidade do meu amigo etc. E tudo saiu em ordem, depois de três horas de idas e vindas. Juro que não estou exagerando, pergunte a Helena, que não me deixa mentir. Entrei no carro e saí cuspindo fogo da alfândega, inclusive disse pra Helena: — Agora eu entendo por que o Fernando faz tanta questão que volte logo para o Rio! Pois eu sou a empresa de transporte dele! Se eu não chegar depressa, ele vai comer em tigelinha e cozinhar em gamela, pois o badulaque doméstico do homem está todo nessas caixas! Finalmente, ajeitamos os embrulhos por aí e os levaremos direitinho para o Rio, não se avexe. Quanto às despesas por mim feitas, perto das outras complicações, nada significam. Falando sério, não foi muito dinheiro. De maneira que pode se considerar quite comigo, muito mais lhe devo eu. No Rio, espero que não haja problemas na alfândega (e certamente não haverá), passaremos a porcelana como sendo de nosso uso, e você arruma o caminhão para ir buscar tudo no porto, Deus seja louvado! Não vai dar tempo da alfândega aqui pedir ao Ministério minha retirada da Bélgica, porque estou de partida. De maneira que não haverá prejuízos a lastimar. Tudo azul, com bolinhas brancas, sua porcelana sã e salva. Espero que seja bonita e lhe seja muito útil. Iremos jantar com vocês no Rio, para comemorar impressionante vitória sobre a alfândega belga. Helena está dizendo aqui que eu estou é doido, que você não vai ter tempo nem disposição para ler carta tão grande. Confio no seu poder de vontade. E espero que a carta não esteja tão inelegível, ou ilisível, como dizem o Otávio de Faria e, portanto, o Etienne. Meu pai não escreveu mais. Parece que se zangou com meus comentários ao civismo catastrófico que lhe é peculiar. Fernando meu irmão também se amoitou. Estou só e triste, conversando com as sombras, quando não consigo segurar Helena aqui na sala, madrugada a dentro, na base de uns assuntinhos que são verdadeiras iscas para ela. Um deles: nossa partida imediata para o Brasil. Mas este assunto já está rendendo muito pouco. Com o meu talento, porém, espero complicá-lo ainda bastante, de forma a espichar a conversa por mais uns dias. E não tendo outro jeito, vou bater com os costados no Rio. Se for da vontade de Deus, com escala por Madri e Lisboa, onde nos encontraremos, conforme as informações que você me der de volta. Não se esqueça que o navio parte de Antuérpia no dia 8 de agosto. Não posso, pois, sair com muita antecedência daqui. O mesmo navio levanta âncora das praias lusas no dia 14 de agosto. Em tempo: não diga nada a ninguém sobre minha viagem, que estou mantendo segredo. Primeiro, porque talvez ainda seja preciso mudar a data (para mais perto…). Segundo, porque não quero divulgar a notícia antes de ter tomado as providências oficiais, nem desejo que me disputem a vaga antes de tudo decidido. Da outra vez que anunciei minha partida, além de sair nos jornais (o que é irritante), houve até candidatos apressados ao meu lugarzinho. Pode ser que eu ainda volte à Europa este ano. Tudo depende da conversa que vou ter com o Hugo, que agora, dizem, só vai chegar aqui sábado que vem. Vou então escrever a merda do texto que ele me encomendou e que não consigo fazer, a não ser com a faca nos peitos, isto é, com a ameaça da chegada iminente dele. Castello me contou que leu uma crônica do Marco Aurélio muito boa. Este pilantra cortou relações comigo. Você tem tido notícias do Brasil? Me conte. A ideia do jornal para os papalvos da estranja é boa. Vamos realizá-la? Podemos propor ao Itamaraty e quem sabe receberíamos em dólares... Dólares em Ipanema, isto é ouro sobre o azul. Se Jânio moralizar o país, poderemos encaixar o negócio, porque a concorrência vai diminuir muito. Juarez chegou ao Rio, vi no *Globo*. Chegou espumando. Lott parece que já é mesmo candidato, com o PSD negaceando. Dizem que o Benedito está fazendo força pelo Jânio. Em Minas, tem candidatos em penca. Napoleão (Alencastro) foi preso por ordem do Lott. Vi de novo Greta Garbo no cinema, assisti a quatro filmes dela e concluí que é uma das mulheres mais chatas e mais feias que já vi. Aquela história do Schmidt com o Péguy. Abraço para Anne e para você. Helena também manda lembranças. Escreva, adio.

    Seu Otto.

    P.S.1: Anne, tinha certeza que você gostaria de Roma. Não posso dizer se gostei da sua louça, porque não abri os caixotes. Otto, conforme já contou, teve um acesso de ódio quando viu os seis caixotes. Toda a despesa foi pouca, não há nada a pagar. Continuo conquistando Otto para tomarmos o navio em Lisboa dia 14 de agosto. Assim, passaríamos uns quinze dias juntos em Lisboa. Abraços da Helena.

    P.S.2: Você pergunte a Bia e Afonsinho (abraços) como é que foi o caso da encomenda, acho que um lustre, que a prima dele, Sílvia Emília, deixou em Roma para ele levar pro Brasil. Assim você terá ideia (reduzida) do que aconteceu comigo e sua louça...

Bruxa, 26 de junho de 1959

Fernando,
Recebi hoje sua carta assustadora. Entramos em pânico. Helena quis logo desfazer a casa, botar os trastes na rua. Eu tentei dormir de novo, mas em vão, me desfilavam pela cabeça atormentada aquelas cenas de filme documentário de guerra, ao tempo da Blitzkrieg, gente saindo pela estrada afora, velhas, crianças, aleijados, papagaios, carroças e charruas. Eu estava disposto a tudo enfrentar, mas eu fujo, ah, eu fujo! Depois, Helena numa crise nervosa, resolvi acordar direito e reler sua carta, quem sabe não era assim tão assustadora. Mas era pior. Caímos na maior prostração, Helena diz que com ela não tem conversa, você sabe como dona Estefânia é dura, com aquele ar reservado e meio áspero, não é qualquer um que vai chegando e entrando sem limpar os pés. Tem que pedir licença e obedecer ao protocolo. O pior de tudo, o que me apavorou, o que me deu ideia da catástrofe, da avalanche, do desastre, do horror, da Coisa — foi aquela cena imaginada na porta, tô aqui, cabra da peste!, meu Deus, eu juro que até já tinha esquecido essa expressão. Cabra da peste — se você soubesse que mundos despertou dentro de mim, que horrores, que ódios, mergulhei naquela antiga fase em que eu tinha horror a toda espécie, lembra-se? Mas não falemos nisso. Deus é grande e eu ainda tenho pálida esperança de que você esteja exagerando um pouco, para me gozar. Não quanto à personagem, mas quanto às suas intenções. Esperemos que seja menos agressiva. Na realidade, não teremos empregada, as malas estão abertas, a vida está invisível. A vinda de Amélia já é uma besteira de todo tamanho, por que só achou jeito de vir na última hora? Agora imagine que Fernando meu irmão também vem. Recebi

carta ontem dele dizendo que virá em princípio de agosto. Outros virão, mas não me apanham mais aqui. Porque vou-me embora mesmo, passagens compradas, ajuda de custo no bolso (da Cia. de navegação), contrato com o Ita rompido, Gouthier vencido nas suas manobras de sereia bruxelenta, tudo o.k., até a licença para embarcar o carro já chegou, vou ao consulado hoje, e cia. de transportes já está agindo e ontem fiz o seguro para o embarque dos teréns. Quanto a ir a Portugal e Espanha, infelizmente sou obrigado a me manter na dúvida, ou então digo logo não, o que não quero dizer. Primeiro: preciso saber até que dia minha presença é necessária aqui e por isto estou agindo para preparar tudo com antecedência e poder partir para a Ibéria. Segundo: há o problema do dinheiro. O Itamaraty me capou os oitocentos dólares de agosto, com que eu já contava. Isto jogou meus sonhos ao chão, estou reduzido à maior pobreza. Em todo caso, Hugo escreveu para o Meira Penna pedindo para me pagar, que é justo, que a ajuda de custo não vale nada (e é verdade, as passagens só a consomem) etc. Espero que, assim, seja dada última forma e, neste caso, preciso primeiro saber se conto ou não com esse dinheiro, o qual me permitiria sair daqui com toda a família, de carro, e ir encontrar você em Madri, depois de uma benzedura por Lourdes, onde pretendo realmente dar uma passada, para reafirmar a fé e pedir a Nossa Senhora que tenha pena de mim. De maneira que, para ser prudente, sou obrigado ainda a não lhe dizer se vou ou não a Madri. Se for, o que é provável (você aguenta a mão, daqui mais uns dias, quem sabe na próxima carta eu já direi tudo direitinho), deverei partir daqui de carro nunca antes do dia 20 de agosto — segundo está me declarando Helena neste momento. Bom, me diga quais são suas intenções, que depois lhe direi com clareza o plano que poderei organizar. Podendo, não deixarei de pisar o solo de Espanha. Você ainda volta a Roma? Não entendo os rumos que você está tomando, inclusive indo primeiro a Veneza (que maravilha!) para depois descer a Florença — certamente você volta a Roma. Que é que você já viu da Itália? Não estou te achando muito entusiasmado, que é que há? Bom, também não quero me alongar, tenho milhares de cartas para escrever e estou me perguntando onde é que arranjei assunto para lhe escrever dez páginas no outro dia. Donde se conclui que literatura (epistolar) não se faz com assunto, mas com palavras. Estou inquieto pelo que você me diz, que não recebeu senão um envelopão que lhe mandei. Não é possível! Não venha com a safadeza do correio brasileiro pra cima de mim não. A verdade é que, pelo que me lembro perfeitamente, lhe mandei pelo menos três envelopões, sendo que só um único não foi registrado. Dos outros tenho até recibo e mandei por via aérea sempre. Além disto, escrevi pelo menos uma carta a você, na véspera da remessa do penúltimo envelopão. Você também não menciona essa carta, pelo jeito estou perdendo meu tempo. Há ainda aqui uma carta do Brasil para você, que vou juntar aqui. É do Antônio seu irmão. Que diabo, estou aborrecido com esse negócio de você não ter recebido todo o meu correio, posto com tanto cuidado, pegando minhas filas pacientemente para registrar meus envelopões, que diabo! Será que foi esforço perdido? E depois, você então não recebeu a sua imensa correspondência brasileira, só o Gerson lhe mandou numerosos envelopes compridos, sempre gordos, com ar de fartos recortes e muito otimismo, tinha uma carta de Eliana, uma de Leonorinha, tinha Toninho, eu vi que a epistolografia familiar estava ativa e alerta, e eu aqui no "relais" funcionando à perfeição. Se você tiver tempo e disposição, escreva a resposta que me promete e que não escreveu porque a minha carta ficou no hotel. O negócio de procurador da PDF* já ouvi contar. Apareceu aqui o Bernardo Magalhães com a mulher contando, Pedro Gomes escreveu contando, mas identifiquei a fonte do boato: Hindemburgo, marido de Gigi, que é um sujeito que fala pelos cotovelos e, assim como há quem fala mal da gente, ele fala bem. É uma mania como outra qualquer. Entretanto, Gigi escreveu anteontem à Helena e só dá notícia ruim, entre elas que o emprego (de procurador) do Hindemburgo está para sair e nunca mais que sai... Por aí você calcula o que é que me espera no Rio. Soube vagamente que IP anda na Câmara, debateu com o Lacerda etc. Já estou me vendo batendo discurso à máquina... E como meu apartamento está alugado, vou mesmo morar na rua Assis Brasil, 146, pelo menos nos primeiros dias. Gouthier chegou aqui contando que IP vai me arranjar um cartório... em Brasília. E começou a me pintar um quadro dantesco do Brasil, para eu não voltar etc. Ele, Gouthier, já assumiu de novo, está em Paris. Jantei com ele um dia, mais Horácio Carvalho, o Eiras e o Ney — saí de lá às seis e meia da manhã, diz Helena que bêbado feito um gambá (Helena não foi); mas é mentira, bebi direitinho, não era possível não beber, todos beberam como nunca vi na minha vida — foi pra mais de seis garrafas de uísque. Horácio aposta que Jânio não é páreo, que bom e vitorioso é o Lott etc. Murilo Rubião se oferece para me hospedar em Madri, se minha passagem por lá não coincidir com a de vocês e se eu for sem os meninos. Já respondi que coincidirá e que vou com os meninos, Lucy diz que arranja uma pensão baratinha. Bruxelas não é tão longe assim, pense bem, venha, aqui é o Carrefour de l'Europe, diz a propaganda turística. Quanto ao negócio da por-

---

* Procuradoria do Distrito Federal.

celana, evidentemente ou você está brincando para me chatear, ou então Ana Beatriz é que exagerou, pelo amor de Deus! Diga a ela que minha ida à Alfândega foi uma das melhores coisas que fiz em Bruxelas, até hoje conto e reconto o caso, criei uma doutrina de IDE À ALFANDÊGA, Ó COGUMELOS!, foi realmente ótimo. E não são caixotes, mas caixas. São seis, mas são levinhas, louça pesa pouco. Depois, já estão ajeitadas aqui em casa e entram na bagagem, a gente nem repara, só vai dar por isso lá no Rio, quando vocês forem nos esperar no porto. De maneira que não há por que chorar, senão eu é que choro, pensei que estava só fazendo graça, vai ver estou ofendendo grosseiramente os donos (a dona) da louça. Não seja por isso, Helena agora é que ficou preocupada e me disse: Também, você exagerou à beça! Na verdade, não exagerei tanto... Mas lhes juro que de tudo só ficou lembrança boa e excelente lição alfandegária; foi ótimo, não dramatizemos. Contem com a louça intacta no Rio e o coração também sem fenda. Quanto ao diagnóstico de AB, que eu gosto de fazer pena nos outros, é sabido, é isto mesmo. Quanto a você ter quebrado minha louça, é verdade, mas vou juntar os cacos. Não se esqueça de desenvolver o tema do demônio marioandradino.

Obrigado pela sua colaboração para afastar de nós as atribulações sabidas. Você não ficou muito sujo, com seu nariz fino? Escreva, por favor. Sigo domingo Paris, volto logo. Lá tem gente à beça...

E como foi seu encontro com o Castello?
Lembranças e AB e abraço nosso para vocês.
Escreva!

Seu velho O.
Otto.

P.S.1: Helena quer saber que faz com o dinheiro das cachemires. Devolve? Ou AB quer que compre outra coisa? Está dado o recado pela segunda vez.

Bruxa, 10 de julho de 1959

Fernando,
recebi hoje de volta de Roma as cartas para você, que aqui seguem. Vieram com um bilhete do Tenório, que me pergunta se, a título de libertação, não quero ir buscá-lo de carro em Belgrado para trazê-lo a Paris... Além dessas cartas que já viajaram até Roma, só havia mais uma, do Gerson, que também junto aqui. Recebi anteontem à tarde sua carta com os recortes, que devolvo com exceção da crônica do Benedito, que já dei a ele, grato, sorridente. Algumas das crônicas eu conhecia, lidas em Paris. Mas a amostra valeu. Você vê como é que, depois de publicadas e com sequência, ficam mais valorizadas, ganham muito. Você, aliás, sabe disso, conversamos a respeito em Paris, num momento seu de desânimo com a tarefa pesada. Castello deve ter lhe dado notícia do sucesso de suas crônicas. Ouvi falar que está cada vez maior, salvo seja! Bom, agora, vamos ver o que há a responder na sua carta — e vou escrever rápido, juro que vou, porque aqui está um calor desgraçado e eu estou na última lona moral e física. Passou aqui, passou aqui, passou aqui... e chegou mesmo. Telegrafou, fui à estação, desencontramo-nos. Achei-a em estado de choque ferroviário, sentadinha aqui no sofá, quando voltei pra casa. Conversamos até tarde, foi dormir fora, fez pião aqui em casa, demos umas voltas de carro — eu num remorso enorme, sentimento de culpa por não estar proporcionando

aos visitantes da Bruxa as delícias de Cápua. Momento pior não podia haver: estou com as preocupações da viagem debaixo da pele, como agulha subcutânea, felpa, lasca de madeira debaixo da unha — fico dividido, obcecado, distante, deprimido e ansioso (doutrina da bomba que vai estourar dentro de meio minuto e você tem de acabar de tomar o chá com muita distinção inglesa e protocolo). Ontem, jantamos na casa do Caio, com toda a canalha brasileira, mais as visitantes (não esquecer que hospedamos Amelinha e Teresa, Teresa apareceu de surpresa no aeroporto) e um secretário novo que chegou para a embaixada. Engoli cinco comprimidos, dor de cabeça de rachar, impassável. Suspendi o Miltown, que vinha tomando, porque não tenho tempo material de absorver tanto comprimido. Ainda tomo uns antiasmáticos que comprei em Paris — o diabo do comprimido é uma síntese de dragão, me desce pela garganta abaixo como um foguete, depois de alojado no estômago o dragão toda hora me lambe por dentro, até a garganta, com sua língua de fogo. Pois não te contei que regredi ao estado asmático, piorei em Paris, tudo de pura ansiedade. Fui a Paris certo de que ia lá encontrar o Castelete, fiquei quatro dias zanzando sem rumo e sem assunto, de hotel em hotel, Burgundy, Estocolmo etc. indagando pelo casal Castello Branco. Nem ele nem Élvia me deram a menor palavra, isto não se faz! Gastei 120 dólares na maior besteira, vi a exposição de Soutine e fui ao cinema, nos intervalos de minhas buscas pelos hotéis prováveis. Na véspera de minha volta, encontrei o Mozart Janot sentado no Café de Flore, depois de meia-noite. Ele tinha me telegrafado dizendo que estava em Paris, mas mudara de hotel sem me avisar. Ficamos conversando a noite toda, com uísques no Calvados, cheguei ao hotel com o dia de fora, botei a bagagem no carro e vim lascado para a Bruxinha, meu útero europeu.

Aqui, encontramos Cristiana meio caída, de noite teve febre alta, o médico diz que é o tal vírus supostamente de rubéola (que atacou os três) que nela se alojou na garganta, boca etc. Felizmente, melhorou logo. Mas voltando a Paris. Mozart, claro, faz força pra me segurar, mas eu não podia mais, nem financeiramente nem moralmente. Fiquei naquela relação ansiosa e culposa, se eu fosse de afinar nariz, meu apêndice nasal teria ficado transparente, da espessura de uma folha de papel. E tem mais: também na véspera de vir embora, depois de um passeio a pé e só, por ali, vinha fazendo umas reflexões suicidamente melancólicas pelos Champs-Elysées, quando ouvi dois sotaques de Caruaru: eram Álvaro Lins e João Condé. Eu tinha visto antes uma menina tão linda, mas tão linda, uma beleza que torna toda a humanidade (pelo menos a masculina) infeliz e improdutiva, beleza que para o desenvolvimento industrial de Chicago, perigo público — uma coisa de realmente parar o tráfego, deixava no chinelo aquela garota que inspirou ao PMC uma crônica copacabanal (fui testemunha do fato). Daí, tudo misturado, com chiadeira de asma e regressões infantis, pecados e mazelas, você imagina como me foi difícil me agarrar pelos cabelos (ralos) no fundo do poço para me remontar à surperfície exigida pela presença dos dois pernambucanos e mais a família do embaixador. Fiz o que pude, me catei os próprios cacos da alma pelo chão, tentei colar o vaso brisé, mas devo ainda assim ter feito um triste papel. Achei o Álvaro eufórico. Sentamos num café ali perto e toca a falar do Brasil, saí com reminiscências compridas e desequilibradas, cheio de nomes feios debaixo da língua. Depois fomos dar uma volta pelo Bois de Boulogne, naquele cadilacão (exagerado, hein!), com chofer portuga, mas eu não vi bois, nem ninguém viu, de repente estávamos de novo na Étoile, eu aproveitei para dizer que meu hotel era ali mesmo e saltei, Álvaro se despediu meio trepidantinho, eu capengando, Condé ruminante, a filha estatelada, o menino ausente, dona Eloísa indecifrável e o chofer irônico. Me disse às pressas para não deixar de aparecer em Lisboa (Helena, que nos encontrou também por acaso, no minuto que ficou pra cumprimentar, pediu ao AL para me convencer de ir a Lisboa). Já viu só? O Álvaro falou de você, de seu bom humor, sua alegria (Condé confirmou), simpatia de AB e dos encontros marcados: o impresso, que diz ele está fazendo muito sucesso em Portugal, e o outro, que está combinado entre vocês para Lisboa — é possível que vocês o tenham antecipado para Madri, porque ele sairia de Paris, se não me engano, no dia 12, portanto depois de amanhã e vai passar por aí. E mais não disse nem me foi perguntado. Me meti no hotel (Madison-Elysée), fui ler jornal até a hora de jantar (e jantei mal pra burro). E volto à sua carta. Fernando[*] vem mesmo, não marcou ainda a data, pode ser até 15 próximo. Vem sem Sílvia, que está esperando menino para setembro. Quanto à minha ida para a Espanha, o que eu queria dizer é que nunca poderia ser antes do 20 de julho, botei agosto por lapso fáber. Você pode ficar danado da vida, mas não sei ainda dizer ao certo, tudo está por fazer. A semana passada foi devorada por Paris, depois dona Sara[**] apareceu por aqui, tive vários aeroportos e gares para desembrulhar, jantar, almoço (almoçou na casa do Caio, a Primeira Dama com as filhinhas, teve uma história à margem que daria uma crônica genial, engraçadíssima, mas não te conto porque te conheço), baile na embaixada, depois peguei o Chatô[***]

---

[*] Fernando Lara Resende.
[**] Sara Kubitschek.
[***] Assis Chateaubriand.

cochilando, levei-o ao hotel, mal chegou o homem despertou e quedê que queria me largar? Ficou toda vida me explicando porque que o Brasil vai estourar, e Lott, e Jânio, e petróleo, e jornalismo etc. etc. Umas horinhas depois, já eu fui apanhá-lo no hotel para ir ao aeroporto, cheguei 25 minutos atrasado, saí lascado e nervoso, para o aeroporto longíssimo, só deu tempo de parar o avião e o Chatô chamar D. Sara à porta, pra se despedir com as flores que não deixei ele comprar. E assim continuou o dia, fui levar Mafra à estação, fui apanhar bagagem de Célia Braga (petulante! mas aquela coooisa), depois levá-la à estação, depois outra estação para mãe e filha (lindas) que estavam aqui para a festa, depois voltei à estação (parece brincadeira, não?) para buscar a Élvia. No dia seguinte, chegou o Jango (que vi ontem, gravata no meio do peito, Helena pensou, quando viu, que era chofer de caminhão). E no meio de tudo isso, Hugo Gouthier como você sabe, e mais um casal brasileiro (ela, sobrinha do Jango, ele, mineiro petebista), mais uma comissão de estudantes da Bahia etc. etc. Estou arrasado, minha viagem parou, tenho de ir ainda hoje a Antuérpia (botei Élvia, Teresa e Amélia dentro de um tour a Gand e a Bruges, hoje todo o dia), mas não vou poder, Monsieur Finné acabou de telefonar dizendo que vem aqui às quatro horas (já são três e quinze). No meio de tudo isto, você imagine que está fazendo um calor senegalesco aqui, uma coisa insuportável, estonteante, que nos põe a todos, inclusive os meninos de férias e endiabrados, como galinhas chocas fora do ninho com gambá por perto. Como é que eu vou conseguir sair daqui dentro de tão poucos dias? Me espere mais um pouco, assim que baixar melhor calma, depois da chuva, eu escrevo direito, com as ideias no lugar. Estou intransitável, com sono atrasado e nervos aparecendo à flor da pele que nem barbantes. Só lhe digo que recebi, mandado pelo Autran, o livro do Castello (em provas) e li na mesma hora.* Daria panos para mangas. O livro é aquilo mesmo, mas me surpreendeu pela audácia (estou escrevendo às pressas, as palavras não se escolhem) com que ele, na interpretação de todo mundo, terá abordado o meio político, vai dar um grande barulho, você vai ver, ninguém talvez passe recibo, mas é de amargar — que livro pessimista! Que galeria de bandalhos! Deixou meu SAMzinho** longe de léguas! Eu teria umas pequenas sugestões a fazer, coisas sem importância, mas por exemplo chamar o sogro do Egito de Vicente Guimarães, por que vocês não viram isso? Eu, se fosse o Vicente Guimarães (o real), escrevia um romance só para botar um cáften com o nome de Carlos Castello Branco. E depois a poderosa família "dos Guimarães", que coincidências bobas e tão fáceis de desmanchar. E alguns nomes mal escolhidos, e uns senões de linguagem, uma forma rebarbativa perto de outra coloquial. Em suma, o livro é bom, está no rumo certo e significa um progresso enorme para o Castello, acho que vai ter muita importância para ele (que é o que importa em primeiro lugar). Quanto ao sucesso, me parece fora de dúvida, vai extravasar do campo literário, você não acha? E será que não criará embaraços para o autor? Castello, que voltou ao Rio sem o menor aviso, me escreveu ontem dizendo, em poucas palavras, que na conversa com você o verão generoso de Roma permitiu que vocês roçassem o elogio... Vai ficando aí, lhe mando um telegrama, lhe telefono ou lhe escrevo breve. Gostei de ver sua

---
* *Arco do Triunfo*, romance.
** Alusão ao hoje extinto Serviço de Amparo ao Menor (SAM).

opinião sobre o verso explosivo do MM.* Itália: falaremos. Jânio: que assunto! Já filtrei um pouquinho por aqui, sem contar a fonte. Como é que vai ser? Não soube do "furo" do M. Melo Filho,** me conte logo. Caixotes e caixinhas da louça: Helena não tem nada com isso não, nem resmungou, tudo fui eu que reagi e que disse. Mas nem se fala mais nisso, acho que até foi sonho, diga a AB para não se importar, pelo amor de Deus, ou quer que eu chore? Quanto ao dinheiro, Helena diz que é muito e que assim não pode aceitar, que mandará para vocês aí ou compra outra coisa, para AB dizer claro o que quer. Quanto à minha situação $, muito obrigado, acho que vou me safar, mandei buscar mais dólares pelo Fernando. Vou fazer as contas amanhã. Mário de Andrade: você tem razão. Li as cartas dele para o Manuel, mas só depois das que escrevi a você. Deixo o assunto (facundo) para mais tarde. Meninos seguirem com vocês: já paguei as passagens de navio. Em todo caso, também esse assunto falo quando o tempo aqui clarear. Mas é pouco provável. Escrevi de novo ao O'Neill, estou fulo. Que negócio é esse de diretor (cogitado) da Nacional? Nunca soube. Helena está dormindo agora, morta de cansaço. Nossa portuguesa vai embora hoje. Eu estou suado, sujo e derretido.

Abraços para vocês, escreva!
Seu velho,

Otto.

---

* O poeta Murilo Mendes (1901-1975).
** O jornalista Murilo Melo Filho.

[ANOTAÇÃO NA LATERAL DA 1ª PÁGINA]

Calle Goya, 99, 3º esquerdo.

[ANOTAÇÃO NA LATERAL DA 3ª PÁGINA]

Estou na maior irritação com o Sol. O fdap aparece às quatro da madrugada e às nove e meia da noite ainda está com a carantonha toda de fora, espiando a gente. É a principal razão de minha neurastenia.

Fernando,
você não dá sinal de vida! Aqui vai carta de tua mãe. Você continua em Madri até quando? Esperava hoje carta (e dinheiro) do Fernando Lara, mas não chegou nada! O Itamaraty também não respondeu se me paga ou não agosto. Silêncio total, o que aumenta minhas angústias. Eloísa passou aqui, simpática, e me achou mal-humorado. Ela, se já está aí, deve ter lhe contado. Estou para escrever ao Murilo.* Vamos ver se até amanhã chegam as cartas (e os dólares) que espero ansiosamente. Amanhã, já vêm embalar os nossos trastes. Até dia 1º, estaremos neste apartamento. Veja se escreve. Este silêncio me faz mal. Estou no pior Otto Lara, remontado a São João del Rei.
Abraços,
Otto
18 de julho de 1959
Segunda-feira
Bruxelas

---

* Murilo Rubião, então vivendo em Madri.

Bruxelas, 23 de julho de 1959

Fernando,
mando-lhe aqui mais uma carta (do Gerson), chegada ontem. Hoje esperava carta sua. Nem sei se você ainda se encontra em Madri, ou se já foi para Lisboa. Vi num jornal brasileiro que Álvaro Lins está chegando ao Rio. Na conversa com ele em Paris, entendi que lá não ia agora. Falar em Lisboa: recebi agorinha mesmo de volta os originais do *Inspetor*. Não veio a mais mínima palavra do tal O'Neill. O outro Alexandre também, do Brasil, não me mandou dizer nada. Só veio junto ao papelório e deu um cartão: "Com os melhores cumprimentos do" — e sem assinatura: Sousa Pinto, é o homem da editora, creio. Fiquei alegríssimo de ver de novo os originais, que me envergonhavam de andar soltos entre os portugas, gente engomada, de gramática dura e por isso alma certamente salazarista. Não deixo é de estranhar o silêncio dos fogueteiros que me atraíam (sem que eu nada pedisse) com a edição do livro em Portugal. Filhos da puta. Outras notícias: não há. Recebi cartinha melancólica do Cyro dos Anjos. Não escrevi ainda ao Castello sobre o do Egito. Falta ânimo, falta coragem, falta apetite. Ontem, embalamos trastes e livros, para a viagem. Daqui a quatro dias, o gerente do edifício vem fazer o inventário, ver se não roubamos nada, se não comemos aquela estátua de mármore etc. E estou saindo com os rabos entre as pernas. Há muito sol por fora de Bruxelas; por dentro, escuridão total. Ainda estão aqui as duas hóspedes, que se vão amanhã para a Itália. Não soube mais notícia do Fernando meu irmão, que anunciou aparecimento. Recebi uma *Manchete* e uma *Joia*. Vi uma crônica sua, aquela de César, que deve ter sido dos seus momentos menos fortes. Mas sei que suas crônicas estão muito

boas e com o maior sucesso. Vi ontem no *DC* croniquinha do Paulo, citando você, a propósito daquela praia italiana, como é mesmo o nome? Estou com dor de cabeça, se puxar pela memória dói mais. Jânio chegou a Paris. Te peço reserva, porque não sei se já é notícia divulgada: vai à Rússia. E você já deve ter entendido tudo, lembre-se do Hotel Burgundy, você sempre tomando banho etc. Pois é isto: o Caio falou com ele, Jânio, várias vezes pelo telefone. Vai a Paris encontrá-lo. Quem vai também é o Hugo (ou já foi, não sei). O dono do Jânio, por estas bandas, ao que parece é o João Dantas, do *DN*. Esteve aqui em Bruxelas, fui buscá-lo na estação. Está impressionante. Me lembrei do pai dele, o filho quando levanta a voz tem um timbre metálico do pai. Fiquei pensando na vida, na morte, nas coisas. O velho Dantas — como me aporrinhava! Subimagem paterna etc. Pois o filho é dono do Jânio, diz que a pasta do Exterior é dele, chama os politicões de cretinos, tira o paletó e exige uísque com água nature, vai por aí afora. Fiquei pensando — tapei a boca do menino que eu fui, batendo máquina no *DN* até de madrugada, quanta convicção! Agora você procure imaginar o que deve ser o ressentimento homicida do Osório Borba... Fiquei me lembrando. Refiz a teoria do porco perfumado. O toucinho é deles, o perfume é nosso. Já contei que vi também o seu amigo Horácio,[*] depois vi o Chatô. Viva o Dr. Assis Chateaubriand!, que por sinal está um bacurizinho barrigudo e sonolento. Mas é isto mesmo. Eu volto, não tenho nada contra o Brasil, não, uai. O Cyro diz que o General Lott precisará de minha experiência e de minhas manhas. Se até o Cyro já se definiu, imagino em que clima não

---

[*] Horácio de Carvalho, empresário carioca, dono do *Diário Carioca*.

se está vivendo agora no Brasil. Eu vou por cima da carne-seca, com horror de tudo, com nojo e amor de todos. E não tive de lá qualquer outra notícia. No mais, meu caro, veja se me manda uma palavrinha — ou você já foi embora?

Helena está trabalhando dez vezes mais do que aqui vocês viram. Mas vai bem e bem vão os meninos. Cristiana ficou boa de novo.

Lembranças ao Murilo e a Lucy (escrevi, não respondeu).

Abraço para Ana Beatriz e para você.

Seu velho
Otto

P.S.: Fernando,
ia mandar esta para Madri, quando recebi carta do FLR dizendo que você chegou ao Rio. Nem uma palavrinha para mim! Você não escapará de minha língua. Se vir o Fernando, diga-lhe que recebi as cartas, com a comunicação da remessa (2) de dólares, e a que tudo já respondi de duas vezes. Recebi hoje carta do A. Eulálio; foi ele que escreveu ao Sousa Pinto pedindo de volta meu *Inspetor*. Você pode imaginar como vai a vida aqui — são dias chatos e duros. Por mim, eu não sairia jamais de lugar nenhum, São João del Rei ou Bruxelas, tanto faz. Vi outra crônica sua na *Manchete*, de Veneza. Gostei. Os venezófilos ficarão fulos com a sua irreverência. Eu aplaudo. A praia italiana de que fala o PMC é Pestum. Amanhã tem almoço no Caio, de despedida pra nóis. Vou dar muita banana mental. Recebi um bilhete amoroso do Paulo e de outros. Fiquei satisfeito, qualquer prazer me diverte. Estou de um mau humor insuperável, naquele tom de voz incrível. Já não me suporto mais. Vou me expulsar de mim mesmo, me largarei na primeira sarjeta. Helena, heroína, burro de

carga, salvação, stella matutina, ainda encontra jeito de fazer a melhor sobremesa do mundo. Renovo os abraços. Os meninos vão bem, nervosinhos como o pai. Escreva. E adío.

Bruxelas, 30 de julho de 1959

Fernando,
recebi agorinha sua carta de 27, bálsamo para minhas numerosas feridas de pré-viajante. Você é meu óleo canforado, minha coramina, meu farol, minha atalaia avançada. A noite bruxelenta é espessa, o mar é tempestuoso. O telefone está tocando insistentemente, tenho medo de atender. Pode não ser Helena e, em Bruxelas, eu só não tenho medo e horror de Helena, que é animal doméstico. Ela saiu com o Caio, foi ver se acha um jeito de remendar uma lâmpada de porcelana chinesa que André quebrou hoje, com uma bola mal chutada. Depois de tudo pronto, inventário do apartamento feito, nós com o pé fora desta loca, acontecem coisas assim. É pra isso que servem essas porcelanas chinesas — para fazer sofrer os meninos estouvados, pobre do André está chorando de olhos inchados. Mas eu estou em casa, como um bicho comedor de tranquilizers. Por mal dos pecados, estou engasgado com uma conferência que o fdap do HG me pediu para escrever, e tenho de escrever de hoje para amanhã, porque minha máquina amanhã vai embora. O resto já foi, está embalado, todo o badulaque, inclusive a porcelana que AB comprou na Alemanha e que entra na lista de minhas propriedades. Esperemos que saia aí sem dificuldades. Estou sem carro, o que me imobiliza e aumenta minhas mãos quebradas. Eu, pobrinho, a pé, de asa quebrada, babando minha ineficiência, não posso sair por aí,

para cumprir a imensa lista de coisas a fazer que eu datilografo toda noite, com um capricho de doido. Sou é datilógrafo. Depois, está chovendo uma chuvinha fina, molhada, nos ossos. O céu se fechou sobre minha cabeça, de vez em quando Deus limpa a garganta em trovoadas assustadoras, eu me encolho no meu cantinho, tenho vontade de entrar no forno do fogão, ficar no quentinho, pipilando minha orfandade — o Rio é tão longe! Como é que eu vou sair daqui! Que loucura foi essa de vir parar nestas paragens! Eu estava louco! E ninguém me entende, sou de gênio incompreendido. O protetor, Lord Protector, tem sido o Caio, imagine, com aquela proteção que não pede licença, nem limpa os pés ao entrar. Vai entrando de tamancos pela minha guelra adentro, fico fulo e fico grato, que ambivalência! Hoje de manhã, telefonando para a empresa de transportes, soube que as encomendas que ele me pede para levar para o Rio (coisa à toa, diz ele) pesam apenas... quinhentos quilos! E eu tenho de fazer uma declaração de que são bens de minha propriedade há mais de seis meses etc. Há tapetes para o irmão Carlos, há obras de arte, há o diabo, que aliás é o que menos pesa, é peso-pluma. Nesse ínterim, HG me telefona (acabou de telefonar) para me contar que Horácio Láfer foi nomeado ministro do Exterior — e fica abrindo uns silêncios grandes no telefone, que eu não sei preencher. E tem os papéis para legalizar, tem coisinha que não acaba mais para fazer. Me acompanhando, a consciência intranquila, o que não fiz, o que deixei de fazer, minha inutilidade, meus remorsos. Afinal, que é que vim fazer em Bruxelas? Meu estado de espírito é este: se aparecer alguém, eu entro debaixo da cama. Hoje, HG me convidou para almoçar, eu me vesti, Helena se vestiu, na hora não houve jeito de sair, telefonei para o mordomo avisando que não podia ir, estou positivamente incapaz de suportar um almoço com HG. Então fumo 4444 cigarros por dia, como fumei ontem, meus pulmões com aquele picumã de cozinha mineira, aquele pigarro com camundongos indo e vindo no esôfago. Diante disso, como é que posso escrever ao Castello sobre o José do Egito? Estou querendo, já tentei, mas não sai, não organizo as ideias. Explique a ele, a quem mandarei uma palavrinha de perdão. E diga-lhe que gostei do livro, que aí conversaremos. Helena, coitada, naquela trabalheira (sem empregada), é natural que esteja cansada, os trabalhos e os dias estão lhe chupando as cores e a juventude. Mas ela é que nem Nossa Senhora de estampa, enquadradinha na moldura bem-procedida e resignada: vai tocando, lava a roupa, passa, cozinha e me garante que não é nada, que assim eu vou acabar no hospício, onde é que já se viu fazer tanto drama por tão pouco? O Caio acaba de telefonar para dizer que vai comprar o gravador que eu desejo, na Alemanha. Que gravador? Que Alemanha? A Ocidental ou a Oriental? Eu quero cumprir a lei, mas lei estabelece apenas a única maneira pela qual não se deve agir. Dei sua maquininha para um padre brasileiro de Louvain, padre Gregory, ele ficou rindo à toa, nem queria acreditar. Me disse que era providencial, pois tinha dado a máquina dele para um irmão, também padre, que está em Roma, e não sabia como comprar outra. Vai escrever coisas graves no seu teclado, ciências sociais, uma tese, quem sabe Teologia. E me disse que rezará uma missa por sua intenção, infiltrei meu nome nessa missa, vou de penetra subir a escada de Jacó. Saio daqui dia 8 de agosto, chegarei dia 25, no navio "Louis Lumière", da Cia. Francesa Chargeurs Réunis, cabines nove e onze, primeira classe. Não espalhe muito a notícia, prefiro não ver ninguém na hora de desembarcar, vou me encabular se tiver gente esperando, já pedi à minha família para ficar quieta em Bhte, Juiz de Fora e outros burgos. Afinal, não sou Santos Dumont, pra que recepção? Me dá aquela confusão, desagrado a todos, me desagrada. Depois de me apanhar na casa do IP, escapulo e vamos botar as coisas em dia, conversar mansinho. Vi seu retrato no *Globo*, você chegando otimista, de máquina a tiracolo. Se tiver repórter no meu desembarque, eu mordo, me deixem em paz! Recebi os originais do *Inspetor* de volta, mas o miserável do O'Neill nem se quer me mandou uma palavra, quem devolveu o papelório foi o Sousa Pinto, com um cartão de visita sem assinatura e sem conversa de edição. Tanto melhor, não quero publicar nada, quero ficar quieto no meu canto, espero que meu nome não esteja na lista de chamada, nem que se lembrem de mim para o exame oral, ou o Juízo Final. Porque eu não estudei os pontos, se for chamado vai ser uma vergonha, e depois com esta timidez que me deu, esta morbidez, este pânico. Vi no *Correio* que o contista OLR está sendo aguardado de volta etc., tive vontade de comer o jornal com um copo d'água, para apagar os traços de meu nome, de minha presença. Deve ter uma explicação, ou pelo menos uma ficha catalogada, para o meu caso. Freud explica isso. Vejo meu nome impresso, me dá um aborrecimento de morte, uma contrariedade sincera, profunda e estapafúrdia, parece acusação pública, prestação de contas, julgamento. Por isso resumi meu nome de Otto Oliveira de Lara Resende para Otto Lara Resende, agora para Otto Lara e já estou me assinando O. Lara, amanhã começo a assinar O., depois engulo esse O. com pontinho, como numa dessas mágicas de circo, sumi, desapareci, me escondi no primeiro buraquinho do rodapé, vou morar no ninho de uma ratazana matronal, espicho a cara num perfil de camundongo, ai como deve ser bom ser camundongo de rabinho não muito comprido, chiando debaixo do assoalho, até que vem o Gatão e zás! Me devora, viro quimo e quilo ventral, saio cocô no cuzinho do gato, vou estrumar uma plantinha tenra, quem sabe perfumarei uma flor silvestre — é toda a glória que posso pedir, eu, o inútil, o imprestável, o secreto, o envergonhado de ser, e assim entro no ciclo universal da vida, me transformo, me metamorfoseio mas não no ambicioso besouro de Kafka, sim no limpo cocozinho de um preguiçoso gato de pensão (Manuel Bandeira). Não é preciso explicar meu estado de espírito, você já entendeu tudo. Espero que o ar marinho me reanime, estou doido para entrar no navio, uf!, me fechar na cabine, ouvir o mar batendo nos cascos, cochilar, dormir, sonhar com naufrágios, espiar os turistas no tombadilho, alguma boa de biquíni na piscina, conversar com uma velha de óculos escuros, responder às perguntas impertinentes de um sujeito empombado que será íntimo do Atlântico. Vou rasgar esta folha aqui, senão fica muito grande, eu continuo com esta conversa de doidinho que vão embarcar a bordo dentro de uma gaiola que antes serviu ao transporte de um gorila para o jardim zoológico de Antuérpia. Se você quiser me mandar mais uma palavra animadora, remeta para os portos em que escalarei, o Havre dia 11 (espero ir a Paris correndo, fazer aquelas assinaturas de revistas que você previu, e que só você ter previsto me desanimou de fazer), Vigo (Espanha) dia 13, Leixões (Portugal) também dia 13, ilha da Madeira dia 15. Depois, é o mar, o grande mar, espero que a baía de Guanabara se encontre ao fim da rota, com um belo céu de cores otimistas. Realmente, Madri e Lisboa não podiam ter sido. Tudo é complicado, carunchado, vagaroso. E com os três meninos enchendo, nervosos com esta expectativa, iria ser um descalabro. A Ibéria fica para outra vez, voltaremos à Europa dentro de trezentos anos. Que é que houve em Madri, que você saiu correndo tão depressa? Escrevi para lá à sua busca, mandei outra carta para o Rio, você deve ter recebido. Quando eu soube que você estava no Rio, pensei comigo que você cometia a retirada de Dunquerque e me deixava no fogo, com os alemães me bombardeando pela retaguarda. Mas agora lá vou eu, aí formaremos o Exército da Libertação, estou disposto a todos os sacrifícios. Quanto à sua conversa com IP, quer dizer que é na Prefeitura. Veremos, que não seja aquele lugar de bailarino do Municipal, letra I. Lembre a ele que sou letra L, de Lara. E controlador mercantil, vou chegando e vou controlando as mercancias, vai ser em cima da fivela. Mas primeiro fujo para Minas, vou me esconder na fazenda do Pinheiro, lá em Resende Costa, mamar o leite de uma vaca tristonha que está me esperando a mim, bezerro belga, faminto e sedento. Depois volto ao Rio devagarinho, entro na ponta dos pés, vou fazer muito nariz fino na rua, para não cumprimentar os agressores, os antropófagos que querem beber meu sangue. Confio na sua ajuda, reúna o cabido e peça que falem baixo, estou moribundo. Mas, meu Deus, que é que estou fazendo aqui, com esta conversa mole? O tempo voa, eu não fiz o que era preciso, Helena vem aí me cobrar os telefonemas que não dei, os textos que não escrevi, os cigarros que fumei a mais. Lembranças nossas a Anne (ela gostou afinal de estar reposta no Rio?), fique firme, aguenta a mão, lá vou eu me despenhando oceano a baixo, ai avalanche de merda! Segure o Dalton em Curitiba, cada um no seu posto, depois que eu tiver me acostumado com a luz do sol, então eu conto o que é que há. Isto é: não há nada. Apenas uma bruxa drumondiana voejando em torno de mim, com um pozinho de espirrar. Como é que você encontrou seus meninos? Tudo bem? Adeus, me espera aí que já estou chegando, vou descer de bote e entro de contrabando na Barra da Tijuca, ai, Brasil! Abraço do sempre amigo etc.

Otto

Ilha da Madeira, 15 de agosto de 1959

Fernando,
estou vendo que o Malraux parte para o Brasil dia 23 próximo. Sugiro-lhe fazer uma entrevista com ele, que pode ser uma excelente coisa. Se eu estivesse aí, gostaria de fazê-la. Provoque o homem, que é ministro de De Gaulle, sobre o problema da Argélia. É pena que você não tenha lido *La question*, de Henri Alleg, jornalista que foi torturado em Argel. Recentemente, apareceu e foi apreendido, como *La question*, um outro livrinho impressionante chamado *La gangrène*, com o relato de quatro argelinos que foram miseravelmente torturados em Paris, pela própria polícia. Não deixe passar essa ocasião de escrever algo (se não fizer a entrevista, faça uma crônica) no momento em que todo mundo vai arrotar elegantemente os chavões da França Eterna, a cultura latina, La grandeur et l'honneur, a imensidão de De Gaulle etc. É uma causa — a da Argélia — muito mais ou tão importante como a do antissalazarismo. Adeus. Tenho que sair correndo.
Até dia 25. Abraços a AB, aos amigos,
Tudo bem.
Seu velho
Otto

RIO DE JANEIRO, 1964-1965

Rio, 7 de outubro de 1964.
Fernando,

     Recebi sua carta, claro. Maravilhosa: a primeira carta que v. realmente me escreveu. Imediatamente, pus-me à máquina e comecei a responder-lhe. Escrevi 16 páginas grandes, espaço um, de um lado e outro - e ainda não tinha acabado de dizer tudo, quando interrompi essa caudalosa resposta. Definitivamente. Um mês depois fui ler o que escrevi e fiquei horrorizado. Fora algumas gracinhas, lastimável. Perdemos, v. e eu, o meu tremendo trabalho braçal. Estou para lhe escrever todo dia, nunca o faço. Pedro Gomes lhe mandou carta imensa. Cláudio também. E outros. Eu fui deixando passar o tempo. Agora, me lembro de seu aniversário no próximo 12, e aqui vai meu abraço, com votos de (mais) felicidade - se é possível tanta para uma só pessoa.
Fernando Carneiro chegou, faz tanto tempo! Almoçamos juntos no MAM, mais Aluísio de Paula e Callado. Conversa longa e fecunda com Carneiro ("Eu, que sou velho comunista, mas não sou marxista" - diz ele.) Não se tocou, a bem dizer, no "Braço" - que coisa antiga! (Por falar, vi hoje nas livrarias: está custando 1800 cr). Adolpho Bloch também chegou. Me telefonou longo, mas pouco disse a seu respeito - aquela algaravia. Acaba de me telefonar neste momento. Já marcamos dois almoços, que não se realizaram. Ontem, ia lá à Manchete com o Vinicius (tb chegou), mas choveu a cântaros. Adiei. Vinicius veio gordo e rosado. Está morando com os pais da jovem Nelita. Hoje, marcamos encontro em casa de Rubem, mas, eu sem carro, acabei não indo. Por falar, vendi a Mercedes (5.130), comprei outro Volks. Helena já tinha um. Ganhei mobilidade, é quase meio desquite.

Rio, 7 de maio de 1964

Fernando,
Você custou muito a escrever — e me escreveu matado, um bilhete matreiro —, só para me provocar, me dar trela. Igualzinho o Castello, quando me telefonava, dizia alô e ficava me ouvindo, eu me esfalfando para corresponder ao primeiro alô. Por isso não tenho grande remorso de não ter escrito logo. Fui adiando. Procurei um sujeito para limpar minha máquina, que está o fim, botar fita nova etc. e depois eu me sentaria para te escrever e também para fazer aquele conto que não fiz e tudo o mais que não faço porque há quarenta anos minha máquina está suja e me desgosta. Andei hoje ceca e meca à procura da Casa Pratt, não encontrei. Não existe mais a Casa Pratt. Não existe mais nada e, como disse ao Autran, já não há no Rio boas cutelarias. Imagine o meu despeito de saber você em Londres. Me mordo de inveja e de raiva e vou te denunciar ao comando revolucionário, seu esquerdista! Começando por hoje: acordei, fui à Casa Mar e Terra buscar as compras (os preços, diz Helena, parece que não estão subindo tão vertiginosamente), comprei uma garrafa de Drury's (é assim?) — e você aí, de escocês correndo — porque o Rubem e o Marcito[*] estiveram aqui em casa ontem e enxugaram garrafa e meia de Haig's. O Rubem disse que vai te passar para trás na Editora.[**] Estive lá outro dia, é de desanimar. O Acosta parece surdo, e aquele seu primo, por Deus! Além do mais, agora é que não tem mesmo Lux Jornal. Acabou-se o que era doce. Mas continuando: fui à feira, comprei o *Correio* para esperar Helena (e você lê o *Times*!). O

---

[*] O jornalista e, mais tarde, deputado Márcio Moreira Alves (1936-2009).
[**] Editora do Autor, criada em 1960 por Rubem Braga, Sabino e Walter Acosta.

Marcito está escrevendo diariamente artigos políticos do contra. O Cony* é o panfletário do dia, encontrou uma causa. Você deve saber como é, já viu certamente. Comprei também o *Globo*. Fui à missa (Ascensão) no Jardim Botânico, almocei (linguiça mineira, estive em Bhte) e toquei para a cidade com o Autran, o que me sucede com frequência assustadora, seu m...! Procuradoria, Genolino** (ele lembrou o Antônio Sabino, rimos muito do hemistíquio e ele me contou uma história esplêndida para você fazer uma crônica, mas você já não há mais). Saí, fui à Livraria São José (o Carlos Ribeiro foi preso e solto, deu onda). Vou receber o prêmio Lima Barreto dia 15. De lá telefonei para o Rubem, já que ninguém faz uma notinha — e o Mercador (!) quer uma promoçãozinha, vai ter discurso, estou achando que vira comício, é o diabo. Eneida*** estará presente — e você lendo V. Woolf. Telefonei ao Oscar Bloch pedindo para imprimir duzentos convites, porque o Acosta não providenciou coisa nenhuma. Bem diz o Schmidt que o Brasil só precisa de providências. Entrevistei-o, o Schmidt, o que saiu publicado é uma bosta, mas meu encontro com o AFS foi fabuloso, eu devia escrever — falamos inclusive de você. Estive de novo com o gordinho sinistro.**** Mas voltando ao meu dia: fui à Crashley (e você frequentando aquela livraria fabulosa, como se chama?), o último (+ recente) suplemento do *Times* que havia lá era de 30 de janeiro! Fui ao Banco Nacional, mais foi meio feriado — o Zé Luís***** não

---

* Carlos Heitor Cony (1926).
** Genolino Amado (1902-1989), jornalista e escritor sergipano.
*** Eneida de Moraes (1904-1971), jornalista e escritora.
**** Augusto Frederico Schmidt.
***** José Luís de Magalhães Lins, banqueiro que ganhou fama de mecenas, conhecido pela prodigalidade com que emprestava dinheiro a escritores e artistas.

estava, tinha ido receber o Magalha* no aeroporto. Vi-o, ao MP, chegando ao Rio, vi na televisão agora (*Repórter Esso*). Só vendo a importância dele! Mas lá em Bhte é aquela mesma coisa, passei na casa do Eloi, vi o Abílio, tive asma (estava frio pra burro e na estrada tinha fog no duro, tomou, papudo?), Helena deslocou a vértebra no Caeté — visitei a cerâmica com o Israel, comi galinha ao molho pardo. Que coisa antiga, meu Deus. Na ida e na volta, almocei no Faisão Dourado. Passei em Bhte o 1º de maio — obrigado pelo cartão que Ana mandou. Estou ficando velho, estou ficando fraco — o resto você se lembra. Falei da Procuradoria com o Hélio. Foi ontem com o Luciano ao Tristão, combinaram um manifesto (no duro, não estou brincando, não). Hoje, receberam a minuta de volta, o T. topou e acrescentou duas linhas. Na Academia, não toparam, aconselharam não deitar manifesto, porque o governo vai afrouxar e manifesto seria inoportuno. O Tristão telefonou, o Hélio acabou concordando, já me explicou que é racionalização etc. Eu é que não vou assinar manifesto nenhum. Nem o Rubem, segundo me disse. O Paulinho Birosca** estava dormindo quando passei na casa dele hoje. Me telefonou agora de noite, não retruquei. Andou meio se escondendo, já reapareceu. Todo mundo já reapareceu, exceto os asilados nas embaixadas, que são muitos e agora estão esquecidos. Já não são assunto. O Zé Ap.*** foi cassado, anda aqui, apareceu outro dia à noite com o Geraldo Carneiro, aquele mesmo jeito, e se retirou logo. Seria tão longo te explicar tudo, mas você entende. O Yus-

---

* José de Magalhães Pinto, dono do Banco Nacional e então governador de Minas Gerais.
** Paulo Mendes Campos.
*** José Aparecido de Oliveira, que era deputado federal.

sup sumiu. O Max* está asilado. O Oswaldo Gusmão já foi solto. Esteve na casa do Casteja e tem uma história engraçada, a propósito da fuga. Uma madrugada, o Zé Ap. telefonou por desfastio para o Casteja, este não reconheceu a voz, o Zé perguntou se o dr. O. G. estava. "Quem deseja falar com ele?" "É o capitão Schultz", respondeu o Zé. O Casteja desligou correndo, acordou o Osvaldo, que saiu correndo pela charneca goiana afora, parou vinte quilômetros adiante e viu um menino de bracinho pendurado (aquele aleijão da Sem-Bracinho), o qual menino com um alfinete matava moscas em cima de uma rapadura. O Osvaldo, perturbado, puxou uma nota de 5 mil e deu pro menino. Tinha 120 mil no bolso. Correu a notícia no lugar que tinha lá um sujeito doido ou ladrão, quem sabe era o tal que tinha roubado 120 milhões do Palácio, na hora da confusão? Então, com a notícia, a polícia veio e prendeu o pródigo. Foi assim que O. G. foi preso — e sofreu muita ansiedade, até que todo mundo apelou para o Milton Campos etc. O Casteja me telefonou perguntando se o dólar vai subir, como sempre. O Evandro** parece que vem para o Rio. O Armando*** pediu demissão do emprego do IBGE, porque a cana está dura e acabou-se aquele negócio de requisição. O Armando tem aparecido muito, hoje eu dei ideia pro Rubem, que está precisando de ganhar $, fazer um programa de TV sobre o Rio, eles estão combinando. O Carlinhos**** voltou e tem escrito, bem como sempre. O Cláudio,***** a pretexto de entrevistar o CL,****** está aí na

---

* Max da Costa Santos.
** Evandro Carlos de Andrade (1931-2001), jornalista.
*** Armando Nogueira.
**** José Carlos Oliveira (1934-1986), cronista do *Jornal do Brasil*.
***** Cláudio Mello e Souza (1935-2011), jornalista e poeta carioca.
****** Carlos Lacerda.

Europa, Roma via Paris, eu o aconselhei a dar um pulo a Londres e ver você. A entrevista do CL comigo na *Manchete* foi a última, estourou a crise. Estive no domingo anterior a tudo na casa do JK, que estava anticomunista e antijanguista pra burro, mas achava que era cedo pra falar. Jantei lá, com o Geraldo,* e aquela fofoca toda, agora estão falando até em lhe cassar os direitos políticos, e acabam cassando mesmo. Eleição direta, ninguém acredita. Desta vez, não vão fazer como em 1954/55. O Juarez é ministro da Viação, como há 34 anos, e vai dar uma entrevista às dez e meia na TV Tupi. Eu estou com muito sono, dormi pouco. O Castelinho (que eu apelidei agora de O Sobrenome)** continua escrevendo a Esplanada do Castello, esteve aqui no Rio, conversamos uma noite inteira, fumando pra burro, até clarear o dia. Veio à baila história antiga, você etc. O CL vai a Londres, já estou te vendo no aeroporto esperando o Homem. Ele ficou satisfeito com a entrevista, depois jantei-o, com d. Letícia na casa do Sérgio, já depois da chamada revolução. Deixou ordem com o Marcelo pra me requisitar, o Marcelinho está empolgado, mas já combinamos de almoçar e eu vou pedir penico. Larguei finalmente com grande prejuízo o Banco Mineiro da Produção, o MP custou à beça a me mandar o ofício me dispensando, o que aumentou meu prejuízo. Nunca mais vi Helena V.,*** mas vejo todo dia o João Pádua.**** Li *As sandálias do pescador*, veja você. Estive no Ênio,***** que teve os direitos cassados, mas estava lampeiro, e

---

* Geraldo Carneiro, assessor de JK.
** O primeiro presidente do regime militar era o marechal Humberto de Alencar Castello Branco.
*** Helena Valladares.
**** João de Lima Pádua, ex-concunhado de Sabino.
***** Ênio Silveira (1925-1996), dono da Editora Civilização Brasileira.

lá apareceu na hora o A. Lins, como sempre. O M. Rebelo* andou roncando grosso, mencionava até seu nome, mas parece que o tiro saiu pela culatra. O Samuca** está asilado e deprimido, segundo contam. O Pupo está na fortaleza de Sta. Cruz. Os inquéritos vão correndo. Segundo o *Globo*, tinha masmorra no subsolo da UNE e o Brasil está infestado de espiões russos, sem falar na novela dos nove chineses, que você conhece (a novela, não os chinas). Estou muito esperançoso de você voltar, vão fazer economia no Itamaraty e está claro que cortam é os contratos. Deus é grande e o orçamento cambial é pequeno. Mas de positivo não sei de nada. Já me disseram que você apelou via família para o Presidente, que tem relações com os Sabinos belorizontinos, mas pistolão não está valendo nada, meu caro. Precate-se. Se você ficar aí, como é que eu vou me arranjar para ir para a Bruxa? Em último caso, peço férias e, acertada a situação financeira, consigo aquela passagem da Panair e vou passear nas Europas. Mas já estou devendo muito de novo. Estou como sempre pensando em vender a Mercedes e vou comprar dois Fuscas, um para Helena. Ando tão vazio e sobrando que hoje me deu de novo vontade de começar a trabalhar no *JB*, para ter o que fazer ao crepúsculo e na boca da noite. Pelo menos lá na redação a gente vê gente, fala, ouve etc. O atual governo dá poucas notícias, desinflacionou aquele interesse brutal pelo cotidiano da politicagem. A gente tem mesmo é de escrever. Continuo tomando notas sem parar, mas escrever mesmo, não escrevo. Claro, não lembrei ao Darwin aquela conversa da casa do Cláudio, mas bem que me deu vontade. Ele apareceu algumas vezes, a gente (eu) tem de ficar conso-

---

* O escritor carioca Marques Rebelo (1907-1973).
** O jornalista Samuel Wainer (1910-1980).

lando os aflitos, já ando cansado. O Brizola chegou hoje a Montevidéu, vi a cara dele na TV, está barbado à Fidel Castro, como disse o speaker. E deixou mesmo crescer a barba, mas acho que o pessoal não está acreditando muito, não. A situação está segura e não sou eu que vou aqui interpretar a sociologia da hora presente. Você imagina. Em Bhte, visitei o Edgar,* que se demitiu no dia 31, por discordar. Estava sereno e simpático, até com bom humor, mas diverge frontalmente de tudo. Houve prisão lá, muita, do Sílvio de Vasconcelos** ao Edmur*** — e dizem que o expurgo na Universidade e noutros setores vai ser bravo. O MP festejou muito a vitória, sempre sorrindo nos retratos com o V da vitória, à la Churchill (que coisa antiga, disse o Rubem). O povo diz que o MP, fazendo o V, diz: Virei. Virei de virar casaca. É o mínimo que dizem. Mas Minas está contente, pelo que pude ver. O tal dispositivo das forças populares, ao que parece, nem era forte nem popular. Você imagine como foi naqueles dias, as noites em claro, os boatos, a chacrinha acesa aqui em casa. Até que veio o Ato Institucional, que abrirá caminho ao Otto Institucional. O Hélio, em Copacabana, anda escasso e sem telefone. Andou muito excitado, mas melhorou. Só quer fazer um manifestinho, parece que, pelo que me disse hoje, sossegou um pouco. Muito ligado ao Boquinha e ao sogro deste, o que é mau para o equilíbrio emocional dele. Cuidado para não fazer referência na sua carta que a

---

* Edgar de Godói da Mata-Machado (1913-1995), jornalista e escritor mineiro, deputado cassado pelo AI-5. Quando Mata-Machado perdeu o filho José Carlos, morto em 1976 pela polícia da ditadura, Otto escreveu o artigo "O gato morto e sua alma" (incluído em O príncipe e o sabiá).
** Arquiteto mineiro (1916-1979). Por ocasião da sua morte, Otto escreveu o artigo "Minas, agora, para sempre" (incluído em O príncipe e o sabiá).
*** Edmur Fonseca, jornalista.

torne imostrável ao dito. Caí na besteira de mostrar sua primeira cartinha, e lá está que o HP está ruim etc. Ele ficou intrigado, mas eu expliquei à altura. Estou ruim de andadura hoje. Só escrevo para não deixar para amanhã. Lembranças ao Narceu* (o Mozart tem aparecido aqui). O A. Castro telefona muito, mas pouco lhe falei. Vou procurar, precisamos estar mais com o Araújo Castro. E o Lindemberg? Lixa? O Jatir? Dei seu recado ao Adolpho Bloch, que te pede pra fazer abatimento, porque quatro crônicas (cartas, diz ele) não se pagam como uma só. Aquilo mesmo. Telefona pra burro, hoje está em Brasília. Helena, fora a hérnia de disco, vai bem. André, Bruno e Cristiana, crescendo. Luís** naquilo mesmo, reacionário pra burro. Nunca mais jogamos pingue-pongue. Nunca mais fizemos nada. Não faço nada. Lembranças a Anne, às meninas todas, estão gostando? E Verônica,*** imagino a turbulência. Olhe, Fernando: fiz 42 anos. Você acha justo? Volte, Fernando Sabino. O Guilherme de Figueiredo**** publicou o livro sobre a eleição perdida dele na Academia. Deixa o Afrânio Cout. mal. Morreu o João Mangabeira, tbém morreu o Floriano Peixoto e exilaram o Pedro II. Estou lendo a *História do Positivismo no Brasil*, do Ivan Lins.***** Daí a confusão. Me diga se você está mesmo tão feliz como andam espalhando aqui. Dói muito em nós sua alegria... O papel está no fim. Eu também, você nem suspeita!

---

* Narceu de Almeida, jornalista.
** Luís Lara Resende, irmão de Otto.
*** A futura cantora Verônica Sabino, filha de Fernando.
**** Derrotado pelo médico e ensaísta piauiense Deolindo Couto na disputa pela cadeira nº 11 da Academia Brasileira de Letras, em outubro de 1963, o escritor carioca publicou o livro *As excelências ou como entrar para a Academia*.
***** Escritor mineiro (1904-1975).

Abraços, saudades. Seu velho Otto.

[ANOTAÇÃO NA 2ª PÁGINA]

Você certamente lê aí jornais daqui. Sabe de tudo. O CDA andou falando muito comigo ao telefone. Agora, paramos de novo de nos falar.

Rio, 26 de maio de 1964

Fernando,
são dez para meio-dia, conforme ouço na rádio Jornal do Brasil. Está um tempinho maravilhoso, aquele doce maio carioca, céu azul, solzinho frio. Meu escritório está uma geladeira — por que diabo fui gastar mais de mil contos para botar ar-condicionado? Estou me sentando à máquina para escrever esta cartinha rápida, porque ao meio-dia e meia eu vou almoçar e depois vou sair correndo para a cidade. Porque ontem lá não fui. Fiquei em casa tentando fazer o prefácio para o livro *Os idos de março*, que trata da chamada Revolução Brasileira. São oito capítulos, escritos pelo Castello, Callado, Dines, Pedro G., Eurilo, Araújo Neto, Figueiredo e Cláudio.* Você não pode imaginar o que me custou escrever esse troço. Rasguei papel até encher a cesta. Escrevo dezesseis vezes um suposto prefácio. E já tinha escrito nos dias anteriores cinco outros, um dos quais de dezoito páginas, falando

---

* Carlos Castello Branco, Antonio Callado, Alberto Dines, Pedro Gomes, Eurilo Duarte, Araújo Neto, Wilson Figueiredo e Cláudio Mello e Souza.

de política e fazendo gracinhas pessoais, uma espécie de depoimento pessoal que vinha da ditadura estadonovista, Bhte, Constituinte, liberdade de imprensa etc. Acabei fazendo um textinho duro de duas páginas e meia. Não sei se estou ficando muito burro ou muito inteligente, mas o fato é que se acabou aquela minha antiga diarreia de sentar e escrever — será que eu já fui capaz disso? Hoje, tudo me custa horrores. Aliás, não escrevo mais. Só esta carta. Entrevista, jurei não fazer mais. Ainda outro dia, o Geraldo Carneiro foi com o PMC e o Adolpho, foram por aí, acabaram na casa do JK — e no dia seguinte estava o Ad. me telefonando, que o JK tinha coisas fabulosas para dizer, que eu deveria ir tomar a entrevista etc. e tal. Você está vendo que é tudo mentira, mas lá comecei eu a sofrer o assalto de todo mundo para fazer a entrevista. Até que de repente me lembrei: ora, o Paulo tinha ouvido a conversa, por que, em vez de ele também me aconselhar a escrever, não escrevia ele mesmo? E não escrevi, mesmo porque, cf se verificou depois, a Justiça não tinha nada para dizer. Mas depois dessa promessa de não mais fazer entrevista, o Fernando (Lara), que está de assessor do Milton Campos, me empurrou uma entrevista com o dito. Mas ainda bem que o Milton é aquela calma que você sabe, não veio de Brasília no dia marcado, ontem falamos pelo telefone à noite, eu morto de vontade de não ir e ele morto de vontade de que eu não fosse. Então lindamente adiamos para a semana que vem, quando haverá mais tempo etc. Aí, eu, aliviado, com dor nas costas de ter escrito o tal prefácio (foram doze horas na máquina), me deitei e dormi um tiquinho, até sonhar que meu dedo tinha perdido a unha e tinha se descascado de maneira horrível — e eu tinha de fazer uma operação com o Pitanguy* (encontrei-o outro dia na porta do cinema, com a Marilu, perguntou por você, eu estava com o Marco Aurélio — que voltou a aparecer de vez em quando — e a conversa foi daquele jeito, falou-se muito da Europa etc.). Despertado do sonho, fui ver TV, pela primeira vez vi o Pe. Calazans (senador paulista) e o Amaral Neto, os dois intérpretes da moralização e da campanha anticomunista. Em suma, a chamada (por mim) operação co-co (comunismo e corrupção). Quando foi uma hora da madrugada, ainda virei para o canal nove e fiquei vendo o Gilson Amado ler poemas — você já viu só? Aquela mesma coisa! Aliás, no sábado foi o jantar de 12º aniversário de *Manchete* (de que você escapa estando em Londres), fomos juntos Paulo e eu, Helena e Joan,** sentarmo-nos quietinhos lá numa franja do salão improvisado no hall de concreto do futuro edifício. E ficamos conversando sobre antigamente, veio o cassino da Pampulha, Vinicius, Oswaldo Alves*** etc. Aí começou um show (gostei muito da Eliana Pittman), e eu lembrando ao Paulo que nada no mundo jamais me reproduziu o luxo, a luz, o feérico, o alumbramento do cassino da Pampulha, mesmo os outros cassinos em que estive, como o de Wiesbaden, onde passei seis horas seguidas uma certa noite. E aí lembramos o nosso dinheirinho, a "mesa do palácio" (quando Helena dava as caras, o João Pádua etc.) — e de conversa em conversa, veio à baila o Penido, o Juscelino, aquela coisa belorizontina antiga. Eis senão quando alguém (foi o Carlos Alberto, da TV Rio, que estava na mesa ao lado) nos chamou a atenção: — Olhem, o Penido está dançando

---

* O cirurgião plástico Ivo Pitanguy, amigo de juventude de Otto e Fernando.
** Joan Abercrombie Mendes Campos, mulher de Paulo Mendes Campos.
*** Romancista mineiro.

com a Lucy Bloch — disse ele. E estava mesmo, o Penidinho, rapaz, todo serelepe dançando, e o JK, aquele antigo Juscelino belorizontoso, presidindo o jantar, ao lado de dom Pedro de Alcântara (todo mundo jurava que este está mais perto do trono do que o JK). Então, eu comecei a falar com o Paulo da falta de imaginação deste nosso querido país — há quantos anos, meu Deus, o Penido está dançando com o Juscelino! E o Paulinho e eu sempre lá num canto perdido, ele de summer, eu de smoking fora de moda, a olhá-los de longe. Mas isto iria dar numa conversa que não tem mais fim. A Cristiana acaba de chegar agora mesmo e me mostrou um retrato de João Pinheiro (não o neto, o avô) e perguntou quem é esse. Helena me pede para sair do escritório, que estão precisando arrumar. Mas eu hei de chegar até o fim desta folha, ninguém mo impedirá, e por falar em mo, o Jânio nem piou, rapaz, com a cassação. Você não mencionou a batida policial na minha casa, que foi muito mais promocional do que o prêmio Lima Barreto. Fui vítima de um golpe de publicidade. Três investigadores do Dops invadiram meu domicílio (sabia que eu o tinha?) e remexeram tudo, inclusive nas suas cartas, aquela pasta antiga. Disseram-me (outras pessoas, Marcelo Garcia etc.) que foi ordem de Bhte, por denúncias de lá que o Zé estava coitado aqui e que minha casa estava transformada num centro de conspiração contra a situação dominante. Vê lá, se eu ia deixar, mas essa gente não me conhece. O engraçado é que na hora que a polícia estava aqui, o Zé Ap. estava na casa dele. Agora, está no Rio o Osvaldo Português, da Casa Cristal, com mais cinco voluntários, com mandado de prisão para o Zé Ap., que ainda não conseguiram encontrar. O Magalhães, que eu vi no casamento do Marcos (está em Paris, lua de mel), está falando em ir à Europa e, com aquele tom de brincadeira desavisada, diz que irá quando eu marcar a data — me convidou para ir, você vê logo que não vou aceitar, fica muito esquisito. O Magalha agora sossegou o facho. Parou com aquele joguinho miúdo, acho que anda é meio desconfiado de que o lobisomen acaba chegando lá, conforme, aliás, já dizem à boca rasgada. O Mauro Borges* ainda não caiu, o Ademar diz que só tocam nele quando as galinhas tiverem dentes, o gen. Costa e Silva vai dar entrevista hoje à noite, o presidente CB foi ver *Mary, Mary*,** que tal? O cel. Borges me telefonou pedindo desculpas pela mancada policial, eu pensei que era trote do Hélio, evidentemente, deu os piores equívocos. Era verdade. Sábado, você precisa ver que trapalhada arranjei com o convite do Marcelo para ir almoçar com o Rafa*** e o Sérgio**** em Brocoió. Hélio aqui, convite estendido a ele, drama, vamos, não vamos, afinal não fomos. Quando eu tinha resolvido tudo, o Sérgio telefonou e reiterou o convite só a mim — e eu me vi em Brocoió assumindo compromisso com a secretaria de Saúde, ai, meu Deus! Mas não fui, fomos, com o Cláudio, ver *Oito e meio* no palácio Guanabara — e foi a 2ª vez que vi, porque já tinha visto com o Zé Luís. Você viu aí? Achei fabuloso da 1ª vez, da 2ª diminuiu minha impressão — mas não tive coragem de contar pra ninguém, continuo besttificado. Segundo você verifica, besttificado agora é com dois tt — obra da nova ortografia revoclucionária (que se escreve assim mesmo, com esse c enxerido). Esqueci de lhe falar que recebi sua carta, que achei deliciosa e vou ler com calma e repouso logo à noite.

---

* Governador de Goiás, afastado pouco depois pelo regime militar.
** Filme de 1964.
*** Raphael de Almeida Magalhães (1930-2011), político carioca, então vice-governador do estado da Guanabara.
**** Sérgio Lacerda (1939-1991), editor, filho de Carlos Lacerda.

Você me pergunta pela Editora. Olha: eu nem sei. O Rubem está no Espírito Santo, com o Arnaldo Pedroso Horta* e não sei mais quem. O Darwin está operado da úlcera no hospital (o Darwin também ia). Outro dia, fui lá pedir ao Acosta um troço, me deu aquele descoroçoamento. O Vasco** é um imbecil antipático, o Acosta só te digo que nem tomou conhecimento do prêmio que afinal premiou um livro editado por ele, ao que me consta. O Carlos Ribeiro*** mandou fazer faixas, cintas para o livro, eu nem quero saber de nada. Só sei que saiu a 3ª edição da *Mulher do vizinho*. Mas não faça mau juízo, o Acosta continua aquela flor de pessoa (ou de jumento), disse que recebeu sua carta, ia responder. Você fique por aí que eu trato de me editar com o Zé Olympio, que pra subdesenvolvido tá muito bom: tem refresco de maracujá, que é que quer mais? Não precisa pagar direito autoral, tem sala com poltrona, tem recorte e Lux Jornal. E o Zé Olympio tá muito meu amiguinho, almoçamos juntos. Por falar em almoço, eu te escreveria duzentas páginas desta miudinha só para te contar o almoço que tive com o Guimarães Rosa e o Callado. Começou à uma hora e acabou às seis da tarde, na Cabaça Grande,**** veja você. Fiquei tão tocado pelo Rosa que lhe pedi para ser seu noviço. E só leio desde então o Rosa, ainda ontem reli o "Duelo", fico cada vez mais abestalhado. E olhe: sábado, almoçou aqui e passou o dia comigo o Mozart, acompanhado da Eliane e da Marilu. Você sabe que ele é o chefe do gabinete do Vasco, não sabe? À noite, fui rever o Ita-

---

* Arnaldo Pedroso d'Horta (1914-1973), crítico de arte paulista.
** Embaixador Vasco Leitão da Cunha, ministro das Relações Exteriores do governo Castello Branco.
*** Carlos Ribeiro (1908-1993), dono da Livraria São José, no Rio de Janeiro.
**** Tradicional restaurante na rua do Ouvidor, no centro do Rio.

maraty de ontem: visitei longamente o Araújo Castro — fiquei de cara no chão ao saber que você não lhe escreveu nem um cartão! Que Ana Beatriz nem ao menos telefonou, ao partir, para se despedir da Mirian. E depois o pobre caiu do galho, você soube de tudo e tem um coração tão duro que aguenta não se manifestar, francamente! Lembre-se que ele enfrentou intrigas para te dar esse bem-bom de Londres (não demora!). Você devia era lhe mandar um grande presente, com uma cartinha amorosa. Fiquei besta! Vá ser mau caráter assim lá mais adiante... Abraços mil, escreva.

Otto

[ANOTAÇÃO NO TOPO DA 1ª PÁGINA]

Sua carta de 14 só recebi hoje, 26.
— Me pergunte quem é a nova revelação poética do Brasil. Você vai cair o queixo.

[ANOTAÇÃO NA LATERAL DA 1ª PÁGINA]

Sua carta custou muito a me chegar às mãos. Experimenta botar rua Joaquim Campos Porto, 879, é capaz de chegar mais depressa. O CL vai aí, veja se conversa direitinho e encaixa minha ida para a Bruxa, como parte da minha cura. Senão te denuncio, não tem que ver! O Araújo Castro ajuda a denúncia.

[ANOTAÇÃO NO TOPO DA 2ª PÁGINA]

Abraços para Anne (Janet passou a manhã de sábado aqui), Virgínia e Leonora (ainda não vi Eliana e Pedro, já telefonei), carinhos para Bernardo e Verônica. Recebi a gilete. É para alguém? Vou experimentar.

Telef Rubem
BN: Luís 200

Rio, 6 de junho de 1964

Fernando: A nota que aparece neste papel significa que na manhã seguinte eu deveria telefonar ao Rubem, sobre o Ad. Bloch e a ida dele para o *JB* (falei com o Brito* etc.); e também que deveria arranjar um papagaio de duzentos contos para o Luís, no BN. Como você vê, o meu cotidiano é o mesmo de sempre. Não tenho cigarros Kent, não tomo ônibus de dois andares, e vermelho, não leio o *Times*, nem sou inglês, hélas! Mas você me paga, seu velhaco. Andei pensando muito no seu caso, vou lhe dizer depois objetivamente. Analisei tudo, com uma lucidez diabólica. E quase parei de te invejar. Quem vai morrer de inveja, se a Revolução não te devolver, é o Autran. Olhe, você pede para eu escrever, respondi no mesmo dia, você nem bola. Não faz carta, porque não faz gestos gratuitos, a menos que sejam encomendados pela BBC, pelo *JB*, pela *Manchete* (já falei com o Ad.,** a situação dele é péssima, está inabordável, vai viajar, talvez apareça aí). Como é que você tem se dado aí com o CL? Jantei outro dia com o Sérgio,*** falou-se de você. Mal, evidentemente. Bom, para fi-

---

* Manuel Francisco do Nascimento Brito (1922-2003), dono e diretor do *Jornal do Brasil*.
** Adolpho Bloch.
*** Sérgio Lacerda, editor e filho de Carlos Lacerda.

lante da carta do Hélio, basta. Recebeu minha missiva? Darwin está operado, passou mal. Vou agora ao HSE visitá-lo. Seu silêncio mobiliza uma carga de ódio e antipatia gerais. Lembranças a Anne, meninos e abraço para você.

O.
Otto

Rio, 12 de julho de 1964

Fernando,
hoje, dia da tomada da Bastilha, me sinto profundamente derrotado. São oito e meia da noite, acabo de receber telefonema do Alfredo Viana pedindo para eu prefaciar o livro do Tristão, *Revolução, reação, reforma*, de artigos publicados no *JB*. Meu nome foi indicado pelo próprio Tristão, que gostaria que eu o prefaciasse (sic). Vê você que o Brasil mudou muito, desde a sua saída. Aliás, estou virando prefaciador. Prefaciei, conforme você deve ter visto, *Os idos de março*, que não foi lançamento da EdAutor* e já está na 2ª edição a caminho da 3ª, apesar de custar 3 mil cr. Hoje, vi o livro do Cony, com prefácio do Ênio, surpreendentemente bem escrito, e orelha do Hermano Alves.** Chama-se *O ato e o fato*, são crônicas contra a Revolução, publicadas no *Correio*. O Cony está no auge do cartaz como escritor político. Mas puxa um tom que nem ele nem ninguém aguenta. Ainda no artigo de hoje diz que o Ênio teve os direitos políticos suspensos e a editora

---
* *Os idos de março e a queda em abril* foi lançado por José Álvaro Editor.
** Hermano Alves (1924-2010), jornalista e, mais tarde, deputado federal, cassado pelo AI-5.

vasculhada porque... editou o *Ascensão e queda do III Reich* etc. Aliás, se não lhe mandei dizer, pensei: você deveria ter escrito uma palavra ao Ênio. Solidariedade de métier, quando muito. Nunca mais fui à Civilização, mas soube que já andava lá um inquérito policial-militar. Fui, sim, hoje, ao *Jornal do Brasil*, com o Armando, que tem sido um companheiro fiel — e tranquilo — para me ajudar a empurrar o cotidiano. O Cláudio, bastante eufórico, ficou de aparecer aqui hoje, para talvez um pingue-pongue e para me contar umas novidades da área lacerdista, pela qual anda trafegando. Quem tem telefonado todo dia, e aparecido, é o Rubem. Quinta-feira saiu daqui às três da manhã. Sábado também. Acabamos, ele meio bebido, eu sóbrio, em Copacabana, no Bico, onde encontramos o Sousa e o Ceschiatti.*
"Estou parecendo o Fernando Sabino", resmungava o Braga, porque me acompanhava a um cafezinho da madrugada. Estávamos evidentemente no Volks que comprei, azul e muito achacado de ladrões, pois já lhe roubaram uma lanterna, o escudo etc. Pus uma tranca alemã, vou pôr rádio e capa de napa, como está na moda. A Mercedes, vou vender. Está pesadona e velha, reumática, uma esponja para gastar gasolina, que, como você sabe, subiu muito de preço: azul, 140 o litro. Aliás, hoje à noitinha, voltando para casa passei numa loja de carros de segunda mão, mas não encontrei o vendedor. Encontrei foi o Luís Carlos Barreto, que me disse ter falado com você de Paris. Já o vira antes, em duas noites. Anda com a ideia de escrever um argumento, meio comédia, a história de um jumento que é processado e preso, coisa que aconteceu na Bahia, diz ele. Me quer para parceiro do script e promete vir de gravador em punho para fazermos a histó-

---

* Alfredo Ceschiatti (1918-1989), artista plástico mineiro.

ria. Vai esperando. Gravador, rapaz, tem o Marcos Vasconcelos* (outro que eu prefaciei). Japonês, Sony, dele não se pode dizer que só falta falar, porque fala mesmo. Tem dois microfones, grava até suspiro. É genial. Cláudio e eu, quando eu era alegre, fomos à casa do Marcos e gravamos coisas do arco da velha. Aquelas brincadeiras antigas, discurso do Getúlio, apartes, ai, meu Deus! O Marcos é que é um histrião fabuloso, grava gato, carrapato, deputado, baiano e malandro carioca. Mas não pense que minha vida tem sido esse carnaval. Isto foi há muito tempo, coisa de pelo menos uns seis dias. Ultimamente, sou muito triste, deprimido. Ando pensando em me suicidar. Canto muito aquela cançãozinha de minha autoria: Je vais me suicider/ me suicider etc. Na semana passada, quando o Rubem andou aqui bebendo, também veio o Dantinhas, com quem vou almoçar amanhã. E veio também, por acaso, a Janet. Além do Zé Luís, que este vem ou telefona todo dia. Aliás, ele ficou de me mandar agorinha mesmo o catálogo do leilão de arte a prazo da Petite Galerie, para o qual escrevi uma espécie de crônica-introdução. Veja que continuo no rumo dos prefácios. Saiu um texto engraçadinho e o catálogo, dizem, está uma beleza, feito pelo Adolpho Bloch, em quem dei o bolo hoje. Veja que continuo o mesmo homem. Mas prometi ir almoçar com ele amanhã. Amanhã telefono dizendo que não vou, pois como é que iria, se vou almoçar com o Dantinhas? Aliás, Helena está me gritando neste momento: é o Dines. Não atendo ao telefone porque, digo, não tenho moral para falar com o Dines. Prometi começar na semana passada um trabalho no *JB*, uma infeliz ideia que o empolgou: uma série de debates, uma

---

* Marcos de Vasconcelos (1933-1989), arquiteto e escritor. O livro dele que Otto Lara Resende prefaciou é *30 contos redondos* (1963).

espécie de fórum, repensando os problemas atuais do Brasil. Ele não pensa noutra coisa, me oferece mundos e fundos. Consequência: não posso mais ir ao *JB*, ou vou, como hoje, me esgueirando, sem passar pelo 3º andar. Dei a ideia para outro fazer, mas ele cismou que tenho de fazer eu mesmo. O Adolpho continua brigando com o Rubem, que lhe escreveu uma carta, ao Ad, ameaçando com demanda judicial. Entrei no meio, acertei um acordo, três dias depois o Rubem desmanchou o acordado, disse que não aceita escrever na *Joia*, que está em nova feição, puxada à *Claudia*. Desisti, afinal eu não tenho nada com isso. Me disse o Ad que o Paulinho foi hoje lá e recebeu quinhentos contos, que ficou muito triste quando soube que o Rubem escreveu a tal carta pedindo para ganhar mais "porque sempre ganhou mais do que o PMC". O Rubem quer voltar para a *Claudia*, mas eu é que vou escrever na *Joia* para ganhar um dinheirinho. Falar em dinheirinho, me lembrei de um personagem do Nelson Rodrigues, aquela mãe que pede ao filho "me dá um dinheirinho" e começa a chorar. O Nelson está brigado comigo. Tem dito isto por todo lado e já escreveu várias crônicas para contar a nossa briga. A última foi no *Diário de Notícias* de domingo, quando fala na carga de ódio que entre nós nasceu. Rompemos há coisa de um mês. Diz ele que tudo foi porque não aceitei o título (infame) de sua última peça — As *adolescentes não são limpas*. E também porque me recusei (é verdade) a falar com o Rafa ou com o Sérgio Lac para liberar o filme A*sfalto selvagem*, baseado na *Engraçadinha*, um caça-níqueis do Tanko e do Richers. Pela primeira vez na vida, o Nelson parou de me telefonar. Fiz-lhe um apelo para, chegados os cinquenta anos, ele procurar uma obra de arte sem a preocupação mercenária e sem querer infantilmente chocar o que ele chama de convencional. Ficou danado da vida. Dizem que a Lúcia vai sustentar essa briga. Mas eu não sei, acabamos voltando às boas. Mas não terei a iniciativa. Falar em Lúcia, a outra, Autran está em Bhte, foi fazer exames médicos e levar os meninos de férias. O livro dele* está para sair na NB (Novela Brasileira) do Ênio. Mas ele se recusou a assinar o manifesto em favor do citado editor. Manifesto, andou aí uma moda. Rubem entregou os pontos e aceitou fazer um, com o Marcito, o Callado, o Thiers M. Moreira e não sei mais quem. Vi a primeira redação, uma bosta, meti uma daquelas críticas que você conhece, o negócio parece que morreu. Estava mal escrito pra burro! Eu, confesso, não quero assinar manifesto nenhum. Nem o Marco Aurélio, que me disse ter assinado a escritura do apartamento (já fui lá). Saiu e tomou um pifão, até seis horas da manhã, no Marius Inn. Depois, no dia seguinte, aqui esteve o Alécio,** por sinal que com o Daniel Tolipan (hoje falei com o Hélio Tolipan, mas eu estava procurando era o outro, o Pelé), mas aqui esteve o Alécio e me contou que foi uma noite tristíssima, ele, o Marco Aurélio e o Mário Carneiro. O Cláudio foi se meter a escrever sobre comédia no cinema brasileiro, tomou pelas fuças uma carta de Glauber Rocha, que voltou da Europa vestido de gênio. E o pior é que me citou, já andei me tirando da seringa. Mas não vi ainda a carta. O cinema novo, vê você, continua, mas não passa mais aqui por casa. Aliás, aquela chacrinha aqui acabou, deu uma umidade que só vendo no corredor que vem até o escritório, arrebentou a instalação elétrica, entrou água nos eletrodutos, e além do mais consegui, finalmente, arranjar um rapaz para limpar minha má-

---

* *Uma vida em segredo*, novela.
** Alécio de Andrade (1938-2003), fotógrafo carioca que fez carreira em Paris a partir de 1964.

quina de escrever, que esteve fora mais de vinte dias, por isso é que demorei tanto a lhe escrever. Eu estava no escuro e sem máquina. Como tudo é difícil! Você se lembra que há pelo menos dezesseis anos ando querendo limpar minha máquina. Pedi, através daquele Brasileiro que é seu conhecido, casado com uma prima da Helena, para mandar um sujeito aqui, ele mandou, mas o tal técnico me fez um orçamento ultrajante, custaria 64980 cruzeiros a limpeza. Aí, danei, telefonei espinafrando, como é que ousam pensar assim que sou uma besta, que vou acreditar num orçamento com aqueles vinte cruzeiros tão estupida-espertamente tirados para tapear os trouxas? Afinal, custou doze contos a limpeza. Você vê que preços nada britânicos, oscilantes como tudo neste país. Imagine que em janeiro comprei uma bateria de doze volts para o meu carro. Arriou, fui ontem ao Borghoff, está custando agora 65 contos. E dizem que a inflação parou, ou vai parar. Mas vai uma ova. O que o lobisomem da Revolução está tratando de fazer é estabelecer um vencimento-teto para os procuradores. Estou ameaçado, vou acabar na rua da amargura. Dr. Antunes me largou, ou eu é que o larguei. Parou de me pagar. Na *Manchete*, não ganho nada desde a entrevista com o CL. E como o Adolpho tem me dado trabalho! Estou fazendo uma entrevista com o Milton Campos há dois meses, mas nada de sair. Não escrevi ainda uma linha, estou agora morto de vergonha e preocupação. Mas não dá, de nossas conversas não sai nada. Os ministros estão falando na TV, todo dia às nove e meia, uma hora, chateia pra burro o pessoal que gosta de televisão e perde o melhor horário. Umas falas frias e impopulares, chatíssimas. O Milton me telefonou, disse que ia falar, ouvi e aí é que concluí que não sai mesmo a entrevista. Amanhã, fala o Marechal Presidente, logo na hora do jogo, qual jogo mesmo?, acho que Santos e um time argentino. Agora você calcule a chateação que vai dar, quando interromperem a irradiação do jogo para botar o Marechal no ar. Quem falou na TV outro dia, sexta-feira, com repercussão, foi o CL, que anda mandando brasa e, segundo ontem demonstrei ao Braguinha* (é o outro, o rico, lacerdista), só tem um dilema: ou o Poder, ou se acaba. Está em marcha batida para a presidência. Se o Marechal começar a atrapalhar, ele passa por cima, puxa a toalha da mesa. O Magalhães já está naquele trançadinho miúdo, para fechar a cancela. Mas está difícil de novo. Estão chegando agora aqui o Cláudio e a Pomona, isto é, a Maria Augusta. Mulher agora é sempre Pomona, ando com um medo da Pomona que você nem imagina, lembra-se do Tiago? Maria Augusta, muito barriguda, tenho a impressão que se arrotasse melhorava, passava logo esse mal-estar. Hoje, aliás, concluí que ela tem certa razão: andar de barriga cheia, seja de caldo de cana, de suco de laranja, ou de feijoada, a esse ponto, deve ser de morte. Agora imagine que tem gente lá dentro! O mesmo deve estar acontecendo a Ana Beatriz, que ainda não deu o ar de sua graça. Tenho ouvido as mulheres falarem entre elas que Ana não escreveu. Quem escreveu hoje foi a Léa Mafra, que foi a Bruxelas, estava saindo para Genebra e parece que irá a Londres. Vá humilhar assim a mãe! Fiquei numa inveja desgraçada. Ela está morando numa aldeia a doze km de Bonn, onde o Mafra serve como ministro-conselheiro. O Afonsinho ficou de vir, ameaçou, mas ainda não veio. Escreveu ao Zé Luís pedindo atenção para o Jatir,**

---
* O empresário Antônio Carlos de Almeida Braga.
** Jatir de Almeida Rodrigues, diplomata afastado do Itamaraty pelo regime militar.

como é que foi acontecer isso? Outro atingido, o Houaiss,* ouvi dizer que já está no Rio e parece que voltará aos EE.UU., para lecionar. Quanto ao Hugo Gouthier,** ouço dizer que está em Roma e vai trabalhar para o Xá da Pérsia. Estou precisando de escrever ao Hugo, mas não sei o endereço. Você sabe? Aí em Londres vocês devem saber de tudo, não é a pátria do Intelligence Service? Ninguém repartiu comigo a pena do Hugo, jantei com Araújo Castro, Mozart, Murtinho, todo mundo do Itamaraty, e não senti lastimarem o Hugo, fiquei com mais pena dele. Fui falar com o Brito,*** o Brito me disse que três cassações lhe deram alegria: o Hugo, o JK e o Tenório.**** Já a Condessa me disse que gosta do Hugo, mas que o Maneco está impossível etc. O Celso Sousa e Silva, além do Hugo, quer caçar a pauladas os ministros para assuntos econômicos, tem visto no *JB*? Fomos a Bhte, para a reunião semestral do Banco Nacional. Eu, como sempre, representando a promissória, ou os pobres. Fiquei no Hotel Normandy, gostei muito. Com o Zé Luís, convidante, e o Armando. Conversamos a noite toda. Chovia e fazia frio. Só saí do hotel para ir ao palácio, além de uma fugida até lá em casa. O Magalha***** conversando mansinho, vendo cinema, aquilo mesmo. Perguntou por você, foi uma das únicas pessoas que se lembrou de você. O resto te esqueceu mesmo. Aliás, veja este diálogo: — Doutor Otto, como é que se chama mesmo aquele livro formidável do Fernando Sabino? — Qual? — Aquele, gente, tão conhe-

---

* Antônio Houaiss (1915-1999), filólogo e diplomata, afastado do Itamaraty pelo regime militar.
** O embaixador Hugo Gouthier, também aposentado em 1964.
*** Manuel Francisco do Nascimento Brito.
**** Tenório Cavalcanti, deputado pelo estado do Rio de Janeiro.
***** O então governador mineiro José de Magalhães Pinto.

cido. Ah, me lembro: *Tratado geral dos chatos*! — Esse é do Guilherme de Figueiredo. — Ora, me desculpe. Como é mesmo o título? Minha filha gostou muito, eu comprei e li. Também adorei. Como se chama? — ? — Me lembro: *Lições de um ignorante!* — Esse é do Millôr Fernandes. — Ora, gente, como é o título? Me lembrei, poxa, que memória!: *Puxa-saquismo ao alcance de todos.* — Minha cara, esse é do Nestor de Holanda. Em suma: a mulherzinha não se lembrou de um título seu. Quando falei em O *homem nu*, ela riu e me pediu que não ficasse gozando a ignorância dela. Mas, apesar de tudo, sei que você continua um best-seller da Edautor. Mas não vejo é O *braço* nas livrarias. Diz o Rubem que é assim mesmo. Para não perder o hábito, me queixo com você, você, tão longe, não vai se irritar por tão pouco. Zé Luís está querendo fazer uma editora comigo, mas eu, de pena dos concorrentes, afrouxei o corpo. O Zé Olympio mudou-se para Botafogo, diz o Rubem que a instalação está uma beleza. O que quer dizer que direito autoral não dá é para autor. Para vocês editores, dizem que dá muito. Quer saber de uma coisa? Vou virar é editor. Ando doido para escrever (e editar) um livro chamado *As andorinhas de Nossa Senhora.* Vou acabar escrevendo, já que não posso me editar sem antes me escrever. Aliás, ando doido para fazer uma porção de coisas. Você veja: o Zé Luís instituiu um Prêmio Nacional Walmap, 2 milhões de cruzeiros para o melhor romance deste ano. Escreva, concorra e ganhe. Eu vou escrever, mas acho que serei juiz. Quer rachar? Já outro amigo meu quer fazer um prêmio de 5 milhões. Estou sugerindo fazer um prêmio de viagem de um ano, na Europa e nos EE.UU., para escritores. Interrompi aqui, era o Zé Luís para saber se recebi o tal catálogo da Petite Galerie. E o Cláudio bobão está lendo aqui por cima do ombro e me dizendo: "Que carta mentirosa! Vou escrever tudo direitinho para o Fernando, desmentindo você". Não sei onde é que esse rapaz cabeludo e eufórico andou descobrindo mentira nesta despretensiosa cartinha. Ele agora saiu com o André, foram jogar pingue-pongue. Até hoje, quase não tínhamos jogado, desde que você partiu. Não é por falar, não, mas sua partida deu uma espécie de luto. A gente não joga mais. Botei naquela varanda que tem os seus móveis de bambu o nome de Salão Fernando Sabino. O Alécio gostou muito dos meus quadros, eu fiquei bem caladinho, o Daniel Tolipan (como fala!), todo mundo gostando, de repente o Alécio me perguntou se eu tinha comprado os seus quadros. Aí eu disse que não, que roubei. Aguenta a mão, Fernando. Mas a Cristiana está na casa do Hélio, vamos lá agora buscá-la. Maria Urbana passou aqui hoje, parece que praticamente não dormiu. O doutor está que é fogo! Mas não toque nisto, porque ele pode ver a carta e se zanga. Quase não aparece mais. Domingo fui visitá-lo, ele estava dormindo desde as quatro horas da tarde. Eram dez da noite. Tinha saído de manhã com o Amilcar* e foram ao atelier daquele Jackson, aquele tal escultor de bobagens, lá tomaram vinho e comeram um cetáceo qualquer. Resultado: o Hélio tomou um pifa bravo, chegou em casa e dormiu direto até segunda-feira. Maria Urbana me disse que ele anda sentindo dores no braço esquerdo, está nervoso. Há tempos, num jantar aqui em casa, fumou muito e bebeu, ficou pastoso até não poder mais, e além do mais passando a mão na cabeça da gente. Vê se pode! Aquela carta que ele te escreveu, imagino que você deve ter ficado fulo de raiva, porque não contava nada — e te criou a obrigação de responder puxando o mesmo tom, como é que você se arranjou? Zé Luís acaba de me dizer (de

---

* O artista plástico mineiro Amilcar de Castro (1920-2002).

novo) que te escreveu hoje um cartão agradecendo o canivete, que ele me mostrou. Não vi foi o canivete do Araújo Castro, teve também? Só não tem canivetinho aqui para o seu primo. Mas não há de ser nada. Vai mandando canivete, subornando a Revolução, que por enquanto te esqueceram. Alguém me disse que o Benedito* falou com o Vasco a seu respeito. Telefonei para 27 1136 e falei com o Pedrão,** pelo aniversário, que ele passou em Miguel Pereira, ficou (jurado) de aparecer aqui, para receber o presente, tomar a bênção e jogar pingue-pongue. Falei com d. Odete, Helena nunca consegui falar, apesar de já ter telefonado várias vezes. Nossa vida social foi intensa, mas agora michou. Andamos jantando muito, além de partidas de sinuca na casa do Tony Mairink Veiga, que é minha mais recente aquisição. Carmen é um amor (fala com a Ana Beatriz para deixar de ser besta e parar de rir). O Tony me emprestou o avião dele para ir a Curitiba visitar minha irmã. Mas a mania dele é jogar sinuca. Braguinha e eu contra o Tony e o Didu, ou o Zé Luís, este é um craque. Outro dia foram lá o Armando e o Cláudio e jogaram também, ficaram encantados. O Paulinho Bilosca*** é que não tem aparecido. Foi ao trinta no domingo, me disseram, foi a um casamento no subúrbio, promoção da revista *Claudia*, uma mocinha pobre pediu para ter casamento de arromba com o Paulinho de orador. Só vendo a carinha lambida do PMC na foto que saiu hoje no *JB*, você deve ter recebido, viu? O Carlinhos Oliveira nunca mais me procurou, desde que voltou da Europa. Às vezes me dá um enjoo das crônicas dele, você tem visto? Muito lambisgoia e amo-

---
* Benedito Valladares, o ex-sogro de Sabino, então senador por Minas Gerais.
** Pedro Valladares Sabino.
*** Paulo Mendes Campos.

roso demais. Por falar, tem visto o "Trivial Variado" no *JB*? Me deu um trabalhão de diplomacia conseguir levar a bom termo o entendimento do Braga com o *JB*-Dines. Afinal, ficou tudo por 350 contos mensais e mais reportagem por fora. O Rubem escreveu o folhetim menor do mundo: começou domingo passado e acaba domingo que vem. O Cláudio, voltando do pingue-pongue, está dizendo que eu omito coisas e personagens. Mas a verdade, Fernandinho, é que só eu me lembro de te escrever, não é verdade? Eles falam da boca para fora, porque carta mesmo, que é bom, ninguém te escreve. Recebemos hoje convite de Eloi e Lulu para a festa de quinze anos da Alzirinha, dia 27. Estaremos talvez em Bhte, para onde vou, levando a família, de férias. Mas volto logo. Ando com vontade de fazer a mala e me mudar por quinze dias para Copacabana, de preferência com o Armando Nogueira, porque o Cláudio está muito trabalhador e muito jovem para mim. Hoje, descendo no elevador do *JB*, encontrei-me com dois marinheiros: um alto, mulatão forte, outro baixinho, todos os dois vestidos de marinheiro da Marinha do Brasil. Um pegava num lugar impróprio e falou pro outro: Como é, conseguiu sua mestrança? O outro, o grandão, de voz grossa, ainda pegando, respondeu: Consegui. E ficaram me olhando. Fiquei apavorado, Fernando, e o resto eu te conto pessoalmente aí mesmo, porque vou à Europa em setembro, para me hospedar no apartamento do Zé Nabuco em Paris, com a Nininha e o Zé Luís. O Cláudio diz que a partir da página cinco a carta melhorou. Ele já te escreveu uma despretensiosa de cinco páginas? Duvi-d-ó-dó! O Castelinho esteve aqui, vai voltar sábado. Élvia está em Nova York. O Castelinho, eu mostrei suas cartas a ele, ele começou a ler e me devolveu. Disse que queria ler eram as minhas cartas, que você tanto elogiava. Pra você ver como ele está metido a sebo, só porque tem o mesmo sobrenome daquele antigo marechal que tem o seu retratinho no álbum de família lá dele Marechal. Já todo o resto, inclusive a Maria Augusta, todo mundo leu suas cartas e gostou muito. O Rubem é que leu aqui na minha mesa, pôs os óculos, deu aquelas risadas desafinadas e disse que você às vezes escreve feito o Mário de Andrade, com aquela mesma veadagem. Eu ouvi e não protestei. Quem esteve aqui em casa, no mesmo dia, e se deliciou com suas cartas foi o Costa e Silva, conhecido como seu Artur, o General Ministro da Guerra. É muito amigo do João, meu vizinho, e surgiu aqui sem mais aquela, ficou lixa e toda hora quer voltar. É de uma ruindade no pingue-pongue que só você vendo. Helena está doida para ele me fazer embaixador, o que muito me irrita, nunca vi tamanho oportunismo. O Zé Aparecido anda pelo Rio, mas ainda não vi. Fui visitá-lo, encontei a casa fechada, sem ninguém. Mas hoje, Fernando, eu estou muito deprimido e muito viúvo de você. Ontem eu estava na Procuradoria e, quando eram seis e meia, peguei a caderneta de telefones e comecei a telefonar pra todo mundo. Mas na verdade, como disse a um interlocutor cujo nome não revelo, porque você não acreditaria, o que eu queria mesmo era ligar pro seu escritório, passar lá, você vir abrir a porta de calças curtas, ficar abrindo e fechando as gavetas de seu arquivo, fazer um barulhão danado, depois nós espiaríamos aquelas moças de boa conduta, suas vizinhas, depois você acabaria uma cartinha para um editor dinamarquês, depois poria papéis dentro da pasta preta e chocalhando seu molho de chaves, pegava tudo, jornais inclusive, fechava a luz, a porta, e descíamos. Tomávamos café, você me falaria: "Olha, Pajé, tem um suco de caju aqui que é o fino". E compraria a ficha, além do cafezinho. Depois me achando deprimido você me dava um cigarro Kent, me dava também uns conselhos práticos, sairíamos andando pela avenida Copacabana, falaríamos só de coisas erótico-tolinhas, e finalmente a gente pegava o carro na rua Bolívar, depois de uma passada pela livraria, na qual você me explicaria que até meu livro está saindo bem, que é que eu quero mais? E já no carro me instigava, ou melhor, me estumava a chegar em casa e remexer a gaveta para reunir os contos que você iria editar em setembro sem falta. E com muitos cálculos, tudo multiplicado por cinco, você me diria quanto eu teria de pedir emprestado ao Zé Luís e quanto eu iria ganhar no fim do ano, como direito autoral. E que eu teria de fazer tarde de autógrafos, e daí falaríamos do Otávio de Faria, do Zé Paulo,* de outros sujeitos, e finalmente você me contaria aquela história daquele broto que mora no prédio do Rubem — e aí nós já estávamos parados em frente à sua casa, na rua General V. Flores, quando você me convidaria a subir e prometeria telefonar para Helena, chamando-a, enquanto nós jantaríamos um jantarzinho maneiro, evidentemente com omelete. Aí, a gente tomava aquele uísque, e começaríamos a falar do Vinicius, que assim não é possível. E teríamos de mudar de assunto logo, porque ainda teríamos a analisar: o Hélio, o Paulo, o Rubem, o Lúcio Rangel** etc. E eu te diria que o dr. Antunes está querendo, mas eu não quero, e você diria que assim não vai, que eu preciso tomar jeito, que afinal já tenho 44 anos — e eu te mandaria à merda, porque só tenho 42, você riria a bandeiras despregadas da minha raiva, a Verônica acordaria, você chuparia uma tangerina, nós sairíamos para aquele café do Leblon e eu te juraria que, de hoje em diante, vou dormir cedo, vou ser um escritor direito etc.

---

* O poeta e artista plástico José Paulo Moreira da Fonseca (1922-2004).
** Musicólogo carioca (1914-1979).

Que tal? Agora, você calcula se eu posso aguentar essa sua mania de ir para Londres! Vou te denunciar, sou dedo-duro mesmo, você não fica aí muito tempo, não. Que diabo, você não é inglês, nem nada, que bobagem é essa? Bem feito, escrevi dois contos que, não é por falar, são duas pequenas obras-primas. E meu romance vai andando. Lembranças a todos, Ana, meninos, abraço, escreva.
    Otto

[ANOTAÇÃO NA LATERAL DA 1ª PÁGINA]

13 de julho de 1964: Falei agora com o PMC. Está muito chué com o desprezo epistolar que você está lhe dando. Escreva-lhe — vou agora ao Acosta, que me disse que há lá um cheque para mim. Está vendo? — Passei no Zé Olympio. Fabuloso o edifício.
    — É meio-dia e quinze de um glorius day.

[ANOTAÇÃO NA LATERAL DA 3ª PÁGINA]

Marcito e Callado seguiram hoje para Paris,
a convite do gov.º francês.

[ANOTAÇÃO NA LATERAL DA 4ª PÁGINA]

Preciso te contar duas histórias: 1.
a da tesourinha e 2. a da álgebra.

[ANOTAÇÃO NA LATERAL DA 5ª PÁGINA]

Fui hoje, às oito da manhã, entrevistar o Pelé, no Hotel Novo

Mundo. Aventura formidável. Ideia esdrúxula, mas que resultou muito bem. Depois te conto.

Rio, 7 de outubro de 1964

Fernando,
recebi sua carta, claro. Maravilhosa: a primeira carta que você realmente me escreveu. Imediatamente, pus-me à máquina e comecei a responder-lhe. Escrevi dezesseis páginas grandes, espaço um, de um lado e outro — e ainda não tinha acabado de dizer tudo, quando interrompi essa caudalosa resposta. Definitivamente. Um mês depois fui ler o que escrevi e fiquei horrorizado. Fora algumas gracinhas, lastimável. Perdemos, você e eu, o meu tremendo trabalho braçal. Estou para lhe escrever todo dia, nunca o faço. Pedro Gomes lhe mandou carta imensa. Cláudio também. E outros. Eu fui deixando passar o tempo. Agora, me lembro de seu aniversário no próximo 12, e aqui vai meu abraço, com votos de (mais) felicidade — se é possível tanta para uma só pessoa.

Fernando Carneiro chegou, faz tanto tempo! Almoçamos juntos no MAM, mais Aluísio de Paula e Callado. Conversa longa e fecunda com Carneiro ("Eu, que sou velho comunista, mas não marxista" — diz ele). Não se tocou, a bem dizer, no *Braço* — que coisa antiga! (Por falar, vi hoje nas livrarias: está custando 1800 cr.) Adolpho Bloch também chegou. Me telefonou longo, mas pouco disse a seu respeito — aquela algaravia. Acaba de me telefonar neste momento. Já marcamos dois almoços, que não se realizaram. Ontem, ia lá à *Manchete* com o Vinicius (tb chegou), mas choveu a cântaros. Adiei. Vinicius veio gordo e rosado. Está morando com os pais da jovem Nelita.* Hoje, marcamos encontro em casa de Rubem, mas, eu sem carro, acabei não indo. Por falar, vendi a Mercedes (5130), comprei outro Volks. Helena já tinha um. Ganhei mobilidade, é quase meio desquite.

    Suas Algumas Inglesas** têm sido apreciadas. Gostei muito, entre as últimas, da briga à britânica — me lembrei daquela briga belga a que assistimos. Vi Nahum uma noite dessas, no Bar da Lagoa: deu notícias suas, turbulentas. Todo mundo proclama aos quatro ventos sua revoltante felicidade. D. Lilian comunicou seu telefonema, e de AB. Janet tem aparecido de quando em quando, sai com Helena. Sem associação de ideias ou de pessoas, ando atrás do Dantinhas, que vai a Londres (me disse) dia 20 próximo. O Luís, filho do Araújo Castro, está à minha procura. Alécio fez uma exposição de fotografias de crianças, com poema do CDA. Cristiana fotografada. Minhas fotografias (pelo mesmo) me revelaram definitivamente o velho que sou. Irremediável. Rubem também me fotografou um dia no apartamentinho dele. Estou com uma cabeçorra de maestro. RB telefona sempre. Está fazendo o "Trivial", cf. v. vê. Pede notas, sentado naquela confortável pachorra ipanêmica. Armando Nogueira também telefona muito, acabou de. Continua a fazer a *Ordem do Dia*, na TV Rio, com H. Holanda. Eu ameacei fazer um programa na Excelsior, mas desisti antes de me decidir. Luís Carlos Barreto, Darwin etc. deram ideias, fiquei horrorizado. Amilcar vai fazer uma exposição de esculturas, qdo Deus for servido. Estou vendo $ com Zé Luís e galeria etc. Alécio vai para a Europa, fará a exposição aí em Londres também. Como vai pelo Itamaraty também, você o

---

* Nelita Abreu Rocha, à época casada com Vinicius de Moraes.
** Série de crônicas que Sabino enviava de Londres.

ajudará. Hoje (são nove horas da noite) vêm aqui em casa o Nelson Rod. e o Ziembinski. Este quer fazer um teatro e outras cositas más. O Grupo de Orla (Suzaninha etc.)* tem dito que eu sou orientador da turma. Teatro, teatro, teatro. Mas estou sumido. Tudo isto, e muito mais, é trabalho que emana de minha relação com o Zé Luís, a quem você escreveu uma carta deliciosa. Li. Parece que a editora dele vai sair. Com o Cláudio. Se tocar no assunto, não diga que fui eu que contei. Não estou a par. Cláudio está na CAIC, cinema. Anda às voltas com o Dragão (CL),** que me convidou (foi o Marcelo, ou o Dragãozinho) para dois almoços (*Senhor* etc.). Não fui, porque nem o CDA nem o Rosa foram. Eu só vou aonde eles vão. Aliás, ando querendo só ir aonde eles vão. Mas não consigo. Continuo frivolamente ocupado. Ontem jantei com Wilson Figueiredo,*** um novo colunista social**** (25 anos, só vendo) etc. Cony desceu a ripa no Wilson. *UH***** também. Moacyr me telefonou hoje. Boatos em torno de tretas da linha dura, a propósito do fim do art. 7º (sabe que é isto?). Parte do listão saiu hoje. Dizem que amanhã tem mais. Eu amanhã almoço com João Dantas. Mas fique sossegado, não vou para o *DN*. Meu Dantas é outro, o pai. Ele e eu (jornalista) já falecemos. Desisti de republicar *Boca do Inferno*. Li *The catcher in the rye*, afinal. Ao contrário do Autran (e talvez de você), gostei muito. Aprendi umas coisas. Estou lendo J. L. Borges. Mas tudo daquele jeito, aos pedaços. Não tenho calma. Ando desesperado: o tempo pas-

---

* Suzana de Moraes.
** Carlos Lacerda.
*** Jornalista e escritor (1924). Foi diretor do *Jornal do Brasil*.
**** Zózimo Barrozo do Amaral (1941-1997). No *JB* e, em seguida, em *O Globo*, foi mais que colunista social, revolucionou o colunismo brasileiro.
***** O jornal *Última Hora*, criado em 1951 por Samuel Wainer.

sando, eu à toa como a andorinha do MB* (não vejo há tempos). Meu romance se chamará *As andorinhas de Nossa Senhora* — lhe disse? Talvez faça um outro, urbano, meio carioca, pessoal. Conto, nenhum. Não tema, estou estéril. Minha lista de obrigações cotidianas continua imensa — e crescendo. Só o Zé Luís (ou para ele) tenho sempre uma fieira de compromissos. Mas vou parar. Vou me operar, finalmente, terça-feira próxima. Andei ruinzinho. Tive crise em Bhte, aonde fui para as festas do 70º aniversário de meu pai. Vi o Etienne, o Abílio (esteve no Rio) e o Iglésias. Aquilo mesmo. Todo mundo lá bebendo pra burro. O grêmio do Colégio Estadual este ano se chama Paulo Mendes Campos, que vai lá no fim do mês, para uma palestra. Convidaram tb o Dias Gomes, o Millôr (*Pif-Paf* morreu, o autor sumiu), o Ziraldo, a Cacilda Becker e outros valores nacionais. Castelinho (C. C. B.) está nos Estados Unidos. Tentei me encaixar nessa, mas não tenho a sorte de nosso amigo. Dines tb anda por lá. Convites oficiais. Em compensação, o Brito me convidou para escrever no *Diário de Minas*, que ele comprou. Lá em Bhte, lembra-se? Anteontem, almocei com o Gilberto Amado. Mais: Chico Barbosa e Sérgio Buarque. O Gilberto andava preocupado com a crônica do Carlinhos (anda sumido) em que este contou aquela história: "O FS não sabe escrever". Consertou comigo, mas eu disse que você compreendeu... Irreverências de sobremesa. Odylo** teve um enfarte, já melhorou. Visitei-o anteontem pela 3ª vez. Zé Aparecido engordou e acalmou. É amigo do Paulo Francis, do Flávio Rangel e, um pouco menos agora, do A. Maria.*** O Alvaro

---

* Manuel Bandeira.
** O jornalista Odylo Costa, filho.
*** Antônio Maria (1921-1964), cronista e compositor pernambucano. Morrerá de infarto oito dias mais tarde.

Moreyra* morreu. Eu obturei um dente hoje. Doeu fininho pra burro. Clarice e Callado deram autógrafos ontem no Palácio da Cultura. É o nome pomposo da livraria do Adonis, perto de Siqueira Campos. Rubem me disse que a Livraria do Autor afinal mudou de nome. Arranjei advogado a pedido do Acosta etc. Mas nunca mais soube de nada. Graças a Deus, não tenho ido à Editora do Autor. Mas vejo que livros têm aparecido. O da Clarice** tem uma capinha da Maria Roberto. O Rubem gostou. E garante que, de modo geral, o aspecto dos livros melhorou... Pouco tenho visto o Paulo, que continua aquilo mesmo. Soube que não foi ontem aos autógrafos. Parece que acabou, Deus sabe se provisoriamente. Eu fumo agora Carlton, como quase todo mundo. Mas só penso em largar de fumar. Me faz mal. Estômago ruim, azia pra burro, gases. Qualquer hora subo como um foguete, para a lua. Espero melhorar com a operação. Vou tb ao oculista. Vista cansada, quase não consigo ler. Só enxergo longe. Ultimamente as letras estão muito miudinhas! Estou querendo comprar máquina nova, com letra grande, mas não tenho dinheiro. Devo 4 milhões (carro). É o preço do Fusca. O meu, hoje, com 2500 km, abriu o motor. Partiu a camisa do pistão, ou coisa parecida. Defeito de fabricação. E dizer que a Mercedes fez 140 mil sem abrir o motor! Sem carro, voltei de carona com o Cláudio (que tomou um Cavalo Branco aqui em casa) mais o Autran, meu frequente carona. Saiu a novelinha dele, mas pouca gente sabe. Saiu tb a tradução alemã da *Barca*,*** você deve saber. Você recebe o *JB*, sabe de tudo. Eu ando aborrecido, pouco leio jornais. Antes que

---
* Poeta, cronista e jornalista gaúcho (1888-1964).
** *Legião estrangeira*.
*** O romance A *barca dos homens*.

me esqueça: minha lastimável epístola de dezesseis páginas já rasguei e joguei fora. Você não perdeu nada. Dalton me escreve sempre. Afinal, respondi-lhe pequenininho feito ele. Apareceram os dois livros dele. A orelha do Rubem* é genial — tudo errado. E sumaríssima. Na Civilização, o livro dele (o *Cemitério*)** apareceu em grande estilo — maior contista brasileiro, daí pra cima, com o aval do Fausto Cunha,*** de quem li outro dia um artigo corrigindo plurais gregos e citando Goethe em alemão. Fiquei arrasado. Cuidado: o Cláudio tem ido muito ao Itamaraty e hoje descobri (palavra de honra) que está estudando em inglês. Está com uma pronúncia ótima. Encontrei-o com um sujeito (professor) chamado Gaspar e ambos se diziam carinhosamente: Moon... Moon... Mooooonnnn... Tal qual você com o Alexander. Be careful. Quanto a mim, estou disposto a seguir para Bruxelas, mas ninguém está disposto a me mandar. Almocei um dia com Everaldo D. de Lima. Dei umas indiretas, recebi informações sobre a falta de verbas do Departamento Cultural. Agora, ouço dizer que Eugênio Gomes vai deixar a secretaria particular de seu tio Humberto e seguirá como adido para Madri. Rumor que me passou o Odylo (e lhe peço, a sério, a maior reserva): eu seria o substituto dele junto ao Marechal, que a respeito conversou com a Rachel.**** Zé Luís me soprou qualquer coisa, mas já espalhou que não aceito nada. Mas o ZL não tem nada com essa história. Desconfio que o Odylo estava delirando. Em todo caso, esperemos. Se me convidarem, aceito com o maior açodamento,

---
* Para *Morte na praça*.
** *Cemitério de elefantes*.
*** Crítico pernambucano (1923-2004).
**** Rachel de Queiroz (1910-2003).

para ao menos reestruturar as atividades culturais no exterior. É o que me basta. Encontrei o Magalha outro dia na Avenida. Andamos juntos, ele me falando sobre a sua nova causa: integrar o indivíduo na comunidade. Vai acabar pior do que o Zarur.* Em Minas, ouvi na TV: pedindo ao povo (mineiro!) para evitar o luxo e o desperdício. Declarou guerra ao supérfluo, já viu só? Minas, Fernando, é aquela miséria. Fiquei uma hora na rua, na av. Amazonas, vendo o pessoal passar, só você vendo: gente subnutrida, mocoronga, triste! Fora os MP, todo mundo na merda. Afonsinho chegou, mandou-se pra Brasília, assumiu a cadeira do Juarez na Câmara. Não o vi ainda. Eu vou todo dia à Procuradoria. O calor entrou feio, começou a chover e a temperatura caiu. Vinicius deu entrevista à *Manchete*, disse que o Brasil está esfriando e que vai ser a maior nação do mundo. Porque aqui há muita fraternidade. Mais ou menos como aquela história do A. Coutinho: deve-se ler com método. O Schmidt, em vista disso, é candidato, a sério, a presidente da República. Deitou entrevista por todo lado e ontem falou na TV, com o Gilson,** que vi na rua hoje. Jantei com ele um dia em casa do Alfredo Viana, editor. O que lançou o livro do Tristão, com meu prefácio. Você viu? Saiu o livro do Callado, *Tempo de Arrais*, com o José Álvaro. O Marcos Vasconça escreveu uma novela kafkiana para a coleção de bolso do mesmo JA. O Millôr está fazendo TV. Sérgio Porto está de férias. *UH* anda ruinzinha, dizem que tb financeiramente. O Serpa*** andou querendo comprar. O telefone está tocando neste momento. Deve ser

---

* Alziro Zarur (1914-1979), criador da Legião da Boa Vontade.
** Gilson Amado.
*** O empresário Jorge Serpa.

Adolpho. O Jacquito* me pediu para indicar um diretor para *Joia*. Monsenhor Nabuco anda espalhando que eu vou ser convidado para dirigir o *C. da Manhã*. Mas almoço é com o J. Dantas! Vou ler Shakespeare inteirinho. E Balzac. E Proust. O diabo! Me pediram uma crônica para a revista dos cadetes. Recortei uma sua, sobre aviação, e meti meu nome. Melhorei o estilo. Vinte meninas do Colégio Bennett ameaçaram vir aqui em casa me entrevistar. Tirei o corpo fora. Afinal, não sou o FS. Veja que falta você faz. Dei autógrafos pra burro em Bhte, no Colégio Municipal. Vi vinte minutos do jogo Botafogo X Campo Grande e virei assunto, de gozação, de toda a crônica esportiva. Seria longo contar. Fiquei tarado pelo futebol. Vou ver Bot X Bangu domingo que vem. Luís está como redator esportivo do *JB*. João Pádua e Lúcia estiveram aqui anteontem para tratar da Feira da Providência, barraca de Minas. Arrumações da Helena. O Zé Vicente tem me escrito cada carta, rapaz! Telefonei para o Pedro Sabino várias vezes. Inclusive no aniversário. Nunca apareceu. Falei-lhe ao telefone. Helena tb, só pelo telefone, para tratar de assuntos bancários. Na área do PSD mineiro, conversei uma tarde toda em Bhte com IP, fazendeiro em Paracatu. João Emílio faliu. Não fiz entrevista nenhuma com o Milton Campos, apesar do encontro que tivemos para isso. Não consigo fazer entrevista mais. Hoje, *Manchete* publica um artigo de CL sobre De Gaulle. Inteiramente autobiográfico. Onde está De Gaulle, leia-se CL. O Dragão é fogo. Está sofrendo uma campanha tremenda do *Correio da Manhã*. Ouço dizer que editoriais escritos pelo Houaiss. Alguém me contou que você não gostou da falta de imaginação do Luís

---

* Pedro Jack Kepeller, diretor da *Manchete*.

Edgar,* fazendo "Certas Francesas". Achei também estranhíssimo. Depois soube que não foi ele. Foi o Masson que inventou, o que faz o Caderno B. O telefone aqui do lado está tocando sem parar. É incrível como é que ainda há gente que se lembra de mim! Adeus, Fernando. Parabéns para você e Anne pelo nascimento do rebento (pela rima, vai ser poeta acadêmico). Lembranças à meninada, abraço para AB, para o Narceu e parabéns para você e o Gerson, além da América, of course. Se me escrever um dia, conte o que há de novidades literárias. É a única coisa que ainda me interessa.

Good bye!
Otto.

P.S.: Estou mto triste. Uma noite dessas, fui visitar o Schmidt e conversamos a noite toda. Amor e amores! Que tal? Olhe, descobri hoje lendo a entrevista do Vin** que se ele tivesse pudor não tinha feito nem 5% da obra dele!

Rio, 18 de janeiro de 1965

Fernando,
Helena até hoje não respondeu a Anne, mas promete responder assim que voltar de Bhte, para onde estamos partindo amanhã, já com atraso por causa do temporal que interrompeu a estrada. Sobre as chuvas e sobre as secas, haveria muito o que contar, mas suspeito que você não está muito interessado na vida

---
* Luís Edgar Andrade, jornalista.
** Vinicius de Moraes.

por este meridiano. E estou morrendo de pressa, aquele acúmulo de coisas por fazer em véspera de viagem — e nada sendo feito, nada vindo a ser feito... sem a menor importância. O que acaba também de ser assunto num telefonema com PMC. Mas o que interessa, no caso, Fernando, é anunciar-lhe uma carta futura (nem por isso deixe de dar sinal de vida, que silêncio brutal e ofensivo o seu!, realmente você tem a (in)felicidade de não precisar dos outros), na qual carta contarei o que for contável e quem sabe falarei de como o Acosta me deu um brinde de Natal. O que interessa: não fiz nada daquilo que combinamos, esqueci o recado, aquela troca de geladeiras etc. e o tempo foi passando, eu ficando cada vez mais encabulado e mais sem jeito de te escrever, até que deu no irremediável. Devolvi a chave do escritório ao Acosta, fiquei de te escrever perguntando se você concorda, pergunto agora. O fato é que, atrasado o meu pagamento no Estado e subindo o custo de vida como subiu, de repente me vi numa situação financeira difícil, incontornável. O *JB* é compulsório agora, estou até tratando de ganhar mais, o que talvez me leve para *O Globo* (ainda é segredo), procurador virou quase amanuense ou datilógrafo. Então, FS, me mande uma palavra tranquilizadora, se quiser repita os encargos que espontaneamente aceitei — e procurarei desempenhá-los. Sua secretária me telefonou para... não sei o quê, mandei-lhe um recado que não sei qual é... Olhe, Fernando, está um calor de rachar, a minha impressão é que estou em cima de uma chapa pegando fogo, nunca senti tanto calor como hoje, agora, neste momento. Não estranhe se ouvir falar de nova calamidade pública, o negócio foi sério, rapaz, minha rua foi pro beleléu, o rio Lopes Quintas ficou caudaloso e grosso de raiva. O rio LQ é a antiga rua LQ, onde nasceu o Vinicius, que foi objeto de um espetáculo no Municipal de São

Paulo, escrevi textos, só falando pessoalmente, quando é que você vem? Dizem que o Juracy* assumiu o Ita para mandar brasa, botar todo mundo trabalhando, remover, o diabo. O V de M já entrou em pânico e está ameaçando denunciar a podridão da sociedade capitalista. E a Copa? Haveria uma possibilidade de André ir? Ele e Bruno me perguntam sem parar, para saber de você. André, que virou homem, está hoje em Curitiba. Telefonei para os seus filhos, Sabino, falei com Virgínia, tudo bem. Pedro sumiu, apesar da minha convocação natalina. O Natal passamos aqui, vieram almoçar o leitão Casteja, Rubem, Marco Aurélio e Vinicius. Aliás, tem cada caso! Mas você não quer saber de nada, tá bem, seja britanicamente feliz. Hélio, ontem comemoramos os quarenta anos do Doré,** que, aliás, aniversaria hoje, mas como seguiu para Bhte, comemoramos ontem. A oficialização da Justiça quase derruba o nosso romancista, só você vendo o que foi e o que tem sido esta batalha, pior do que a enchente. A casa do Zé Luís sofreu uma devastação, revelou-se tão ameaçada quanto um barraco de favela, o que botou o nosso JL alucinado, movimentadíssimo. Imagine. E o Israel pousou aqui em casa, no dia da chuva, além do aguaceiro, eu tinha a casa inundada pelo sogro e a sogra — já pensou? O Brito voltou alegrinho daí, me falou de você, mas não entendi nada, que você agora é pontual etc. Então você foi a Londres para ser pontual, eh, Senhor!? Minha viagem à Europa será em abril-maio, pode ficar descansado que não irei a Londres. E o Carlinhos? Araújo Neto também deu notícia, você está como quer. Olhe, FS, o negócio é reatar aquela conversa do

---

* O político baiano Juracy Magalhães.
** Autran Dourado.

seu escritório. Me desculpe, me compreenda, receba com Anne e os meninos o meu abraço.

    Otto

[ANOTAÇÃO NA LATERAL DA 1ª PÁGINA]

    Que coisa antiga, meu Deus!

[ANOTAÇÃO NA LATERAL DA 2ª PÁGINA]

    Finalmente, mandei revelar e copiar as fotos de Paris. Ficam para o próximo correio.

Rio, 18 de janeiro de 1965

    Fernando: aqui vão os livros (2) e o resumo feito sob o olhar do Acosta, exatamente em três minutos! Enriqueça-o como você saberá fazê-lo falando inclusive no papel do Demônio, que é personagem vendável aqui e aí...
    Estou respondendo à sua carta. Trabalho agora no *JB* (tarimba) e em várias outras empresas, televisão etc. Depois eu conto. Fui operado, quase morri, e estou são como um coco. Nunca tive tanta saúde!
    Qto. à Europa, te falarei de casa, porque tenho novidades.
    Lembs. a Anne (estive na casa dos pais dela sexta-feira, Janet etc.) e aos meninos.
    Beijos e abs do irmão
    Otto

Rio, 19 de agosto de 1964. Quarta-feira.

Fernando,
eu andava numa amargura que você nem imagina. Respondendo a uma pergunta que me fizeram, disse as razões de minha tristeza, de minha frustração. Uma delas era o fato de não receber a sua resposta. Acabei declarando que tudo, toda a minha desgraça "é porque o FS não me escreve e eu não aguento mais me levantar de manhã, descer todo serelepe a escada, espiar junto ao telefone, onde fica o correio, e não ter carta dele". Pois bem, agora você se purgou de todas as culpas: me escreveu a primeira carta de verdade, pra valer. Quando vi o volume, fiquei tranquilo. Pensei logo: "Essas folhas todas não hão de ser sobre o caso dele com o *Jornal do Brasil*! Aí tem sustância, e da boa". Pois tinha. Mas vamos com calma, porque, pelo jeito, eu sinto que estou saindo para um *Lusíadas* ou coisa parecida. Meu ruflar de asas, neste momento, não é sopa, não: vou cantar alto e geral. Prepare-se, que lá vou eu, fumacejando de todo lado, e onde tem fumaça tem fogo (abraço ao Sousa). Pena é que eu tenha de sair, mas vamos lá. Começo agora, continuo depois. Agora: dez e meia da manhã. Manhã lindíssima, começando a esquentar, depois de um longo inverno, o primeiro que houve no Rio. Deitei-me ontem, como sempre, tarde. Acordei cedinho, fiquei cochilando, morto de dor de cabeça, até que decidi sair da cama. Helena entrou no banheiro, onde eu fazia a barba, e me apresentou as cartas, a sua — aquele sol. Um livro do Fernando Ferreira de Loanda, que coisa antiga! E o Pompeu* estava me telefonando, Helena me disse — que coisa antiquíssima! Agora você veja, o

---

* O jornalista cearense Pompeu de Sousa (1914-1991).

Pompeu já tinha telefonado, juro, às sete e meia. Fiquei apavorado, nem podia deixar de não ficar. Qualquer telefonema me mata de aflição, sobretudo de manhã, quando no geral estou dormindo. Outro dia o Marcelo Garcia soltou um batalhão de secretárias pra me telefonar, pra cá e pra Procuradoria, pra todo lugar: pois eu não consegui falar com ele, só telefonei quando ele estava em reunião. Às onze e meia da noite, eu estava visitando o Cláudio, Maria Augusta parida, quando chegou uma vizinha com o nº de um telefone e o recado: o dr. M. G. pede para o dr. O. L. R. telefonar urgente, porque o dr. Alfredo Mesquita está lá à espera. Que é que poderia ser, Fernando? Claro, até hoje não telefonei. Imagine a decepção do Marcelinho. Mas, voltando ao Pompeu: este sacana me telefonou agorinha, mas a empregada está convencida de que eu saí. Te conto tudo isto para você ver a diferença de sorte entre nós dois. Muito bem: aí Helena me entregou as cartas e, toda gaiteira, apareceu de saída de praia. No que em seguida tomou o rumo da garagem, deu partida no Volks e foi pegar a Janet para irem à praia — você aguenta coisa tão antiga? Aí, eu vim para o escritório morrendo de dor de cabeça, tomei duas cibalenas (ontem tomei duas bayeraspirinas, estou fazendo uma experiência de matar minha dor de cabeça pela manhã, num golpe só, com dois comprimidos, e quero saber qual é o mais eficaz), sentei-me a jeito e mandei brasa, isto é, comecei a ler, babando, a sua carta. Fiquei um débil mental de limpar a baba na gravata, como agora costuma dizer o Nelson pelo *Globo*. O negócio do Nelson eu te conto daqui a pouco (estou desconfiado de que você, tão britânico, vai ter até pena de mim, de supor que aí em Londres se possa ter interesse por assuntos tão pamonhas como estes que enchem o meu cotidiano carioca). Parei para limpar os tipos de máquina (está vendo como melhorou?) e fiquei borbotando assunto para te falar. Olha, Fernando, com tanto assunto não é possível escrever esta carta. Acho que vou parar um pouco, estou me sentindo uma senhora gorda, suada, com um lencinho na mão gorducha, toda disxxxxxpneica, comovidíssima, e tentando me abanarxxxxx e me acalmar — está vendo como batoxxxxx, prova da minha afobação? Parei um pouco, telefonei ao Pedro Gomes (que esteve na Bahia e me contou uma história de timidez dele de morrer de rir, com aquela voz monocórdica, só vendo, aliás, só ouvindo). Mas telefonei ao Pedro pra dar um recado do Gilberto, que me escreve uma carta de Brasília toda queixumes contra a política vigente e... lacerdista. Aliás, o Pedro me disse que a Bahia não é mais revolucionária (sabe que o apelido pegou?), é cada vez mais lacerdista. Fiquei de encontrar o Pedro se eu for sair, como combinei ontem à noite, com o Armando, pra tomar um solzinho no Caiçaras e supostamente para continuar as longas e intermináveis negociações para a venda da Mercedes (ainda!) ao Djalminha Nogueira, mineiro, está se vendo, genro do Duque de Mesquita (que esteve preso onze dias, incomunicável, por ter sido diretor da Caixa Econômica). Mas pelo jeito eu vou acabar não saindo, só se o Armando telefonar cobrando. Por falar na prisão do Duque, tão bonzinho, coitado, você deve ter lido a notícia do suicídio de um cidadão, que se atirou do quarto andar do Ministério da Justiça. É um preto, advogado etc. Foi da sala do Ruy Machado Lima, que agora é diretor do Departamento de Justiça do Ministério. Mas o Ruy não tem nada com isso, não. Ele até tinha proposto a saída da comissão de inquérito de lá, exatamente no dia do suicídio. Rapaz, eu estou há quatro meses pra fazer a entrevista com o Milton Campos, que fez 64 anos, e não dá jeito (dia 16 agora foi aniversário de

d. Coracy* e do Millôr Fernandes, de que tenho falado demais, sobretudo com o Marcos — tudo que você disse é rigorosamente verdadeiro). Eu vou acabar, se já não estou, inteiramente desmoralizado. O Milton, se não fosse o Milton, deveria andar com ódio de mim, uma molecagem dessas não se faz. O pior é que com o Carlos Lacerda fiz mais ou menos parecido: combinamos uma entrevista, ele tinha interesse em dar, depois almoçou com o Castello (Marechal), resolveu não dar, depois decidiu dar, e afinal fizemos uma tal confusão que ele diz que eu não fui e eu digo que ele não me chamou. Na verdade, Fernando, eu não quero nunca mais na minha vida fazer entrevista com ninguém. Esses babacas (o Aluísio parece que se reconciliou com a Peggy) cismaram que entrevista boa e importante tem de ser feita por mim, e na *Manchete* não falta um daqueles judeuzinhos pra ficar me convocando. Mas agora, aqui, ó: nunca mais faço entrevista. A com o Milton Campos, não sei como é que vai ser. Conversei com o homem, Fernando, anunciei a publicação, tomei notas, e nada! O Magalhães Pinto é que morre de rir com essa história da minha entrevista com o Milton, sobre a qual, você imagine, já inventei mil histórias. Caí na asneira de contar pro Magalha o meu drama, ele ria de fechar os olhinhos de banqueiro (iguais aos seus), e agora, quando me vê, com aquela mãozinha dependurada feito apêndice de homem-rã, com uma suposta seriedade no queixo quadrado e na dentuça mal escondida, me pergunta:
— Como é, siô, e a entrevista com o Milton? E depois me diz que o Milton está muito zangado comigo etc. Ai, Fernando, veja como Londres é longe! Mas o que é chato nisso tudo é que de vez em quando um sujeito se suicida. Mas nem por isso deixa de ha-

---

* Sogra de Otto.

ver a linha dura, que quer fechar o Congresso, cassar a liberdade de imprensa, e o resto. O Castello, dizem que é da chamada linha morna: vai contemporizando. Dizem — e ainda sábado ouvi de uma alta patente, olha o medo de escrever — que o Marechal tem de fato um compromisso sincero e definitivo com o regime democrático representativo, e que por isso só pensa em absorver o trauma da Revolução, e recolocar o país em condições de viver a sua normalidade, quem sabe até com anistia, só garantindo um mínimo de segurança do Estado para evitar a avacalhação, isto é, que órgãos de segurança se transformem em focos de subversão. Os discursos deles têm sido bons, você viu o da Bahia? O Marechal não é bobo, não, Fernando. Não é à toa que o Mamede* (de novo em grande evidência) me disse que ele, o Castelinho, conforme o chama, é bom político e até velhaco. Mas esse assunto de política, sinceramente, não estou interessado. Acho até que o momento é bom pra gente cuidar da vida. Outro dia, conversei com o Geraldo Carneiro, que está numa empresa em São Paulo, aonde vai às vezes, mas continua morando no Rio, e agora tem de ir ao Palácio da Justiça, onde é visto por volta das catorze horas na sala dos avaliadores judiciais (ele é um). Mas eu dizia ao Geraldo que o momento é para a gente ganhar dinheiro, trabalhar duro, ou fazer literatura. Porque a política liberou um enorme potencial de energias. O espetáculo está pouco interessante. Eu, por ex., não leio mais aquela jornalada. Pra você fazer ideia, hoje ainda não li nem o *JB*. Aliás, melhor ideia disso dá o José Aparecido, que esteve aqui em casa um domingo desses. Tranquilo, rapaz, gordo que só vendo, sem úlcera, e, palavra de honra, ao lon-

---

* Coronel Jurandir Bizarria Mamede, que teve destacada participação nas conspirações contra o governo JK e na preparação do golpe militar de 1964.

go das seis horas que passou aqui, só terá falado de política uma meia hora, e foi quando o Hélio entrou e, desafinado, achando que tinha de falar uma porção de coisas para agradar o Zé, começou a esculachar tudo. Mas ele nem falou. Te conto o que ocorre com o Aparício para você ver como realmente o panorama baixou muito, aquela espuma desapareceu. O Jango teve um enfarte, você sabe. Aliás, o Odylo Costa, filho, também, só que teve dois (como o Jango). Está de cama, repouso absoluto, não recebe visitas etc. Passei um dia todo com ele há poucos dias, rimos e conversamos muito, acabamos num barzinho da rua da Quitanda, aquele onde tem um Johnny Walker na porta, e a certa altura entrou uma mulata incrível, depois outra mulher, me lembrei da rua Veneto, não sei por quê, e eu e o Odylo conversando gravíssimos, até que a certa altura caímos numa conversa que quase nos mata de rir, a partir da gravidade dele (cinquenta anos) e dos riscos que ela correria. Pois bem, mal se passa uma semana e o enfarte chegou. Está tudo muito difícil, Fernando. Anteontem, eu me prometi ficar em casa à noite, pra fazer uns processos atrasados (tudo como dantes, está vendo?) e também pra reescrever o textinho que o Zé Conde está me cobrando para o *Correio da Manhã*, mas quede caráter? Telefonou uma moça chamada Moh (fala-se Mô), do Grupo de Orla, sabe o que é, né?, o grupo teatral da Suzaninha, são 23 rapazes e moças, que vão fazer teatro teatro teatro, sério, cultura pra valer — você aguenta uma bobagem dessas? Telefonei pro Paulinho Bandalheira e chamei ele pra ir comigo, tentando acender-lhe uma faísca no olhar. Ele, no maior tédio, me disse que ia dormir, que estou ficando doido, onde é que já se viu, nesta altura da vida? Me lembrei da Diva Terra, depois Esperança: teatro! teatro! teatro! Pois o grupo é tudo Diva Esperança — e lá fui eu. Peguei o Marcos que apareceu aqui em casa e nos tocamos pra travessa não sei o quê, uma que sobe o morro ali na Pompeu Loureiro. Mas antes o Cláudio e a Maria Augusta estavam aqui e Maria Augusta começou a achar que eu estava interessado demais, Helena acabou ficando mal-humorada, tive de lhe explicar que ela não deve ter ressentimento, por ser da velha geração, contra os novinhos. Você precisava ver ela atendendo o telefone: Quem quer falar com ele? Mô? O quê? O quê? Como é que é? Mô? No maior ódio porque a mocinha se chamava Moh. Já expliquei a ela que agora é assim. Tem uma Pé, outra Vê, tem a vv (ler Vêvê, é ótima). E tem a Pi, apelidada 3,1416. Mas a resistência das senhoras antigas às moças que chegam resiste a todos os argumentos. Mas então fui no Karmann Ghia do Marcos e lá nos pusemos a falar, acabei falando sozinho pelos cotovelos, desarticulei as ideias todas dos meninos, posei de homem prático, prometi com a maior leviandade o apoio financeiro do Zé Luís, de todos os mecenas do Brasil. Agora, o pessoal está me telefonando e já começou a se queixar que eu sou difícil, que não me encontra. Fui mexer em caixa de marimbondo, bem que o Paulo falou. Mas eu estou ficando é doido. (Minha dor de cabeça não passou — e eu estou por isso com dificuldade de escrever, a vista está meio embaralhada, e eu precisava dar vazão a muita coisa, estou que nem o Rosa — falei com ele, genial! — com aquela história da história que veio como um balãozinho. Eu peguei o balão dos assuntos pra te escrever e fiquei latejante de emoção, aflito pra fazer e acabar logo, e você receber e responder, mas devagar com o andor que o santo é de barro, aí comecei a ter medo de morrer, como na história do Rosa, porque a veia do pescoço começou a pular, então estou dando estas voltinhas, nesta carta improvisada e miudinha, cagando de cabrito um assuntinho aqui, outro ali, e a carta mesmo, a grande carta, esta vou adiando porque eu sinto que não tenho saúde pra fazer ela, como diria o Mário.) Estou me lembrando que falei do Pompeu logo de início e posso dar uma ideia falsa. Nunca o vejo, ele continua em Brasília, onde passou, na Universidade, de homem forte do Darcy* a homem forte de si mesmo, pois dizem que é hoje quem está à frente da Universidade. Mudam-se os tempos, mudam-se as vontades. Mas que é mesmo que eu estava falando? Estou gagá. Comecei com o Odylo, pulei pros meninos da Orla, me perdi. O grupo Orla, Fernando, você já sabe tudo — tem uma de cabelo à la homme, fala muito as palavras bacana e genial, tem um de barbicha, tem um de barba por fazer que fala em n soluções, tem uma de olho grande (que não perde por esperar) etc. etc. E tem a Suzana,** de saudosa memória. Separou-se do Rodolfo, isto é antigo. Falei com Tati outro dia no telefone, a voz cada vez mais grossa, e ficamos de nos encontrar pra falar mal de você. Pois você nem lhe mandou uma palavrinha? Não creia muito em cartão-postal, sobretudo sendo colorido, não chega. Eu não sei como é que suas cartas chegam aqui. E fico besta, cada vez mais maravilhado, toda vez que ponho uma carta para você na Ponte de Tábuas, ali onde eu sou um homem famoso, vem todo mundo pro guichê me espiar, e não é que a carta posta aqui na Ponte vai até Londres? E o que ainda não entendo e morrerei sem entender. Nesta esculhambação toda! O Fernando Carneiro, que chegou sábado, me telefonou domingo e ficamos de almoçar no Museu com o Aluísio de Paula, mas ainda não telefonei para ele, começo a temer que esse almoço não se realize, mesmo porque é meio encabulador, eu vou ficar na berlinda — e você sabe que eu

---

* Darcy Ribeiro (1922-1997), antropólogo, escritor e político mineiro.
** Suzana de Moraes.

tenho horror de ser escritor e sobretudo de ser autor do *BD*. Ontem, a Maria Luísa Castello Branco me disse que a filha dela de dezoito anos quer me conhecer, leu o *Braço* e gostou muito. Contei pra ela aquela nossa conversa sobre o desinteresse do *Braço* para a nova geração e disse tomou, papudo?, pra você ver que eu tb pego meus [N. E.: ilegível].

Rio, 26 de abril de 1965. Segunda-feira.

Escuta só, Fernando: fui mexer na gaveta pra procurar um papel pra te escrever e encontrei esta cartinha tão amorosa, que não mandei. Então mando, uai. Why don't you write to me, Fernando? Outro dia eu disse a Helena que ia meter cinquenta dólares (é o seu preço, não é, meu bem?) numa carta em branco e pedir resposta. Pagando, eu disse, aposto que ele escreve. Pois vejo que você escreve pro Brito, pro Luís Edgar (aliás, ando espalhando uma correspondência sua com ele, assim: ele te telegrafou FS: MANDE ARTIGO REPERCUSSÕES VIETNÃ AÍ E PRETENSÕES INGLATERRA SOBRE MALÁSIA). O Luís Edgar, com isto, está fazendo sozinho o Caderno Especial. Mas as notícias são as suivantes, Fernando: sou editorialista do *JB* desde 1º de janeiro. Reunião todo dia, nunca falhei. Bahia, que chovia torrencialmente, com a cabeça mais desgrenhada por dentro do que por fora, deixou o jornal. Entrou no lugar dele o Nahum, que também é substancioso desgrenhado. Falam muito de economia, procuram (e o pior é que acham) muitos dados sobre tudo, acabam escrevendo tão complicado que ninguém entende. Eu, naquele estilinho do já-escrito, todo convencionalote, mas fazendo um sucesso de rachar. Meu original é limpinho, não tem uma rasura. Minhas ideias são pobrinhas, mas andam em roupa de domingo, todas penteadinhas, é uma família pobre, Fernando, mas que dá gosto ver — e honrada. Isso sou eu editorialista. Tenho horror de o ser, mas vou sendo, porque a Revolta acabou com a minha condição de marajá no Estado. Paralisou meu ordenado, tenho de trabalhar fora para viver. Dá ideia, esta última frase, que estou dando pensão, ou então que estou lavando roupa para fora, ou quem sabe vendendo pastel. Não chegue a imaginar tanto. Por enquanto, só lavo pra mim mesmo. Mas, que diabo, vamos ao que interessa: Helena saiu para ir buscar Cristiana, que está estudando com D. Beatriz; ontem, vi o Pedro Domingos V. Sabino no Bob's, a princípio nem reconheci, que rapagão de voz grossa, depois nos caímos nos braços, não sei se você sabe que nós nos gostamos muito ele e eu; soube que as meninas voltaram, voltaram mesmo ou eu não soube nada?; chamei Janet pra almoçar ontem aqui, a cachurrinha não veio; ela me disse que vocês estiveram em Paris cinco dias, é mesmo?; estou com muito medo de você sair de Londres antes d'eu chegar aí. Helena seguirá lá pelo dia 15 na Varig, estou vendo se ela fica com o Mafra, em Bonn uns dias até eu chegar da Escandinávia. A Nelly mulher do Sábato[*] morreu de trombose, 35 anos, foi enterrada sexta-feira. Escreva-lhe uma palavra. O PMC me telefonou agora, vamos ao Zé Luís hoje à tarde pra ver se ele afinal compra o apartamento que a Joaninha adora, ou não. Muito caro: 45 milhões e é um ovinho. O Hélio telefonou agorinha, eu até pedi uma receita de bolinha pra ele, porque estou muito ansioso. Você sabe, Fernando, que hoje sou outro homem. Operei o rabo, fiz um ânus Sauer, o por mim chamado cu sauer, de muito bom proveito e excelente serventia.

---

[*] Sábato Magaldi.

É embutido, fiquei inteiramente bom de tudo. Você deve comprar um tbém: é caro, mas vale. Hoje, estou com dor de cabeça porque peguei uma gripe, Russa. Porque hoje russa, só gripe. Estou barbado à beça, me espiei no espelho e fiquei impressionado com o ar de Hemingway que eu tenho, aquela barba mais branca que preta, a cabeça branca (meu cabelo branqueou quase todo), a cara enorme. Estou um Hemingway caboclo, mais pra cubano, mas se eu me dispuser, me sento e escrevo "The killers", ou qualquer outra obrinha-prima. Mas, Fernando, fiz a operação, rapaz. Será que não te contei isto? Como é que você conseguiu passar tanto tempo assim sem me escrever? Fui operado dia 10 de novembro, estado-novo. Sofri o diabo, comi o pão que o diabo amassou. Você nem calcula, mas valeu a pena. Eu estava anêmico de uma maneira inimaginável. O médico me tomou até por ser canceroso. Já esqueci meu exame de sangue, mas sei que eu tinha menos hemoglobinas do que um defunto de câncer morto há 72 horas. O Olavo Fontes é o meu médico, por sinal que até hoje não fiz o último exame que ele me pediu. Continuo o mesmo bandalho, isto não melhorei. Fui transferido de Procuradoria, estou em trânsito há coisa de um mês. Devo mudar da sala dez para a sala onze, duma porta a outra. Fernando, só o *JB* dava um tratado pra te contar. E o Rubem: as minhas negociações com o Adolpho, em nome do Rubem, são outro tratado. Acabei desistindo. É uma comédia inqualificável, contando. Mas vivendo é duro. O próprio Rubem deu pra ser mais volúvel do que os Blochs todos juntos. Me faz uma proposta, eu levo horas, dias, o Ad. aceita, aí o Rubem diz que pensou bem e que mudou de ideia. Andam às turras. Você viu a carta que o RB publicou ao Prezado Senhor Black? Parece um texto kafkiano da melhor qualidade. Aliás, que grande é o Rub's, rapaz. Mas, está me chateando muito, não me deixa em paz — e desconfio que ele já está ficando meio escabriado comigo, porque, apesar de me encontrar todo dia, quer me ter à mão toda hora, inclusive no *JB* (que volta e meia pensa em despedi-lo, eu faço tudo pra segurar). Hoje, vou jantar na casa do Zé Ducal, também conhecido como Zé Carvalho.* Anteontem, com o Zé Luís e o Sérgio Lacerda vi *O silêncio* do Bergman, sem censura, aquelas indecências todas, não sei se você sabe que sou uma santa senhora da CAMDE,** aliás, você sabe, meu nome é Laurindo Flores.*** O filme é genial, que fotografia PERFEITA! E um outro filme, *A dama enjaulada, The woman in a cage*,**** a coisa mais brutalmente boçal que já vi. Boçal é com Ç? Gente, que coisa engraçada. Ou é bossal? Não, esta é a bossa do Vinicius, que aparece sempre, escreveu uma crônica no *Fatos & Fotos* sobre mim, rapaz, só você vendo: antecipou meu necrológio, me canonizou. Chama-se "O agente 001", e este sou eu, uma irmã Paula, um sujeito bacana pra burro, levei dias e dias sem coragem de ler direito, até hoje não li seguido e agora já perdi a crônica (mas quando você quiser eu te mostro, claro). Mas morreu o Schmidt (outro tratado, vi o defunto, pensei muito em você, e eu andava conversando muito com ele, você viu meu artigo?), morreu a Cecília Meireles (vi a Maria Fernanda***** outro dia de madrugada, é o Wilson Figueiredo, não sou eu, não), morreram eles, então, o Vina fez o necrologiozinho

---

* José Carvalho, empresário, dono da rede de lojas Ducal.
** Campanha da Mulher pela Democracia, organização conservadora, de cunho religioso, criada em 1962 como reação ao esquerdismo do governo João Goulart.
*** O personagem principal de *O braço direito*.
**** *Lady in a cage*, de Walter Grauman, com Olivia de Havilland.
***** Atriz, filha de Cecília Meireles.

dos dois e, na semana seguinte, como ninguém morresse e ele não tivesse assunto, então o Vina fez o meu necrológio e eu fiquei um difuntinho lindo tão bem procedido, bom tudo, amiiiigo até não poder mais. O Vinicius acaba de me telefonar neste exato momento e, palavra de honra, me interpelou assim que eu disse alô com as seguintes palavras: — Otto, o que é que você está escrevendo aí de mim? Se for para o Fernando, não se esqueça de dizer a ele que eu sigo sábado que vem pelo voo da British United, que chega lá sábado à noite, mais ou menos às dez horas, e que ele, por favor, não deixe de ir me esperar no aeroporto e que, se tiver lugar na casa dele, eu aceito convite pra me hospedar, mas se não tiver por favor pra ele reservar um hotelzinho pra mim, que eu só vou a Londres pra ver ele, e por uma noite só, pode avisar no hotel, no caso dele não poder me receber na casinha dele. Bem, Fernando, está dado o recado, apesar que eu aconselhei ao Vinicius mandar pela mala diplomática o recado, porque ele vai hoje ao Itamaraty, ou então pelo *JB*. Vê se não deixa de ir ao aeroporto. O Vinicius está rico, não sei se você sabe. Ganhou 50 mil dólares só com a "Garota de Ipanema". Vai agora a Paris e de lá a Nice pra fazer um roteiro de cinema pelo qual vão lhe pagar 20 mil dólares. Ganhou os dois primeiros prêmios do Festival da Canção de Guarujá; 15 milhões ao todo. Tem dinheiro que não acaba mais. Pagou o apartamento, não deve nada e ainda é disputado pelos banqueiros como o melhor depositante deste momento, porque todo mundo tá teso, né, Fernando. O Dalton tem escrito, mas não tem aparecido. Foi ultraconsagrado: é o maior escritor da Terra, segundo aquela geração. Aliás, fui juiz do Prêmio Nacional Walmap, de romance, criação do Zé Luís, você sabe, o Magalhães Jr.,* o Adonias** e eu. Pois o prêmio saiu pra uma tal de Maria Joana, com um romance passado às margens do Parnaíba, uma história bem contada de putas de três gerações, e não é que a Maria Joana não era senão o Assis Brasil,*** que assim conheci, almoçamos no Banco juntos, o Rosa entregou o prêmio, a Alina Paim tirou uma menção especial. O Rosa, falo com ele horas seguidas ao telefone. Pedi pra ser noviço da religião dele, o rosismo. Estou lendo sem parar o *Grande sertão*. Como eu vou à Escandinávia, ando numa ansiedade danada, aquela agulha debaixo da pele, o coração apertado, fisicamente apertado, então meu seio materno, eu criança saciada, dormindo e de quando em quando arrepiada com aquele repuxão, então agarro no seio e começo a mamar, o seio é a literatura do Rosa, me fecho no banheiro, quede que eu vou cuidar da vida, vou é ler o Zé Bebelo, o Riobaldo, aquela coisa. Ontem, o Hélio esteve aqui, foi domingo, com o Ivan Ribeiro, monacal. Agora, Helena está indignada porque sou juiz no concurso José Lins do Rego, contos, do Zé Olympio. Setenta originais. O Walmap foram 220, nunca tive um trabalho tão mortificante. Fernando, estou escrevendo um romance que, parece, vai ser minha coisa séria. Depois conversamos. Quanto ao seu romance, já soube que vai não vai, você está às voltas com um broto, aquela coisa antiga, já vi tudo, meu velho, será que desse mato sai coelho? Sai, de todo mato sai coelho. O Rosa me garante que todo mundo é gênio, console-se. Trata-se apenas de saber furar etc. As

---

* Raimundo Magalhães Jr. (1907-1981), jornalista e escritor cearense.
** Adonias Filho (1915-1990), escritor baiano.
*** O escritor piauiense Francisco de Assis Almeida Brasil (1932), autor do romance *Beira rio, beira vida*.

conversas minhas com o Rosa, acho até que vou escrever, porque são geniais, da parte dele e um pouco, deixa de modéstia, Otto, da minha parte também. Eu falo com ele todo dia de manhã. Quem mandou você ir embora pra Londres? Olha, Fernando, depois de muito pensar, e você sabe que não é despeito porque ainda agora o Vasco está me convidando de novo para sair do Brasil, é só eu querer, e o Mozart foi promovido a embaixador, está como chefe de gabinete, mas se sair, como parece que vai, quer me levar como adido cultural, e eu não quero, juro que não quero, portanto não é por despeito, Fernando, mas te juro que esse negócio de ficar em Londres é a maior besteira que você poderia fazer. O negócio é aqui, FS. Volte, Fernando Sabino, como dizia o Afrânio Coutinho. Estou usando óculos, três. Minha vista ficou tão ruim, Fernando, nem pode imaginar! Você já está usando também? Mas, olhe, Fernando, você não é inglês, que bobagem é essa, pega seus trecos, seus paninhos e vem embora, aqui falam que é ruim, mas não é não, é até muito bom, que nem o café brésilien, segundo o falecido Melo Viana. Eu estou gostando muito e o Rosa que é embaixador, podia ganhar os tubos, não quer sair, você não está vendo que o negócio é aqui mesmo? Olhe, Fernando, volte logo, não espere a Copa do Mundo, não, que você não é o Sandro Moreira* nem o Armando Nogueira, deixa de fingir que você gosta tanto assim de futebol, eu te liberto, pode parar com essa bobagem, vem, meu filho, a pátria te espera e você não está fazendo nada aí. Bem, Fernando, vamos ao que interessa: vou dia 6 de maio, pela SAS, direto a Copenhague, para uma viagem de 21 dias, até 27, na

---

* Jornalista carioca (1918-1987).

Escandinávia (Dina, Suécia, Noru e Finl). De lá, pretendo descer à Alemanha pegar Helena em Bonn, se ela lá estiver em casa do Mafra, a quem escrevi hoje pedindo para hospedar Helena, depende da resposta, Helena sairá daqui alguns dias depois de mim. Pretendo ir então a Bruxa e de lá a Londres, para pegar o avião de volta em Paris. Meu programa você já entendeu: vou aos países nórdicos ver o Fernando em Londres. Todo mundo já manjou. Agora, uma coisa: será que você me ajeita aí em Londres? Como d. Lilian e Mr. Harris estão aí, sei que não poderemos contar com a vossa simpática hospedagem. Mas quanto me custaria ficar aí uns três dias? Vou com muito pouco dinheiro. Adolpho prometeu, mas não deu. Me responda logo, se possível até por telex ou coisa parecida via JB, ou Itamaraty, o Mozart Valente, meu amigo, é o chefe do gabinete, mas o Ita não funciona, prefira o JB ou o correio mesmo, mas não deixe pra daqui um minuto, senão não combinamos. Assim que chegar aí, a Copenhague, te telefono, mande o nº, e não saia de Londres, ou não faça programas que me impeçam de te encontrar, o Vinicius levará detalhes. Agora, Helena sozinha, será que Anne receberia ela aí por uns tantos dias, enquanto eu fosse à Escandinávia? Responda sem cerimônia, porque, pouco importa se sim se não, eu vou te ver mesmo, ainda que você tenha de pagar minha pensão. E olhe, se você ajeitar direitinho, eu fico aí até o fim de junho, quarenta dias, porque aqui, ao contrário do que dizem aí, está muito chato, mas é ótimo. Portanto, Fernando: parto dia 6 SAS Copenhague, até 27. Como poderemos nos encontrar? Você não quereria ir a Bruxelas e de lá a Paris comigo? Proponha um plano. E responda sobre hipótese Helena. Lembranças para todos, PELO AMOR

DE DEUS RESPONDA AGORINHA MESMO PORQUE ESTOU MUITO ANSIOSO, vou almoçar amanhã com quatro embaixadores nórdicos e almoçar em inglês, FERNANDO NÃO ME ABANDONE. Abraço para Anne e você.
Otto
Adios. Estou esperando, hein!

Não se esqueça também do Vinicius, já dei o recado. Paulinho, parece até brincadeira, irá em junho pela TAP, convite oficial. Aguenta a mão, Fernando.

[ANOTAÇÕES NA LATERAL DA 1ª PÁGINA]

Só isso dá uma *Divina comédia*: La jeunesse, FS! A nossa!

Acho que ele não veio porque Helena estava em Bhte; chegou ontem à noite, foi casar + uma prima.

Depois te conto o resto, inclusive Hélio.

[ANOTAÇÃO NO TOPO DA 2ª PÁGINA]

Para eu receber direitinho sua resposta, enderece rua Joaquim Campos Porto, 879, zc 20 (é Zona do Correio, agora tem essa bossa), Jardim Botânico etc.
Anotação na lateral da 2ª página:
Exagero!
Importante!
E o Odylo? Seguiu segunda-feira -> Lisboa.

[ANOTAÇÃO NO TOPO DA 3ª PÁGINA]

2 milhões
500 mil cr.

[ANOTAÇÃO NA LATERAL DA 3ª PÁGINA]

Armando e Araújo Neto estão na Europa. Um mês e pico aí. Hoje, Paris. Voltam por Roma; com as mulheres.

(?) Você diz que o s/ telefone é MA 10 8480. É mesmo? Confirme.

Estocolmo, 14 de maio de 1965
(São três horas de la matina)

Você não pode imaginar, Fernando Sabino, o meu cansaço. Aves, ovos, arreios, vacas — quase me matam na Dinamarca. E comidas e bebidas e briefings e filmes e aviões com mau tempo e agora Estocolmo (rapaz, que depressing youth!, depois te conto). Tardíssimo, tenho dormido quase nada. E hispano-americanos que não param de falar, ai que me muero e quando me vejo ao espelho tengo ganas de decirme: Mui amable, señor! Amigo, não sabes do que te poupei. Aguenta a mão aí, se sair vivo desta irei a Londres, te aviso o n.º do voo SAS por telegrama. Vou voar amanhã e depois e depois e depois, aí já não quero voltar ao Rio, quero fugir para São João del Rei! Estou que não me aguento! Não te telefonei aquele dia porque cheguei ao hotel às quatro e media de la mañana. And could you imagine how I'm feeling all the day in Scandinavia obrigado a falar e ouvir inglês em 173 jantares por dia? How many litters of milk can you produce in Brazil a day, Mr. Resende?

I am indeed very grateful to tell you and so one. I once have had an appointment, do you mean? Yes, I mean, not so hard. Yes, yes, yes. Ohhh no, not at all. I hope you have a pleasant holiday in Sweden! Oh, thank you very much, you're very kind. In the name of my south-american colleagues and in my own name, I would like to thank you etc. etc. etc. Oh yes, do you know, our acrobatic football, yes, maybe, but it might do by another way, yes lovely country, nice, nice, nice, I've been really glad to see you, I'll see you later, will you please to bring me up my breakfast, black coffee, yes, of course, I'm Brazilian, oh no, but we have splendid sunny days, Kiruna? How long, please? By airplane. It is possible, I'm becoming fool — e no meio de tudo isto encontro italianos (Lei parla bonissimo l'italiano) e faço discursos em francês: Je suis sûr le que vous avez découvert le sécret du bonheur social, mais, si vous me permettez, j'aimarais bien vous poser une question en toute amitié: are you really convinced that social happiness do not allow a sort of, how can I mean?, a sort of quite a lot of personal unhappiness? Your democratic experience and your fantastic standard of loving etc. Fernando, me quedé loco! Você se lembra daquela vez em Paris? Agora é mto pior! Ai, São João del Rei, ai, Matola, ai, Mamãe, could you tell me if I have a mother? Rather fine...

Otto

[ANOTAÇÃO NO TOPO DA 1ª PÁGINA]

Helena vem dia 16 de maio de 1965, Varig, voo 034 Rio-Frankfurt. Mafra Embajada brasileña in GermAnny, can you understand me? Let us to try cach other, will you?

Rio, 6 de setembro de 1965

Fernando,
sei que você vem aqui agora em setembro, para o festival. Não adianta a sua "moita". A ideia da sua chegada me enche de remorsos e de júbilo. Em todo caso, você poderá me entender. Basta ser compreensivo a ponto de entrar no nó górdio que deu na minha alma desde que cheguei da Europa. Coisa para te explicar com calma, aqui, se você vier, ou por carta. Adiei minha viagem à Europa, que seria agora em setembro. Será em março do ano que vem. Até lá, espero estar desintoxicado da Escandinávia. Olhe, Fernando, estou escrevendo na sua máquina, no seu escritório. Veja como a fita vai renascendo. Estive aqui há dias, para ver se fazia o que você me pediu, pegar suas crônicas etc. Mas foi impossível achar a chave do arquivo e, além do mais, estava uma poeira tão infernal que entrei num acesso alérgico e tive de me retirar logo. Hoje, reencontro o telefone mudo, a luz cortada, tudo coberto de pó — a pátina do tempo invadiu seu domínio, sua própria máquina está incrível! A janela custou a abrir etc. etc. etc. vou arranjar uma mulher para arrumar, limpar etc. e você me conte onde posso encontrar a chave ou como devo proceder para atender seu pedido. Bem feito, você não quis, de desconfiança e pão-durismo, deixar o escritório entregue a mim! Nunca pensei que você não confiasse em mim a esse ponto! Enfim, cada um sabe o que faz. Bem, Fernando, se você vem, diga. É dia 15, não é? Se não vem, escreva — e te mandarei carta imensa e objetiva. Rubem me falou que te escreveu ontem. Terá contado o que há com ele. O mais é aquilo mesmo. Você não sabe o que está perdendo...

Lembranças para Anne e carinhos para os meninos. Abraço muito desculposo e muito amigo do seu criado às ordens (eu, hein).
Otto

LISBOA, 1967-1970

EMBAIXADA DO BRASIL
Praça Marquês de Pombal, 1, 4.º
LISBOA PORTUGAL

Lisboa, 18 de agosto de 1969.

Fernando,
que é que há, rapaz? Disse que respondia em cima da fivela!
Qual! Brasileiro não quer nada, não... (Pergunte ao Cláudio.) Estou mandando hoje para o Carlos Drummond um livro
"Le proces des juges - les critiques littéraires"
de Bernard Pivot
Edição Flammarion (1968),
que achei curioso, contando uma série de coisas pitorescas a propósito da vida literária, dos erros e acertos dos críticos, das capelinhas - tudo na França, é claro. É um livro leve, com bom humor, sem propriamente maldade. Pergunto ao Carlos se ele acha que merece ser traduzido. No caso de ser traduzível, você não quereria lançar - se é que não apareceu aí? Claro, não é nenhum best-seller, seria livro promocional da editôra. E pensei também que um livro parecido podia ser escrito sobre a "literary situation" no Brasil, logo me ocorreram uns "causos" pitorescos. Quem podia fazer um livro assim? Se interessar, converse com o CDA, peça-lhe o livro.
     (Que besteira, né? Você nem vai dar bola. Vai jogar esta carta naquela pasta-cemitério, vai esquecer o assunto e... vai achar que eu estou meio doido. Em todo caso, atendo ao meu impulso e faço o que me dá na veneta, como tantas outras vezes tenho feito com dezenas de outros caras aí - sem nunca obter resposta, o que não tem importância.)
     E o Helio? A Betinha Lins do Rêgo apareceu hoje toda aflita pedindo notícias do Doce e Rad - que é que há com êle? Não sei de nada, a não ser o que me disseram há semanas, processo, etc. E os últimos acontecimentos? Há dias e dias ninguém me escreve. Nem Helena (talvez haja carta em casa, verei daqui a pouco). Aqui, faz um calor danado de nôvo. Tive o mais longo fim-de-semana da minha história, pois 6ª feira foi feriado. Um cara aqui que viu você no Rio ficou besta de saber que éramos "da mesma geração". Pensou que eu tinha pelo menos 15 anos mais do que você... Que sujeito amável, não? Ora, vá para o diabo que o carregue. Estou velho, avelhantado, mas também não precisa xingar assim...
     Ciao e

PS: Vou ler hoje as cartas do ~~Mário de~~ Andrade, da Cecília Meireles, finalmente em minha mão.

E o Rubem? Abraço!

Lisboa, 2 de outubro de 1967

    Fernando,
veja: na primeira papelaria em que entrei, à procura de papel de carta, deram-me este velho bloco "Opaco", made in Belgium, exatamente aquele que eu usava para escrever minhas cartas from Brussels. [ilegível] Hoje me lembrei muito de você (leia à portuguesa). Foi por causa de uma gafe. Vindo da embaixada (ou melhor, de um cocktail pela inauguração de uma Exposição sobre Paris), cumprimentei polidamente a porteira do edifício em que moro (pois já moro) e, vendo um gajo à espera do elevador, excedi-me em gentilezas para que o tal entrasse antes de mim. Faz favoire pra cá, faz favoire pra lá, o homem era mais amável do que eu, mas tomei-lhe a porta à força, travei-o do braço e fisicamente o intimei a entrar. Aí é que o homem danou-se e quase me gritou no auge da impaciência: "Ora, raios, senhor doutoire, eu sou o porteiro!". Achei que é o tipo da coisa que deveria acontecer a você e André concordou. Ainda não tínhamos acabado de rir da história, quando me entra casa adentro o Sousa Pinto, que me veio visitar — e ficamos a matraquear por uma meia hora, falando inclusive de você. Foi a primeira visita aqui, mas já tive outras (inclusive sete — sete! — brasileiros hoje na chancelaria), desde o dia da chegada, no hotel. Encontrei o Anahory e dei-lhe a carta do Rubem, conforme contei na epístola ao Autran. Tenho mil cartas a fazer — e nesta máquina sueca de teclado inglês, ainda que excelente. E fabricada em Atvidaberg, onde estive num delicioso fim de semana em 65. Poucos dias de Lisboa já me dão às vezes a impressão de que sou mesmo de cá, destas bandas. Até a língua está se desbrasileirando, conforme você pode ver — e se ouvisse ainda ficaria mais estupefacto com a minha falta de caráter... Dias lindos, temperatura mais quente do

que eu supunha. Tivemos uma sorte danada de achar o apartamento à minha espera. Todos os diplomatas estão boquiabertos, mesmo os estrangeiros, minha história correu mundo, me sinto uma vedete de uma cobiçada loteria. São duas horas da madrugada, todo mundo dorme, tenho um delicioso escritório, uma lâmpada ao pé, cigarros americanos, café no fogão etc. Vi TV, ouvi a BBC, sei que Hussein está em Moscou. Esta é a primeira mensagem. Escreva. Lembranças ao Rubem, ao Paulo, ao Hélio, ao Narceu, Janet, Guguta,* Darwin, a todos que (ainda) se lembrem de mim. Anne e você: Otto.

[ANOTAÇÃO NO TOPO DA PÁGINA]

Private address (!):
Av. Duarte Pacheco, 21 — ap. 4A

[ANOTAÇÃO NA LATERAL DA PÁGINA]

E o Luís? Não o abandone.
Perdi a relação de endereços. Seu nº é 100? Na dúvida, mando com o Autran. E o nº do Hélio é 85? E o Paulo? Por favor, você ou Autran, me refresque a memória.

Lisboa, 18 de outubro de 1967

Fernando,
soube hoje da morte do Carlinhos Sica.** Pensava nele todo dia,

---

* Maria Augusta Brandão, mulher de Darwin Brandão.
** Carlos Joviano Sica, amigo de infância que Sabino levou para trabalhar com ele no cartório.

aquela visita, o ânimo dele, a certeza de sobreviver. Várias vezes à noite, madrugada alta, me perguntava — como estará ele? Mande dizer como foi, aplicaram o remédio, e a mãe, e a mulher (nasceu o filho?), tudo. Se saiu alguma nota nos jornais, recorte, por favor, e mande. Deixe de preguiça e escreva, conte também o mais que há, a Editora, os planos, o livro do Vinicius (dê-lhe abraço saudoso, há dias chegou a comunicação aqui para o Roberto Coimbra, do consulado — irmão do Marcos* — dizendo que chegaria a Lisboa o V. de M., rebuliço, mas afinal era o homônimo que é economista e trabalha na Presidência da República). Avisaram o Osvaldo Gusmão da morte do C. Sica? Todos os amigos compareceram? Recebi carta do Autran, assim como a *Ópera*,** não deixe de lhe dar assistência, achei-o deprimido, será que o romance novo não lhe vai dar um certo gás? [ilegível] Ontem recebi a visita do diretor da Câmara do Livro Brasileiro, Gonçalves Pereira, vou visitar a Câmara na próxima semana, disse-me ele que almoçou com você no Rio há pouco tempo, mais o Ênio e o Jorge Zahar.*** Saiu hoje uma generosa matéria sobre mim no *Diário de Notícias* daqui, com citação de todo mundo e trechos das crônicas do Carlinhos,**** que de tão excessivas me encabulam, me inibem e me fazem crer que o sujeito em carne e osso é outro, bem diferente do louvado. Passou aqui três dias o Jorge Amado, voltará para três semanas no fim do ano. Está cá o Alvarus,***** conferências, faltam duas. Você não pode imaginar o movimento do setor cultural da Emb. — é

---

* Marcos Coimbra, diplomata.
** O romance *Ópera dos mortos*.
*** Jorge Zahar (1920-1998), editor fluminense.
**** José Carlos Oliveira.
***** O caricaturista, historiador da arte e escritor carioca Álvaro Cotrim (1904-1985).

muito maior do que o que podíamos imaginar. Só estudantes brasileiros na Universidade existem quinhentos, não é cinquenta, são quinhentos! Já recebi convites para falar em Coimbra etc. Você não tem uma conferência itinerante que me empreste? Estou falando sério... O tempo felizmente está esplêndido, com duas manhãs apenas enevoadas. Ainda não comprei o carro, tal o enredo em que me meti, aranhol de dúvidas, leque interminável de opções. Cláudio e M. Augusta aqui no domingo, próximo digo. Recebi carta do Hélio, diga-lhe, responderei. Ando sem tempo. E o Luís? Não o abandone. Lembs a Janet e a Anne, abraços e saudades noss.
Otto

Abraço ao Paulo. Abraço para o Rubem — já vi traços dele aqui.

[ANOTAÇÃO NO TOPO DA PÁGINA]

Lembre-se dos recortes à M. V. de C. que lhe mandei para
Londres. E das cartas imensas, relatórios completos!...
Lembranças aos Valladares Sabino, especialmente Pedro. Todos.

Lisboa, 13 de dezembro de 1967

Fernando,
recebi agora os livros da Sabiá,* viva! O seu, o do Rubem e o do Sérgio, com simpáticas dedicatórias, refrigério para os nossos co-

---
* Editora Sabiá, criada por Sabino e Rubem Braga em 1966.

rações. Estão muito bonitos. Vou ler e direi depois devagar. Escrevi há tempos ao Rubem, ele recebeu? Vi notícias de vossas andanças promocionais. Soube que a festa dos Marimbás foi uma beleza, um sucesso comparável ao saudoso lançamento da Editora do Autor. Dê notícias, tire um tempinho e me escreva, que ando precisado. Não pense que você está esquecido. Não está, não. Tenho tido ganas de escrever-lhe um daqueles cartapácios à minha moda. Mas, primeiro, o q desta minha máquina está agarrando, o que me põe fora de mim de ódio. Segundo, a vírgula é fora do lugar. Terceiro, não tenho tido tempo (pura verdade). E quarto, estou evitando confidências e decepções, no fundo sem razão. Helena e eu temos nos lembrado muito de você e ainda ontem de madrugada, ao voltar do aeroporto, lembrei que você, mais do que profeta, parece ter me rogado uma praga... Fui ontem, pela quarta vez sucessiva, ao aeroporto, desta vez para a despedida do Gilberto Freyre ([ilegível] tinha outra ida ao aeroporto, mas não fui, já sou um milionário do ar-eroporto). Mas ontem levei uma bruta espinafração de um portuga, na vista do Gilberto, do Trigueiros e do Sousa Pinto (boa pessoa). Anteontem, também no aeroporto, fui espinafrado por um professor brasileiro, que alegava ter me procurado na chancelaria e, após cinquenta minutos de espera, não ter sido recebido. O negócio não é mole, não. Meu estado de espírito andou a zero, mas, como sempre, depois vem outro ciclo e melhora.

Fui a Sevilha no fim da semana. A saída de Lisboa é difícil, há um deserto por aí afora, a viagem é cansativa e desolada, que diferença do carrefour de l'Europe (Bruxelas)! Hoje de manhã fui à embaixada para adiantar o expediente. A tarde é curta para receber os que me procuram, o ambiente não é propício ao trabalho. Falei ao João Cabral pelo telefone e soube que vv. lhe mandaram os lançamentos da Sabiá, inclusive o livro dele.* Posso receber um? Há muito interesse aqui pelo João, em meios entendidos. Os livros virão para cá?

    Acabou o papel, ciao. Lembs aos meninos, a Ana B, Janet, todo mundo. Escreva, ainda que eu não mereça.

    E o Pedro com seu Velho?

    Abraço velho do velhíssimo

    Otto

[ANOTAÇÃO NO TOPO DA PÁGINA]

    E o Rosa? Li o artigo do Hélio.

[ANOTAÇÃO NA LATERAL DA PÁGINA]

    Fernando: abri o envelope (rasgou) só para lhe dizer que li *A inglesa*** e fiquei deslumbrado! Estou babando de inveja... Otto.

    Confidencial.

Lisboa, 15 de dezembro de 1967

    Fernando,
em continuação à minha carta de anteontem: recebi ontem pela mala diplomática mais livros da Sabiá, veio o Carlinhos,*** sem

---

* *Poesias completas.*
** A *inglesa deslumbrada*, crônicas de Sabino.
*** A *revolução das bonecas*, crônicas de José Carlos Oliveira.

dedicatória, como os demais, mas não veio o Vinicius* (saiu? Não se fala na minha introdução?), nem o João Cabral, que eu gostaria de receber, dado o interesse específico aqui por ele e tendo em vista uma conversa fiada que farei sobre poesia brasileira. Soube ontem por um português que o Rubem mencionou minha carta a ele Rubem numa crônica da *Manchete*. Poderia mandar-me, se é verdade? Conte ao Rubem, com risco de ele me tomar como agradador, o seguinte: o livro dele** foi disputado pelos meninos (ABC)*** e André afinal é que leu uma boa parte da "Traição". Na manhã seguinte, me disse: "Papai, como é que eu posso aprender a escrever como o Rubem?". Claro, respondi que Rubem se nasce, que talento não se inventa etc. etc. e louvei o trabalho aplicado (de que não sou exemplo). André está hoje em Nova York, que trocou pela ida ao Rio, no que fez bem. O Bruno, que é uma figura máxima, escreveu-lhe uma carta que é um primor de epistolografia, superior a Madame Staël... Quanto à *Mulher do vizinho*, fiquei chateado de ter sido passado pra trás pelo Ziraldo, minha única capa!**** Mas a dessa edição 4ª está ótima, à altura da minha. Quase sabemos algumas crônicas de cor, aqui em casa. Pois comecei a folhear e acabei lendo o livro todo, quase morri de rir, acordei o André e a Helena com as minhas gargalhadas, me fez um bem! Depois, no lendemain, fui almoçar com o Curt Meyer-Clason,***** seu tradutor, mostrei-lhe

---

* *Livro de sonetos.*
** *A traição das elegantes.*
*** André, Bruno e Cristiana.
**** É de Otto o desenho na capa da primeira edição de A *mulher do vizinho* (1962), de Sabino.
***** Tradutor de vários autores brasileiros na Alemanha, entre eles, Guimarães Rosa.

a *Mulher* e insisti no êxito certo que seria divulgá-lo em alemão e inglês — nunca pensaram? E o *Homem nu*! (o filme como vai?* Soube que A *garota de Ipanema*** não é lá essas coisas, me disse um brasileiro de passagem). E como estou na *Mulher do vizinho*! Me senti orgulhosamente coautor... Pensei em lhe escrever (mas cadê tempo) um cartapácio contando as aventuras e desventuras de um adido em Portugal, tem coisas que seriam de te dar crônicas tão geniais quanto as que me deliciam. Você nem pode imaginar, já tenho conseguido meu público para umas desopilantes gargalhadas. Ontem, fui a um coquetel cheio de escritores portugas, conhece o Namora?*** Antipático! E soube que considera o Rosa inimigo de Portugal, veja só. Quem não escreve portuguesmente português é inimigo, querem um Brasil colônia até hoje, quando o contrário, claro, é que é certo e que permite haver de fato relações culturais entre B e P, e não esse monte de estéreis chateações em que me afogo atualmente. (Mas isto é segredo, ando arreliado pelo fato de constar aí que estou abominando e quero voltar, não é verdade, o que há, sente-se para não cair, é que, além de tudo mais, Helena está... grávida! Já pensou? E não passa bem de saúde, como é natural, coluna etc.) Curioso: na página 201 da *Mulher do vizinho* (a crônica do título me fez chorar de rir, acordei todo o edifício), você menciona o canivete de Sevilha que o Murilo Rubião tinha comprado, imagine que fui a Sevilha, vi uns canivetes de me fazer babar, mas não pude

---

* Primeira transposição para o cinema da célebre crônica de Sabino, que assinou argumento, roteiro e diálogo. Direção de Roberto Santos e Paulo José no papel-título. A história renderá novo filme em 1997, estrelado por Claudio Marzo, com script de Sabino e direção de Hugo Carvana.
** Filme do diretor Leon Hirszman, rodado em 1967.
*** Fernando Namora (1919-1989), escritor português.

comprar porque a loja estava fechada e fiquei frustrado pra burro, ABC riram de mim porque declarei solenemente que sem canivete não podia voltar feliz de Sevilha (lembra-se da carta do Maurício Bebiano em Londres sobre essa crônica? Você rasgou!). Pois olhe, ainda a respeito de fanzoca: você recebeu a carta do André Spitzman Jordan? Almocei e depois outro dia jantei com ele (está pensando que é o Schmidt) e ele me contou a carta, lembrou pormenores mil de uma ida à casa do Medeiros Lima, lembra-se?, depois sua casa na rua Codajás, a gravação, e se diz o tal futuro empresário, banqueiro ou agiota que teve sua voz presa no gravador.* É verdade? De chato gostaria de saber, não se esqueça de me contar. Aliás, responda item por item, escreva, seu calhorda, estou tão precisado. Outra coisa: entregou o revólver ao Josué?** (Ele é de revólver? Então está mal segundo a sua classificação.) Dê um abraço nele (quase digo uma canivetada, aliás, fui reler a *Boca do Inferno*, que coisa, hein! Nunca mais tinha lido, fiquei besta, quer reeditar? Não se assuste. Estou fazendo um conto, vou passar ao romance, já em notas). Olhe: feliz Natal para todos, os Valladares Sabino (beijo e bênção pro Pedrão), minhas florzinhas Leonora, Virgínia, Eliana senhora e marido, Verônica, Bernardo e Mariana, Ana B, e a Janet recebeu meu cartão? E os amigos? E o PMC, a quem mandei também um cartão? Não saiu o *Recreio**** dele? Estou ansioso, não deixe de mandar? Que digo ao Sousa Pinto sobre a edição de novo FS? Ciao. Feliz 1968. olr

Otto

---

* Crônica "A máquina do tempo", de Sabino.
** O escritor gaúcho Josué Guimarães (1921-1986).
*** *Hora do recreio.*

[ANOTAÇÃO NO TOPO DA 1ª PÁGINA]

Vinicius conhece o ensaísta David Mourão-Ferreira* sobre ele? Mto bom. Conheci-o pessoalmente ontem. Se quiser, mando. Vinicius é popular aqui, sabia? Não vai aos USA? O.

[ANOTAÇÕES NA LATERAL DA 1ª PÁGINA]

Abraço ao catraca Narceu cocão...

Não quer que eu veja a colocação aqui dos livros da Sabiá?

Lisboa, 28 de dezembro de 1967

Fernando,
sua carta fa-bu-lo-sa me divertiu muito e muito me intrigou. Cheguei da chancelaria morto de cansado, Helena foi lá me arrancar do trabalho, me deu um daqueles pipoteísmos, resolvi pôr tudo em dia, uma correspondência enorme, e tinha tanta gente pra falar comigo, e a miséria de um que veio e não encontrou trabalho, e outro que quer uma bolsa e não consegue, e o adido americano que vai para Angola, Mr. Glad, a quem, por não ter tempo, falei pra burro sobre o que seria a política cultural brasileira, e outro portuga que vai pra Paris e quer uma apresentação pra o Guilherme** e etc. etc. e mil cartões de Natal pra responder, e o embaixador que queria conversar comigo e me mostrar dois tele-

---
* David Mourão-Ferreira (1927-1996), escritor português.
** O escritor Guilherme de Figueiredo, então adido cultural da embaixada do Brasil em Paris.

gramas daqueles e etc. etc. você não imagina, e se eu te disser que trabalhei ontem pra burro e vim pra casa e fui até quase seis horas da matina nesta maquininha e dormi mal, com a cabeça fermentando, estou fascinado pelo Henry Miller, o Lawrence Durrell, e fico dormindo com a cabeça funcionando, me dá uma angústia, e ao mesmo tempo, estando o André em Nova York, a Cristiana quer aproveitar as férias e o Bruno quer atravessar a fronteira, e Helena acha que eu devia levá-los pelo menos a Madri, e eu não tenho o menor apetite pra viajar, e tenho tanta coisa pra fazer e não há força humana que me impeça de limpar as gavetas, vou fazer tudo, não tem conversa, imagine que a Lavínia, o 2º secretário que me ajuda, está no Rio, e a minha secretária está no telex substituindo uma funcionária doente, e eu então dou um duro que ninguém calcula, em princípio a embaixada não funciona de manhã, mas eu tenho ido, é tanta coisa pra fazer, pois bem: cheguei da embaixada com a Helena e encontrei sua deliciosa carta, mas logo tinha que jantar, hoje, aliás, ontem, pois agora é de madrugada, tinha de ir abraçar o Nicolai* pelos quarenta anos que fazia, e fui, mas ao mesmo tempo o embaixador tinha me convidado pra ir à casa dele continuar a conversa e fui, claro, depois do Nicolai, e estava lá outro embaixador, este aposentado, e vários secretários, e aí começou aquela conversa itamaratiana e se prolongou, com muito uísque, e bebi bastante, perdi a hora de voltar ao Nicolai, vim pra casa por essa cidade agora familiar, tem um trecho aqui nas Amoreiras que até parece o Jardim Botânico de tanto que eu passo lá, só que não é de Volkswagen, mas de Mercedes 230, e subo por aí, e chego em casa, é tarde pra burro, mas eu jurei que hoje mesmo respondo a todas as cartas, pelo

---

* O arquiteto Nicolai Fikoff.

menos a sua aqui vai, mas o que me intriga são as coisas que você não conta direito, por exemplo essa história do Corção, prefiro acreditar que é brincadeira sua, o Luís não me mandou recorte nenhum, perguntei a todo mundo aqui, ninguém viu a tal espinafração, meu Deus, o que seria?, logo me obceca, tantas culpas, responder como? Se não vi o ataque, e a história do porre do JL, claro que você está brincando, falei com ele ontem pelo telefone internacional, e o que é que houve com o Hélio Fernandes,* não sei de nada, poxa, que crueldade, até parece que você nunca viveu no exterior e já se esqueceu como a gente fica borocoxô, por fora de tudo, não faça isso, Fernando, sua carta me tirou dos eixos a tal ponto que decidi ir aí conversar de viva voz, não espalhe, mas esta é a notícia, devo ir em princípios de janeiro, talvez avise, vou passar duas semanas a serviço da embaixada, chamado pelo Ita, é um porrilhão de coisas que levo na agenda, mas moita, aí conversaremos, aguenta a mão, as capas, claro que achei muito boas, a *Inglesa deslumbrada* fica pra quando eu voltar aqui te escrevo uma carta só sobre, emprestei ao Henriquinho, todo mundo te conhece e te leu, recebi todos os nove livros, me'irmãozinho, mas a revisão do meu prefácio, pqp, que merda total hein, escrevo modernista sai nordestina, mil erros, ódio, nunca mais escrevo, vi a crônica do Rubem, transcreveu sim minha carta, compreendi a traição à minha capa, não há de ser nada, o Ziraldo "também" é bom, tomei conhecimento das fofocas do *Homem nu*, quando é que sai o filme, estou querendo fazer aqui uma semana do cinema brasileiro, mas tudo é tão difícil, escrevi ao Autran, o Aleijadinho de Curitiba deve ter razão, passei a respeitá-lo muito a partir

---

* Jornalista brasileiro, diretor da *Tribuna da Imprensa*. Fernandes fora confinado pelo regime militar em Fernando de Noronha, que ainda estava longe de ser um paraíso turístico.

de duas e quinze da tarde de ontem, pelo amor de Deus: ninguém deu com os erros de revisão do meu prefácio ao Vinicius?, a Nelita passou aqui vindo de Paris, vi-a no aeroporto, ela te contou?, de repente pareci tão distante de tudo, esqueci meu nome, vi também o Bernard* e até o Monsenhor Nabuco, o Nicolai me disse hoje que quase morreu de rir lendo o Stanislaw, emprestei os livros a todo mundo, escrevi ao Dalton, o sacana é sempre comedido, eu me esbaldo em cartas derramadas, mas agora aprendi, não me esbaldo mais, o cartaz dele é grande, vou escrever a orelha do próximo livro dele, o Odylo é isso mesmo, escrevi-lhe duas cartas, não me respondeu, depois te conto tudo, Helena melhorouzinho, aceitou, enjoa menos, já pensou que coisa do arco da velha, eu velho pra chuchu e pai de novo, o pior é a falta de imaginação — com a mesma mulher, é demais, a crônica do canivete provocou sim a carta do Maurício Bebiano, não é possível que você tenha esquecido, em Londres, me lembro até do momento, o telefonema, você como sempre fugindo, Priory Road, não se lembra?, estava também o Afraninho, quanto ao André Jordan, tinha certeza que a crônica se referia ao gravador do edifício Elisabeth, talvez o Carlos Lacerda, não foi?, mas eu também me lembro de uma ida à casa do Medeiros, depois na sua casa na rua Codajás, estava sim o Antônio Maria, mas o sacana me contou que te escreveu uma carta, então também isso é mentira, pqp, como mente, tudo é mentira, Juquinha, como diz o personagem do *Carneirinho azul*, até que enquadrei uma boa citação de mim mesmo, recebi hoje carta do Gilberto Amado de Cannes, ele bem que me telefonou aí no Rio dizendo que um homem da minha qualidade não podia ir pra um país que não

---

* Bernard Campos, diretor do *Jornal do Brasil*.

tem filósofo, a história do Josué com o revólver é mais uma crônica esplêndida, a ideia de editar as cartas pra falar a verdade não me anima, quem sou eu, hein, Rosa (Guimarães), você leu a correspondência Miller-Durrell, vi na sua casa pela primeira vez, isso sim é que é correspondência, fiquei arrasado, li Azorín, o Guilhermino (bolou?) tem grande prestígio em Coimbra, querem-no como adido, o Casteja, dê um abraço nele, aí conversaremos, recebi carta do Hélio, vi alguns artigos, dá um livro não dá?, a história do Sérgio com a Márcia Rodrigues* foi meu prato de resistência na embaixada, fez um sucesso danado, o Brito, rapaz, o Brito! premiado, realmente perdi essa entrevista, mas entendi tudo, sócio da Sabiá eu bem que queria, mas acho melhor assim, se bem que também entenda que eu sou o tipo do terceiro sócio nessa dupla, mas de fora eu torço com a vantagem de não ter direito à retirada, ando tramando uma carta pro Vinicius, fica pra depois, é o Centro do Livro Brasileiro, aí te conto, que quer os livros da Sabiá, a Rosica me escreveu, o *Braço* sai em setembro, o Clason esteve aqui, quem é Rosa?, outra que não entendi, quem é o homem da TV pro meu lugar, se me fizerem uma boa proposta eu topo e largo Lisboa, as pazes com o Samuel você precisa contar direito, ótimo, Buchenvald você não conhece?, é o FS americano (?), recebi carta do Ant.º Olinto** sobre Academia, pediu meu apoio, já pensou?, você deu? e o Callado? ciao, Fernando, aguenta a mão que estou chegando, mas guarde reserva e não tumultue, quero paz. Anne etc. abs e feliz 1968, toma nota do que vai me contar pra não esquecer, ciao.

Otto

---

* Atriz carioca, estrela do filme *Garota de Ipanema* (1967).
** Antônio Olinto Marques da Rocha (1919-2009), escritor mineiro.

[ANOTAÇÃO NA LATERAL DA 1ª PÁGINA]

Verdade, mas confidencial.

Lisboa, 29 de janeiro de 1968

Anne e Fernando,
muito obrigado por tudo e pelo destemor de ir ao Galeão. Fiz ótima viagem, tudo perfeito, desde o papo com o Bubu, o jantar, os drinks, até o sono reparador de que andava precisado. Relaxei no avião, dormi como um justo horas seguidas. Céu azul, tudo azul. Já comecei a dar minhas impressões do Rio, mas esqueci aquele choque inicial, só ficou o que é amável e bom. Depois do almoço, fui rotineiramente à embaixada, recuperei meu ritmo lisboeta. Agorinha, o embaixador mandou umas flores para Helena com um cartão de felicitações pelo "excelente diplomata"… que eu sou. Me lembrei de nossas conversas aí. Aliás, estamos hoje de salões abertos para receber o João Cabral — e todo o pessoal da embaixada, salpicado de uns portugueses e outros tantos brasileiros. Guilherme Fig., F, me escreve dizendo que lhe pediu um conto para uma antologia a sair em França: mandou? recebeu a carta? interessa? Recebi carta do Dalton que coincide assombrosamente com aquela sua conversa diante dos "3 Patetas", lembra-se?, sobre o meu gênero — diz o DT* que o meu personagem sou eu mesmo etc., depois volto ao tema. Ana Bi, muito obrigado pelos jantares que filei sem aviso, pela viuvez que lhe impingi, transitória (por enquanto). Dê um abraço na Janet e

---
* Dalton Trevisan.

agradeça-lhe a ida ao aeroporto, toda a simpatia imerecida. Falou com Guguta? Defendeu-me? Explique, vá explicando, me defenda — só agora vejo o tumulto que foi minha passagem por aí. FS, no Antonio's, lá indo, leve a minha palavra amiga, explique por que não me despedi (seria doloroso e constrangedor, depois de tantas provas de amizade e escocesa generosidade). E ao Paulo, conte-lhe minhas infrutíferas tentativas de vê-lo, sem que ele me tivesse telefonado. Marco Aurélio, que só ouvi por telefone. PMC vi pessoalmente no universal Antonio's. E cá estou reinstalado naquele bem-bom, cigarrinho americano, drinks, CD,* aquela coisa — minha Mercedes depois daquele Volkswagen é esplendorosa como um palácio persa. E ciao. Esta é apenas um aviso e uma provocação. Escrevam. Entreguei as provas ao JC de MN. Abraços para o Rubs, sede da felicidade carioca, naquele 12º andar que é cidade e é roça, símbolo de tudo que é bom no Brasil.** VV. sabem que eu não tenho nada contra o Brasil... Lembranças aos amigos, que tal escrever um artiguinho sobre *Jorge, um brasileiro*?*** Praqui ou praí? Ciao de verdade. Abraço velho e fraterno do

Otto

P.S.: Av. Duarte Pacheco, 21 — ap. 4A

---

* Corpo diplomático.
** Rubem Braga, instalado desde meados da década de 1960 numa cobertura na rua Barão da Torre, em Ipanema, onde plantou horta e pomar.
*** Romance de Oswaldo França Júnior premiado no concurso Walmap de 1967.

Lisboa, 15 de março de 1968

Fernando,
que há com o Hélio? E os artigos dele — estão muito destemperados? Você não exerce um certo poder moderador?

Hoje é sábado, está uma tarde linda e eu me refugiei aqui na chancelaria para adiantar o meu expediente, sempre atrasado, por mais que me esforce.

A principal razão deste bilhete é que esqueci na carta de ontem de lhe dizer: a Luca me escreveu, doidinha, avisando que vem passar o verão em Lisboa e que j'ai intérêt à l'héberger, pescou? Não mandou o endereço — sabe qual é? No verão, teremos a casa cheia e é possível que a gente saia para um bordejo por aí (impossível, pois Helena vai ter o "Godofredo" nos princípios de julho). Como é que eu saio dessa?

Recebi agorinha mesmo uma carta do Carlinhos Oliveira de São João del Rei, que coisa surrealista! E me comunica que está casado ("Sabe quem foi o padrinho? O Tavares! O Fernando Tavares Sabino!"). Que é isso? Chama-se Heloísa? Mas Heloísa não é a mulher inventada só para efeito de crônica? E por que em São João? Meu Deus! Outra coisa: ele conta que, ao publicar a crônica "Longe do Otto", recebeu um telefonema do Brito espinafrando, "afinal o *JB* é um jornal nacional" etc. Fiquei meio fulo. Que sujeito pequetitinhozinho! (Chi, rapaz, me distraí, o fósforo aceso na cesta botou fogo num mundo de papéis aqui, socorro!)

Olhe: vem cá o Michel Simon,* tá bom? E o Guilherme de Figueiredo me escreveu (te contei) me cantando para ir pra Paris.

---

* Escritor e tradutor francês fortemente ligado ao Brasil por laços afetivos, a ponto de haver acrescentado ao seu o nome do país: Michel Simon-Brésil. So-

Afinal, onde é que é bom? Hoje um português, aliás portuguesa, que esteve no Rio, me falou horrores da nossa pátria — ela só viu o Lido e arredores, mas não é o melhor? E recebi em casa a visita de dois estudantes de Coimbra, até sábado, meu caro, nem ao menos sábado! O João Cabral ainda está aí?
Estou cheio de medos. E estéril!
Ciao. Como vai o Pedro? As menininhas? Beijos, abraços.

Otto
(OLR)

P.S.: MANDE AGORA, SE AINDA NÃO MANDOU, A TAL CARTA DE RECOMENDAÇÃO PARA O CLÁUDIO MURILO.

Lisboa, 15 de março de 1968

Fernando,
seu silêncio repulsivo não merece comentário.
Recebi hoje, agora, carta do Vinicius fabulosa, imensa, aliciante (como cá se diz). Enquanto não lhe escrevo (estou tramando há dias uma carta para ele, motivo imediato: morte de dona Lídia, em quem penso sem parar desde que soube, estando eu em Coimbra), diga-lhe, ao Vinicius, que já marquei uma conferência na Faculdade de Letras de Lisboa sobre ele (já tinha assumido o compromisso antes da carta). Outra conferência já acer-

---

bre ele Otto escreveu "O Brasil: nome e sobrenome", artigo de 1976 (incluído em O príncipe e o sabiá).

tada: a crônica, você, RB, PMC, JCO, SPP-SP* etc. — "literatura em mangas de camisa", é como cá se diz, ora pinoia! Andei pelo interior, Norte, Porto, Vila do Conde, Coimbra etc. — cruzei muito com o Iaiá Garcia, que é o Irineu, que hoje se fue para Sevilla, mas volverá, inclusive para uma conversa com o Sousa Pinto, com quem estive hoje mais de duas horas: quer editar o *Homem nu*, quer fazer uma coleção de antologias poéticas, seria possível entender-se com vv. para repetir aqui o êxito brasileiro?, vai provavelmente interessar-se por um livro do Vinicius, o *Para viver um grande amor* certamente. Você poderia fornecer-me informações sobre as tiragens desses livros? Outra coisa: você não gostaria, com o Rubem, de examinar a hipótese de fazer aí o que o Sousa Pinto faz aqui com o livro brasileiro, capice? Editar portugueses, particularmente ficção, à base de receber uma batelada de livros e depois todos os lançamentos que cá apareçam para uma seleção — quem sabe começando com uns seis títulos anuais, um cada dois meses. Responda, sei que há outros editores interessados, em princípio a ideia me parece viável, não? Contei ao Sousa Pinto que a ideia de uma editora (do Autor) fortaleceu-se muito no seu espírito quando você o visitou em 1958 e que até hoje quer "repetir" aquela simpática atmosfera que há na casa dele — realmente muito acolhedora —, ele se babou todo, riu com os olhos, com toda a cara: — Ah ié? Pois pois eu não sabia, ah ié? Ai que simpático! Fernando: e essa história do livro português, está como sempre muito em pauta aqui, ando sempre desconfiado, aquelas conversas, mas há posições, fala-se num convênio entre o Sindicato daí e o Grêmio daqui, para impedir a

---

* Rubem Braga, Paulo Mendes Campos, José Carlos Oliveira e Stanislaw Ponte Preta-Sérgio Porto.

entrada de traduções etc. — que é que você poderia me dizer a respeito? O assunto é longo, mas confie que não estou bobeando, nem corneando o Brasil — e pago pelo Brasil, coitadinho do Brasil — está em moda falar mal do Carnaval, é, ah ié? Fernando, não me venha de borzeguins ao leito, isto é, deixe-se de má vontade com o Sousa Pinto, tão simpático, editor, você sabe melhor do que eu, sempre passa a perna um pouquinho na gente, é como gato e rato, escritor e editor, mas sem rato, gato não tem interesse e vice-versa, e ainda que não passe a perna na gente, a verdade é que o escritor sempre tem essa impressão (corretíssima). Eu mesmo, no fundo do fundo, estou convencido de que você e o Rubem são uns finórios a me explorar (apesar de não terem ousado lançar um livro meu, nem falam nisso, mas estou cheio de originais... sem originalidade), tranquilize-se, estou escrevendo tão depressa que os assuntos se encadeiam contra a minha vontade e acabo me surpreendendo com ideias que não estavam na intenção desta carta. Pois esta carta é para lhe pedir um favor. O seguinte (atenção, responda por favor, use sua secretária, tenho interesse em servir ao rapaz, não faça brasileirada, responda, perca um tempinho e ajuda teu irmão):

CLÁUDIO MURILO LEAL, ou só Cláudio Murilo, como ele se assina. Tem versos publicados. Pergunte ao Mello e Souza.

Através da Vera P. Jordão, conseguimos o interesse da Universidade de Essex (University of Essex, Wivenhoe Park — Colchester, Essex, c/o Dr. Simon Collier, director, Latin American Center) para que ele Cláudio vá lá dar um curso de Estudos Brasileiros, ou melhor, Literatura Brasileira. A Universidade pediu agora, na reta final, umas cartas de apresentação e seu nome foi indicado espontaneamente como idôneo para recomendar o rapaz (trinta anos, poeta, assistente de Literatura no Rio, faz uma tese sobre influências camonianas na *Invenção de Orfeu*). Remember Narceu. O Cláudio, que é amigo do homônimo de Mello e Souza (foi quem m'o apresentou), excelente figura, meu cupincha em Lisboa, precisa e merece seu gesto. Faça a carta como você sabe, de circunstância, pode carregar na mão que me responsabilizo, e mande para mim aqui na embaixada (a carta é em inglês, hein, sua besta). E no mais: Helena melhorou, está aqui a Maria Helena Resende Costa, os meninos lindos vão indo, eu numa trabalheira infernal com furúnculos debaixo do braço, eram cinco, hoje arrebentou um, vá doer assim na baixa da égua. Vou responder ao Rubem, sua carinhosa carta, até que me sinto tout en beauté (por falar em francês, eu teria um caso pra te contar, mas só pessoalmente). Ciao. Soube que vv. Sabinos estão ricos. Anne linda, lembranças, abraços.

Otto

Lisboa, 26 de março de 1968

Fernando,
você está é louco! Que lusitanismos, que diplomacias qual nada, seu! Estou aqui com o Irineu Garcia à minha frente combinando uma bacalhoada para hoje. É atividade cultural de longo curso aqui. Minha vida é um inferno, FS, e você ainda me vem de borzeguins ao leito, ora p.! Bem, obrigado pela solução dada ao pedido para o Cláudio Murilo — rápida e eficiente (como era aquela adjetivação sobre a enciclopédia, da sua crônica americana?) Vou agir, aliás, já me tinha ocorrido e ia fazer, falsário que sou. HP nunca escreveu. Escrevi ao Paulo pelo aniversário, será que não

recebeu? Carlos Góis etc. — endereço certo. Erico Verissimo vai passar aqui dia 29, me escreveu gentil e engraçado. Sousa Pinto, falei com ele agora. E editor, meu nego, tal qual todo editor. Por que você não faz a Sabiá aqui? Quer fazer, a sério? Parece loucura, mas o Irineu aí te explica. Diga ao Rubem que o Guima vai indo, saiu daqui agora, e o Roberto mandou pedir apresentação a mim — p., como me oneram! olhe, eu não tenho tempo nem de respirar! O Irineu vai contar tudo aí direitinho, confio no Irineu, o Irineu é o meu Cirineu destacado para o Rio. O problema do livro suscita um debate longo, ainda hoje cortei uma entrevista num jornal para mandar a você, mas deixa pra lá, é muito complicado e aí é outro planeta. Vamos unir a Lua à Terra antes de unir P ao Brasil. A minha outra carta é sobretudo sobre a Luca — help help help help help! Nem durmo mais! Brito e Celso Sousa e Silva passaram aqui turbulentamente: saí do hotel Ritz às sete e meia da manhã, correndo. E às onze estava lá de novo. Estou podre, um caco. Mas jantarei hoje, e amanhã e depois e sempre, vá jantar assim na baixa da égua. Recebi com a sua carta do Casteja todo suscetivelzinho, me recomendando uma senhora cujo marido está preso. É a quarta carta sobre o assunto, meu Deus, que é que eu vou fazer? Ontem, me ofereci a um caçador como caça — é o máximo que posso fazer numa teia de tantos problemas insolúveis. E você, ainda usa tom frio porque tive tom frio, que monstro! Quando, meu Deus, os amigos me acharão um bom sujeito, crucificado em vidas alheias? O Michel Simon está aqui, todo chateado também, porque diz que o Rubem informou a ele que eu durmo doze horas por dia e me telefonou no Rio e eu não atendi. Carrego esse homem há trinta anos, com mão única, e estou em falta, é de amargar! Sou sempre culpado, voltei a 1939, meu guilty mind, ai, prostituta de calçada! Vou falar em Madri sobre o quê? Sei lá. E os meninos querem que eu os leve a Paris, aguento Paris? Meu desejo é me esconder no Matola, ainda há o Matola? Sabe se o CDA recebeu minha carta? O Michel Simon fala sexta-feira sobre Manuel Bandeira, com um grupo de estudantes, comandados pelo Cláudio Murilo, recitando o bardo. Dê a notícia, se calhar, se lhe pedirem alguma notinha. E tem Cabral, meu caro, tem Cabral pra burro! Bom, Fernando, estão me chamando, o Ministro me espera para uma conferência sobre. Sobre. Sobre tudo! Ciao. Se vir o Casteja, diga-lhe que sim, que vou ver, que já vi, que vejo todo dia, que não faço outra coisa, e que vou lhe escrever em seguida, mas os tacos do meu escritório saltaram, estou em obras, a máquina empoeirada, os operários (portugueses) só trabalham domingo ou à noite, custa tudo tanto tempo, quando eu voltar a ter escritório, mesa etc. em casa, vou responder a todos, aliás sempre respondo, eu sou o único brasileiro metido a besta que responde ao que lhe perguntam e que faz cartas de resposta, exemplo esta, corrida, corridíssima, mas em cima da bucha, não deixe de falar sobre o caso da Luca, preciso do endereço, como é que eu saio dessa? Helena melhorou, hoje teve umas coisinhas, agora neste momento está no médico, queixa-se do silêncio da Anne e da Maria Urbana, duas amigas ursas, incomovíveis. Não há de ser nada. Deve ser culpa minha. Tudo é culpa minha. Uso um tom frio e sou um monstro. Cuspa em cima do cadáver do vosso amigo luso e diplomático.

Otto

P.S.: Ô tonzinho chato este último, hein! Imagino sua irritação… Mas pode estar certo de que, além de tomar um cafezinho, estou sorrindo. Não me leve a sério, por favor. Retomemos as cartas amáveis e amigas, sem asperezas e tons acres. Obrigado pela resposta pronta, Fernando: você é o último ouro do Brasil, se precisar de alguém pra meu velório, o caixão de chumbo etc., recorro a você, o único em que confio!

Otto

Bruxelas, 25 de maio de 1968

Fernando,
será que você Me respondeu? Garanto que não! Saí de Lisboa sem programa, de carro, com o J. Luís e o Armando, até Paris, onde a crise cresceu tanto que nos refugiamos, vindos também de carro, em Bruxelas. Que redescoberta da Bruxa! Depressão, saudades, ilusões refeitas, tanta coisa, mil coisas para contar! Saudades de mim, de nós, de tudo, do Brasil — 1958! Me lembrei de você e Anne quando ontem passei pela Gare du Nord — aquela chegada de vocês de trem, lembra-se? Dez anos! Como é que você não me chamou a atenção para o cinquentenário do Etienne? Sujo! Passou ao menos um telegrama em meu nome? Entrei num hotel novo (Hilton) fabuloso. Está tardíssimo, mas não consigo dormir, estou fervilhante [ilegível] De Gaulle, na TV — a crise [ilegível] Revolução no [ilegível] [PASSAGENS ILEGÍVEIS], pode mudar o mundo. Que coisa, hein? Vi muita coisa de perto. Lembra-se que estive em 58 em Paris, na subida do homem ao poder? Vontade de bater papo! O Armando só pensa em dormir. O JL hoje está cansado e adoentado, mas siderado pelos acontecimentos. Falei agorinha com o Walter Clark, ainda em Paris — que porre! Todo mundo procurou fugir de lá. Eu bem que queria ficar e escrever sobre a crise, apaixonante. Vai ter repercussões, inclusive aí. E o Hélio? Nem uma pala-

vra! Passou aquela "rampa" ou foi lançado no espaço? E o Paulo? Rubem? Vinicius? (ouvi dizer que se separa de N* — é mesmo?) Pense em mim, tão coitado e perplexo, com gastrite, dê o seu palpite. Mas, descanso de Lisboa, arre! Bruxelas está uma beleza, believe it or not. Como progrediu! Escreva, oriente-me. Estou com medo de voltar. Talvez dê um pulo aí (moita!), Helena e os meninos vão bem. Jantei com o C. Chagas em Paris, Cristina falou de Virgínia etc. saudosos abraços para Anne, meninos, Janet, Você, do velho

Otto

[ANOTAÇÃO NO TOPO DA 1ª PÁGINA]

Viu o Araújo Castro depois de N. Y.?

Vi o Brito** em Lisboa de novo, no aeroporto. Passou, [ilegível]. O Justino, em Paris. Mil brasileiros — como viajam! E a Regina Rozemburgo*** depois eu conto. A Ilka**** também. A [ilegível] estaria em Paris. Todo mundo estaria... É a capital da mais-valia brasileira.

Tem visto o Luís? Ele está doente, com úlcera no estômago. E o Castejon?

E o Nelson?

---

* Nelita Abreu Rocha.
** Manuel Francisco do Nascimento Brito.
*** Atriz e socialite carioca (1939-1973).
**** A atriz e modelo Ilka Soares (1932).

[ANOTAÇÃO NO TOPO DA 2ª PÁGINA]

Conte o que há — estou há meses sem ter [ilegível] mais daí. Falei com o João Cabral, que me telefona sempre. Vou a Barcelona. Saíram outros sabiás? Peça o meu romance para editar...

Lisboa, 6 de setembro de 1968

Fernando,
pensei hoje fortemente em você. Qual não foi minha surpresa quando, em casa, ao abrir uma *Manchete* que recebi hoje, vi seu retratinho, sua página, sua crônica. Uai, pensei, quer dizer que o Fernando voltou a escrever crônica na *Manchete*! E o Rubem? Gostei logo da página, sua foto de camisa aberta ao peito, um princípio de pega-rapaz, o olhar assustado, o buço, os livros ao fundo — foto de escritor. E gostei do título, "O enviado de Deus". E li com delícia a historinha, você se contando cotidianamente com boa mão, boa técnica. Fiquei com inveja... achei uma vida direita, que mané adido coisa nenhuma, ganhar seu dinheirinho na máquina de escrever, me vi fernandosabinamente no escritório, narrativo, cronístico, o público satisfeito, o dinheirinho no bolso, bermudas pelo Leblon, uma presença marcada sem excessos, um dia a dia conquistado honradamente, verão carioca, ar--refrigerado, saída apressada com a pasta cheia de papéis atrasados, layouts, tipografias, *O Globo* para dormitar no escritório de Copacabana, se telefonarem só atendo se for o Rubem, fala com o Paulinho que passo na Biblioteca depois das cinco, Verônica, agora não que o Papai está trabalhando — e lá vai o casinho maneiro, engraçado, despretensioso, mas dizendo do homem, con-

tando-o com graça, sem demonstrações e sem pudicícias neuróticas. Quando você voltou pra pegar o garoto, fiquei gelado — vai estragar a crônica. Mas você não perde uma. Pegou o garoto sem milagre nem revelações proféticas, ainda baixou mais o voo no trivial, não perdeu o dentista, não decolou para o heroísmo autopromocional e o fim é soberbo — "Deus houve por bem distinguir-me com um nervo exposto". Pois é, Fernando, vida direita é vida de família. E não isto aqui, onde não se tem conversa de família. Pra começo de conversa, os filhos estão ausentes, soube que André e Bruno jantaram com você, Cristiana está em Minas. Aqui só está a Maria Pão de Queijo, vulgo Perereca, também Helena Cristina, Heleninha, que já dá pro gasto, me religou à vida e me reacendeu o desejo longevo de viver muitos mais anos. Mas não há de ser assim, nesta bandalheira. São duas horas e picos da manhã, volto do cassino do Estoril, onde arrisquei uns escudos na roleta, ganhei quatro plenos de saída, parei, perdi 320 escudos na maquininha diabólica e devoradora, troquei as fichas e caí fora, Helena me esperava no salão lá fora, com a Mônica e a Andréa. Copo de leite pra variar (acho que sou o único sujeito em Portugal que toma leite de madrugada), cafezinho e cigarros às pampas, preciso fumar menos e trabalhar mais. Como é bom trabalhar, mesmo bestamente, estou cada vez mais convencido de que quem não cumpre com o seu dever cotidiano (os mais bestas: ir ao dentista, cortar o cabelo, fazer a carta atrasada, pagar a conta do alfaiate, comprar goma arábica) merece ser condecorado, que é um pobre-diabo infeliz, sem a alegria moral remuneradora de quem enche o seu dia na bigorna humilde dos deverezinhos de todo-santo-dia. Eu já perdi a esperança de me recuperar. Sou um caso perdido. Mas Deus ajudando, ainda vou voltar pro Rio e dar meu durinho manso, sem me trocar na moeda enganosa da vida que não escolhi, da vida que me vive sem que eu a viva por escolha minha — como você, pelo contrário, faz, festejado cronista da *Manchete*, com seu público, as cartas dos leitores, os filmes que te encomendam e que não saem, ou saem pela culatra (como ficou *O homem nu?*), passadas honestas pelo Antonio's, sem pileques (aqui dizem pielas) frenéticos e arrependimentosos, sem politicalha manifestante e comicial, sem se deixar passar pra trás — você é um sábio, Fernando Sabi(n)o! Até que esta semana eu não estou muito esparramado, não estou caudaloso e invadido pela vaza alheia, me economizei, li meus livrinhos segundo o apetite sem método, li revistas pra burro, ensombreci com a narrativa da invasão da Tchecoslováquia, telefonei pouco, quase não morri de tédio, fiz umas cartinhas, me iludi que até podia escrever minhas historinhas (mas isto não escrevo, não), corri, regato serelepe, pelo curso da semana apressada — como o tempo deu pra voar! Hoje recebi um telegrama do Dines pedindo um texto sobre as festas aqui em Lisboa, mas eu não fui às festas! Vi os babacas em frente aos hotéis, vi de longe o perfil da Lollobrigida fugaz no risco de um automóvel, me indignei com a afronta desses milionários num mundo crivado de desgraças, terremoto no Irã, fome no Biafra, violências e morte, até essa história do orfanato de Nova Iguaçu, com que a imprensa aqui se delicia, coisa negativa tem um destaque danado. Soube que o Ibrahim Sued está aqui (ouvi dizer que o Alberto está à morte, com câncer, quanto câncer, meu Deus!), a Nina Chavs* — e o Wilson Frade,** olha já viu só, que me telefonou. Está aí, me pedem texto sobre essas festas que eu não vi, há de ver que fiquei indignado porque não

---
* Nina Chavs, colunista social.
** Colunista social mineiro.

fui convidado, puro despeito, até que o Patiño deve ser um bom sujeito, quem não o é? Visto de perto, com isenção, isto é, com simpatia, todo homem é um homem é um homem é um homem. Há tempos, li a notícia de uma gravação sua e do Paulo no Museu da Imagem e do Som, você muito destacado, até falou em mim — elogiou o Autran e o... Macedo Miranda,* imaginei o contexto, terei imaginado certo? Por falar, como vai ele? Calou-se, aliás, acho que lhe devo uma carta. Escrevi foi ao Dalton, outro noivo virginal da literatura, que inveja. Estou um cara invejoso paca. E hoje já é 7 de setembro, tem aquela reunião na embaixada com salgadinhos e rodinhas insossas, há de ver que tem muito estudante brasileiro — pode haver gente mais chata? Ultimamente não tenho visto jornal daí, mas vi na supracitada *Manchete* a baderna da Universidade de Brasília, que polícia (se consola, a de Chicago também é violenta), e tenho visto nos jornais daqui constantes notícias de manifestações por todo lado do Brasil, ai que tédio. Mas o Hélio ideologicamente me ensina a mim, Alienec, como diz ele, que o Brasil mudou, que há uma revolução pra valer etc. ai que tédio. A Clarice também voltou pra *Manchete*, me telegrafou, respondi, conversei horas com o Adolpho, não sei se ela recebeu minha carta. Quem andou aqui foi o Cyro, mais o Murilo Mendes, mais o Mário Pedrosa, que os três assistiram ao batizado da minha temporãzinha, que é uma meninona bonitinha e gozada, já com a sua personalidade, até ri — que é que eu quero mais? Soube que você foi, quem sabe ainda está na Argentina, foi gastar seus dólares, por que é que não veio a Portugal, que é mais perto da Europa? Vou aí, aguenta a

---

* José Carlos de Macedo Miranda (1920-1974), escritor e jornalista fluminense.

mão, e se der jeito, estico com o Armando e o Castelinho até os Estados Unidos, assim enforco quase todo o resto do ano, depois verei que bicho dá. O Zé Luís misteriosamente me diz que devo ir pra Londres, a Vera PJ* passou aqui e me contou que é chato, mais chato do que aqui não pode ser, mas ser adido é uma merda, criado de uns chatos, vá ser chato assim na baixa da égua. No entanto, como sou, vou ficando, com medo do que possa vir recomeçar tudo, não encontrar meu lugarzinho aí, não poder voltar como você pra *Manchete*, e aqui recomeçaria a carta, que inveja. Ciao, FS, lembranças aos lembráveis, abraço pra Anne e pra você, até um dia desses. Vai ser muito chato aí? Conto com você. Ciao mesmo. E a Janet? Abraço pra ela. Seu velho fã.

Otto

[ANOTAÇÃO NA LATERAL DA 1ª PÁGINA]

"Sim, vi o Araújo Castro depois que voltei de Nova York. Mas isto já tem vinte anos!" Esta achei genial, me escangalhei de rir. E as outras, que comento aí. Socorro!

[ANOTAÇÃO NO TOPO DA 2ª PÁGINA]

O Casteja taí?

[ANOTAÇÕES NA LATERAL DA 2ª PÁGINA]

E a Sabiá?
Obrigado pelo telegrama ao Etienne 50º.

---

* Vera Pacheco Jordão.

Lisboa, 16 de setembro de 1968

Fernando,
falei com o Bentley sobre a sua pretensão de ir aos Estados Unidos, ele ficou (e deve ter feito) de se comunicar com a embaixada. Foi ele que indicou o meu nome. Soube que você queria ir através de carta do Castelinho (isto é, que língua a nossa!, soube pela carta do CCB). Neste momento, o telefone tocou e é o Armando Nogueira, que me diz que vai ou a 28/29 ou a 2 de outubro. Falei-lhe sobre você. Procure entrosar aí, o Castelinho é amigo do Tuthill, você é um monstro de eficiência, arranje as coisas e vá, seria ótimo, mataríamos as saudades, ainda que não sejam (de sua parte) recíprocas.

Li sua crônica de vovô. Não sabia. Aliás, soube na véspera por carta do Adonias Filho. Se tivesse tempo, escreveria à Eliana e ao Hélio. Dê-lhes o meu grande abraço e conte que a minha neta/filha nasceu com quatro quilos e meio medindo 52 cm!!! Está ótima! Linda! Imensa! E estou, claro, gagá.

Olhe, o Sousa Pinto insiste, como você verá pela fotocópia anexa, em te editar. Quer fazer uma antologia, a meu cargo, o que não convém, melhor seria você mesmo escolher, ou então o *Homem nu*, ou os dois. Tem alguma preferência quanto a outro livro? Veja se responde afirmativamente, ainda que superando o ressentimento quanto aos direitos do "*E.m.*".

F, saiu finalmente a edição inglesa do *Braço*. Muito bonito o livro, mas me deu uma vergonha! Recebi ontem, passei os olhos nuns capítulos, fiquei com vontade de me esconder, que sujeito chato e triste, sobretudo em inglês, é o meu personagem Laurindo! Será que alguém vai ler essa bosta? Estou arrasado, na maior depressão. Me mande um estimulante, diga que não é tanto assim, lembre algum personagem quase tão chato quanto o meu. E a história, a pobreza, o ambiente mineiro, tudo ganha relevo em inglês, sem o coloquialismo, as palavrinhas regionais, awful! Depressing! Isto não é leitura de inglês, gente desenvolvida, como é que você me fez uma coisa dessas? Mas é bom, né?

Bom, já interrompi várias vezes esta cartinha. Estou cheio de serviço e postulantes. Aí conversamos. Mas escreva, conte o que há, dê sinal de vida.

Abraços gerais, recomendações a Anne,
Abraço do velho
Otto

P.S.: Um abraço de parabéns para a Vovó Helena e ao tio Pedrão, as tias Leonora e Virgínia.

Boston, 12 de outubro de 1968

Fernando,
à meia-noite, Armando e eu falamos de Você, mais uma vez analisamos o enigma (!) FS e lhe desejamos felicidades — a você, ao Gerson (diga-lhe) e à América. Dos três, quem está na pior é a América, positivamente. Agora, acabei de almoçar num restaurante húngaro, estou no quarto com a TV ligada (Olimpíadas), enquanto o Armando está no bar, onde há TV colorida. Lembrei-me muito de você em N. York (Vi o Araújo Castro, precisamos estar mais etc.) A vida que podia ter sido e que não foi. 1946! Sinto hoje que eu devia ter vindo, por que não atendi ao seu apelo?* Lembra-se de quando, no Village, estivemos juntos

---

* Otto lamenta não ter cedido aos apelos de Sabino para que fosse, como ele,

aquela noite, no bar, com o Ovalle e o Zé Auto?...* E você disse ao garçon — como era mesmo o nome dele? Jimmy? — qualquer coisa sobre snakes e ele se assustou?... Então éramos rapazes — havia jardins (e ilusões e certezas) naquele tempo! Estive em Washington. Aqui em Boston, me lembro do Luiz Camilo** e de nossa viagem, no seu coupé, quando ele foi operado do coração... Onde era mesmo a sua casa em New York? Mande dizer, para eu revisitar — e recordar o Schmidt subindo as escadas sem fôlego, com frutas nas mãos...*** E quando nasceu a Leonora ("está linda" — me disse o Benedito, com ar de novidade). Pois vi o Benedito, no auge da solidão, num domingo de N. Y., me chamando para almoçar etc. Tanta coisa! "Aqui ninguém fala francês, é chato" — disse ele. Estive com o Magalhães e os xexéus do Itamaraty pipilando em torno. Devia ter sido em 1946! A vida que podia ter sido e que não foi... No ano que vem, vamos vir aqui com Anne e Helena? Você devia estar fazendo 46 anos hoje. 45 é pouco demais para o meu gosto. Eu estou um velho acabado, an old man indeed. Mas este é apenas um bilhete para lhe levar o meu abraço de parabéns e votos de felicidade. Vi seus livros ontem na Universidade de Harvard. Outra vez a vida que podia ter sido e que não foi. Fiquei na maior excitação. E o prof. David T. Haberly, que já tinha me escrito e eu não me lembrava,

---

viver em Nova York, nos anos 1940. O que se segue é fantasia, já que a viagem não aconteceu.
* José Auto de Oliveira (1909-1986), jornalista pernambucano. Foi o primeiro marido de Rachel de Queiroz e viveu em Nova York por muitos anos.
** Luiz Camilo de Oliveira Neto.
*** Na crônica "A casa de Hudson Street", Sabino conta uma visita que lhe fez Augusto Frederico Schmidt num pardieiro onde morava em Nova York. Homem de muitas carnes, o poeta subiu bufando dois lances de escada, com "algumas frutas que ele mesmo comeu".

e tudo mais. Amanhã vamos para San Francisco e Los Angeles. Volto por uma semana a N. Y. E acho que vou passar quatro dias no México — se não cansar demais. Pois é bom, mas cansa, estou sem notícias (já viu Helena e a linda menininha?), saudoso, com vontade de parar. E parar agora só em Lisboa. Lembranças aos amigos — escrevi inúmeras cartas! Em Los Angeles, vou me lembrar muito do Vinicius, aquele tempo da Carmen Miranda (ah ah ah). Vi aqui o JK e o CL. Você vem? Abraços à A. B., Janet, filhos (Pedrão), todos. De coração, parabéns!

Seu velhíssimo
Otto

P.S.: Por favor, dê notícias minhas à Helena e filhos: 36 1058. Tudo bem.

Lisboa, 16 de janeiro de 1969

F'rnando,
o seu silêncio me desonestiza e acabrunha. Até este momento, nem uma carta daí, apesar de todos os apelos dramáticos que fiz. Imagino como é difícil escrever cartas aí. Falta a infraestrutura. Ainda não atingimos a era postal. E a comunicação por meio da fumaça e outros recursos indígenas (nacionalistas, pois) ainda, ou melhor, já não é viável sobre o Atlântico. Aqui cheguei, pois. Depois de uns poucos belos dias, com friozinho e céu azul, começou a chover e a fazer um inverno sujo, ventoso, úmido. Meteorologicamente e espiritualmente, as coisas pioraram. Fico matutando à noite, na minha solidão, e caio no maior acabrunhamento, como você calcula. Nem preciso puxar angústia. Pri-

meiro, você já sabe. Segundo, fica ridículo e anacrônico. Terceiro, é isso mesmo. Minha esperança de escrever vai se desvanecendo aos poucos. Horror à literatura possível, a que me coça os dedos. Com esse estado de espírito down, pra que aumentar o mar grosso das frustrações e dos amargores? Olhe, me escreveu um professor Carl Heupel (674 Landau — Ziegelhütte 1, treminha em cima do u, Alemanha Ocidental) sobre uma antologia de contos em que figuro, mandou o dinheirinho suíço etc. Pediu nomes de escritores brasileiros para divulgar na Suíça e na Alemanha. Não vi a antologia, de que ele diz ter me mandado um exemplar, mas foi para o Rio. Sabe alguma coisa a respeito? Já manteve contato com esse cara? Na resposta, entre outros, dei o seu nome, aguardo resposta dele. Minha gramatiquice se arrepia com a palavra resposta repetida na mesma frase, ou período. Mas estou escrevendo depressa demais, aproveitando uma passagem pela chancelaria. Vou em seguida ao Sousa Pinto, para decidir sobre a edição do *Retrato*.* Ele me surpreendeu com uma edição prontinha, capa e tudo, mas, fui ler, tinha vários erros e até algumas traduções feitas pelo revisor. Então ele decidiu refazer tudo, me escreveu uma carta dizendo que mandou reimprimir etc. Vou lá pra ver se se evita jogar fora, pois os erros não são tantos assim. Só tem um anús que virou ânus, uma manopla que foi emendada para manápula etc. Fiquei meio chateado com a edição, pois não queria que saísse livro meu aqui enquanto fosse adido cultural. O pior é que ele deseja (ele SP) tarde de autógrafos, lançamento em Lisboa, no Porto e em Coimbra. Perdi o sono com isso. Mas vou escapar, Deus é grande. Já pensou? Amanhã o Sousa Pinto vai

---

* *O retrato na gaveta.*

almoçar lá em casa. Vai também o Alçada Baptista,* que escreveu um belo texto sobre a infância católica dele, é impressionante a coincidência com a atmosfera mineira (S. J. del Rei). E vão outros. Helena resolveu fazer uma feijoada, foi crescendo, está imensa. E eu com a alma nos calcanhares. Ontem, apareceu aqui o dom Gerardo, beneditino, lembra-se dele? Todo vestidinho à paisana, conversamos. Lera na véspera o *Catecismo holandês*, o tal condenado, você já leu? É muito bem-feito. Padre sem batina, novo catecismo — estou muito Inspetor de Órfãos, aliás, pensando nesse meu pobre-diabo saído das minhas entranhas, meu duplo de sarjeta, tive um frouxo de riso de madrugada que pensei que ia ficar doido. Depois peguei o *Braço* e abri numa página qualquer. Comecei a ler e a rir, é o melhor texto humorístico que já li na minha vida. Chorei de tanto rir (e até agora, escrevendo aqui, começo a rir, incontido). Neste momento, me chegam notícias das cassações aí. Novas. Mas ainda é rumor, alguém que telefonou. Agora, parei um pouco, o Embaixador veio contar as novidades dadas pelo Jorge Maciel, que passou para Londres. Você, que tem experiência parecida, imagina como é que fica o ambiente com tudo isso. Olhe, me lembrei do aniversário do Rubem outro dia, escrevi mentalmente uma cartinha pra ele, toda amorosa, diga-lhe, pergunte se recebeu (mentalmente). Está chegando aqui um tenente da Banda de Música da Guarda Nacional, é cada uma! Deus me livre. Quem está aqui, permanente, é o Humberto Bastos, recasado, teve complicações de saúde etc. Mas está bom. Ontem tomamos juntos uísque e leite (eu, leite). Está com planos etc. Gente nova tem sempre planos. Como é que vai o João Nascimento Bittencourt?** Lembra-se

---

* António Alçada Baptista (1927-2008), escritor português.
** Num momento em que a censura violava correspondências — o AI-5 fora

dele? Penso nele permanentemente, sonho, me preocupo. Você continuou naquela posição de achar que ele devia se escafeder? Medite bem, não ponha o caldo a perder. E a MU?* Voltou de Minas? No dia 5,** bebi aqui à saúde dele, se puder, diga-lhe. Escrevi ao Autran, pedindo notícias. Mas até agora, como falei, nem uma linha daí. Nem ao menos meus filhos, que ficaram de escrever logo, nem eles. Passou aqui ontem uma moça e telefonou para Helena em nome da Anne Beatriz. O Henriquinho (Henrique Valle Junior) lhe telefonou? Não deixe de o ver, bater um papo, é um bom sujeito, queria falar com você, inclusive para dar e colher notícias, que depois me mandará. Ele esteve com você em Londres, por ocasião da Copa do Mundo. Não fuja, não. Pode chamá-lo e vê-lo, que é boa-praça, conversável, apesar de fechadão a princípio. Ficou muito meu amigo. Pedi-lhe que telefonasse também ao Armando. Se o vir, diga-lhe. Porque já imagino que o pobre do Henriquinho vai ficar telefonando em vão pra vocês e nunca que conseguirá falar. Dê-lhe ouvidos. É só pra bate-papo. Novo papinho aqui, mais notícias daí, vindas pela FP. Supremo etc., 37 cassações, né? E o nosso Doce e Radical?*** Que é que houve com ele? Saiu aqui nos jornais, há dias, que o autor de *Garup* (o nome sempre errado, com variantes) tinha sido preso. Pensei naquela sua teoria de que os boatos se confirmam... Ga-

---

decretado um mês antes —, Otto inventou esse nome para referir-se a Hélio Pellegrino (morador, então, na rua Nascimento Bittencourt), procurado pela polícia da ditadura. Enquadrado na Lei de Segurança Nacional, o poeta e psicanalista se entregou em 20 de janeiro e ficou preso até março. Será absolvido no ano seguinte.
* Maria Urbana Guimarães, a primeira mulher de Hélio Pellegrino.
** Hélio Pellegrino completara 45 anos em 5 de janeiro.
*** Antonio Callado, que também tinha problemas com a polícia política.

ranti ao Sousa Pinto que você vem cá. Aliás, mande dizer se vem mesmo e em que época, porque, primeiro, temos hóspede em perspectiva, por poucos dias, isso não atrapalha. Mas ando tentado a mudar de apartamento, pois o que temos é caro e grande demais com os meninos ausentes. Se você vem, aguardo, aguento a mão. Ainda que o plano de mudar, para poupar uns dólares, implica uma série de providências, ai que cansaço! Não deixe de mandar dizer o mais breve possível, ainda que não possa fixar uma data logo. Seria bom você vir, respirar outros ares. Até lá, vou escrever o meu romance para você ler e espinafrar. Tem dúvida que vou escrever? Já comecei. Escrevi uma lauda e pouco, ficou, claro, tão merdífero, que recomecei a trabalhar num conto de 1966. Remexendo os meus papéis, tive ganas de pôr fogo ao cabedal. E ainda por cima, encontrei umas fotos antigas, não tanto, minhas, que me deram a ideia da minha velhice. Como sabe, fiquei inteiramente careca e, dormindo, fico com a cabeleira branquinha, mais branca do que a do Plínio Lemos e do Sobral Pinto. Novas conversinhas, novos rumores. Nova interrupção. Com esta, o melhor é parar. Por favor, F'rnando, mande-me algumas palavrinhas, não me goze, leve-me a sério e faça uma cartinha maneira cheia de novidades pra eu ficar importante aqui em Lisboa. Quanto ao meu destino, que é que você me diz? Tem visto o PMC? O Vina tem telefonado, o João de Barcelona* também. O Vina, andei lendo a obra completa dele, fiquei inundado de ternura. Dê um grande abraço no Manuel Bandeira e no Ovalle também. Foi uma pena que não visse o Ovalle aí, ele está em Londres? O Schmidt está de viagem marcada para aqui, parece que vem com o San Thiago, sou capaz de aderir à caravana. É

---

* João Cabral de Melo Neto, então cônsul-geral nesta cidade espanhola.

verdade que o Mário Cabral* vem com uma bolsa de estudos para cá? Outro que gostaria de ter visto aí é o Sérgio Porto, já foi liberado? Ciao, FS, o Embaixador está me chamando. Cumprimentos ao Sabiá,** diga-lhe que vou escrever. Pelo amor de Deus, lembre-se do seu amiguinho destas bandas. E ciao mesmo, com lembranças à Anne, à Janet, aos meninos, ao ingrato do meu afilhado Pedrão, a todos os amigos e até aos inimigos. Abraço.
Otto

P.S.: O Irineu seguiu para a Espanha.

Lisboa, 27 de janeiro de 1969

Fernando,
a Iracema escreveu um bilhetinho só para dizer que está tudo bem e contou que encontrou você na rua e que você revelou ter recebido carta minha.
 Portanto, não tem desculpa. Por que não responde? Ou será que já respondeu e hoje ou amanhã vou receber aquela carta que, segundo o Vina, justifica banheira cheia de água esperta e a alma esperta de alegria cheia?
 O Vina quer voltar à carreira e tomar posto na Europa. Que é que você acha? Telefone a alguém, ao JL, por exemplo, e pergunte-lhe. Ou ao Zoza, no Ita. Ele está convencido de que é o melhor que tem a fazer agora, enquadrando-se como funcionário. Sabe se o

---
* Como os demais citados — Bandeira, Ovalle, Schmidt e San Thiago Dantas —, o pianista Mário Cabral já havia falecido.
** Rubem Braga.

Eloi recebeu a carta dele? Diz o Vina que é importante, pois tratava da situação dele em Minas, na tal Fundação. Fale com o Eloi para verificar, que daí não venham complicações para o Demetrius.

Quem está aqui é o Mário Pedro, sem notícias e ansioso por voltar, mas sendo segurado por conselho fraterno, enquanto se entedia e pretensamente descansa. Sabe de alguma coisa? Está sempre me perguntando notícias, que desconheço, e deseja saber o que há com o discípulo e amigo. Continua internado? A família voltou de Bhte e para a rotina da casa? Que há? Imagine a minha aflição, FS, e tenha pena de mim.

André, que escreveu hoje sobre o problema dos exames dele, diz que iria telefonar a você, terá telefonado, insistindo por mim numa carta sua.

E o nosso Doce e Radic? Recebi carta, aliás, bilhetinho rápido, do Cláudio, falando do Casteja, o depufede, ainda dá pra ser? Está aí? E o Doré? O Paulista Invisível e Silencioso?

Li toda a obra do Manuel Bandeira, que prosador gostoso, hein!

Soube que andaram recolhendo livros aí. Você, aliás, a Sabiá foi premiada? E o Capitão Braga? Como é que vai? Estou tramando uma carta pra ele, mas adio com as melhores intenções. Vou escrever é um bilhetinho mesmo d'amor e ficamos por aí.

Não deixe de escrever. Você se recupera comigo se de hoje para amanhã chegar uma imensa carta da sua lavra. Caso contrário, vá para o diabo que o carregue.

Lembranças aos amigos, parentela etc. Abraços nossos para Anne Be. Ciao.

Seu velho e cansado
Otto

P.S.: O João de Barcelona telefonou hoje de novo. Alimente-
-me, para eu dar de comer a quem tem fome!
O.

Lisboa, 10 de fevereiro de 1969

Fernando,
finalmente, chegou carta sua! Não posso responder agora porque estou na embaixada e não tenho tempo nem calma. Só para acusar recebimento. E pra pedir o livro do CDA, *Boitempo*, veja se me manda, simpatizei particularmente com esse livro desde que o vi anunciado e morri de amores quando vi a capa na editora. Me mande um exemplar, por favor, se possível com a dedicatória do Carlos, pra eu me rebolar. O Vina esta cá. Chegou de comboio, 36 horas pelas Espanhas, várias garrafas de uísque. Chegaram primeiro Edu, Cristina, Aluísio e o filho José Joaquim. Tivemos um jantar lá em casa, com bastante gente, até sete e quinze da manhã seguinte. Depois chegou o Demetrius, tivemos um jantar que se prolongou por um "assalto" (é grito de Carnaval aqui) em Carcavelos, até 8h30, o Aluísio engraçadíssimo, a conversar os portugas. Estávamos em 1928, em Vila Isabel. Ontem, domingo, almoço lá em casa às cinco horas da tarde, conversinha até nove, às nove fomos para a casa dos Noronha, de lá saí pra ir dormir, cansadíssimo, e me refiz, mas estou sabendo agora que o Demetrius, embalado, cansadinho coitado, noutro jantar, uma bacalhoada, entrou pela noite adentro e deu o seu vexamezinho. O importante deste bilhete é lhe dizer que eu acho que o Demetrius deve voltar logo, a Cristina,* que está me saindo uma sábia

---
* Cristina Gurjão, então casada com Vinicius de Moraes.

generosa e sensata, acha também. A saúde dele não está boa, o aspecto fatigado, a testa enrugada, a taxa de açúcar no sangue subiu brutalmente, vamos tentar levá-lo hoje ao médico. Está cheio de viajar, quer-não-quer ir pra Florença, fala em ir pruma quinta, vai ficando, diz que não sabe viver sem mim, mas, no fundo, no duro, quer ir embora logo. A viagem lhe custa um dinheirão, faz loucuras, acaba no miserê. Veja aí se abre caminho pra volta tranquila dele, apele, consulte, sonde, assunte, faça esse favor ao nosso amigo, e mande uma resposta rápida e, se possível, afirmativa. O Pedro meu Filho* escreveu um bilhetinho pra ele ir ficando, mas não creio nesse canal. Veja realisticamente. Eu sou a favor d'ele voltar logo, dentro de uns dez dias no máximo. O Aluísio falando pelos cotovelos, opina que não. (Imagine que o dr. Barriga me telefonou agora, parei um momento, me convidando pra um almoço com o Gilberto Freyre, a princípio pensei que era trote. O Marques Rebelo está aqui também, jantou conosco, está meio rodado, mas ainda se riu bastante, como nos velhos tempos.) Então, FS, veja isso pra mim e mande dizer. O Zé Luís esta num silêncio que desisti de provocar. Os boatos chegam aqui deformantes, a gente não tem com quem conferir, o melhor é não pensar. O Irineu continua aqui, o Demetrius por motivos que você imagina não faz bom olho. O Burguesiiia** está no Porto, eu ia lá hoje, mas desisti, o tempo está feio, não vou tomar avião à toa. Escrevi ao Capitão, ele recebeu, duas vezes. Ao Ar-

---

* Brincadeira de Otto com o título de um texto que Vinicius dedicou a Pedro de Moraes: "Pedro, meu filho...". Deveria ser o primeiro capítulo de um livro que não prosperou. (Incluído em *Para uma menina com uma flor*.)
** Mário Pedrosa (1900-1981), crítico de arte e militante de esquerda. Por ocasião de sua morte, Otto lhe dedicou o artigo "O outro Brasil" (incluído em *O príncipe e o sabiá*).

mando, já desisti, é um sujeito muito importante demais, não vai certamente nem ler as minhas modestas missivas. Escrevi à MU para Nascimento Bittencourt, sabe se recebeu? Estou preocupado com o André e o Bruno no Carnaval, aí sozinhos, se puder, se der jeito, telefone para 361058 e dê uma palavra a um ou a outro, se estiverem aí. Ciao. O Demetrius está me chamando no outro telefone, vou lá falar. Lembs a todos, Anne, meninos, você receba o velho abraço muito amigo e saudoso do
Otto

Lisboa, 15 de março de 1969

Fernando,
estou esperando o momento azado para lhe escrever, mas nunca que chega. Agorinha mesmo, em casa, numa tarde de sábado preguiçoso, eu com alguma tosse (gogo pegado do Demetrius), reli devagarinho a sua carta e me parece que respondi a tudo, menos, explicitamente, sobre a data da possível viagem que você propôs. Agora, estou na chancelaria, com Helena querendo ir embora logo, mas insisto em lhe fazer este bilhete, ao menos pra dormir de consciência tranquila. Antes que me esqueça: não pude mostrar sua carta ao Heitor,[*] por motivos óbvios, mas, sobretudo, por causa do maldoso diagnóstico de esclerose, comunicado pelo Eloi. Fiquei com receio d'ele ficar chateado, mesmo porque anda doente, como você sabe, deve ter feito novos exames ontem, pra ver o açúcar no sangue etc. Mas ri a bom rir com a história do cu com farofa, você tem toda razão. O nosso doce

---
[*] Vinicius de Moraes.

Heitor realmente não se manca. Você fala que eu podia escrever ao tio Juquinha, ninguém melhor do que ele etc. Pois escrevi a ele e a todo o mundo, mas NINGUÉM respondeu. Só no Itamaraty, me dirigi a mais de cinco pretensos amigos do Heitor e cordiais relações minhas. Ninguém respondeu. Ainda agora, está aqui em Lisboa, por uns dias, um rapaz do gabinete — e nem pessoalmente, à boca pequena, me mandaram qualquer indicação. Soube pelo Aloysio, que me escreveu, que o Zoza disse, à última hora, que o Heitor vai ser poupado, por causa da repercussão negativa que teria etc. Aliás, você viu a minha carta gravebunda a respeito para o Rubem? Nem sei se as cartas (milhentas!) chegam aí, porque ninguém acusa, ninguém dá bola, ninguém responde — ou pouquíssimos, como você (uma vez) e o Rubem (uma vez). Aliás, ontem me disse um secretário aqui que saiu uma crônica do Rubem em forma de carta a mim e que fala num tal Demetrius. Ficou de me deixar o jornal aqui, vim à chancelaria às duas horas da manhã, depois do aeroporto, aonde fui levar a Karla, mas não encontrei. Hoje também não. Pelo visto, nem vou ver essa crônica. Já me adiantava alguma coisa, seria um peidinho pra me orientar. Antes que me esqueça: saiu na Agir um livro sobre padre, com depoimentos do Adonias, Rachel, Corção, Ayala[*] etc. — será que você podia me mandar? Recebi ontem carta do Hélio e respondi na bucha. Achei incrível a ira dele contra o CDA-*Boitempo* (o poeta, aliás, me escreveu ontem uma cartinha maneira). Reli hoje a carta e reli o livro. Agora é que não vejo mesmo razão pra espinafrar o poeta — por quê? É conversa do Peralva?[**] Sinceramente, não entendi. Gostei muito do livro, quanto mais

---
[*] Walmir Ayala (1933-1991), poeta gaúcho.
[**] Osvaldo Peralva (1916-1992), jornalista.

leio, mais gosto. Há poemas do melhor Drummond — e o livro me deu ganas de retomar umas notas sobre ele, a moral mineira etc. Parece plano do Marco Aurélio, não parece? Deixa pra lá. Acabo fazendo outra conferência sobre o CDA em Coimbra, ou melhor, aqui em Lisboa, que estão me convidando. Ontem, falei ligeiramente na leitura de poemas do Vina. O ambiente era sufocante, cheíssimo, gente sentada no chão, um calor (o ar-refrigerado desligado porque a Philips gravava, para um eventual disco), eu numa posição desalmada, fiquei de costas doendo, e o Heitor lendo, lambendo as próprias crias com um gosto!, naquela vozinha lenta, contando "quando eu estive em Oxford" — e lá vai pedrada. O O'Neill leu um troço inicial, bom texto, foi ele que fez a escolha dos poemas que vão ser editados aqui (dane-se). O resto contei na carta ao Hélio, o almoço, a conversinha etc. Imagine, como disse eu ao Hélio. O Heitor promete partir dia 18, terça-feira, de barco, para a Itália. E em maio, acho que a 6 ou por aí, voltará ao Rio, também de navio. É o plano atual. Ficou satisfeitinho com a notícia mandada pelo Aloysio, já se considerava no mínimo aposentado (eu continuo desconfiando). Mas quanto à nossa viagem, que é o que importa, o principal assunto desta carta, não consigo deslindar a minha complicação. Estou uma bobina cada vez mais enrolada. Já comuniquei, extraoficialmente, minha intenção de voltar. Cansei de esperar as informações que pedi. Por um lado, continuaria aqui — a situação financeiramente é tranquila, poderia começar até ser vantajosa, se eu me mudasse de apartamento, como Helena quer etc. Mas os meninos sozinhos aí, com a falta que sentimos, as complicações que surgem, tudo isso nos aconselha a voltar, Helena e eu estamos cheios. Fico triste porque saio frustrado. Não consegui fazer rigorosamente nada do que planejava, em nenhum setor. Minha vida, profissionalmente, na embaixada, mergulha em mil coisinhas chatas e estéreis. No mais, com o Heitor e tanto brasileiro de passagem, fiquei imobilizado, sem solidão e sem tempo, sem ânimo, vivo crucificado em mil probleminhas alheios, causas chatas, aquela minha vocação de ser devorado pelos outros, masoquistamente, arre! Tem dia, como hoje, em que eu estou no limite de me sentar e começar o meu texto — planos continuo a fazer, notas mil, ambições, aquela coisa. Pelo amor de Deus, veja se me aconselha, me anima, uma palavra sua poderia me ajudar, como já me ajudou de outras vezes. Aliás, me lembro que aí tivemos uma conversa muito boa, aquela história de "é um livro, não tem de ser o livro, que diabo!", uma postura muito profícua. Refaça essa conversa, me diga que eu posso, que devo etc. Quem sabe, ficando eu com um pouco de paz (ficarei?), poderia aproveitar um mês que fosse para não sair daqui tão frustrado. Pra começo de conversa vou deixar no hotel do Heitor uma lista de instrumentos que a Sra. Gurjão me pediu pra comprar. Rasguei uma porção de expedientes chatos, me libertei de vários compromissos. Preciso ficar disponível pra o espírito baixar. É só o comecinho, o resto vem aos borbotões. O Dalton me escreveu e mandou uns originais, tenho a impressão que já li (tenho a certeza), mas comecei a reler, a anotar, vou ver se devolvo. Ele disse que ia ao Rio, foi? Viu você? Mas voltando à nossa viagem: eu pensava em tirar férias em abril ou maio, conforme a conveniência. Em princípio, já conversei e poderei fazê-lo. Um mês, portanto, se tanto for preciso. Não posso deixar as férias para o fim porque o Itamaraty não paga, como aconteceu com o Guilherme. Ao mesmo tempo, querendo ir embora, teria de comunicar a minha disposição com dois meses de antecedência, segundo o contrato. Ao mesmo tempo, teria de encomendar o carro pra levar e vender o que tenho. Tudo toma tempo. Penso em levar um Volks pra meu uso, que acha? Ontem, finalmente, recebi carta do Santos Rocha me explicando o caso do carro: é complicado paca, terei de consultar e ele não consegue saber se é preciso ou não que eu fique aqui dois anos, o que só completo em setembro. E pra vender a Mercedes que tenho, preciso de dois anos aqui, para gozar do abatimento de 50% do imposto. Sem esta redução, tomo na cabeça quase 2 mil dólares... Vi n'*O Globo* que estão cuidando de regulamentar a entrada de bens dos diplomatas, y compris os adidos. Tenho de saber detalhes, vou ver se o embaixador encaminha uma consulta oficial, para me esclarecer. O que contam aqui da Alfândega é assustador. Mas ninguém dá pormenores, ninguém cita ou fornece a tal legislação nova. O único que saiu daqui, foi o Henriquinho, partiu para Buenos Aires, de sorte que não teve de passar pela Alfândega aí, não posso aproveitar a experiência de ninguém. Ontem, pela Karla, mandei uma cartinha ao Zé Luís, pedindo-lhe socorro e luzes, mas ele anda numa moita total, acho que nem escreve carta mais. Em todo caso, a Karla ficou de consultar por mim a turma do Ita e já levou minha resposta ao Cláudio (o que me escreveu sobre o carro), pra ver se ele deslinda isso com rapidez. No meio de tudo isso, imagine que surgiu um raio de convite pra eu ir passar um mês na África, em Angola e Moçambique. Não sei se o Itamaraty vai topar, ainda acalento a esperança de que deem o contra, já que deram o contra na viagem do embaixador no ano passado. Vamos ver. O ministro-conselheiro aqui, que me arrumou essa, quer que eu vá em abril ou maio. Vou tentar reduzir para quinze dias, uma semana em cada lugar, acho que chega. E, segunda-feira, espero a resposta oficial pra marcar a data etc. Isso veio complicar pra burro minha situação, não sei como sair, vou pensar bem hoje e amanhã e segunda-feira chego com uma daquelas minhas soluções, se Deus ajudar. Ir sozinho, quinze horas de viagem de avião, cheio de compromissos oficiais, todos portugueses, imagino que deva ser chato paca, não? Mas estou num beco sem saída. Em todo caso, já estou agindo sem agir, à minha maneira, algo me diz que esse caso se resolve por si, vamos ver. Assim que clarear lhe aviso. Quando é que você viria? Ouvi dizer que você adiou, já não será mais a 1º de abril (de verdade) como anunciou na sua carta, que é de princípios de fevereiro. Então diga quando vem e qual o seu plano. Helena e eu achamos o cúmulo da grosseria a sua frase (mais ou menos assim): "Só vamos aí se você topar sair conosco de carro etc.". Quer dizer que não lhe interessa vir aqui? Parece até que você não quer a companhia da gente... Avisei ao Sousa Pinto que você vem, logo pensaram aqui em convidá-lo para algum bate-papo, coisa assim, você toparia? Não se esqueça de que, como editor e autor, o mercado português pode interessar-lhe comercialmente... Pense nisso. Se quiser, organizo um troço leve aqui, sem grandes fumaças, mas simpático, na medida do possível. Se você não quer, então poderia vir na moita, por que não? Mas você começaria a viagem por aqui ou a concluiria aqui? Viria ao menos a Portugal? Quem sabe você está com medo, por causa daquelas reportagens do tempo do A. Lins?...*

---

* Em 1959, sendo Álvaro Lins embaixador em Portugal, Sabino teve problemas com as autoridades ao desembarcar em Lisboa, por causa de críticas que fizera à ditadura salazarista. Obrigaram-no a permanecer na embaixada, sob custódia do embaixador. Dez anos mais tarde, a polícia desenterrou as mesmas velhas críticas e o escritor voltou a ter problemas no aeroporto. Só pôde desembarcar graças à intercessão do adido cultural Otto Lara Resende, que contou brevemente a história no artigo "Boca, silêncio e mordaça", de 1976 (incluído em O príncipe e o sabiá).

Há também a hipótese de nos encontrarmos alhures. De preferência na Itália. Iríamos então de avião, pois de carro é muito pesado, sobretudo pra fazer a viagem sozinhos. Toma muito tempo e não compensa. Poderíamos nesse caso nos encontrar, seja na Itália, seja noutro sítio, quem sabe em Paris (Helena prefere a Itália, a que não vai há dez anos, eu também). Mas Londres seria boa pedida, está no seu itinerário? Preciso conhecer já os detalhes, para então marcar. Em princípio, Helena pensa que poderá entregar o apartamento em fim de maio, encaixotar tudo, depois passear por aí (ela está uma fera, porque está esperando aqui enquanto eu escrevo) e voltar ao Rio para estar aí no fim de junho, ou mesmo antes, a ponto de reunir os meninos na rua Peri para o 1º de julho, com um segundo semestre escolar com o André, o Bruno e a Cristiana reunidos como nos velhos tempos, tudo retornado à rotina. Eu confesso que quero e ao mesmo tempo me assusto, pois não sei se dá pé a minha volta, me apavoro com o ter de refazer a minha vida profissional, o Brito me aconselhou a ir ficando por aqui até o fim do ano. Como o Itamaraty me cofirmou, mandou ordem de saques etc., acredito que poderia esticar sem susto até o fim do ano, mas e os meninos? Viu o meu drama? Estou naquela situação: já decidi: amanhã decido... Me ajude, FS, deixe de ser urso. O filho da puta do Armando e outros quejandos nem sequer escarram um palpitezinho pra cá, não adianta consultar, implorar, pedir, rogar. Me ocorre também mandar Helena aí por umas duas semanas, ela ver tudo, deslindar os problemas, resolver o meu imposto de renda (o Luís não dá a menor bola para os meus insistentes apelos), depois confiar no que ela resolver e tocar pro pau, ir-me embora. E há também a alternativa (loucura) de trazer os meninos de volta, ir ficando por aqui... Como é que você quer que eu me decida cristalinamente, nessa

situação? Bem, escreva, diga o que pretende fazer e eu, claro, claríssimo, podendo, pois quero, tratarei de me encaixar no seu programa, nos encontraremos. Se resolver esse raio da viagem à África, aviso, mesmo antes que você me escreva, mas não demore, escreva logo. Veja se fala com os meninos de vez em quando, telefone 36 1058. E lembranças gerais, tende piedade de mim! O Hélio saiu afinal? O Doce? O Burguesia foi a Londres e ainda não voltou. Abraços para Anne e você, nossos.
Seu velho
Otto

P.S.: Vou lhe mandar a edição portuguesa.

[ANOTAÇÃO NO TOPO DA 1ª PÁGINA]

Por azar, minha situação na Procuradoria continua pendente de esclarecimentos. Perdemos a ação no Supremo (garantias, Ministério Público etc.). Estou na expectativa de carta informativa.

Lisboa, 5 de abril de 1969

Fernando,
não faça isso comigo não, Ferrrnando! Eu não mereço. Sou um tipo hipersensível, no limite do abismo. Hoje é sábado da Aleluia. Fizemos um feijãozinho aqui em casa, o pessoal saiu cedo. Estava uma bela tarde. Helena foi comprar uns últimos ovos de Páscoa, eu fiquei no carro espiando o movimento na rua do Carmo. Pensando... não posso dizer em quê; em nada, pelo menos

quando subimos a av. da Liberdade. Contornei a praça Marquês de Pombal, subi à chancelaria pra ver se tinha carta, alguma novidade — e para prestar o meu preito à deusa rotina. Estou secretamente à espera de uma carta sua (que desejo e temo). Não tinha carta nenhuma. Eu ia de alma leve. O céu estava azul, eu vestia um paletó azul, com gravata azul — e possivelmente, para bom observador, tinha olhos azuis no segundo de felicidade-despreocupação com que abri a porta. Aí esbarro com um Caderno B do *JB*, antigo, com uma crônica-minientrevista do Carlinhos com você. Tresli sofregamente e me deu um mal-estar! Um pouco foi a ausência não só do meu nome, como a própria ausência da minha presença; não apenas contemporânea — o Paulo chegando de camisa vermelha, o Hélio, a Eliana (parabéns, era aniversário dela, diz o cronista), o Narceu, tudo que sugere as circunstâncias da vossa vida atual, fluindo com naturalidade (pois até a almoçam!); mas ausência também no passado, objeto indireto da entrevistinha, comigo sem mim — eu morri ou nunca existi? Depois, percebi que você não vai escrever coisa nenhuma! E anda por aí a me gozar, a dizer que vai convocar uma junta psiquiátrica para interpretar a minha carta (tão simples: topo ir à Itália, mas é possível que vá à África, devo ir a Londres, mas assumi um compromisso em Genebra, não quero ir à França, mas vou a Nantes fazer uma conferência, preciso voltar ao Rio, mas ainda não fixei a data etc. etc. — tão fácil de entender!). Por isso é que você não escreve mais romance: por causa dessa impenetrável burrice psicológica, essa espessura, essa simplificação, ou tentativa de, quando se sabe que a alma humana não é uma linha reta — o rio interior (pelo menos o meu) corre pra baixo e pra cima. Por falar, antes passei numa livraria à procura de algum livro que me agarrasse (tenho lido desvairadamente, é o que faço na minha solidão). Quando já não procurava nada, na banca de jornais, encontrei A TIME TO MEET,* comprei (anote, deve ter sido o único exemplar vendido) por 25 escudos, menos de um dólar. Vim pra casa e me pus a ler FS em inglês: me deu uma tristeza! Não foi o inglês, foi a própria história: respiguei aqui e ali, vi as cenas de infância, aquelas coisas belorizontais, o pedido de casamento (que coisa antiga!), a figura de Old Marciano, o Rio dos 40, Sílvio Garcia... Agora é de noite: ou vou ao cinema, ou não vou (não vou); há um joguinho de pôquer no Restelo (não vou, depois, se der vontade, eu vou): começa a minha longa noite solitária, mil livros pra ler, alfinetadinha alfinetando vontadinha de escrever (o quê? resisto!), amanhã é domingo de Páscoa. A literatura acabou: conferi em Valéry. Ontem, às 4,7 da madrugada eu estava diabolicamente inteligente — e vivo, não adianta o seu atestado de óbito. Passou. Nunca mais, Fernando, nunca mais. O Brito chega segunda-feira, a Cristina mandou um cartão de Roma, mais do que nunca EU ESTOU: PERPLEXO, intimidado, amoitado, matoloso. O Etienne escreveu. Nobody eles. Feliz Páscoa para Anne, os meninos, todos. Se quiser, escreva. O Rubem não deu notícia. Afinal: você vem ou não? Estou à espera da sua expedição punitiva. Avise com quinze dias de antecedência, para eu repassar os originais a tempo de você ler. Vou à Espanha, volto já. Pra acostumar, amanhã vou ver uma tourada (portuguesa). Até breve, monstro moral. E abraços, todavia.

Otto

[ANOTAÇÃO NA LATERAL DA PÁGINA]

O Sousa Pinto (fui lá autografar meu livro), que está à sua espera,

---

* Título da tradução inglesa de O encontro marcado.

gostou muito de uma sua crônica sobre você na BBC — ria?!! A Geralda gostou de uma crônica sua sobre doce de coco, mas disse que você esqueceu o dela. Eis a historinha: o sujeito sabe que morre (suicida-se? Não é preciso) que morre quando acabar o gás do seu isqueirinho (daqueles vagabundos, francês, de um dólar).

E a angústia de não saber qual é a cor das próprias meias — desconfiar que são vermelhas, já pensou?

O.

P.S. antecipado: Com esta, você me deve três respostas. Já escrevi antes duas vezes.

Lisboa, 9 de abril de 1969

Fernando,
recebi sua carta inicialmente datada de 24 de março e depois de 4 de abril (segunda parte). Você recebeu a que lhe mandei outro dia? Hoje Helena recebeu a da Anne, a que responderá logo. Vamos amanhã a Madri e voltamos segunda-feira.

Fiquei surpreendido ao saber que você viaja a serviço do *JB*. Pensava que era vadiagem, o que seria muito melhor. Trabalhando, eu sei de outras experiências, inclusive a do Armando nos USA comigo, a viagem é sempre problemática. Em todo caso, assim Você poupa os seus ricos dólares depositados no Chase...

Quanto ao seu plano de viagem: primeiro, o Vinicius me telefonou hoje de Roma e confirma que sai de lá, a bordo do *Giulio Cesare*, no próximo dia 17, devendo estar aqui em Lisboa dia 22 com a Cristina e a Georgiana até o dia 8 de maio, quando, em princípio (sic), espera seguir de barco para o Rio. Disse a ele que você TALVEZ viesse aqui no fim do mês, pois não sei se você pretende mudar o seu plano. Aguardo sua confirmação. Pelo seu schedule, chegam, Anne e você, dia 27. Muito bem. Cá os esperamos. Informo que o Paulo Nogueira, que vai ser ministro-conselheiro em Bonn, casado com a Elmira, prima da Helena, desembarca aqui dia 28, de navio, segundo me confirmou há dias. Vão passar uns dias em Lisboa e deixar uma menina e uma babá aqui em casa enquanto andam por aí. Para a hospedagem de vocês, isso não interfere em nada, pois estou avisando ao Paulo Nogueira (que marcou e desmarcou a viagem mais de uma vez) que tenho compromisso anterior com vocês. A menina dele, pois, ficará primeiro no hotel, com eles (que não vão ficar aqui em casa) e, quando você e Anne partirem (o que é logo depois, que pressa!), ela, menina, viria para cá. Em todo caso, Paulo coincide aqui com você no dia 28 (parte) e no dia 29 (parte). Vê mal nisso? O seu tempo de Lisboa é tão pouco que mal dará para vermos o Sousa Pinto… Helena está estudando a possibilidade de partirmos juntos com vocês para Roma. Hoje apreçou tudo etc. Se for possível, tiro férias e seguimos pelo menos para uns dias em Roma. Sugiro que vocês, à volta, passem de novo por Lisboa — topa? Sobre a coincidência do Vinicius aqui, entendi útil advertir em face da carta da Anne à Helena… Parece que vêm também a Nara e o Chico! O Vina vem certo. Fiquei baratinado com o conselho da Anne para esperarmos aqui pelo menos até setembro… Aqui conversaremos. Estou com pressa, o Bernard está de partida. Responda logo, se for o caso telegrafe ou telefone. Ia me esquecendo: o Mozart Janot está de boca aberta, de férias, à nossa espera. Já estou no drible… Ele está em Nápoles.

 Escreva, confirme, esclareça. E até breve. VENHAM! Até cá com o abraço do velho O.
 Otto

[ANOTAÇÃO EM TORNO DA PÁGINA]

Não tenha medo do Paulo... Ele tem os colegas da embaixada e vai ficar no hotel, enquanto vocês ficarão instalados aqui em casa. Tudo pronto. O Vina é que vai ficar com ciúmes, porque queria ser m/ hóspede... Lembra-se? Mas, quando ele chegou aqui, tínhamos uma sobrinha da Helena conosco. E que se dane!

Lisboa, 10 de abril de 1969

Fernando,
o Bernard partiu há uma hora. Estou em casa meditando na vida e me lembro de que me esqueci de lhe falar uma coisa na carta que lhe mandei por ele: dia 1º de maio é o meu aniversário. Então você vem a Lisboa dia 27 e parte dia 29? Tinha uma porção de outras coisas pra dizer, mas são três horas da manhã e eu vou sair às nove horas de carro para Madri, cumprindo antiga promessa à Helena. Ando estourado. Será que você imagina os meus sofrimentos? Noites e noites e noites. É duro, meu caro. No aeroporto, vi o Dantinhas de passagem para o Rio. Me disse que encontrou o Rubem em Paris e que ele, Rubem, resolveu passar por aqui dois ou três dias. Não foi o que o Rubem me disse — terá mudado de ideia? Me disse inclusive que a passagem não dava jeito de vir a Lisboa, que tinha de voltar a Roma e lá embarcar para o Rio. Por falar em Roma, Helena acha que eu não devia ter falado na vinda do Vinicius... que você vai acabar mudando o itinerário — será? Mande dizer qualquer coisa e tenha pena de mim. Volto da Espanha segunda-feira, pode escrever (ou telegrafar, ou mesmo telefonar) pra cá. O Brito fez toda espécie de chantagem sentimental

pra me segurar aqui amanhã e esperar o embarque dele sexta-feira para Roma. Mas eu preciso dormir em algum lugar — será que não há uma cama por aí em paz onde eu possa ficar sozinho e dormir? É, sobretudo, isso que vou fazer em Madri. Aqui conversamos, abro o coração ansioso, cansado, cético, esbodegado. Vai aqui um recorte que lembra uma crônica sua. Ciao. Lembranças à Anne e a todos. Que foi feito do Hélio? O.
Otto

P.S.: Meu telefone em casa: 65 2882.

Lisboa, 28 de abril de 1969

Fernando,
foi vocês saírem e o sol se abriu, na mais linda e esplendorosa primavera... Dormi e sonhei com os anjos, mas depois sentimos falta dos hóspedes (como a natureza humana é contraditória!). Fomos à missa na Sta. Isabel, tudo como no domingo anterior etc. À noite, fui ver o segundo episódio de *Guerra e Paz* e hoje de manhã telefonaram a Nara, a Cristina, a Georgiana e, depois, o Vinicius: Alô, Otto! Você me abandonou, hein! — E marcou para irem lá em casa hoje depois do show. Vai o recorte da crítica da *Capital* para você ver. Não parece que a conversa do Jayme funcionou? Sabe quem é o Jayme, Bartolomeu?... Olhe, já recebi várias reclamações de portugas sobre a sua passagem "em branco", hoje queriam te entrevistar etc. O CGS pediu-me para fazer um paper sobre a sua conversa a respeito do problema editorial, livros etc. Será que você não podia bater à máquina depressinha uma síntese das suas brilhantes ideias,

para me facilitar? O tal paper vai para o Itamaraty e o Cláudio te espera de volta no fim de maio, hein!... Para variar, chegaram mais brasileiros hoje.

Vai aqui a carta do Gerson, que me veio endereçada, com bilhete para mim. Agradece um livro que ele me pediu e eu mandei: esqueci de mencionar mais esse para a sua coleção... Não fiquei indignado, tanto assim que até esqueci... E pede outra coisa, que vou mandar com prazer, pois o Gerson é uma figura!

Segue também carta para a Anne chegada agora. Tudo para o endereço do Araújo (abraço para Eunice e ele. E para o Murilo Mendes e a Saudade), aliás, era outro o que eu tinha, será que ele se mudou? Espero que chegue tudo em ordem. Dê notícias.

Parece que Helena se opera mesmo quarta-feira, vou falar agora com o médico. Dê notícias!

E ciao, com abraço para Anne e para você do
Otto

[ANOTAÇÃO NO TOPO DA PÁGINA]

Meu telefone é 65 2882.

Lisboa, 29 de abril de 1969

Baguinho,
a única prova que encontrei, após profunda meditação, de que não sou um ranheta como você me pinta e que quase morri afogado de tanto rir com a sua carta. Afogado porque a li na cama e depois me meti num banho de imersão de odalisca. Fiquei impressionadíssimo com o meu "retrato". Mas, pelo amor de Deus,

é caricatura a traço grosso, não é? Helena se engasgou também de tanto rir e crapulosamente me declarou que é tudo verdade. Ameacei-a de delatar uma conversa que tivemos hoje no carro, enquanto eu vinha para a embaixada. Advirto que não foi sobre vocês. Agora, o resto: ontem, fiquei morto de frio, com um vento que era como o andradino espanhol com a navalha na mão, no cais do porto, por quase quatro horas, enquanto encostava o navio que trouxe os nossos amigos. Depois, caí em mais de dez dólares de despesas (anote!), fiz o carreto para o hotel, solucionei os probleminhas clássicos, admiti os hóspedes e já encontrei em casa (passava de meia-noite) a patuscada formada e que se prolongou até as seis da manhã. Bebi com a conhecida sabedoria, mas fumei como um louco e estou hoje estourando de dor de cabeça, resistente a quatro aspirinas. Gastrite, mau humor, o diabo. E o imposto de renda por fazer me doendo irritantemente, sem que ninguém me ajude: que crueldade a minha solidão para resolver os meus problemas, que não interessam nem mobilizam ninguém... Por aí, meu caro, caio na maior ranhetice, caturra neurótico e indignado em segredo. Hoje, ouvi o disco do Vinicius (gostei muito do meu "poema" para o M. Bandeira...) e sabe de uma coisa, fiquei arrepiado com a leitura do poema do câncer,[*] vou até telefonar a ele agora, vou cutucar a onça com vara curta. Ele, aliás, estava simpaticíssimo ontem, sóbrio, engraçado, uma flor. Bebeu um pouco demais e ficou firme, só cismou de discutir o De Gaulle em termos vagos e alcoólicos. A observação de que eu traí todo mundo com a sua companhia foi feita, claro; e eu, como sempre, me crucifiquei nas gentilezas do costume ai ai ai!

---

[*] "Sob o trópico de câncer".

Voltando à sua carta: fiquei impressionado com o rol caricato que você fez das minhas conversas, lembrou-se até do João Cabral, ó memória cruel! Você que está um desmemoriado, gagá, na hora de me gozar lembrou-se de tudo e depurou pormenores que me deixaram no maior vexame! Monstro. Esqueci de lhe dizer aqui que o Aluízio Alves me escreveu duas vezes, a propósito da editora que ele fundou. Quer lançar best-sellers etc. Fala em você, recomendei-lhe, na resposta, que o procure no Rio, para conversar sobre o problema das traduções, copyright para o Brasil e Portugal, aquelas coisas. Hoje telefonaram lá pra casa de manhã perguntando por você para uma entrevista na televisão: gostou? Todo mundo acha que fui eu que te soneguei, não disse? Na nota que saiu ontem num jornal a seu respeito (mandei?), há até a insinuação de que eu impedi o contato seu com os intelectuais da terra. Não se esqueça de me refrescar a memória acerca do problema do livro, ou de ordenar-me as suas ideias, caso contrário parto para a maior leviandade e te comprometo oficialmente. Estou escrevendo hoje ao Gerson; recebeu a carta dele? Poxa, que sujeito cruel! Por favor, não saia por aí me caricaturando como está na sua carta, já imagino o que você terá dito aí ao Araújo Castro... Se você começa essa campanha de desmoralização, revido! Ontem, durante toda a noite, o "diga a Baguinho" foi o mote permanente: aconteceu aquela história imaginada por mim, todo mundo só falava nisso, bloqueou a conversa, a Georgiana não consegue falar noutra coisa e toda hora me pede pra contar de novo a história... Que tal Roma? Dê notícia. Helena vai ser operada sexta-feira, está um coelho. E ciao, seu sacana, monstro moral, ingrato, patusco, ferino, canalha. Lembs à Ana: ela concordou? Seu Otto

[ANOTAÇÃO NO TOPO DA PÁGINA]

Ladrão de maçãs! Explorador! Vou mandar a conta de tudo! E não se esqueça de que paguei (como sempre) a taxa do aeroporto. Só não paguei o carregador porque fui eu mesmo...

Lisboa, 10 de maio de 1969

Fernando,
de vez em quando eu rio sozinho, mas no fundo no fundo tou triste permanente, pensando na minha desvalia, no oco da minha vida sem pré nem pós-cheios, jogada fora vazia, só o tempo passante regalopando sem dar tempo de começo nenhum, já avisto o fim, um fim que é fim de nada, fiquei no ora-veja, já viu só? Voltando ao cotidiano concreto; me'irmão, o fato é que além do trabalho de ir pegar os retratos no Chiado, tive de pagar do meu bolso, já tão desfalcado por falcatruas outras e alheias; e o pior, o mais frustrante, é que eu ingenuava pensando que ia ver garatujas nossas, minha cara rebrilhando cabelos brancos e narigudos, já via no antever, quando abro o envelope, só vejo crianças, miúdos do lá, retratados no além-Brasil, nada-nenhum documento da nossa comum patusca vida lisboeta, tudo miúdos de caras abertas pra lente, beirando piscina que não conheço. Fiquei fulo: pagar pra não ver, ara-ara! Mas paguei e aguardava aviso romano pra remeter encomenda me descoroçoou, não há de ser nada, compadre: não-gosto-gostando-muito de tirar retrato, ocê mais Sá Ana Beatriz vêm cá, tremeluz na cara minha maquininha mágica, deixa encomenda de apanhar as garatujas do real, ainda prometem que havera de ser tudo de cor, eu cinzento recolorido por

artes alemanhas, vai ver não tem eu nem nóis, só tem miúdo bobo piscinando no seco, arre! Tu me paga, compadre meu: pensa que sou índio? Que me tira dinheirinho chorado com promessa falsa, desverdade pra engolir o de-dentro de mim que esperava, desilusão cara. Mas noutra não caio, nunca que mais. Quero me ver, descolorido, cinzento e opaco, me espio no espelho meu que é de graça e me avisa da feiura minha, sem trastejo vigarista de promessa viajora na véspera de romas e grécias e outras estranjas terras pra me bulir e jogar areia nos meus olhos sujos de tanta ilusão que vida má-madrasta não confirma, só engana meninão-velho sou eu, índio de alma doido pra ver retrato: tudo mentira, deixa estar, urubu também aprende, amanhã caga no de cima — e de esguicho, Deus e diarreia ajudando. Retratos tais mentirosos seguem, eu selos pagante, morada Alécio, ou Alézio, ou Alhérsio, nome disfícil — com'é que mecê letreja? Ou mesmo soletreja, pois que é esse um cabeludinho afrancesado que, se memória não falha, também artes do Sujo fotógrafo se diz pra judeu, véve atrás de bonitas moças pra com malasartes embelezar no papel; que se não me engano esse um Alécio, ou Aldésio, já me retratou no distraído e eu inté gostei, boniteza de fiura parada imponente olhante pombas falconeando Arco do Triunfo, ele certo se alembra e máquina dele, possessa, tem memória e até berra cores mil que olho da terra-há-de-comer não vê, tudo secreto. Pois mando os retratos, compadre. Quanto à sua obra, o fato de não ter construído ou mesmo aberto o seu espaço sozinho só--seu, é o causo, amigo, que falta perspectivismo polionomástico na reconstrução semântica, pois obra sua só mentada no convencional, com sintagmas nunca apelantes recursos apócope aférese síncope e presente histórico, segundo o que leio no mestre Houaiss e outros mestres estudiosos das letras de escritores experimentais inconformados, enquanto que você pererequeia no brinquedo de anedotas, linguagem in-inovadora, paralepse, paralaxe, joyces estranjos ou rosas mineiros, desdém dos augustos de campos, bem feito! Aspectos fônicos e fonológicos, pra não dizer fonologia futura, desdenhados em detrimento intelectualismo imutável da construção sintática consabida. Post factum, impossível não aceitar veredicto motivado: vide prefácio Houaiss CDA, humilhe-se sua ignorância jamais usar apoio fonético cuja riqueza vai sendo conquistada progressivamente, não tem valorização de sememas de significações básicas, sem ocorrência mecânica final, abre-se passividade formal (e.g. *Encontro marcado*), disjecta membra e até mesmo sublege libertas, segundo atiladíssimo parecer doutos Luís Costa Lima, Othon Moacyr Garcia e defunto Hélcio Martins, pra não falar de Mary L. Daniel, aluna ilustre professor Wilson Martins, tudo consabem pra concluir sua de você destotalizante conexão weltschahhhauungghg apócrifa e menor, você não insere no seu poetar todas as entidades do seu real objectivo e subjectivo (sic, Houaiss, cf op. it. s/d, hors commerce), mas só o contingente temporal sem veleidades exaustivas, quem mandou? Dançou? Cantou? Agora aguenta, Filipe! Sua obreta merdífera não reflete um estar-no-mundo que se faz rejeitar-o-mundo para implicitamente propor-um-novo-mundo, estar-no-mundo é sempre, concomitantemente, uma antenação do mundo (estou citando Houaiss, mestre meu). Etc. Não posso perder tempo demonstrar desimportância sua obreca, obríola, conforme podia, verbi gratia, focando última crônica sua *Manchete*, gaiatices patuscas de moleque ignaro in-universitário, out--school, der bestialogish under phraseaphold sine data (vide gregos, particularmente segunda quinzena abril do ano base do século de Péricles, aurifulgente, o que exigiria todo um ensaio

para entrosar as raízes da reinovação no classicismo greco-romano-
-indo-europeu americanizante, o que espero fazer um dia, tempo
ajudando, para desmascarar subescritores sabinescos). Cabeça
minha agora virada tanta leitura convivente Jõe Guimarró e ensaís-
tas muitos sábios, mas, sendo hoje sábado, vou à embaixada tentar
recuperar meu natural pra lhe dar repique devido, aguenta a mão
que Helena, doente, pós-operada, passa bem, recebe visitas agora e
eu tenho de parar, mas continuo ao depois, conforme intento tenho, mil coisas tremeluzem meu coração e cabeça minha: ou tou
doido, ou tou podre; pode ser que ambas as duas, né?

P.S.: Bom, parei aqui e decido mandar este pedaço de carta-
-ensaio-new-criticism, depois continuo. Vão também as fotos. Dê
notícia logo. Helena ainda está de cama, deve ter alta terça-feira.
O secretário cultural viajou hoje, vai passar quinze dias fora, o
ministro-encarregado-de-negócios vai barrar minha viagem, não
vai? Não prometo, estou confuso, Zé Luís me telefonou e pediu
pra aguardar, que acha que vem cá e depois quer me levar à Gré-
cia ou... aos Estados Unidos, que tal? Você aguenta aí, que a
gente acaba aparecendo. Helena, pelo menos, se quer, vai. Ela
quer, depende do médico. A operação correu bem, quatro dias
no hospital, furtei-a porque não aguentava mais ir lá na Cruz
Vermelha. Estou muito triste (falando sério), mas sua carta me
põe rindo toda hora à toa, nem pude dormir direito, que crueld́a-
de de caricatura você faz de mim, estou impressionadíssimo comigo mesmo, não aguento mais a minha companhia — e eu
nem te contei da missa a metade, se você ouvisse duas conversas
minhas outro dia, uma sobre o V e outra com o Paulo Nog sobre
a diplomacia, então você me interna logo... estou doido de pedra
com a mão esquerda! Mas eu conto ao depois. Estou precisando

trabalhar pra burro hoje, tenho merdas mil trabalhos, vou sair com o Bob e meter isto no correio, depois na soidão da noite escrevo, você viu o suplemento de homenagem ao Murilo?, você vai rolar e rebolar, o nome do contista, olhe, é... diacho, sua amnésia me contagiou, esqueci. Foi até meu colega no Colégio Arnaldo, como é mesmo? Agora, pronto, não durmo em paz, nem ao menos posso ficar em silêncio dentro de mim, com essa pergunta me cutucando e me obrigando a lembrar o que a memória não devolve, eta computador ruim, o da relembrança, sobretudo depois de arteriesclerosado, como está o seu (cuidado com o porre, está igualzinho ao Aluízio, que aliás telefonou, só que você é chato mesmo, fica obsessivo pra burro e se acha inteligentíssimo, babando bobagens, cuidado, hein!). E maldade, sua besta, não se escreve "maudade", como você escreveu, viu? Abraço pra Ana: se quiser jogar fora, deixa aqui comigo que eu cuido dela, só peço que não venha com mais fotos pra revelar, copiar etc...
Otto
Abraço no Alécio Calado.

Lisboa, 22 de maio de 1969

Fernando,
você não sai do meu remorso. Até que anteontem, de madrugada, me perguntei: raios, seu doutor, remorso de quê? Afinal, cabelo na banheira (contei), bebeu do meu uísque etc. etc. etc. — e ainda estou em falta com ele! Pinhões!, como diria o Mário de Andrade. Preciso acabar com esta mania de me achar em falta com todo mundo. Você sabe de alguém que esteja em falta com OLR? Ninguém! Aqui, ó! Tentei falar-lhe (pode pôr em dúvida, é

do seu sistema) em Paris, mas meu telefone agarrou e Paris é longe paca! Pois ontem recebi sua gentil cartinha. Ó, seu ignorantão: a d. Madalena é a grande dama da música aqui, mulher do Presidente da Fundação Gulbenkian. (Parei aqui, para receber um professor brasileiro, depois chegou um americano, também professor, depois chegou o leitor em Essex, depois etc. Depois fui visitar a Feira do Livro com o embaixador e lá tive de deitar falação para um auditório seletíssimo: apenas cinco pessoas! Pois olhe: no stand do Grêmio de Editores e Livreiros, na principal montra, como cá se diz, havia cinco (cinco!) livros de Fernando Sabino! Não deixei de lavrar o meu protesto... o Alçada Batista, editor e escritor, como você, e que você não quis ver, perguntou porque eu o escondi dele etc. Disse que telefonamos, que você ia voltar cá, mas que agora, em Londres, recebeu ordem do *JB* para partir para N. Y. etc. Diz ele que seria interessante você fazer os livros cá, que sai muito mais barato e que ele quer fazer algo parecido, pois é editor importante aqui e fundou uma editora no Brasil, aonde vai no mês que vem; vai procurar você lá, ele está muito ligado ao Odylo, Alceu e outros, sobretudo Odylo, seu dele grande amigo. Combinei com ele o lançamento aqui da minha história O *guarda do anjo*, numa edição bonitinha e ilustrada, que tal? Só falta escrever a história... Aliás, já escrevi com a mão esquerda (sério), falta agora passar para a mão direita, entendeu? Mas imagine só, Fernando: a M. Alice Barroso[*] me escreveu, respondi amabilíssimo, fiz contatos, o diabo. Ela hoje me deixa aqui um bilhete incrível, dizendo que havia velhos tossindo na pensão, que o aquecimento fazia barulho, o diabo — e quis ir embora, afinal nem me viu, procurei-a várias vezes, ela me dei-

---

[*] Maria Alice Barroso (1926), escritora fluminense.

xou um bilhete dizendo que vai pra Madri e volta quarta-feira — e eu marquei uma conferência dela na Quadrante,* sobre o romance brasileiro contemporâneo, não é incrível? Brasileiradas, meu caro. Entendo que os nossos diplomatas, ao fim e ao cabo, fiquem com horror de certas incumbências. Uma delas: reservar hotel. O melhor é fazer como eles fazem: reservar sempre no melhor hotel, que se dane o hóspede, que se mude. A MABarroso escreveu "sou uma pobre escritora sem dinheiro etc." e depois ficou danada com a pensão. Uma bobagem dessa me põe sem graça, magoado — e toda hora, neste infernal lugar de adido cultural (uma ova! criado duns idiotas), a gente topa a todo momento com aborrecimentos assim. Me arrependo do excessíssimo de gentilezas com que a atendi (por carta, pois pessoalmente nem a vi, acho que ela não quis atender o telefone). Mas isto não tem importância. Guarde reserva, é só pra ilustrar os meus sofrimentos aqui. Sobre as minhas indecisões, meu caro, há OBJETIVAMENTE o seguinte: o médico precisa ver Helena dia 26, segunda-feira, e só então dará ou não alta a ela. Como poderia então sair daqui? Ela, porque fez umas extravagâncias, levantou-se, até viajou, sofreu um pouco, teve de ficar de cama dois dias e ficou abatidíssima. Ontem melhorou. Dito isto, o Zé Luís me telefonou dizendo que passa aqui, que confirma a vinda até quarta-feira próxima: que é que há de complicado nisso? Se Helena puder viajar, como lhe tenho prometida uma saída por aí há muito tempo, talvez vá com ele, JL (e acho que o Armando vem também). Parece que vão ficar um mês pela Europa, é possível que espichem a volta pelos Estados Unidos. Enquanto eu puder e aguentar) ficaria com eles, depois regressaria e Helena, já em ju-

---

* Livraria lisboeta.

lho, terá de ir ao Brasil (ou para o Brasil, ainda não pude decidir, pois até hoje não me enviaram as informações itamaratianas sobre alfândega, carro etc. — e se é ou não necessário completar dois anos aqui, segundo reza o contrato — veja que são decisões que escapam à minha alçada, onde então a minha doideira? Você quer é me botar doido...). Se não fosse a doença da Helena, conforme lhe disse quando você estava ainda no Rio e depois repeti aqui, eu teria ido, mais Helena, com vocês até a Itália, por poucos dias, pois não quero fazer despesas grandes, o Ita só me dá 1500 dólares para voltar, preciso ter um dinheirinho de lado, compreendeu? Propus à Helena viajar sozinha, mas ela não aceita, insiste, chatamente, em que eu vá. Mas você não sabe que ela foi operada? Não sabe (e repeti agora) que só dia 26 ela terá (se tiver) alta clínica? Antão? Bem, tenho de sair correndo, porque são quase nove horas e vou ter um jantar lá em casa com os Bubus, os cunhados deles e outros convidados — acho que é o último que damos aqui, Helena está cheia, cansada, complica tudo, não sabe senão esfalfar-se, é incapaz de fazer um jantarzinho maneiro e sumário, logo parte pro banquete florido e cheio de vitualhas mil. Dito isto, vou pra casa, lá releio sua carta de madrugada e ponho aqui mais umas palavrinhas, amanhã de manhã meto no correio. Amanhã, tenho de ir a Extremoz, é aniversário do Rubem Leitão, como não fui no ano passado, tenho de ir este ano (mas não vou, não conte pra ninguém). E tenho outro jantar etc. e tal. Olhe, uma boa notícia: chegou aqui um estudante inglês (brasileiro que está na Inglaterra com bolsa) que disse que o A. Olinto tem feito um trabalho muito bom, que tem imensa boa vontade, que tem open house toda semana, que recebe todo mundo, que levou um fichário de nomes e endereços, que faz conferências magistrais, que é muito simpático, que a mulher dele também, que jogaram, aliás, flores pra Iemanjá na passagem do ano sobre o Tâmisa etc. etc. e, ao fim, já sem fôlego, comentou: "Não é como o Fernando Sabino, que esteve em Londres três anos (sic) e nunca fez nada! Só cuidou dele mesmo! Nem à embaixada ele ia". Aí eu perguntei: "E a Vera?". "Essa — disse o cara — fez umas coisinhas em artes plásticas e era simpática, quando estava em Londres, porque viajava muito." Aí, ele, desconfiado, me perguntou se eu te conhecia e eu tive vontade de dizer que não (pois São Pedro não disse?), mas fiz das tripas coração e resmunguei: "Conheço". E ele: "Mas você não é amigo desse sujeito?". Aí eu tartamudeei, quis negar etc. e finalmente, acabamos aos berros, eu defendendo você, ele te espinafrando e, por mal dos pecados, acabou dizendo que eu também sou um merda, que os brasileiros conhecidos dele aqui aliás já tinham dito que eu não recebo ninguém, mando dizer que não estou, tenho o rei na barriga etc. E aí, as vozes gritadas chamaram a atenção de todos e a briga foi apartada e eu, batendo o pó das sandálias e da roupa, resmunguei: "Ora pinoia! Falar mal do FS, vá lá; afinal, nunca fez nada mesmo em Londres! Mas de mim, na minha cara! Vá para a pqp!". E todos comigo se solidarizaram. Ciao e abraço pra Ana e pra você.

Otto

P.S.: Me lembre pra eu te contar a história dos ciganos que chegaram lá em casa e se abarracaram.

(No dia seguinte, às dezenove horas.)

Esta aí, Fernando, fiquei de concluir a carta ontem, mas não deu. O jantar se prolongou, bebi demais, às quatro e meia fui acordado com uma chamada do Rio — era o Zé Luís, para me propor umas perguntas e anunciar que virá mesmo quarta-feira, segundo espera confirmar por telegrama segunda-feira. Eu tinha acabado de pegar no sono. Acordei hoje péssimo, com gastrite, o diabo, e fui almoçar na casa do Bob, onde fiquei até agora mesmo. Passei em casa, recebemos uma carta do André que está me doendo como um espinho no coração e vim para a embaixada concluir esta carta e fazer uns expedientes atrasados. A conversa ontem, sobretudo de certo ponto pra diante, me deu um desgosto! Mas tudo isso é longo e tedioso. Afinal o que é mesmo que eu ia dizer aqui? Espere aí, vou espiar a sua carta, pra ver se me lembro. Vou relendo e comentando: "Tu não dizes coisa com coisa", diz você. Já expliquei antes. É o velho problema: não querendo (ou não sabendo) dizer não, querendo satisfazer ao interlocutor, sujeito à pressão, caio numa aparente perplexidade e hesitação. Mas, na verdade, nada de mais transparente: com Helena operada, não podia, nem posso ainda, sair de Lisboa, voilà tout. Teria sido ótimo viajarmos juntos, mas como havia de supor que Helena deveria ser operada exatamente agora, quando você veio à Europa? Assunto, pois, esclarecido. Quanto à nossa viagem agora, depois que Helena tiver alta, o que pode acontecer terça-feira, ficará ao sabor do roteiro do JL, pelo menos em parte. Helena não aguenta passar muito tempo fora de Lisboa, por causa da Heleninha. E está na maior aflição para voltar ao Rio, por causa dos meninos. Hoje, agora, eu também estou apunhalado pela vontade de voltar. Se pudesse, transportava-me magicamente para o Rio neste momento — sonho me ver reinstalado no cotidiano da rua Peri: o que me assusta são as providências, as chatices, as despedidas, tudo isso, ai ai ai! A carta do André, sem que tenha nada de especial, me precipitou na mais cavernosa melancolia. Sinto-me um pai desnaturado, desperdiçando as últimas

oportunidades de conviver com os filhos etc. + O símile com a Emília é genial: qual foi a palavra que tiveram de retirar da cabeça do Sabugosa? Ri sozinho pensando nisso. Mas, meu caro, o negócio é renovar a linguagem... Viu a reportagem-entrevista com o genius Nabokov na *Time* desta semana? A propósito, a nova geração mineira parece que mete o pau em vocês, escritores de 45, chamados, segundo me contam, e você é citado nominalmente (como estou agradável!). + Quanto a resmungar: o Vin chegou ao Rio e nem telefonou para os meus filhos... Ele é o centro do mundo etc. Gostaria que você estivesse aqui pra ouvir a conversa que tenho enrolada dentro de mim — daquelas afiadas, de ponta fina! Enfim: não se pede a uma laranjeira que dê peras. Cada um segundo o que é, né? Eu é que sou um cretino, aliás, a caminho de reformar-me. Outro dia, o HB, depois de rodeios anteriores, me atacou com um pedido de duzentos dólares, engoli em seco, silenciei, disfarcei e acabei resistindo — não é uma vitória? Depois dormi mal, fiquei com remorso, mas, racionalmente, não faz sentido eu tirar do meu dinheirinho pra dar ao sr. HB, quase certo que sem volta, não é mesmo? Esse episódio dá um livro de seiscentas páginas, segundo as circunvoltas do meu cérebro diretamente ligado às minhas neuróticas emoções. Fica o registro do assunto pra depois. Coisas assim me chateiam muito mais do que seria razoável, inclusive.............................
Parei aqui, fiquei parado uma hora. Imagine que eu pensava que estava sozinho na chancelaria, quando ouço um vozeirão dentro da sala, vindo pelas minhas costas, levei um susto, seu! E o cara ficou de papo furado até agora, já estou atrasado. Bom: vou escrever uma carta a d. Madalena e pedir ao mandachuva aqui para dar um empurrão no caso do Prates. Ele, se quiser, podia escrever uma cartinha ao embaixador, que não a lerá, mas a passará ou a

mim ou ao Secretário cultural, que então poderemos agir em nome da embaixada. Vou pedir também ao Rubem Leitão para falar. E o Prates que escreva, conte o que há, como está o caso dele na Fundação: se for preciso, vou lá, depois que voltar a Lisboa. Pode escrever, entrementes, ao Secretário Sérgio Telles, que se ocupa do setor. + Como é que foi seu encontro com o Darwin-Guguta? Viu o Newton Freitas? O Josué? Acho que você não escapou... Deixa pra lá esses Contreiras. P, eu estou querendo ser desapresentado a vários sujeitos e você ainda quer me apresentar a novos? Olhe: não há vagas mais em mim para ninguém. Chega! Bum, tibum, volta, negra! Atire no bilro, telefone, escreva, diga. E ciao, com abraço para Ana e pra você, nosso. Saudades,
Otto.

Lisboa, 24 de maio de 1969

Fernando,
como são duas horas da madrugada, 25; hoje é 25. Acabo de escrever uma carta ao Amilcar contando que você vai a Nova York. Olhe aqui o endereço dele em casa: 1322 North Ave, Elizabeth, N. J. 07208. NJ, isto é, New Jersey, como você sabe. O telefone você pode achar pelo endereço. Ou então ligue pra Paulo Henrique Amorim* (a quem escrevi também outro dia avisando da sua chegada dia 30, mas me esqueci do nome do seu hotel lá), dei o endereço e tudo, não dei? Se perdeu, procure Editora Abril, 20 W 43 ST, room 1744, NY 10036, aliás tá aqui o telefone do escritório dele: 9479862; em casa: 75 St, East, 222,

---
* Jornalista carioca (1943).

ap. 3 A. Você pode ter se esquecido de que em NY está o Celso Sousa e Silva (não sei se já voltou de Genebra, é possível que não; se não tiver voltado, fale com a Cuca e, vendo os meninos; Toní e Jorge, lembranças-lhes — o endereço do Celso: 411 East, 53rd St, ap. 180, o telefone não sei, mas tem o da missão à ONU, onde você vai por certo ver o Araújo Castro, a quem, peço, apresente o Amilcar, que está com um contratinho no Trade Bureau, falei muito no Rio, recomendei a outros, inclusive o Gibson e Celso Diniz, e pode ser que seja útil pra o Amilcar se aguentar em Nova York). Na carta que te mandei hoje, esqueci de dizer que li uma crônica sua sobre as suas invenções, uma só, era continuada por outra que não li. Primeiro: aquele fecho de pasta de dente você divide comigo, porque eu dei a ideia, ou pelo menos protestei contra a tampinha convencional... Achei muito boas suas invencionices, engraçadas. Teria muito o que inventar, comecei a pensar, upa! Mas o curioso é que aqui um jornal começou a falar de invenções evidentemente lusitanas e eu guardei uns recortes a sério pra você. Vai uma amostra, já que perdi o resto: veja! Pois o cara tá convencido de que teve uma de gênio com essa garrafa de copo incorporado — e o careta diz que sonha os inventos dele, já pensou? É a sério, rapaz! Outra coisa: como é que você vai das pernas em matéria de textos pra o JB? Itália: o Celi* funcionou? O Araújo** deu uma mãozinha? Já fez algum? Diga, tou curioso: ficou bom mesmo, tá valendo o dinheirinho ou é tapeação?

---

* Adolfo Celi (1922-1986), ator e diretor italiano que viveu no Brasil nas décadas de 1950 e 1960.
** Francisco Pedro Araújo Neto (1929-2003), jornalista amazonense que viveu em Roma a partir de 1968, tendo sido correspondente do *Jornal do Brasil* e de *O Globo*.

Cuidado com o Dines... (Ô máquina fdap pra fazer barulho — estou com um ódio! qual é a boa mesmo? a Hermes 2000? vou comprar uma é já.) Rapaz, deu um faniquito na Helena hoje aqui: começou a encaixotar coisas, encontrei malões, canastras e caixas pela casa quando voltei da embaixada — ela, decidida, ô mulher danada, me disse: "Eu é que não vou ficar nesse seu chove-não-molha; vou-me embora é logo!". E toca a arrumar coisas, se eu não seguro o ponto a danada me encaixota. Tou só olhando. Com jeito, eu tapeio ela, fica até setembro... Tudo foi a cartinha jeitosa do André, menino sestroso: bum tibum, volta, nego! Lá vou eu. Pois é uma pena a gente não se ver pelas Europas, vou ficar me lembrando pra sempre de tudo que nós não fizemos juntos nessa viagem que não houve; essa não sai da minha memória mais. Com jeito, eu entro na sua viagem, como tenho feito de outras feitas — aquela temporada de Nova York, por exemplo, nos 40's, foi boa, não foi? Procure o Jimmy, hein! o garçon. E aquele pão-duro de, de onde mesmo? de Winthrop? é? Dê um abraço no Aluísio Clark Ribeiro, o maior anão do mundo (viu o Ovalle aí? 8 milhões de ingleses cochichando!).* Não te contei a história dos ciganos. Fica para a próxima. Vou ler os contos do Dalton, eta rerrerreleitura! Tou pondo a vida em dia: daqui pra frente é aquela ansiedade de véspera de viagem. Tenha pena de mim, Ferrrnando! Se eu chegar a Paris antes de você partir, te telefono. Aviso. Ciao pra AB e pra você com abraço do Otto.

---

* Jayme Ovalle dizia que custou a descobrir a origem de um misterioso zum--zum que ouvia nos quatro anos que viveu em Londres: eram 8 milhões de ingleses cochichando...

[ANOTAÇÃO NO TOPO DA PÁGINA]

Recebi carta do Callado hoje, respondi.
Vai ser correspondente do *JB* em Paris.

[ANOTAÇÃO NA LATERAL DA PÁGINA]

Será que a carta que pus ontem no correio pra você chegou? Pus o endereço sem aquelas firulas todas, tal como figura na sua carta de Paris. Esta, ponho a direção completa com W e tudo. Endereço honesto é assim: Sr. Bico da Chiquinha de Baixo — Vila da Lage — Correio de São João del Rei — E. F. O. M. — Mas destes, não tem mais... Agora é tudo com uns números cabalísticos, arre!

Paris, 6 de junho de 1969. Sexta-feira.

Fernando,

estou PERMANENTEMENTE pensando em lhe escrever, believe it or not, não consegui falar-lhe em Londres. Zé Luís sugeriu um telegrama, mas eu tinha deixado o endereço no hotel. Helena ficou dois dias de cama aqui — já pensou? Está caningada mesmo! Agora, vai ao médico, mas parece que não é complicação da operação. Heleninha, por mal dos pecados, ficou doente, com dor de garganta — de novo. Você já pensou como está sendo Paris para mim? Mas tem também uns morangos grandes, não me queixo. O resto fica pra depois, pois a velha aqui está uma fera, quer sair já. É o primeiro dia, depois da doença, que ela sai. Escreva do Rio pra Lisboa, não se esqueça de mandar as reportagens (textos) seus para o *JB*. Queria lhe falar umas coisas, adio. Lembs. Ao Amilcar e ao Paulo Henrique aí, ciao. Ab. para a Anne e você do

Otto

O avião atrasou cinco horas em Lisboa. Etc.

A.S. (ante-scriptum): acho que com suco de laranja.

Lisboa, 11 de junho de 1969

Ah, Fernando, quantos equívocos!
Comprei a Hermes 2000 e você me diz que tinha me aconselhado a 3000 — onde irei buscar esses 1000 de diferença contra mim? Bem que vi a 3000, mas nas minhas oiças ecoava a sua voz: — Máquina é a Hermes 2000.
Muito bem: escrevi isso aí em cima hoje de manhã em dois jatos. A exclamação Ah, Fernando, era para outra saída. Mas me levantei, fui atender o telefone, voltei e achei melhor enveredar pelo caminho da máquina de escrever. Parei de novo e só continuo agora de noite, meia-noite, depois de um dia badalado, depois de ter fugido de um jantar em Cascais, depois de ter visto na TV a chegada do Caetano* ao Rio (delírio), depois de ter bebido muita água para aplacar um começo de ressaca (drinks no Tivoli) e depois de ter verificado... que a máquina que eu comprei em Genebra, conforme vejo diante de mim, a vinte centímetros dos

---

* Marcelo Caetano, o político que em 1968 substituíra o ditador António de Oliveira Salazar à frente do Conselho de Ministros português.

meus olhos, é mesmo a Hermes 3000. Donc, estamos quites: acertei. Até este momento, porém, eu jurava que era a Hermes 2000, que eu nem sei se existe.

Dito isto, estou ouvindo a Helena grasnando aqui ao lado, entrou e saiu resmungando. Eta mulher danada. Deu nela uma doideira de preparar a viagem de volta, pôs o apartamento de pernas para o ar, você nem imagina. Bem feito: amanhã vamos dar um almoço à Marília e ao Antônio Carlos Osório,* mais um punhado de convidados, e ela teve de abrir malas e caixotes hoje para retirar garfos, facas, guardanapos, toalha, galinhas vivas, cebolas, cenouras, vinho, copos etc. etc. Estou ameaçando outro almoço ou jantar (jantar) para o Sette, que chega aqui dia 16. E de almoço em almoço, de jantar em jantar, vou ganhando tempo — que é que você acha? Pois a verdade é que me deu uma certa paúra de ir embora, uma tristeza prévia e sobretudo uma grande melancolia (risque melancolia e escreva preguiça, que é o que eu queria dizer; depois analise o lapso, que no fundo exprime uma sincera tristeza de abandonar o jardim da Europa à beira-mar plantado — veja só! Mas você não se lembra da minha volta ao Brasil quando estava em Bruxelas? Foi preciso aquela expedição punitiva e em Paris, de repente, aguilhoado por você, marquei a passagem numa agência marítima — do you remember?).

Estou com uma dor nas costas de doer. É o raio desta mesa alta, com uma cadeira infernal, inapropriada para a datilografia. Descobri tudo: por isso é que não escrevi ainda o meu romance, que está aqui dentro, como no tal cartoom que você viu num jornal (ou numa revista) em Nova York. Assim não é possível. Justamente agora que eu ia comprar uma mesinha maneira e

---

* Poeta gaúcho.

uma cadeira adequada, para atacar a obra; justamente agora, quando decidi me libertar da rotina da chancelaria e aprendi a não dar bola para as chatices da adidança; justamente agora a Helena deu-lhe a sapituca de ir-se embora, ó raios! Dá pé aí, ó Fernando? Não deixe de me mandar dizer, pois preciso do seu apoio, do seu estímulo. Você está tão bacana como correspondente, gostei de ver. Pois continue e me responda logo, sem demora, chama-me de tu, ó Janette, chama-me de tu, escreve, pelo amor de Deus, e conta tudo, tudo, que eu não sei de nada. Estou cravejado de perplexidades, apunhalado de dúvidas, apavorado e timorato: escreva logo, confirme a existência do Brasil. Não sei se você sabe (eu contei?), se alguém lhe disse. Mas me convidaram pra assumir o lugar de uma suposta fictícia ou real diretoria cultural da TV Globo. Hein, hein? E o *JB* confirma o meu lugarzinho lá, em carta do Brito. Mas, indo para a TV, eu não iria para o *JB*. Será melhor? O Walter Clark me escreveu muito simpaticamente, ainda não respondi. Pedi ao Armando pra assuntar etc. e tal e me escrever, mas é claro que ele não vai escrever, quando que esse canalha escreveu alguma vez para um pobre-diabo como eu?

Me lembrei agora da história da Baguinho... Fui levar o Antônio Carlos à casa da Teresinha e do Hildegardo Noronha. Não sei se você já soube que o Zé Luís ficou alucinado com a história, rolava de rir, e toda hora me pedia pra recontar, não se falou noutra coisa. Foi um mês e tanto de "diga a Baguinho", arre! Fico horrorizado com a perspectiva de isso cair nos ouvidos indevidos e serei expulso, terei de prestar contas, já pensou? Não brinque com isso, não. Sinto calafrios com a simples hipótese de que algum engraçadinho possa sequer mencionar o nome num jornal aí. Zele por isso, não deixe (se é que esses idiotas ainda insistem em falar nisso, eu já não aguento mais). Você nem pode imaginar o número de sujeitos que encontrei por aí afora e que me saudavam assim: "Diga a Baguinho...". Um deles foi o Gallotti,* em Paris, rindo às bandeiras despregadas. Passei a culpar o Aluísio, ainda que não seja culpa dele. Aliás, garanto que ele nunca mais tocou nessa brincadeira, pois é um homem delicado e sabe que poderia desagradar, provocar suscetibilidades. Quanto mais eu advertia o Armando e o Zé Luís sobre isto, mais os dois se escangalhavam de rir. Que história infernal! Tenho a impressão de que daqui pra frente, no resto dos meus dias, se não reagisse e me opusesse a essa asneira, passaria o tempo todo a só contar essa história idiota.

Assim que cheguei aqui, vindo de Londres (excelente, Londres), li a sua esplêndida carta enviada de Nova York. Queria responder logo. Mas eram tantas coisas! E cheguei cansado. Os dois últimos dias de Londres foram estafantes, sobretudo porque tive uma insônia danada, cheguei aqui um caco e tive de aguentar até tarde da noite, só fui dormir quase ao raiar do dia, pois vieram várias pessoas aqui em casa. A partir daí, o cansaço ou sei lá o quê, tive uma enxaqueca brutal, que me destroçou. Passei sobretudo três dias, estes últimos, num sofrimento que você nem calcula. Não houve aspirina que desse cabo do diabo da dor de cabeça. Fiquei em tempo de ficar louco. Só melhorou ontem à noite e hoje é que passou de vez. Olhe que sou doutor em dor de cabeça, não é qualquer uma que me derruba. Mas essa foi de amargar: me paralisou, me derreou, fiquei inutilizado. Ainda estou meio baratinado, basta ver os erros que cometo ao escrever esta carta. Depois, a quantidade de comprimidos que tomei, tudo

---

* Antonio Gallotti, presidente da Light.

isto me tirou dos eixos. E a Helena eficientíssima a preparar a viagem — alguém aguenta? Mas agora estou melhor, estou bom. O diabo é o calor que tem feito. Hoje está 38°, já imaginou? Neste momento, está um calor de rachar, apesar de as janelas estarem abertas e de estar ventando paca. Isto aqui é uma África num dia como hoje. Se não melhorar daqui pra madrugada, nem consigo dormir.

Olhe: um português amigo meu, o Saraiva, sabe aqui de uma p'ssoa que tem umas vinte e tal cartas do Mário de Andrade e umas tantas outras, mais numerosas, da Cecília Meireles. Diz que são muito interessantes. As do Mário datam dos últimos dez anos da vida dele, sendo que a última, escrita pouco antes de morrer, prevê a morte dele etc. Uma das cartas da Cecília (aqui entre nós) conta minuciosamente o suicídio do marido. Diz o citado Saraiva que as cartas têm muito interesse, por isso e pelo mais que deixo de comunicar, mas me pareceu interessante mesmo. Algumas cartas da Cecília, para serem publicadas, teriam de ser cortadas em certos trechos ou mesmo teriam, por delicadeza, que considero indispensável, de ser submetidas ao Heitor Grilo.* As do Mário, creio que não necessitariam cortes. Contêm, as do Mário, assuntos curiosos e um interesse lusitano que é pouco conhecido na obra dele, mesmo na correspondência. As da Cecília, nem é preciso dizer, são esclarecedoras e igualmente importantes, sendo mais numerosas. Só as do Mário dariam umas cem páginas de livro. As da Cecília dariam bem mais, mas poderiam ser encurtadas, isto é, selecionadas, segundo o interesse literário que apresentam. A proprietária das cartas, por estar necessitada, quereria uma compensação, uma espécie de direitos autorais

---

* Segundo marido de Cecília Meireles.

(sic) pela cessão dos textos. Não dá os originais, mas entrega a um possível editor o texto, que seria anotado (um mínimo de notas) e quem sabe prefaciado por um cara português, o tal que me trouxe o assunto. Ter-se-ia de pagar sete contos portugueses para obter o direito à publicação, isto é, menos de trezentos dólares. Cem dólares são 2800 escudos; 200 = 5600. 7000 escudos (ou sete contos) são, pois, 250 dólares. Você acha que interessaria à Sabiá essa edição? Ou vocês pagam esses sete contos, ou fazem outro arranjo, a combinar. De qualquer forma, suponho que não seja oneroso demais e imagino que daria um livro curioso, senão um best-seller, pelo menos um livro de fatal interesse para certo tipo de leitores. A Cecília tem público aqui, o que tornaria possível colocar exemplares em Portugal. O Mário não sei, acho que não. Você quer que eu veja isso para você? Se interessa, diga rapidamente, pois o tempo urge e a proprietária das cartas não pode esperar muito. Certamente aparecerá algum interessado. Que é que você acha? Converse com o Rubem e diga. Pessoalmente (é uma besteira?), achei a coisa interessante e suponho que seria simpático para vocês editarem um livro assim, quem sabe até mesmo a título de "brinde" ou "curiosidade", sei lá que nome tem, como foi o livro da pedra (do poema da pedra) do Carlos. Você poderia verificar que êxito teve a correspondência do Mário com o Manuel, editada há anos e, se não me engano, reeditada recentemente. Por aí você avalia o público para um livro assim. O texto das cartas, repito, não li, mas me diz o meu informante que é muito interessante, interessantíssimo (sic).

Olhe aqui: ouvi dizer que o Rubem está doente, com um troço de pulmão. Ei ei ei... Tá mesmo? Mande dizer logo, pois soube hoje e, sem pormenores, sem mesmo saber se é verdade, fiquei preocupado e já com uma pena imensa do nosso querido

Braga. Quê que é? Não será aquela hérnia que está de volta? Me disseram que é pulmão e que ele teria de ser operado: é verdade? Escrevi a ele anteontem, pedindo-lhe o favor de comprar o resto dos meus livros (encalhe) ao Acosta da melhor maneira possível, já que tenho a possibilidade de colocar essa bosta aqui. Se ele não puder fazer, será que você poderia pedir a alguém aí que veja isso pra mim? Em último caso, o Luís meu irmão poderia ir ver o Acosta, se é que o Luís já voltou ao Rio, pois andou doente da espinha e recolheu-se, ao que sei, a Belo Horizonte. Se ninguém puder ver, então esqueça e eu ou esqueço também ou escrevo diretamente ao Acosta. Mas não deixe de me dar resposta breve, se possível sente-se aí agora, ponha papel na máquina e, num jato, me escreva imediatamente, não se esquecendo de me esclarecer sobre a possível doença (que espero seja inexistente) do Rubem. Tenha pena da minha aflição e escreva logo! Se tiver ânimo, acrescente uma palavra sobre a minha volta. Se não der jeito, deixe esse assunto pra depois, mas escreva, por favor.

Outra coisa: vi há dias uma crônica do nosso Paulusca, na *Manchete*, o raio da revista sumiu, nem me lembro do título para citar aqui. Mas achei uma crônica tristíssima, me preocupou. Ele dizendo que não faz nada pelos outros, um troço assim, você certamente viu. Achei alarmante. Ou é desfocamento de quem está por fora? No meu entender, vi na crônica um estado de espírito digno de preocupação e logo imaginei coisas, fiquei na maior ansiedade, a noite toda pensei no Paulo. Todo mundo diz que ele está sumido, ainda outro dia recebi carta do Irineu dizendo a mesma coisa, que ninguém o vê, que ele anda enfurnado em casa etc. De repente, leio essa crônica dramática! Que é que há? Me explique, me tranquilize. Cheguei a por papel na máquina para escrever ao Paulo, mas a dor de cabeça e um certo medo de entrar por um tom errado me fizeram desanimar, desistir. Mas anotei para falar com você e pedir a você notícia exata e objetiva do nosso PMC. Será que a tal crônica é só literatura? Achei nela uns acentos sinceros e trágicos e, ligando a outros sinais e relembranças, caí de madrugada em estado de alarma — justifica-se? Espero que não. Mas me diga.

Por falar em preocupação, veja como estou. Outra preocupação, esta parece que verdadeira é o HP. Alguém me contou que a MU está se analisando, opa! E chegam ecos (ouvi dizer até em Paris, a meia voz, fui perguntado, não sei de nada) de que a situação doméstica estaria muito deteriorada.* Pensei também em escrever à Maria Urbana, afinal desisti. Sempre o receio de comer gambá errado, de entrar por um caminho indevido e até anacrônico, ou alarmista. Pensei em escrever ao Hélio e talvez ainda o faça, sobretudo se você achar conveniente. Mas, por favor, não deixe de conversar com esse cara e de ajudá-lo, com o maior cuidado, se for o caso e se de fato os meus temores se justificam. Acho que o momento do Hélio fazer besteira já passou e, como disse em carta ao Cláudio, de raspão, sem aprofundar o assunto, sem sequer explicitá-lo, a idade já não atenua (ou ameniza) os erros. Que é que deu aí nesse pessoal todo? É cada coisa que a gente ouve contar... Estou pronto pra receber a notícia, como lhe disse aqui ou aí, não me lembro, do casamento do D. HC com a Dercy. E no programa do Longras!** Tá tudo doido, é? É cada uma! E isso assusta, ameaça, dá um desânimo. Quando é

---

* Por iniciativa de Maria Urbana, os Pellegrino iriam viver em casas separadas a partir de agosto de 1969, e se separar em 1974.
** O absurdo máximo, imagina Otto, seria um casamento do arcebispo D. Helder Câmara com a comediante Dercy Gonçalves, celebrado no programa de TV do humorista português Raul Longras...

que criaremos juízo? Agora é levar os ossos até o túmulo, desistir de passar a vida a limpo (nunca se passa) etc. etc. Estou cheio de coisas pra dizer a esse respeito, você bem pode imaginar, mas não vou dizer, pra quê? Juro que são sensatas e inspiradas por um sentimento de solidariedade, de amizade e até de misericórdia. Cada vez me convenço mais de que... bom, deixa pra lá. Mas, ô Fernando, veja se dá uma mãozinha, não deixe o mundo acabar, segure com a sua mão, você é tão esperto e tão jeitoso! Bem, vou parar aqui pra respirar e tentar resistir à tentação de dizer o que quero e não quero dizer. Vou lá dentro, faço um café, descanso as costas, pito um cigarro, faço um parágrafo e volto. Té já.

Tou aqui de volta. Bem, várias coisas desagradáveis. Primeiro, acendi um cigarro pelo lado contrário — pode haver coisa mais chata? É LM King Size, eta cigarrinho bom, sobretudo de noite depois de uma boca de pito como estou agora. (Mas precisamos urgentemente deixar de fumar.) Segundo, a Heleninha está com febre, o pediatra veio aqui e disse que ela está com a garganta inflamada. Além do mais, está com nova crise de dentes nascendo — acho que ela vai ter 134 dentes. Com isto, a nossa combinada ida ao Algarve amanhã, com hotel reservado e tudo, vai entrar pelo cano. Helena ainda espera poder ir domingo, mas duvi-d-ó--dó. Veremos.

Recebi o livro do Alceu — *Adeus à disponibilidade e outros adeuses*. Recebi um livro, em dois tomos, do Celso Cunha, manual ginasial de Português, no qual figura um trecho do *Carneirinho azul* deste apagado autor. Gostei. Você sabe o endereço do Celso pra eu agradecer? Recebi o livro da Clarice,[*] que tanto irritou Castelinho... que tal, Ferrrnando? Pipocas? Que é isso,

---

[*] *Uma aprendizagem* ou *O livro dos prazeres*.

hein? É a doideira geral que deu aí nessa latitude trópico-carioca? Li inteirinho sem ler. Não tive coragem ainda de ler, mas já li todo. Que coisa, hein! Tá naquela base de oração sem sujeito. E quando tem sujeito, não tem objeto direto. Você se lembra? Quando corria aquela história do nosso Vovô Índio (tinha esquecido, rapaz! que coisa boa você ter se lembrado, o Ovalle!* Olhe: hoje estive com a filha, que me disse que foi pedida em casamento por um português. Não tou falando que tá tudo doido? E olhe que estou escondendo leite, não conto da missa a metade). Aquela história, como eu recém-dizia aí em cima. O capitão Vitorino entrando num livro do Lúcio e perguntando, espalha-brasas: — Afinal, companheiro, que é que há? Ô cabra da peste, vamos deixar de galinhagem? Desembucha, homem! Mas não está um pouco nessa base? Falo por falar, pois na verdade ainda não li o romance, o tal (já li inteirinho). Depois que eu ler (reler), então dou minha opinião (a favor). Mas moita, hein. Pois, como lhe disse, ainda nem abri o livro dos prazeres (que coisa, hein! o Hélio gostou? Quem é que foi escalado pra gostar?). O Castelinho ficou uma fera. Eu é que não me meto nessa, sou bem capaz de nem ler, ainda que já tenha lido. Aliás, desli. Li e desli. Tresli. Tresloucado livro, deslivro: ê-ê, volta, negra! Bum ti-bum! E ninguém matou o bilro. Olhe: vergôntea má, não é mesmo? Em compensação, ontem à noite, na minha dolorenta insônia, li inteiro um romance do Gaspar Simões, *Internato*. É uma notável vocação de não romancista. Eu precisava deixar de ser besta, deixar de orgulho, e me pôr à máquina para escrever. Pois o Internato não existe? Ô livrinho ruim! Agora vou ler *Les garçons*, do Montherlant, que comprei em Paris. E li (veja a linha, pelos títu-

---

* Jayme Ovalle costumava chamar José Lins do Rego de Vovô Índio.

los você percebe tudo) o *Un adolescent d'autrefois*. De quem? Do Mauriac, sua besta! O Mauriac, aos oitenta e tal anos, está com um best-seller, igualzinho ao *L'enfant chargé de chaînes*, com que estreou há um século, há dezessete semanas em cartaz. Mas gostei, diga o que disser, gostei. Reencontro. Me senti meio Etienne, lendo o Mauriac de noite em Portofino, em Genebra. Ai que mundo antigo, ai que eu antigo, ai que sôdade! (Como vai o seu tio Abel? Você me escreve e não fala nele?) Um livro interessante, que comprei em Londres, e este você devia ler, seu analfabeto, é *Perspectives on fiction*, Calderwood and Toliver, uma série de textos muito bons sobre a ficção. Como tem livro sobre ficção hoje em dia! É de ficar doido varrido. Desisti de ser culto. Me interesso por tudo! Por mais que eu diga que escolhi as minhas ignorâncias, quero saber de tudo: Inquisição, bruxaria, história de Minas, psicologia, sociologia, antropologia, ficção (técnica da), romances, contos, místicos, linguística, filosofia, história, crise do mundo moderno etc. etc. etc. Sem falar na subliteratura, que me atrai pra burro. Recebi um livro do Affonso Ávila e outro do Rui Mourão, mineiros, o Rui sobre o romance do Graciliano. Quá! Tou que nem a Virgínia, quando tirou melhor nota de Francês do que a Cristina Chagas... Essa gente tem muita filosofança, muito sabedeira, cheia de fumaças universitárias, inglesías, americanose, new criticism, mas ó, aqui ó: talento mesmo!... Nóis num é de se jugar fora não, Fernando. Caprichando, nós também estamos nessa Revolução, você não acha? Eu quero saber que revolução é essa. Você me diga, que eu também sou revolucionário, ora essa. Você não acha? Por falar (não tem nexo nenhum), o Autran me escreveu uma carta (resposta a uma provocação minha) meio melancólica, anda sumido, não vê ninguém, telefona, ninguém risposta etc. Dê uma colher de chá ao homem, seu! Queixa-se do sumiço do Hélio também, que nunca tem hora. E você, diz que mal te vê. Ligue pra ele, Fernando. Amigo não é de jogar fora. Não podemos mais abandonar os nossos investimentos, a esta altura da vida. É ir até o fim aguentando a posição na bolsa. Tem baixa, mas depois melhora, dá uma alta e compensa. Outro que me escreveu tristinho e cético, sério como um senador da República Velha, e ainda não respondi, foi o Castelinho, que vai fazer cinquenta anos (me lembra). Cinquenta anos, Fernando! Estamos todos ameaçados. Eu bem que suspeitava que, a continuar assim, um de nós acabava fazendo cinquenta anos. Não disse? Agora, aí está: o Castelinho faz cinquenta anos. Veja no que dá essa esculhambação em que se vive aí, sem qualquer garantia. Ninguém protesta? Acho que você devia promover uma regata nacional para celebrar o cinquentenário do Castelinho. Fale com o Brito. E o livro dele, em quê que ficou? Você leu, tresleu e não edita? Deixou pro Dines, né? Eu te conheço, malandro. Eu é que não vou te propor livro nenhum (e estou cheio daqueles bichos que você viu aqui; agora descobri que ando sempre com um javali; fecho o parêntese e continuo). Apesar de ter encerrado o javali aí no parêntese, o bicho me persegue aqui fora. Agora, por exemplo, estou escrevendo aqui na máquina e o javali está deitado debaixo da mesa, de vez em quando roça áspero o meu pé, ô bicho nojento — e feroz, você nem imagina: se eu não o alimento, o bicho me come por uma perna, exatamente por uma perna. Tou num jantar todo bacana, de smoking, sorridente e deslumbrado — o javali está debaixo da mesa, rosna, também quer um osso. E às vezes fede pra burro, por mais que eu lhe deite água de colônia finíssima. Como você sabe, o javali é um porco. Um porco selvagem, uma fera. Mas lá vou vivendo com o meu javali, estou acostumado.

Diga ao Hélio para tomar cuidado com o javali dele. A gente não pode deixar-se dominar pelo javali. Domesticá-lo, arranjar com ele um modus vivendi, você não concorda? Mas voltando ao Castelinho: está triste. Outro que me pareceu triste. Ou foi uma combinação, um complô pra me intrigar, me fazer sofrer à toa? De tudo, o que mais me preocupa (Não deixe de contar o certo) é a tal doença do Rubem. Deus é grande, mas tem muita desgraça neste mundo, não tem? E por falar em desgraça, como vai o Vina, o Demetrius, Fernando? Recebi cartinha sincera e simpática da Cristina, vou responder. Ouvi dizer que o poeta brigou com a Lígia, se mudou. Já arranchou? Vi uma crônica sobre o terremoto, o terremoTTO, diz que eu sou de Juiz de Fora, ora pinoia, outra cheia de gíria com notinhas ao fim, e foi só: ele tem escrito sempre no *JB*? Alguém me contou que está ganhando 4 mil cruzeiros novos para escrever uma vez por semana. Gostei, inclusive porque prova que o mercado está bom. É verdade? E também que ele estaria fazendo um programa na rádio *JB*, é? Mais o quê? O poeta se adaptou bem à nova situação? Está calmo e posto em sossego? Espero que sim. Quem telefonou ontem de Barcelona foi o João Cabral (prometi ir lá antes de ir embora pro Rio). Hoje telefonou o Mozart Janot, de Nápoles (prometi ir lá). O Araújo Neto, falei com ele pelo telefone (prometi ir lá). O Murilo Mendes me escreveu de Roma (prometi ir lá). De Londres, recebo uma carta, com o livro dele, do Antônio Olinto (prometi ir lá). O Amilcar me escreveu uma ótima cartinha de Nova York (prometi ir lá). O Cláudio Murilo me dá notícias do curso em Essex (prometi ir lá). Anteontem, telefonou de Bonn, palavra, o Paulo Nogueira (prometi ir lá). Quem também me escreveu foi o Josué Montello (diz que vem aqui). Li um livro, *Brazil, land without limit*, de um professor que morou um ano aí, o inglês Malcolm

Slesser. Não é livro de escritor, escreve sem pretensões, mas é engraçado. Tem umas coisas que dá uma vergonha de ser brasileiro! Mas no fundo é simpático e otimista, com algum sense of humour. Acabou de aparecer em Londres, edição George Allen and Unwin, quem sabe interessa lançar aí? Ou você não se interessa por esse tipo de livro? Acho que não, né? Mas é engraçado. Diz que o Chico é filho de um well-heeled businessman, o Sérgio, já viu só? E traduz "A banda", no verso o faroleiro que contava dinheiro parou, ele verte: The lighthouse keeper counting profit, stopped — não é gozado? Há uma série de erros curiosos, os nomes portugueses todos engrolados. (A Heleninha acordou, está chorando. Dá uma pena essa menininha doente! Mas ela está uma graça, sabidíssima, cresceu, virou gente.) Eu li uma entrevista do Osman Lins na *Manchete* e me impressionei muito: tou ficando bobo? É a propósito de um livro dele sobre a situação do escritor no Brasil — que tal?* Gostei da entrevista, tem um clima romântico e até ingênuo, mas aderi, gostei pra burro, tive vontade de escrever uma cartinha a ele pra elogiar e comentar. Mas não sei o endereço dele: mora em São Paulo. Há anos, li um livro dele, *O visitante*, e achei razoável, não era lá essas coisas. Introspectivo e arrastado, mas limpo de texto. Tempos depois li outro, já não delirei. Fiquei de quarentena. Agora, vejo essa entrevista e simpatizo com ele. Vai fazer um bom livro, você verá. Se já não fez. E ainda que não faça, é um bom sujeito, vê-se pela entrevista, apesar de citar, com gravidade, o Sartre, que é uma das minhas antipatias atuais (mas passa). Será que esse livro do Osman é meio naquela base do *The literary situation?*** Já cabia

---

* *Guerra sem testemunhas* — O escritor, sua condição e a realidade social.
** Livro de Malcolm Cowley publicado na década de 1950.

um livro assim no Brasil. Aliás, cabem muitos livros e muitas coisas. Eu ando cheio de ideias para e sobre o Brasil. É uma diarreia, de que sou de tempos em tempos achacado. E o Armando ainda entrega à Helena umas pílulas, não sei o nome, pra melhorar a memória, a inteligência e a imaginação. Pílulas pra mim. Como se eu precisasse. Se eu tomo uma pílula dessas, logo redescubro no mínimo a teoria da relatividade: estou um crânio! Um dia desses eu fiquei tão inteligente (demorou pouco), mas tão, tão, tão inteligente, comecei a entender tudo, o livro da vida se abriu, era uma sensação terrível (você sabe que a inteligência é horrível, talvez seja dom diabólico), tive medo de ser preso, de morrer (pois mata) ou então de acender uma luz ofuscante em mim, pegar fogo como monge budista, sei lá. Mas durou pouco, logo voltei à minha normalidade, à minha cotidiana e modesta burrice, e a tal ponto que esqueci tudo que vi no meu acesso de inteligência. Por mais que eu me lembre, aliás, corrijo: por mais que eu me esforce, não me lembro: sumiu tudo. E era inexprimível. Não era articulável, palavreável. Era uma luz, um clarão, assim como correr uma cortina não num quarto escuro, mas num quarto naturalmente iluminado e, aberta a cortina, um jorro de luz mais luminosa acender tudo, por dentro e por fora, as entranhas das coisas, o porão das coisas, o segredo que está em tudo e na gente mesma. Eu balancei de horror, fiquei firme nos cascos e murmurei com os meus botões (luminosos): opa, vou já já é virar Napoleão Bonaparte, tou aqui tou num hospício público de mão no peito. Era a revelação. Basta dizer que o javali, medonho, de medo, cheio de medo, gania e chorava, arrebentou a corrente e saiu correndo, ia precipitar-se nas águas sulfurosas do lago que não existia. Mas logo a luz se apagou e tudo voltou ao natural, à claridade de todo dia, na qual mal mal entrevejo, de resto mais foravejo do que entrevejo. Ou melhor: entrecego. (A Heleninha está chorando de novo, vai ser uma noite em claro, coitadinha. Estamos fritos. Talvez até convenha eu parar de escrever, pra não fazer barulho.)

Mas continuo apressadinho, mesmo porque já estou comprido, vai ver você nem aguenta ler até aqui, aguenta? Então tome lá. Helena indo embora (vou sabotar um pouco, mas ela está na rampa de lançamento e os meninos urgem, rugem daí, com toda a razão, coitados, ando com saudade deles — me pergunto: será que reúno o meu gado na rua Peri? o tempo volta atrás? viveremos? agora retire o re do meio de viveremos e pergunte: revivemos? como vê, o re passou pro princípio; joguinho de palavras é muito bom, não é? veja: bola e loba são a mesma palavra, como no caleidoscópio, você revira os cacos e faz ou uma bola ou uma loba; teria tantos outros exemplos, mas deixa pra lá; pra encerrar: fiz uma descoberta importante sobre como direi? sobre a carga emocional das palavras, examinei atentamente a palavra composta "pão de queijo" e de repente descobri tudo, tudo! Não precisa ficar pensando que eu fiquei doido não, que eu paro. Não sou eu, não, é o Calazans!), Helena indo embora, vou alugar um apartamentinho de quarto e sala e vou ficar triste escoteiro, esperando (aqui com música de Chico Buarque de Hollanda, aquela que começa assim "Otto otteiro/ esperando o trem" etc.).* Depois, com calma, resolvidos os problemas pendentes, carro etc., me desligo da embaixada e vou passar um mês em Londres (tenho um mês de férias, descobri, me disseram, pois o mês que passei fora agora foram as férias de 68 e agora tenho as de 69; mas mes-

---

* Trocadilho com os versos "Pedro pedreiro penseiro esperando o trem", da canção "Pedro pedreiro" (1965), de Chico Buarque.

mo que não tivesse férias, iria pra Londres; de lá, vou pra Roma e lá tomo o avião pro Rio; ou então fico aqui mesmo e vou pro Rio direto; ou então... ou então...). O Guilhermino me escreveu uma carta, fala em você, mas estou com preguiça de copiar aqui. Precisamos fumar menos. E o Rodrigo?* Você não estava aí quando ele morreu, estava? O Cláudio te disse que gostou do meu "poema" (acabo tirando estas aspas, você vai ver) sobre o Manuel? Recebi um caderninho de um jornal mineiro com o depoimento do Milton Campos. Muito bom, você leu? Vi um poema do CDA comemorando os cinquenta anos de Tristão do Alceu: gostei muito.** Você chegou a se avistar com o Aluízio Alves, que fundou uma editora e tem me escrito? Eu tenho lhe feito umas sugestões, vi aqui um agente literário pra ele, indiquei-lhe um primo do Zé Luís, o Otávio Lins, excelente sujeito, em Paris, pra fazer contatos e tentar botar banca de agente pra comprar direitos de tradução etc. Ele me parece com drive (o Aluízio). Outro que, soube, fez editora é o Cláudio: fez mesmo? Com o Dragão?*** Ainda cabe mais editora aí? Bum, tibum! E a Sabiá: como vai? Você redescobriu o Aguinaldo Silva?**** Quando sai o livro do Oswaldo França? Que é que está programado? Você está enriquecendo em paz? Tem beirada pro seu amigo lisboeta? Me encomende um livro que eu escrevo. Mas encomende pra valer, seja sincero. Dê o número de páginas, eu sou muito obediente, faço de acordo com a encomenda. A minha história O *guarda do*

---

* Rodrigo Melo Franco de Andrade.
** "O escritor", mais tarde recolhido no livro *Amar se aprende amando*.
*** Carlos Lacerda.
**** Um dos primeiros lançamentos da Editora do Autor, em 1960, foi o romance *Redenção para Job*, de um pernambucano de dezessete anos inteiramente desconhecido — o futuro novelista Aguinaldo Silva (1944).

anjo está dormindo, viajei, perdi a bossa, a intimidade com o tema, nem tenho coragem de tirar a papelada da gaveta e meter mãos à obra. Meu cemitério literário! É maior do que qualquer cemitério de automóveis da Califórnia. De resto, o Dalton me escreveu. Estou devendo resposta a ele, tenho aqui uns originais dele, vou escrever-lhe: ele tem aparecido aí no Rio? Também tá doido? Tem época em que todo mundo opera o apêndice, já reparou? Tem época em que todo mundo faz análise, não tem? Tem época (teve, pelo menos) em que o sujeito duvidou-relou, tem de arrancar os dentes todos a conselho médico. Tem época em que o pessoal bebe água oxigenada. Tem outra época em que todo mundo começa a tomar um remédio novo, como o K-H-3 (está nessa época, não?). Tem época em que todo mundo começa a frequentar a sauna. Tem época em que o Maracanã fica cheio de uma fauna pouco amante de futebol. Tem época em que todo mundo se reúne numa determinada esquina da praia (e sempre muda a esquina, têm caminhado, as esquinas, no sentido do Leme para o Leblon — o que vai ser quando chegar na elevatória do Leblon?). Tem época em que todo mundo frequenta um certo bar ou um certo restaurante ou uma certa boite, não tem? E tem época em que todo mundo começa a separar-se da mulher. As mulheres que se cuidem (ou os maridos). Tem também época em que todo mundo começa a ter filho e dá a mania de botar o nome de Pedro em todos os filhos, mesmo nas meninas. É tudo moda, já reparou? Tá na época de editora agora? E de separar? Já teve época de cuba-libre (rum com coca-cola, imagine!), já teve até um tal samba em Berlim (lembra?). Já deu onda de ipê-roxo, não deu? Casca de barata também, já não esteve na moda? Então você gostou do Paulo Henrique? Não te disse? Soube que ele volta breve pro Brasil. A sogra me disse. Você não falou foi no Amilcar, viu ele lá? Então conte, seu. Recebi uma cartinha do Marco Aurélio, a que vou responder (tou tomando distância). Do Castejon, não recebi nada, esse malandro está se agachando é pra voar mais alto: como vai ele? Dê um abraço nele, se está aí. O nosso tradicional! Por falar, soube que o Zé Aparecido tirou dezoito úlceras do duodeno. Achei pouco. Com aquela mania de grandeza, eu esperava no mínimo 18 mil. Mas ele ficou bom? Ou você nunca o vê? E o Catraca? Silencioso e sabido como sempre? Ele tem vocação de peixe em aquário, o nosso Narceu. Repare no jeito d'ele deslizar e me diga se não é verdade, se não descobri tudo. E dê umas bocejadas de peixe, aquela bocada no vazio, piscosa, no silêncio aquático. E o Doce e Radical? Soube que começou um novo romance: vem de quarup outra vez? Gostei de ver ele chamar os índios de rapazes. Nunca tinha me ocorrido que índio é rapaz. Imagino chegando na sua casa: quero lhe apresentar aqui um rapaz indígena. Bom, ciao. Amanhã tem mais. Lembranças à Anne, Helena me convoca pra Heleninha. Vou reler sua carta (ótima). Abraços.

Otto

[ANOTAÇÃO NA LATERAL DA 4ª PÁGINA]

Conte! Aja! Não deixe de intervir! E me diga se devo escrever ao Hélio? À M.U.? À d. Assunta? Ao dr. Braz?* Ao Eloi? Ao Gen. Garrastazu Médici? Ao Mal. Dutra? A quem?

[ANOTAÇÃO NO TOPO DA 7ª PÁGINA]

E o Alécio? Você mostrou minha carta a ele, em Paris.

---

* Assunta e Braz: pais de Hélio Pellegrino.

Londres, 30 de junho de 1969

Fernando,
soube ontem que há uma carta sua para mim em Lisboa: contra ou a favor? Espero que seja contra, perdão: a favor. Desde saltar em Victoria Station até passar ontem pela Speaker's Corner, sua presença aqui me *hante*. E já ontem, vi o Antônio Olinto. Fiquei na dúvida se perguntava ou não pela sua passagem aqui. Concluí que você não o viu. Certo? Ele e a Zora* estão encantados, pela satisfação demonstrada, deve ser o melhor lugar do mundo. Já me propôs até "perpetuar" o lugar de AC... Londres ontem e anteontem teve autênticos glorious days. Ontem então! Um verdadeiro sun-day... Lindo. Em Paris, no último dia, fiquei a tarde zanzando ali pela Rive Gauche e revi o gato dentro da caixa do correio, em frente à igreja de St.-Germain-des-Prés... Como você vê, comprei a Hermes 2000: ótima. Mas está com um irritante defeito no rolo, não vira fácil, de vez em quando para e tenho vontade de atirá-la pela janela. Deve ser desconhecimento meu, falta de prática. E ainda não li as instruções que vieram junto. Quando comecei este bilhetinho, tinha uma série de coisas para lhe dizer. Mas é melhor ter esquecido. No matter, never mind. A AB gostou muito de ter revisto London? Gostaria de voltar? E você em N. York? Olhe: vimos *Hair*, vale uma conversa, não vale? Que gente antiga, meu Deus, somos nós! Você sentiu? Redigi uma carta a propósito pra você, mas rasguei. Perdi a referência sua, estou no ar. Sexta-feira no máximo, 4, estou em Lisboa. Escreva pra lá. Abraços AB, Janet, Rubem, todos. E para você.

Otto

---

* A escritora mineira Zora Seljan (1918-2006), mulher de Antônio Olinto. Em primeiras núpcias, foi casada com Rubem Braga.

[ANOTAÇÃO NA LATERAL DA PÁGINA]

Faça um balanço da sua viagem pra mim. E sobre a minha volta? Estou apavorado...

Lisboa, 18 de julho de 1969

Fernando,
aqui vai a sua entrevista. Se quiser, posso mandar outro exemplar para o seu arquivo. Você já teria visto? Saiu o.k.? Ontem saiu a do Paulo, estou mandando-lha (?).
 E o Rubem? Estou aflito com o que ouvi dizer: foi operado de um nódulo infeccioso no pulmão. Que é isso? Passa bem? É sem importância? Como é que não lhe ocorre me mandar uma notícia? A gente fica sabendo sempre por interposta pessoa e nunca se conta a história toda ou às direitas. Informe, por favor.
 Octávio Thyrso (que figura antiga!),* e Sette Câmara partiram hoje. Amanhã estará partindo A. Carlos Osório. Uma semana brasileira, entre muitos brasileiros. E há outros esquedulados. Acaba de sair daqui uma amiga do Murilo Rubião, que me veio recomendada pelo ex-mágico. Como Bhte mudou, seu Fernando! A conversa me desorganizou todo, estou mais desagregado do que a família mineira. E soube hoje que uma outra jovem, de ruiva beleza, mineira, belorizontosa, com quem eu estava em contato aqui, apresentada pelo Cyro, se mandou pro Canadá com um português, tendo largado o marido e o resto. E há outros casos igualmente edificantes. Ai que perigos e que arrecifes!

---

* Jornalista.

Osny Silva: arre! Que alívio que me deu! Olhe: outro dia, conversando aqui com o Cardoso Pires,* fomos acometidos pela amnésia fatal. Ele queria lembrar-se de um certo cara assim assim. Dizia que era mineiro. Finalmente, dois dias depois, me ocorreu o nome (eu já identificara mentalmente, mas, contagiado, o nome não me saía de debaixo da língua): era o Mauritônio Meira.** Telegrafei ao Cardoso: Mauritônio Meira, pá!

Morreu o Guilherme de Almeida, não é? O João Cabral me telefonou hoje perguntando se eu não quero me candidatar... Você não quer? E morreu, pá, o Julinho Mesquita Filho?*** Pois murreu! Leu a autobiografia dele? Claro que não. Você não lê os textos fundamentais...

Ontem, numa conversa com intelectuais da terra, um cara me perguntou pelo Manuel dos Anjos. Não sei quem é. Seria o Cyro? Não era. Seria o Augusto dos Anjos? "O Augusto, conheço-o baim; é um prosador do século XIX", me disse o interlocutor. Outro me perguntou se a Lispector morreu. "Ainda não." Outro disse que gosta muito da ficção do Paulo Mendes de Campos, ai que estilo! E acrescentou: não gosto nada é de um tal Fernando Sabino, nem na prosa nem no verso. Ele é cronista, pois não? Etc. etc. etc. Desculpe o mau jeito. Mas te defendi acesamente. E houve um que me perguntou, alegre e escancarado: Como vai o Wilson de Figueiredo? Continua a poetaire? Ia esquecendo: o Almada Negreiros apareceu no programa do Solnado e ficou popularíssimo... O próprio. Aliás tava bom mesmo, simpático.

---

* José Cardoso Pires (1925-1998), romancista português.
** Jornalista.
*** Júlio de Mesquita Filho (1892-1969), jornalista e escritor, diretor de *O Estado de S. Paulo*.

Como vai a Tropicália? Estranhou? Mande me dizer que dá pé pra mim, Fernando. Estou na maior angústia. Helena vai partir, botou tudo de pernas pro ar lá em casa. Estou procurando um apartamentinho de solteiro pra ficar mais uns tempos aqui. Escreva a respeito, não se esqueça!

P, acabo de localizar um cara que encontrei em Genebra e que, meu amigo de infância, não sabia quem era. Entrou aqui um sujeito que me deslindou o mistério. Estamos ficando gagás, mas Você está muito pior!

Fernando: e Bhte? e a TFM?* Meu Deus?!

Mudo de linha e de pergunta: e Minas? Minas!

Na mesma linha de pensamento: o Hélio? Mande dizer, por favor, não me deixe em suspenso.

Tá um calor de rachar, de derreter os untos.

Quanto ao nosso amigo de N. York, você é atilado paca! Também, era fácil matar essa... Nem precisava ser o Schmidt! Não posso abrir o jogo.

Gostei do seu et pour cause. Tás ficando culto pra burro. Acabas um Houaiss, senão um Franklin de Oliveira,** quiçá um Merquior*** (publicou livro novo? é bom? Marcusiano?).

Ora, pinoia: que Osny coisa nenhuma! Era Oity. Oity! Foi meu colega de turma na Faculdade de Direito. E era contista. Ficou louco, não ficou? Depois morreu tuberculoso. Não morreu? Ou quem morreu foi o Bartolota?**** O Bartolota morreu,

---
* Tradicional Família Mineira.
** José Ribamar Franklin de Oliveira (1916-2000), jornalista e crítico literário maranhense.
*** José Guilherme Merquior (1941-1991), escritor, filósofo e diplomata carioca.
**** José Bartolota, poeta mineiro.

tenho certeza. Como também morreu o Evágrio Rodrigues,* assim também não!

Como foi o seu reencontro com o Araújo C? O Ovalle compareceu? O tempora, o mores!

Mande as reportagens, quero ler e elogiar. Não se esqueça. Um cara outro dia me perguntou: Você conhece alguém mais preguiçoso do que o Araújo Neto? Fiquei besta. Nunca pensei que ele fosse preguiçoso. Ô línguas daninhas!

Sim: mangarítimos! Quase morri de rir ao ler a palavra mágica. Que memória a sua, Fernando! Falou com o Araújo sobre o Amilcar? Viu o Amilcar? Não me diga que não viu! Conte, responda. O Prates não reapareceu postalmente. Será que vem em p'ssoa? E você viu os meus filhos? Viu, hein! Te conheço, malandro. O Nicolai taqui, quem disse que estava aí? Escreva-lhe cartão. Adorará. Ou mande abraço em carta pra mim, ao menos.

Lembranças à Anne. Janet recebeu meu cartão de Londres? E o resto como vai? Ouvi dizer que saiu um artigo consagrador do Portela** sobre a Clarice, saiu? Imagine que o Nicolai acaba de me ligar: manda-lhe um abraço e espera abraçá-lo aí, mas só no fim do ano. E ciao, estou louco pra acabar esta carta e a bandeira nacional, que a brisa de Portugal beija e balança, acaba de cair lá embaixo na rua, arrancada pelo vento. Abraços mil. ESCREVA, não deixe de me dar notícias do Rubem. Segue agora telegrama sobre o Braguinha, pedindo notícias. Estou ansioso, compreenda. Tranquilize-me. E me diga tudo, tudo. E a minha volta? Escreva logo, agora, sente-se aí e mande brasa. Ciao mesmo.

Otto

---

* Escritor mineiro.
** Eduardo Portela (1932), crítico literário baiano.

[ANOTAÇÃO NA LATERAL DA 1ª PÁGINA]

Lembrou-se de comemorar o cinquentenário do Castelinho? E o cinquentão Castejão como é que vai?

[ANOTAÇÃO NO TOPO DA 2ª PÁGINA]

E o Demetrius?

Lisboa, 25 de julho de 1969

Fernando,
pode ser (quero acreditar que sim) que você já tenha me respondido. Faz hoje uma semana que lhe mandei o segundo telegrama, pedindo notícias do Rubem e... do Hélio. Como hoje é sexta-feira e provavelmente não terei correio até segunda próxima, mando-lhe este bilhete, reiterando o apelo, para a hipótese de você não ter respondido ainda. Francamente, não entendo o seu silêncio. Chego a supor que os telegramas não chegaram. E as cartas? E os recados que foram por mensageiros benévolos, todos jurando que lhe telefonariam? Não há de ser nada. Estou chateado, gripado, calorento, aporrinhado, pessimista, sombrio. Adido a nada. No auge da irritação. Lembranças e ciao.
Otto

Recebi carta ótima do Paulo Henrique, de N. York. Conta com graça a sua passagem por lá. Ele está prestes a voltar ao Rio (ou para São Paulo, não sei).

Lisboa, 29 de julho de 1969

Fernando,
sinceramente, não consigo entender o seu silêncio. Se for puro desleixo, descaso, é imperdoável. Chego a imaginar que você esteja ausente do Rio. Será? Mas ontem vi, numa carta da Cristina, referência a uma reunião na sua casa, há poucos dias. Então, você está aí firme — e silencioso, cruelmente calado, indiferente aos meus inúmeros apelos, inclusive a dois telegramas ansiosos que lhe mandei! Por quê? Francamente, gostaria de saber. Você há de ter uma explicação. Não quero julgar antes de conhecê-la.

Ao menos fez ao Rubem a visita que lhe pedi que fizesse, no primeiro telegrama que lhe mandei? Ou será que o telegrama também não chegou? E o segundo?

Outra coisa: numa das numerosas e insistentes cartas que lhe fiz, falei-lhe de umas cartas do Mário de Andrade e da Cecília Meireles, dirigidas ao José Osório de Oliveira, há mais de trinta anos (pelo menos o início da correspondência data dessa época). O proprietário das cartas, Arnaldo Saraiva,[*] veio mostrá-las a mim e, pelo pouco que vi, que pude ler, calculei o imenso valor que têm. Seria um documentário extraordinário. Será que não lhe interessa publicar, nas condições que lhe transmiti na tal carta que já seguiu há mais de três semanas pelo menos? Por favor, Fernando, responda! O Arnaldo não pode esperar indefinidamente e por certo terá facilidades de publicar essas cartas, ou de dar-lhe o destino que entender. São um tesouro precioso. Nas cartas do Mário, há coisas inéditas, como seja a explicação da atitude dele diante de Portugal e da língua "portuguesa". Coisa

---
[*] Crítico e professor português.

curiosíssima. Vale a pena. Se não interessa, digne-se ao menos, porra!, de responder. Mande-me à merda, mas não me relegue a esse silêncio indecoroso e ofensivo.

E o Hélio? Por que esse merda também não me responde?

Bom, lembranças à Anne, aos demais, e, quand même, vá lá, indignado, indignadamente cordial, o abraço do

Otto

As cartas do Mário (e da Cecília) são impressionantes! Vou pensar, como editor (sic), se vale a pena. Darei seu recado ao Saraiva Arnaldo, que aliás vai aí este mês e o procura.

Lisboa, 6 de agosto de 1969

Fernando,
a minha raiva de você evolou-se! Estou sorrindo à toa com a sua cartinha-cartapácio. Ô conversinha boa! Antes de mais nada, diga ao Casteja pra deixar de ser besta, que estou de olho e de coração nele, pra ter pena de mim, que passo horas todo dia na máquina escrevendo milhentas cartas imensas e que ele nunca me escreveu, já mandei cartões, já mandei abraços, pergunto sempre, você é testemunha, só penso nele, poxa! Vou escrever-lhe, pois. E pode dizer-lhe que não tema, pois o coração dele aguenta. Que mané bloqueio que nada. Eu não dou fora em matéria de diagnóstico à distância, tenho intuição clínica absolutamente genial, nunca errei. Ele pode ficar tranquilo que eu não me desmoralizo. Não morre, não... As Helenas chegaram aí, você deve ter visto, espero, com recados malcriados meus, ante-

riores à sua carta. Seu silêncio, concorde, aliás você concorda, era indecoroso e pulha. Vocês não pensam na minha angústia, longe, sozinho, lisboeta e burro, de coração sobressaltado. Agora, não se esqueça de dizer ao Cláudio pra ir à merda. Me cobrar resposta: vá pra puta que o pariu! Eu já cansei de escrever a esse gajo e ele vem sempre com umas de joãozinho-sem-braço pra cima de mim, com ar de credor. Ele que me responda, se quiser; mas esse golpe não pega, não. Fiz-lhe há tempos uma carta da maior decência, cheia de mel e outros atraentes pega-moscas e esse sórdido indivíduo ainda me vem... ora, essa não! Bom, estou com uma dor no peito (lado direito) desgraçada. Você nem pode imaginar, começo até a ficar alarmado. Andei gripado, fiquei com umas sequelas, tosse etc., só penso em deixar de fumar, muito antes do caso do Rubem. Li no *Herald Tribune* uma reportagem sobre fumo e enfisema, recortei e mandei lá para a minha casa em Bhte, mas eu mesmo não aproveitei a lição. Todos os meus irmãos pararam de fumar, graças ao meu apostolado. Mas não espalhe, pelo amor de Deus: eu não parei, não; fumo até mais! Estou viciadérrimo, só faço fumar. Minha última desculpa: vou parar quando chegar aí. Não vou levar LM King Size e então, estranhando o cigarro brasileiro, paro. Que tal? Por isso, começo a pensar em só voltar em 1989... pra fumar mais um pouquinho. Estou com enfisema e todas as mazelas do cigarro, não tenho dúvida. Mas vou parar. Amanhã eu penso e paro. Não volte a fumar. É melhor parar de escrever! Bom, já são dez horas da noite, peguei sua carta na Duarte Pacheco (meu novo endereço, não espalhe, é av. Rovisco Pais, 30 — 6º Esq. — Arroios — Lisboa) e vim à embaixada. Passei o dia fora, numa quinta cheia de sujeitos que, citados, você nem acredita. Não brinque, não mencione, mas o mínimo era o Patiño...* Podia contar uma série de coisas, mas tenho medo de você bater com a língua nos dentes, acaba saindo em coluna (tenho horror, ando com verdadeiro pânico de notícia nos jornais daí). O Nelsinho** e a Mônica estão aqui, acabam de telefonar. O Caetano e o Gil também, estes não vi ainda, mudaram de hotel, de Cascais pra cá. (Acendi outro cigarro.) Você tem toda razão, o melhor é não me alarmar por tão pouco (?). Aliás, sua carta até já me acalmou... A Maria Clara*** então! Pois ouvira dizer que tinha casado. Tenho ouvido tanta coisa, Fernando! Vou mandar a carta que o Hélio pediu. Não se esqueça das suas reportagens, quero ler. Vou responder ao Rubem, a carta dele tava danada de boa. Tou solitário no nódulo (lunar), claro, mas já soube, inclusive pela Mônica, que ele está com a carinha boa. É Nicolai Fikoff, que aliás vai aí dia 14, a Mônica Fikoff já está aí, chegou com a Helena. Minha vida de solteiro aqui, num apartamento que é um amor, você havia de gostar de ver: quer vir ver? Não espalhe. Depois escrevo direito. Lembs. à Anne. Olhe: reli o livro do PMC, *Hora do recreio*, e gostei muito mais que da outra vez. Me deu uma grande ternura pelo Paulusca e achei que ele é bom paca! Saiu um artigo do Osman Lins aqui (outro!) falando em você de boca torta. Vou botar aqui nesta. E o Cardoso Pires me falou muito de você, contou aquela história da entrevista. Mas isto é fofoca besta, deixa pra lá. Lembranças de novo a todos e ciao. Merci. A francesa é Anny Claude Basset,**** que acaba de me escrever. Veja-a, é doidinha, mas uma

---

* O bilionário boliviano Antenor Patiño.
** Nelson Motta.
*** Maria Clara Pellegrino, filha de Hélio.
**** Jovem francesa que se tomou de amores pelo Brasil — onde passou um tempo como bolsista de literatura — e vários de seus escritores, de quem se

grande alma e tem os olhos muito azuis! Ajude-a, se puder. É uma criatura simpática.

Otto

Fernando,
recebi (e acabo de responder) carta do Autran, contando o encontro com você, meu panic, fear, grief, exhaustion (o resto na carta que mandei ao Marco Aurélio — só agora soube, pelo Autran, que lhe morreu o cunhado Osvaldo — como se morre aí!). E o Castejon? Em Brasília ou ainda aí? Melhorou? Não tenho tido ânimo de escrever, mesmo cartas, mas escrevo milhentas (é português). Mandei pra você o tal depoimento-carta para o Hélio. Esqueci de botar um bilhete explicando, mas claro que você abriu e entendeu, encaminhou. Que tal achou? Você fez também? Deve ter feito pequeno e eficaz. Quais são as perspectivas dele? E do Callado? Ontem, vi a Betinha, que andava sumida, a Lins do Rego, muito amiga do Doce, boa p'essoa. Ainda não respondi ao Rubem, vou ver se o faço hoje. Está um sol tão claro lá fora! E em minh'alma anoiteceu (no passado mesmo). Estou cansado. Viu Helena? Mando aqui uma página do *Sunday Times*, para você ler, se interessar, e passar ao Hélio. Imagino que ele há de interessar-se. Se não, deite fora. Está chegando aqui uma jovem mineira. Lembranças à Anne, a todos. Escreva! Hoje, os jornais daqui estão cheios de notícias sobre a guerrilha (sic) na Guanabara: é? Ai que cansaço! Bom, vou receber a minha clientela: há uma de vermelho vestida! Vem sem meias, Senhor! Cantá--la, como poderei? Viu o problema do meu restolho com o Acosta?

---
tornou amiga. Mais adiante, foi aeromoça da Air France. A ela Otto dedicou um artigo, "A arara de luto", de 1976 (incluído em O *príncipe e o sabiá*).

Não se esqueça! E me diga, enquanto estou aqui, pois podia colocar um pouco do bagaço em Portugal. E o Rubem continua a melhorar? O novo Vinicius — como vai? Abraços e ciao mesmo.

Otto

Lisboa, 12 de agosto de 1969.

Lisboa, 13 de agosto de 1969

Fernando,

o Nicolai está partindo hoje via Varig para o Rio, onde vai ficar um mês. A Mônica e os filhos já se encontram aí. Foram no mesmo avião que a Helena. Espero que você, generosamente, possa ao menos vê-lo e ser-lhe útil em alguma coisa de que precise (em princípio, não precisa de nada: só de amizade).

Esqueci de contar uma historinha a você. Há tempos, estava com uma jovem, numa roda, e mencionei seu nome duas vezes. Contei o caso de uma coincidência, citei aquela crônica do beato na *Inglesa deslumbrada*. Horas depois, a tal moça me pegou num canto e, com uma cara incrível, como se me pedisse satisfações (mal me conhecia) me intimou assim: "Escute aqui. Conte essa história direito. Que é que há entre você e o Fernando Sabino?". Eu, divertido e assustado, não sabia bem o que responder. Perguntei-lhe: "Você conhece o Fernando?". E ela: "Não, só de nome. Mas você não me engana. Você fala muito nele. Vamos lá, diga. Pode dizer, eu não estranho nada, eu posso ouvir TUDO, você pode confessar: o que é que há entre o Fernando Sabino e você?". Não sabia se achava graça ou se me indignava, diante sobretudo da ênfase feroz com que a tal jovem me inquiria...

Tempos depois, ouvi dizer, com foros de verdade, que essa moça, aliás bonita e inteligente, é lésbica...

Estou sem tempo, se não ia contar umas coisas assim sobre o personagem — aquele tipo de personagem sem sujeito e sem objeto, lembra-se?

Recebeu a carta para o Hélio? E a página do *Sunday Times*? Leu? É impressionante, não é? Por toda parte, é a mesma miséria, a mesma impostura! Há muito deixei de crer em solução política... De resto, há solução? Qualquer uma? Não sejamos tão pessimistas, mas a conversa seria longa.

Li um volume dos *Cahiers* do Claudel, que sujeito retórico, embaixatorial e chato, ainda que com o seu gênio. Para compensar, leio o *Journal* de Leautaud — que coisa! Você já leu? É uma língua limpa, afiada, sem graxa. Bom exercício.

Bom, estou sozinho à noite na chancelaria e começo a ouvir uns ruídos esquisitos por aqui. Vou-me embora correndo. Coisas esquisitas acontecem aqui... Pergunte à Helena pelo caso da mala, que contei em carta de hoje.

Abraços para vocês e ciao. Escreva!
Otto

[P.S.1: ANOTAÇÃO NA LATERAL DA PÁGINA]

Mandei para a Sabiá uma carta para o Hélio e outra para o Vina. Chegaram? Agora, recuperado de endereço do Vina, vou escrever-lhe amanhã. E o Rubem continua melhorando ou já está bom de todo? Espero que sim. Dê um ABRAÇO NO CASTEJON! Estou entupido de fumo...

P.S.2: E a Maria Urbana?

Lisboa, 14 de agosto de 1969

Fernando,
se vivo fosse, o Lúcio Cardoso faria hoje 55 anos. Ele dizia que tinha nascido a 13 de agosto de 1913, mas era papo furado, pra parecer mais sinistro. Ontem, de madrugada, à volta das duas horas, estava papeando com um amigo em casa — e comecei a falar do Lúcio, lembrei aquela história da casa em Ipanema que ele me arranjou para eu morar, a história do meu duplo que chegara antes de mim etc. De repente, sem qualquer vento, num silêncio entre um gole e outro (era cerveja), uma porta bateu violentamente e, ao mesmo tempo, fulminante, me lembrei que era aniversário dele. Meio parecido com o que contei a propósito do 19 de abril, aniversário do Manuel Bandeira, lembra-se? A conversa continuou noite adentro, fui deixar o amigo em casa e voltei sozinho para a minha solidão. Tinha deixado as luzes do apartamento acesas; quando cheguei, estavam apagadas. Em seguida, tocam a campainha da porta. Estremecendo embora, fui olhar pelo olho mágico. Era o mesmo cidadão atarracado e bastante careca que tinha estado dias antes, à noite, mais cedo, à minha procura. O homem dava mostras de impaciência, olhava por debaixo da porta, empurrava a maçaneta. Apaguei as luzes e fiquei a observar. Depois de uns dez minutos, tendo insistido muito na campainha, foi-se embora. Quem será? Só dormi depois que o dia raiou: a cara do Lúcio não me saía da lembrança — ele ria, ria, ria, contorcia-se de rir, apertando a barriga, ele em pessoa, vivo, tal qual tantas vezes o vi. Fechei duas portas à chave, deitei-me. Parecia-me ouvir o riso do Lúcio — e ria cada vez mais, sem dizer rigorosamente nada. O Lúcio antes da doença, moço, magro, os olhos ardentes. Acordei cedo, a empregada já tinha chegado, deu-me um recado — tinham telefonado: o

sr. Lúcio tinha chamado por mim, ficara de chamar de novo. Qual seria sua reação? Imagine a minha. Afinal, quem telefonara foi o Murilo Mendes, que se encontra em Lisboa.

Veja anexo que bela propaganda para um livro da Sabiá. Deve ser coisa do Álvaro Gonçalves Pereira, que vai ao Brasil proximamente. As cartas do Mário e da Cecília estão datilografadas, mas, como o Arnaldo Saraiva vai aí, vocês conversam. Não perca a oportunidade, se é.

Ciao e abraço do
Otto

P.S.1: Saiu hoje entrevista do Autran no *Diário Popular* daqui. Estou enviando para ele.

P.S.2: Acabo de verificar que saiu hoje, sem qualquer alusão à data, por mera coincidência, no *Diário Popular*, vespertino, longo artigo de Antônio de Oliveira Coelho sobre... Lúcio Cardoso! O.

Lisboa, 18 de agosto de 1969

Fernando,
que é que há, rapaz? Disse que respondia em cima da fivela! Qual? Brasileiro não quer nada, não... (Pergunte ao Cláudio.) Estou mandando hoje para o Carlos Drummond um livro
Le procès des juges — Les critiques littéraires
de Bernard Pivot
Edição Flammarion (1968),
que achei curioso, contando uma série de coisas pitorescas a

propósito da vida literária, dos erros e acertos dos críticos, das capelinhas — tudo na França, é claro. É um livro leve, com bom humor, sem propriamente maldade. Pergunto ao Carlos se ele acha que merece ser traduzido. No caso de ser traduzível, você não quereria lançar — se é que não apareceu aí? Claro, não é nenhum best-seller, seria livro promocional da editora. E pensei também que um livro parecido podia ser escrito sobre a "literary situation" no Brasil, logo me ocorreram uns "causos" pitorescos. Quem podia fazer um livro assim? Se interessar, converse com o CDA, peça-lhe o livro.

(Que besteira, né? Você nem vai dar bola. Vai jogar esta carta naquela pasta-cemitério, vai esquecer o assunto e… vai achar que eu estou meio doido. Em todo caso, atendo ao meu impulso e faço o que me dá na veneta, como tantas outras vezes tenho feito com dezenas de outros caras aí — sem nunca obter resposta, o que não tem importância.)

E o Hélio? A Betinha Lins do Rego apareceu hoje toda aflita pedindo notícias do Doce e Rad — que é que há com ele? Não sei de nada, a não ser o que me disseram há semanas, processo etc. E os últimos acontecimentos? Há dias e dias ninguém me escreve. Nem Helena (talvez haja carta em casa, verei daqui a pouco). Aqui, faz um calor danado de novo. Tive o mais longo fim de semana da minha história, pois sexta-feira foi feriado. Um cara aqui que viu você no Rio ficou besta de saber que éramos "da mesma geração". Pensou que eu tinha pelo menos quinze anos mais do que você… Que sujeito amável, não? Ora, vá para o diabo que o carregue. Estou velho, avelhantado, mas também não precisa xingar assim…

Ciao e abraço amigo do
Otto

P.S.: Vou ler hoje as cartas do Mário de Andrade, da Cecília Meireles, finalmente em minha mão.

E o Rubem? Abraço!

Lisboa, 19 de agosto de 1969

Fernando,

sua carta de 13 só chegou hoje, 19: que demora! Essa merda de país fodido que é o Brasil ia começar a ser fundado (como país) no momento só que melhorasse o correio. Ainda ontem, voltando do aeroporto, onde fui pôr uma carta pra Helena, pra ver se chega mais depressa (me disseram que sim, mas nenhum filho da puta a quem pergunte nunca me respondeu), vim pensando nesse mistério: pois se tem avião todo dia, diariamente, todo dia mesmo, por que uma carta demora cinco, seis e até oito dias pra vir do Rio aqui? Outro dia vi uma cartomante numa feira aqui; a mulher, aliás incompetente, não pôs nem leu carta coisa nenhuma (não era eu o... consulente? era um cara comigo); ficou se queixando o tempo todo que brasileiro não escreve, que ela tinha escrito várias vezes pra conseguir um livro de "doutrina dos búzios" (já ouviu falar?), e que nada, quedê que respondiam? Bom, mas vamos ao que interessa. Esta noite, de ontem pra hoje, fez um calor de rachar, o que, misturado à solidão, revistas que chegaram do Rio, mais livros e jornais comprados aqui, me pôs insone sem saída, apesar das pílulas; que noite comprida! Só dormi quando o dia se pôs de fora. E acordei às nove e meia, logo depois telefonava o Murilo Mendes, mas eu estava ausente. A Emília (não a do Monteiro Lobato, mas a minha) pegou sua carta lá embaixo, de maneira que cedo eu já estava de novo na cama pra delícia de ler a sua epístola (se eu escrevesse "ler ela" aí atrás ficava mariodeandrade demais, aqueles sestros do Mário, parece que ele está sempre lambendo os beiços e há nele uma vontade de agradar, uma vaidade — sujeito complicado e transparente o Mário, como de resto todo mundo). E vamos então à carta. Primeiro, antes que me esqueça: você recebeu as outras, não recebeu?, inclusive uma para o Hélio, grandalhona e formal, para o processo; e a de ontem, quando também escrevi à Helena e me queixei do seu silêncio (retiro a queixa). Vá preparando o escritório aí na rua Caning que eu quero tirar a minha lasquinha. Acho que você fez muito bem e é o melhor emprego que você pode dar ao apartamento. Agora, quanto a escrever um romance fabuloso, não precisa, não. Com esse propósito, se você o leva um bocadinho a sério, você vai estragar a delícia do escritório, era até melhor não ter feito. Não anuncie, nem prometa romance e, se possível, nem pense nisso: pra quê? Você não se lembra de que o romance morreu? Quanto a deixar de fumar, comecei a duvidar da sua inabalável decisão. Mas aguente firme. Você não se lembra (não se lembra) quando eu deixei e passei nove meses firme? Escrevi uma série de coisas, aquelas notas, é uma pena que já mandei de volta pro Brasil, senão copiava aqui umas linhas, pra você conferir com a sua experiência. Descobri coisas do arco da velha. Convenci vários sujeitos a não fumar, pergunte à Nelita, que uma noite saiu lá de casa, com o Carlinhos Lyra, sem tocar em cigarro. Fiz um apostolado maravilhoso. Inventei que o melhor é ser viciado em não fumar; que o não fumo escraviza o não fumante, é impossível deixar de não fumar etc. etc. etc. O Hélio me fez até uma falseta: contou trocado pro Nelson e este publicou um artigão no *Globo* dizendo que eu viera ao mundo para não fumar, que tinha descoberto a minha vocação (o que de fato eu tinha dito, mas o Nelson apresentou a coisa por um ângulo achincalhante e gozativo, usando inclusive contra mim o que eu tinha inventado inocentemente — aliás, só de falar nisso me dá uma certa raiva do Hélio, que várias vezes me fez esse tipo de boquirrotismo com o Nelson, pior: tramava com o Nelson aqueles artigos, ria da minha infelicidade, lembra-se?). Deixar de fumar é como fazer um voto de castidade (outra das minhas modestas descobertas). É monacal. Você convive permanentemente, segundo por segundo, com o seu não vício, o seu compromisso de não fumante. Você vira pelo avesso o hábito de fumar; é como um pelotiqueiro que se apresenta há trinta anos toda noite no circo com aquelas bolas todas e, de repente, promete deixar as bolas, mas continua pelotiqueiro e se apresenta, como de costume, toda noite, diante do respeitável público, fazendo aquelas firulas de sempre com as bolas, mas sem as bolas — compreendeu? É assim deixar de fumar. Mas você tem de partir do princípio de que só há alegrias morais, não há outra alegria pro homem. Tudo que nos alegra é de ordem moral (não vou discutir a tese agora). Bom. Então não fumar, por ato de vontade, decisão consciente, uso do livre-arbítrio, é mais gostoso, dá mais alegria, do que fumar, vício infamante que além do mais deixa um cheiro ruim na mão. Quanto a dar mau hálito, como você desconfia, pense um pouco. Não dá mau hálito, não: devolve o olfato, sua besta! Todo fumante tem aquele cheiro, aquele bafo de sandália velha molhada, aquele ofego fedorento, sem falar na transpiração, uma aura tabágica que cerca o indivíduo fumante, entranha-lhe a roupa, tudo. Mas o próprio não se dá conta. Deixando de fumar, o olfato volta e aí ele começa a distinguir inclusive os maus cheiros, é isso. Agora, essa questão de fumantes, há os que são e os que não são, de nascença. Parei aqui, almocei com uma cervejinha, tomei um café e... acendi um cigarro — este, o primeiro, depois do café do almoço, este é genial, mas é só este —, os outros são compulsórios e merdíferos. Mas fumante é de nascença, como eu dizia. Eu até hoje não sei se mereço ou não não fumar. Quase sempre acho que sim, pelo meu corte moral natural, pela vocação, mas fui tão deformado e carunchado que é bem capaz de ter virado fumante natural vocacional não vocacional. O sujeito fuma ou não fuma como é ou não é cego. Quem não fuma tem um halo de inocência, repare. Quase sempre o não fumante é polido, crédulo e fala baixo, em geral dá bom marido e merece confiança financeira. O fumante é o ex-adolescente masturbador, roedor de unhas, de cara espinhenta, aquele menino que veste a roupa em cima da calça do pijama, é metido a machão e tem pressa de viver, quer logo queimar etapas e ser homem. Há os tipos mistos, claro. Você, por um lado, merece não fumar, você, quando penso no menino que você foi, escoteiro, Minas Tênis, d. Luisinha, Mãezinha e Mamãe, seu Domingos, você é o tipo do não fumante. Mas o seu frêmito tavaresco[*] é que te perde, aquela pressa, o seu olhar, os seus olhos são de fumante inveterado. Aliás, você, como eu, começou a fumar tarde e ambos fomos iniciados pelo Hélio e imitamos o Paulo, lembra-se? Em mim, o menino de São João del Rei não fuma até hoje, nunca pôs na boca um cigarro, o menino que eu sou, não o que eu (ou os outros) deformei. Fumar é soturno e caviloso. Você já reparou na maneira como o Casteja fuma, com que sofreguidão, que aspirador, que clean vacuum? Eu fumo diferente, sem aderir ao fumo, antes repelindo; quase não trago, trago cada vez menos, como quem quer não perder um prazer e não quer os males que esse prazer implica, típica atitude

---

[*] De Tavares, sobrenome materno de Sabino.

da minha ambivalente esperteza nata. O Casteja se atira ao cigarro, casa-se com o cigarro, fundem-se, entranham-se um no outro. O olhar dele já tem aquele véu do viciado tabágico, repare. O Paulusca é um fumante destemido, intemerato, tem a convicção de que mata o fumo. O Rubem fumava por mecanismo de tímido iterativo, o que me tomaria tempo pra explicar. Sujeito que fuma cachimbo fuma pra os outros, quer exibir-se. Sujeito que fuma cachimbo (lembra-se do Autran?) está sempre fazendo pose para o fotógrafo, mesmo quando está sozinho. O João Cabral não fuma, é lógico. Tem a palidez do não fumante e uma higiene pessoal incompatível com os detritos do viciado, pois há toda uma dejeção do fumo: baganas, cinzas, cinzeiros sujos, cheiro no ar empestado, mãos amarelas, os próprios maços de cigarros e as caixas de fósforos (ou isqueiros), a fumaça no ambiente etc. Por isso é que as companhias de cigarros esmeram-se cada vez mais em apresentar o cigarro de forma limpa, higiênica, sóbria, tentam, por toda forma, aproximar o maço de cigarros (e os isqueiros, as pochetes) daquela "inocência" do não fumante, para assim conquistar mercado, isto é, meter o fumo entre os que não fumam — e a verdade é que há hoje, graças a isso, muitos não fumantes que estão fumando. Eu acho que sou um tipo misto. Nasci não fumante, mas me tornei fumante com a certeza de que não sou e que por isto vou deixar na hora que quiser. A certeza de que vou deixar de fumar alimenta o meu desejo de fumar e me torna imune aos males do fumo, compreendeu? Me torna uma ova, mas me convence de tal — e assim fumo. Pelo menos, não tenho os dedos sujos de fumo, já é alguma coisa. Não durmo com a casa empestada de tabaco. Limpo os cinzeiros religiosamente, apago os sinais do vício, para a hipótese de chegar o inspetor (de órfãos) para fiscalizar; aí vê que eu não, eu não fumo, isto é, não deixo sinais do vício... O Casteja está com enfisema? É preciso ver isso, aí é que o carro pega. O enfisema sobrecarrega o coração e traz mil complicações, como nós, médicos, sabemos muito bem. Bom, chega de fumo (estou fumando). Não fume, não volte a fumar: resista! Eu passei nove meses e recomecei, sou uma besta. Já estava quase devolvido à minha naturalidade de não fumante, reencontrava a minha inocência, a minha infância, quando um dia fui experimentar e, numa semana, fumei os nove meses da minha gestação de não fumante, fiz aborto. Não faça aborto, leve essa criança até o fim, por favor. Tenho de aproveitar bem o papel, porque esta é a última folha. Falei no João Cabral lá pra trás; ele ontem me telefonou numa fossa! Fiquei de ir lá a Barcelona e juntos irmos à praia, onde está o Afonsinho, mas, quase certo, não vou. Vamos adiante. Estou de novo preocupado com o Rubem, aliás ontem na carta à Helena eu disse isso. Que é que há? Vou escrever-lhe hoje ou amanhã. Me dê notícia, estou preocupado. O Hélio que se cuide, viu? Segure o homem, Fernando, inclusive do ponto de vista da saudade, dores pré-cordiais etc. Olho nele, Camilo! Quer dizer que está alugando um apartamento aí, é? Você não estranha nada, não se admira, não se espanta. Eu... fico em pânico, mas escondo, pra não bancar o chato. Não consigo essa sua olímpica atitude de aceitação. No fundo, seu sacana, você quer ver o circo pegar fogo. O Hélio não tem competência pra morar sozinho, nunca morou sozinho, depende até hoje da d. Assunta, com este ou com outros nomes, você sabe. Não diga a ele, que ele pensa que é psicanálise e fica fulo. Ensine o Hélio a pegar em dinheiro, a ir ao alfaiate, a ir ao dentista. Dê um embrulho ao Hélio pra ele entregar, não precisa ser no Encantado não, pra entregar na av. Venezuela ou no Catumbi: se ele conseguir entregar sozinho, então pode morar por conta própria. Mas aqui ó! que ele consegue... Você sabe disso tanto como eu. Não diga nada disso a ele, senão vai ficar indignado. Mas a "outra" vem pouco (enjoou?) agora, depois vem mais, acaba ficando, é sempre assim. E como é que reagem os filhos dele diante desse... abandono do lar? E a família Guimarães-Pellegrino? E a própria MU? Dizem-me que esta anda destroçada, careca de sofrer, é? Heleninha, pelo que você me conta, mudou de temperamento, perdeu aquela afabilidade, virou fera estefânica. Estou roxo de saudades dela, mas vou aguentando. E a Cristi está um broto lindo, não está? Mas está "morena", como você diz? Pensei que fosse castanha. A história de você sustentar que era bisavô é genial, ri a bandeiras despregadas, ri tanto que a cortina do quarto caiu, já mandei chamar o homem pra consertar. Eu vender uns Evangelhos: é mesmo, seu! Chegou a hora. Guarde uns aí, que vou vender pra vocês. Escrevi ao Marcovitch. Sobre Minas, depois, com calma, com tempo, eu dou umas achegas à tese, mas desconfio que não concordo 100% com você. Assim, meu caro, todo mundo é doido, quem não é? E depois... bom. Mineiro, num mundo aloucado, pelo menos é doido pra dentro, é um doidinho doméstico, dentro de casa, atrás das grades. Domingo, conversei com um cara aqui sobre a família dele (carioca): quanta bandalheira. Que naturalíssima bandalheira, que falta de canon, de ponto de referência moral, que bruta infelicidade, que sindicato de se fazerem uns aos outros o pior mal. Mineiro pelo menos não vai de borzeguins ao leito, pelo menos mineiro ao meu estilo, de São João del Rei do meu tempo. Hipocrisia, convencionalismo etc. Tá bem. Mas nada hipócrita e pouco convencional é o assassino da Sharon Tate, pra frente paca, você viu? Bom, deixa pra lá. Não quero concordar muito com a sua tese, porque as conclusões não são pra bem, já vi tudo.

Quanto ao Hélio e MU serem "vítimas do mineirismo mais sórdido", desconfio que isso é rebarba de uma conversa que tive com o Hélio há anos e depois retemperada com ele e com você. É fácil sustentar a tese, mas eu quero saber pra que fim é. Bom, parei aqui porque chegou a ex-babá da Heleninha, em prantos, magra e nervosa. Juntou com a Emília, que é a própria calma, e que engraxa os meus sapatos, e ficaram as duas aqui, é uma comédia, um dramalhão, ah, sr. dr., me repetem sr. dr. sem parar, agora botei as duas na cozinha enquanto arremato esta. Vou ter de ir embora. Dou uma vista d'olhos na sua carta, respingo aqui e ali, depois voltaremos a alguns assuntos, mas não se irrite com a minha "discussão" sobre o mineirismo, da discussão nascem os perdigotos. E estou por dentro, eu sei: Laurindo Flores etc. é isso mesmo, pau neles, os arautos do cochicho. (O Hugo está aqui, estive com ele: fabuloso! Está com uma filha linda, que engasga de rir com as histórias que conto do pai.) Fiquei besta com a morte do Félix, que coisa! Falei nele em carta à Helena, ela lhe disse? Pra pedir a você para ele mandar consertar o telhado lá de casa, já viu só? A crônica ao Carlinhos que você manda é muito boa, mas dizer que tem mãos lindas, francamente: o menino é meio de mostrar a bundinha, não é? A sério! E o Vina? Parou sempre de beber? Chegaram três cartas da Helena agora, eta vida! Vou ler daqui a pouco. Naquele dia 13 de agosto, aí 0,35 minutos, aqui 4,35: eu estava exatamente batendo papo com o Dida, o tal papo sobre o Lúcio Cardoso, que lhe mandei contar numa carta. Outra coincidência, hein! Mas você se enganou redondamente... quanto ao que fazia. Palavra! Quanto aos livros, vou fazer a carta pro Casteja, pra falar com o Acosta, mas fiquei besta: como esses livros têm se reproduzido (por cissiparidade?) na mão do Acosta. Havia seiscentos e tal, agora são 1613. Vou comprar já, antes que haja 17895 *Retratos* e 189742 *Braços*. Pago à vista e jogo fora, não quero vender, nem colocar. Quero é acabar com essas edições, só isso. Sobre o meu novo livro, levo comigo, depois dou detalhes, na próxima carta. Anny: ajude a moça. Tome aulas de francês, mas não french lessons (sabe, né? London). Saraiva: as cartas do Mário e da Cecília. Li ontem. Acho que você deve editar, mas a conversa é comprida. Na embaixada, continuo. Mas responda logo, continuemos, faz bem. Lembranças. E CONTE, seu! O que é? O.

Otto

P.S.: Chego à embaixada, depois de uma ida à Baixa, pra fazer uns troços, e encontro carta do Marco Aurélio, anunciando a morte do cunhado — já reparou como tem morrido gente aí? Não há carta que não tenha essa nota fúnebre. Ando até impressionado. Fala no HP com bom senso (gostei, ao meu gosto), diz que me mandou o Evangelho, que até agora não recebi, mas certamente vem por aí. Sinto que o Marcovitch ficou satisfeito com o êxito e quer partir para outros (êxitos, evidentemente). Como é a vida dele? Imagino que seja a maior boa vida, pois, aposentado, deve ter todo o tempo pra ele, sem muitos encargos, já que tem o bom senso de ficar solteiro — ou casa-se? Apresente-lhe a Anny, pois, acho, não me lembrei de dar a ela o telefone dele. O único sujeito que me diz ter estado com o PMC é o Marco, ainda bem. Queria falar umas coisas com você, sobretudo a respeito do mineirismo, pois, enquanto esperava num Banco, reli a carta que lhe escrevi lá em casa — e que segue agora — e achei que estou muito elíptico, sujeito a misinterpretations, mas confio na sua acuracy e no (para continuar britânico) longo background que temos sobre o assunto, estando, basicamente, como diz sempre um cara aqui, é até irritante, perfeitamente acordados, ainda que, ancilarmente (continuo citando o tal cara), discordemos nos pormenores, ou, quem sabe, nos objetivos. O que eu quero dizer é que a reação antimineirística não sirva para abrir caminho a coisas no mínimo tão erradas quanto a mineirice mórbida e doidinha. Mas de fato mineiro é bem doido, andei pensando agora no carro, sozinho, e comecei a rir, a começar por mim; falar nisto, que é que você achou da minha carta em que contei o caso Lúcio Cardoso? Vou mandar aqui o tal artigo que saiu no dia 14 de agosto e lhe peço um favor: você encaminha à Lelena,* cujo endereço não tenho comigo: é fácil, peça à sua secretária (don't forget, please!) para ver no catálogo, é rua Alberto de Campos, lembra-se, em Ipanema, deve estar no nome do próprio Lúcio, ou quem sabe de Maria Helena Cardoso, coisa assim. A Lelena há de gostar de ver o artigo sobre o irmão, que não anda lá tão lembrado a ponto de desprezar essas manifestações. Por sinal que o artigo é bem ruinzinho, leia. Você recebeu a página do *Sunday Times* sobre o Husak? Leu? Passou ao Hélio? Por sinal que a coisa na Tchecoslováquia está bem ruinzinha, hein! Saio do Brasil, me dá um interesse cretino por política internacional. Acabo de mostrar ao Dida o trecho da sua carta sobre o que eu estava fazendo à 0,35 do dia 13 de agosto etc. Ele ficou impressionado, pois se lembra que estávamos juntos, a falar sobre o Lúcio, quando então ocorreram as coisas que narrei na citada carta do dia seguinte. Estou escrevendo com uma pressa danada, pois tenho mil coisinhas para fazer e às 5,30 tenho de ir ouvir a conferência de um cara do Nordeste, representando o embaixador, ô vida chata esta de adido! Nunca mais,

---

* A escritora mineira Maria Helena Cardoso (1903-1997), irmã de Lúcio Cardoso.

Mariquinhas, nunca mais! Estou tramando uma saída de Portugal na moita, vou ali e volto já, não volto. Para evitar despedidas e aquele festival cretino de jantares que ninguém quer dar e que eu não quero receber, mas acaba todo mundo dando e eu recebendo. Imagine uma coisa: recebi pelo correio, sem indicação de remetente, um livro francês sobre os heterossexuais, uma defesa incrível do homossexualismo... Vou mandar pra você, talvez te aproveite. Abraço à Anne. E a Janet? Ciao.

Otto

Lisboa, 23 de agosto de 1969

Fernando,
eu inundo você de cartas e você nada! Esta é a quarta, a quinta ou a sexta sem resposta. Você até parece o Cláudio Mello e Souza (quanto mais penso, mais raiva tenho! que golpinho de joão-sem--braço!). Também, não exageremos. Olhe: o Arnaldo Saraiva (sabe quem é agora, ó gagá? tome cuidado, hein: verifique se não está repetindo os casos, se se lembra dos nomes das pessoas próximas e, se for preciso, entre nas vitaminas, nos tônicos cerebrais, ou mesmo nos afinadores do sangue, para desentupir as artérias cerebrais...) segue amanhã, domingo-segunda-feira, 25, para o Rio e leva, para sua indignação de você, carta minha, além das numerosas cartas do Mário e da Cecília. Da leitura de tudo, concluí que bom sujeito era o... José Osório de Oliveira, interlocutor omisso, na penumbra, tão interessado sempre nos dois correspondentes, dois peruzinhos fazendo voltas em torno de si mesmos, estufando a vaidadezinha egocêntrica. A Cecília sobretudo se

revela, por um ângulo insuspeitado para mim: leia e me diga se também acha. Em princípio, achei as cartas do Mário mais interessantes — ou por que me falam mais de perto? Tive por elas mais simpatia? Nas da Cecília, longas, há muita palha seca, em todo caso sempre aproveitável como documento humano ou o que seja. Acho bom você mesmo verificar, o que pode fazer sem muito trabalho e até com interesse, pois cartas sempre se leem com prazer, somos movidos por aquela curiosidade que nos faz meter o olho no buraco da fechadura, na expectativa de algum espetáculo insólito... O Arnaldo, que é doutor em Letras e outros bichos, defendeu uma tese cujo tema foi a poesia do CDA, de quem entende pra chuchu, mas o Carlos parece que ficou meio chateado com ele — esquisitices itabiranas, espero. Ajude o rapaz, inclusive a dissipar esse mal-entendido, se permanece e se é preciso. Ontem, encontrei, num texto sobre gerontologia, como evitar o enfarte etc., uma frase que me lembrou uma sábia citação coloquial sua ("Não dar passo maior do que as pernas" etc.). Veja: "Não pretender saltar por cima da nossa própria sombra, nem aparentar uma polegada a mais da altura que temos". Em matéria de sabedoria de tia velha (a melhor), é bom, não é?

E o Rubem?

E o Hélio?

Apareceu aqui, não o vi, foi para o Norte, mas volta, o dr. Mário Mendes Campos.

Recebi hoje o *Itinerário poético* do Emílio Moura e já retruquei. A tarde é de sábado e está lindíssima, mas o Murilo Mendes foi ontem para o Porto (tem quatro livros inéditos!).

Lembranças e abraço amigo do

Otto

Lisboa, 11 de setembro de 1969

Fernando,
É urgente esperar! — me disse ontem o Murilo Mendes, citando um crítico de arte italiano. Esperemos, pois. Obrigado por ter mandado três das suas reportagens do *JB*. E as outras? Gostei muito. Você sabe fazer, sabe dizer. É o que essa moçada às vezes verifica e então começam a falar de "media", mass comunication e outras tapeações. Texto moderno, jornalístico, de bom teor — bem-feito, redatado, posto em ordem, cheio de interesse. Aí, Fernando! Meu pai me escreveu de Bhte: tinha lido e gostado muito. Gilberto, meu irmão, de Brasília, dedica um parágrafo aos seus textos: ótimos, na maior admiração. Lamentam ambos que você não escreva mais. Já se vê que o Dines tem mesmo de adiar, sabotar. O Bernard chega aqui sábado, vou conversar com ele. Pois me intriga essa má vontade contra mim: que é que eu fiz? Estou me lixando. É assunto pessoal, tão mindinho, não cabe em dias tão tensos, ansiosos. Você imagina a minha ansiedade, longe, telefonando pras agências de notícias, pra verificar se o Brasil ainda existe. Ninguém se lembra de mandar me contar. O Armando me fez um informe que viro e reviro, exploro, estico, passeio pela colônia, estufando o peito bem informado. Mas na verdade não sei de nada. O rapto, agora a pena de morte, que me lembra a pena do Miguel Turco: "Esta pena agora está rinchando. Eta pena de morte. Deve ser brasileira". Você furou todos os meus balões. O Cláudio falou que considero você meu anticlímax? Pôs água em todas as minhas fervuras: Lúcio Cardoso, a historinha da moça que exigiu que eu dissesse o que há entre mim e o FS, os meus sustos, HP, MU, tudo — você não se assusta, não decola, recusa-se a perder [ilegível] lei de gravidade de seu

bom senso [passagem ilegível]. E o Hélio foi julgado? Acho que ele podia ao menos ter me escrito pra acusar o recebimento da minha ridícula e gravebunda carta; e podia ter visitado a Helena. Que é que se passa com esse sujeito? Cristina me escreveu uma carta difícil de responder (moita). Tem havido coisas estranhas. Estou naturalmente ansioso, tive gastrite, tersol e otite. Fiquei surdo dois dias. Hoje chove cinzento. Vontade de ficar em casa, mas esperam por mim, entre outros: Lucy Bloch, Michel Simon, Murilo Mendes. Não tem inveja? Meu impulso literário engasgou. Houve até novo terremOTTO aqui, soube? Levei um susto! Moro num prédio ao lado de quatro outros interditados desde o terremoto de fevereiro. Basta caírem os vizinhos, que eu dobro o "r", não moro mais, morro (de susto). Fumo: continuo. E não requento mais minha conversa antiga (diz você perversamente). Soube que o Rubem melhorou. Ele recebeu minha carta? Aconteceram comigo duas histórias engraçadas, mas está escuro pra contar. Adolpho me convida pra trabalhar com ele, manda salário, tudo. Vou acabar lá... ou na porta da Candelária, mão estendida à caridade pública, se ainda não a cassaram (a caridade). O vigarista que levou um tiro na bunda chama-se José Salles. Você dizer que a morte da Sharon Tate é caso de mineirismo — esta não percebo, sinceramente. Le monde bouge, swinging world, coisas estranhas por toda parte, mas não exageremos. Talvez uma boa providência, sensata, seja morrer. É o que fizeram o Ho Chi Minh e o Gilberto Amado — foram encontrar Marx, Goethe, Engels, Nietzsche, Lênine, Camões. Acreditam pelo menos na sobrevivência de certas almas. Anny me escreveu uma carta alucinante, contando a aventura dela até o Paraguai. Que figura! O Arnaldo Saraiva se queixa que ainda não conseguiu ver ninguém aí, já lhe telefonou várias vezes. Receba o homem, Fernando!

Seja cristão. (Estou concluindo, posso estar errado.) Viu o livro do Pivot que mandei ao CDA? Nem pensou nisso! Corte o cabelo: isso é gagaísmo no duro. Não fique desfrutável. Resista à tentação de deixar bigodes britânicos. Assuma você mesmo, sem disfarce. Pra quê? Escrevi ao Paulo. Ao Callado. Ao Irineu. A Todo Mundo. Ninguém respondeu. Helena contou que jantou com vocês. Estou muito preocupado com tudo. Ouço dizer que você sumiu da rua Peri, nem dá as caras, nem telefona. Lembranças à Anne, meninos, amigos. E abraço saudoso do

Otto.

Lisboa, 2 de dezembro de 1969

Fernando,
recebo neste momento carta do Marco Aurélio. Queixoso com o seu sumiço. Que você nunca o procura. Nem Ana. Sem deixar perceber que faço esta denúncia, procure o homem! O nosso amigo aniversariou em silêncio (fez cinquenta?) no dia 19 de novembro. Escrevi-lhe. A resposta é lamentosa. Sem dar bola para o fato, acarinhe o Capitão, que precisa de demonstrações, que diabo!

Soube pela Helena, por carta de hoje, que você nunca mais apareceu. Nem ninguém mais. Imagino que estejam todos ocupados.

Vi sua reportagem com o Pelé. Que ritmo! A notícia do milésimo golo (?) (é como se diz aqui) me emocionou.

E o Braga ficou bom?

O Cláudio está aqui. Esquece tudo: maço de cigarros, o próprio nome, isqueiro, caneta, chaves, suéter, tudo!

Cuidado com a arteriosclerose! Fomos ao Norte (Braga), pousamos no Passo da Palmeira — um palácio maravilhoso, quase morremos de frio abaixo de 0°!

Hoje está um dia lindo. Mas não vou contar nada, não.

Você prometeu mandar os textos — quedê? Olhe: gostei do conto mesmo. Estive pensando nele aqui e é bom mesmo. Como ficou o título? O antigo "Os iniciados" (mude o título).

Lembranças à Ana, à Janet, ao Pedro ingrato, aos filhos e netos (vi sua foto com a neta — que coisa!).

Não sei quando volto. Ninguém me diz nada e o Itamaraty complica, sugerem que eu espere ao menos até março.

Como dizia o JQ: Já pensou?!

E o Hélio?

E o PMC?

Gostei pra burro dum texto do Marcos Vasconcelos na revista *Desfile*. Esplêndido!

Ótica de exterior tem dessas coisas...

Ciao, não precisa responder.

Abraço do

Otto

P.S.: E o Autran?

Você vai a Londres mesmo?

Escrevi ao Carlos Drummond. Depois mandei-lhe um recorte (conto dele saído aqui). Mande o seu endereço na rua Caning — que nº? E o da editora Sabiá. Como estão os lançamentos do fim do ano? *O galo branco*,* que é bom mesmo, vocês não lançam...

---

* Livro de memórias de Augusto Frederico Schmidt, originalmente lançado em 1957.

Lisboa, 2 de fevereiro de 1970

Fernando,
sou uma besta! E gagá! Escrevi uma carta, há tempos, assim que a Helena chegou, com o seu bilhete, mas mandei para a av. Copacabana, edifício Ike. Terá chegado aí? Diante do seu silêncio, suponho que não. Depois, mandei-lhe um recorte de jornal, em que você é citado — recebeu? Acho que foi ainda para o antigo endereço da Sabiá.

Dito isto, em que pé está a publicação programada? Acharam o título? Ou ainda estão na dúvida? E como foi a pesquisa de mercado — publicidade inclusive? Achei a ideia ótima, como disse aqui a o Irineu, que ficou de, aí chegando, falar-lhes e em seguida me escrever (mas não escreveu).

O Justino Martins me escreve, patético, me convidando para dirigir *H de Homem*, nova revista Bloch. O Adolpho insiste para eu aceitar. Da TV Globo, não tive mais notícia. Aí, na véspera de viajar pra cá, o Brito me reiterou o convite para voltar ao *JB*, o Bernard idem. Claro, gostaria muito de trabalhar com você e o Rubem (e o Narceu, entre parênteses). Mas vai dar pé? Vai ser pra valer? Você nunca mais disse nada!

Tenho cá minhas ideiazinhas. Escreva e mando brasa. Acho que uma publicação assim, bem-feita, podia encontrar inclusive público no exterior — Universidades americanas, embaixadas etc. Pode ser pouco, mas não será inexpressivo, até mesmo do ponto de vista do prestígio, da "promotion". Você certamente pensou nisso. O Departamento Cultural (o Irineu é amigo do Vasco Mariz) estaria nos seus planos, para a distribuição e eventualmente a compra de exemplares?

E você quereria um representante em Portugal, para o movimento editorial lusitano? Ou será só brasileiro? Acho que deve ser brasileiro e estrangeiro, tudo que se conseguir, com a tônica nas literaturas mais próximas à nossa. Se for o caso, eu veria aqui quem pode se encarregar da representação e das notas sobre livros portugueses de interesse para o público aí.

Bom, escreva e veremos. Todo mundo aí silenciou! Nem uma única, nem uma só carta! Que merda é essa? Nem o Marco Aurélio! O Hélio, escrevi-lhe pelo aniversário, pela morte do dr. Braz — não respondeu! Nem sequer me mandaram convite de casamento da Maria Clara... Mas, pelo amor de Deus, nem comente este assunto, que já está fedendo. E só para ilustrar o silêncio, que aí me votam, pomba!

Lembranças à Ana, a todos.
Abraço do
Otto

P.S.: Por que o Rubem não foi para o *Correio*? Convidam-me também de lá para, aí chegando, voltar à Gomes Freire...

[ANOTAÇÃO NO TOPO DA PÁGINA]

Veja o papelinho anexo. Esse Torquato,* infeliz no momento, invocou seu nome para ser recebido por mim. Não era preciso, claro. Você o conhece?

Muita curiosidade aqui sobre *Cem anos*.** Até há dias, (?) não tinha recebido os exemplares (1000) que diz ser preciso.

---

* Muito provavelmente o compositor Torquato Neto, que passara uma temporada em Lisboa até poucas semanas antes.
** *Cem anos de solidão*, de Gabriel García Márquez.

[ANOTAÇÃO NA LATERAL DA PÁGINA]

Estou remetendo via aérea uma relação de agremiados do Grêmio Nacional de Editores e Livreiros. Pode ser-lhe útil?
Disseram-me aqui que saiu no *Globo* que você foi agredido, com um soco no olho. Depois, alguém acrescentou que saiu outra nota e que o agressor foi o Guerreiro (salve o nome). É?

O Vinicius largou a Cristina? Consta aqui que sim.

Lisboa, 3, aliás, 4 de fevereiro de 1970

Fernando,
o André chegou hoje. Infelizmente, não pôde falar com você, para trazer alguma mensagem. Andou aí muito ocupado com o vestibular, depois com outras coisinhas. Telefonou, não o viu. Veio com o Helinho e o Luís Gonzaga (Nascimento Silva).
Esta noite, pensando no Brasil, na minha volta, perdi o sono, que aliás quase não tenho. Cadeiradas, Adolpho Bloch subindo as escadas da *Manchete*, as feras do Saldanha, fuscas e violões, calor danado etc. etc. — é de morte! Dê unzinho pra me orientar... [ilegível]
Chegou aqui um troço para o Irineu Garcia. Acho que é disco, muito bem acondicionado. Tanto, que não consegui abrir o pacote. Se o vir, quer perguntar-lhe o que devo fazer?
E o Castejon?
O Rubem propõe "A Crônica"; você, "Lançamento", para a

tal publicação* — ainda continua de pé o plano? "A Crônica", gosto menos, apesar da simpatia pela palavra e pelo gênero. Proparoxítono etc. Mau. "Lançamento" é comprido demais. E nem sempre se associa, imediatamente, à ideia de lançamento editorial. Lançar significa também vomitar... (desculpe). Penso agora em alguns títulos:

CAPITAL
LIVRO (SEM S)
LETRA(S)
COMUNICAÇÃO (grande e tem ão)
AUTORES & LIVROS (já houve, está livre?)
MÉDIA (para falar portuguesmente)
CAPITULAR
GUTENBERG (entrei pelo bestialógico)
LETREIRO
EDIÇÃO
LETRAS
EDITORIAL
ORELHA (?)
VITRINA
ABC
BEST-SELLER
TÍTULOS
ROL (ou rol de livros)
BOLSA LITERÁRIA
PAPIRO

---

* Sabino, Rubem Braga, Otto e o jornalista Narceu de Almeida tinham planos para lançar uma revista literária.

LETRA DE FORMA
PRINCEPS
CAIXA-ALTA
COLOFON (ou colofão)
PUBLICAÇÃO (ões)
SABIÁ (inconveniente por causa da editora)
VIDA LITERÁRIA
TIPOGRAFIA
GRIFO (frrrrom!)
VIENT-DE-PARAÎTRE (que pedante!)
EX-LIBRIS
NOVIDADE(s)
GRANDE PÚBLICO
RECÉM-LIVROS (poxa!)
DIVULGAÇÃO
A PALAVRA ESCRITA (com licença do PMC)
REVISTA DE LIVROS
LUZ BOOK-REVIEW
CARTA LITERÁRIA
LIVROS EM REVISTA LIDO LER
BIBLIOGRAFIA REGISTRO REGISTRO BIBLIOGRÁFICO BIBLIOMANIA (etc.)
BÍBLIA BIBLIÓFILO BIBLIOTECA
MANCHEIA (livros a...) ALFARRÁBIO LINHA-D'ÁGUA LIVRARIA
LIVREIRO CORDEL LIDO E RELIDO VISTO E LIDO LITERÁRIA (?)
ESCREVEU, NÃO LEU, PAU COMEU ETC. ETC. (ACABEI IMBECIL... OU COMECEI?)

Ciao. Abraço. Otto

Lisboa, 19 de fevereiro de 1970

Fernando,
francamente! não entendo o seu cruel silêncio. Deixa estar, jacaré, que a lagoa há de secar. A vida dá muitas voltas. E outras sentenças da minha avó, para, em resumo: eu ainda te pego na esquina.

A cadeirada que você levou (mistério insondável para mim até hoje) não me sai da cabeça. Espero que já tenha saído da sua... Concluí que é tempo de retirar o time do campo ou de, pelo menos, recuar os harfes... Tremi de medo quando vi, por isso, o nosso Paulusca a dar entrevista ao *Pasquim*. Vi por acaso, na mão de um secretário aqui. Li e gostei, apesar de achar pessimista demais certas circunstâncias do métier literário-jornalístico, comparadas às do passado recente. Enfim, ele sabe o que diz e deve ter razões. É um herói.

Bruno e Cristiana regressam ao Rio domingo que vem, aí chegando segunda-feira. Estou aflito para encerrar estas andanças familiares, verdadeira Lara-Tour. André está em Londres. Queria ir lá, antes de voltar ao patropi, mas acho que não vai dar pé. O tutu está no fim. Volto mais pobre do que saí daí. A preocupação com o regresso, retorno à vida profissional, tudo me enche de ansiedade, me tira o sono. Angústias neuróticas mil. Vontade de sumir, de repousar, de desligar-me, de me refugiar numa cadeira de balanço com um mamoeiro longe, pela janela, e um pouco de brisa... Como é que vai ser, FS? Vocês todos são maus amigos, uns merdas, que jamais perdoarei.

Sobre a minha carta, a última, pois escrevi várias, suponho que você tenha rido muito com a minha diarreia de títulos para a publicação que vai (vai?) tirar. E continuo a dar tratos à bola. Mil sugestões me ocorrem, mas não tenho com quem falar. Inclusive sobre a filosofia (sic) da revista de livros. Imaginei um título besta: BRASILLETRAS, com dois "ll" para soar BrasiL, e para chatear inglesmente a língua portuguesa, quebrar-lhe os ossos, obrigá-la a ginásticas a que deve habituar-se, para deixar de ser o dialetozinho merdífero que em grande parte ainda é. Etc. etc.

Escreva, conteste, responda! Dê unzinho para me orientar.

As cartas que mandei para o edifício Ike chegaram-lhe às mãos? Uma era enorme, cheia de ideias brasileiras, acesso que às vezes me dá, de loucura. Tenho pena de perder esforços assim. Soco no ar, tiro de pólvora seca, sem alvo. Que idiota sou eu!

Lembranças, ciao.

Abraço, quand même.

Otto

Lisboa, 20 de fevereiro de 1970

Fernando,
o seu silêncio, pá! Puxa vida! Vá ser egoísta assim na baixa da égua!

Aqui vai um recorte de uma merda escrita por você e aqui transcrita, não sei por quê.

É do *Diário de Lisboa*, vespertino, de ontem, 25 de fevereiro de 1970.

E a tal publicação: sai ou não sai?

Ciao, p!

P.S.: Vinicius me escreveu e menciona conversa com você em que aparece sua opinião...

Lisboa, 3 de março de 1970

Fernando,
só hoje, 3 de março, recebi (por pão-durismo vieram por via marítima — três meses!) os pacotes de livros. Obrigado pela parte que me toca. Entreguei ao Cláudio os que vieram para ele. Diz que vai lhe escrever.
　Soube da absolvição do Hélio.
　O Irineu me escreveu, deprimido. Soube que o Castejon está doente — que é?
　O Marco Aurélio nunca mais escreveu.
　O Amilcar reclama resposta sua.
　Meus filhos estão aí. Bruno e Cristiana.
　O Luís, meu irmão, desapareceu do mapa. Sabe se ainda está vivo?
　Vou-me embora o mais depressa que puder.
　Recebeu minhas centenas de cartas anteriores? Em que ficou a tal publicação? O Ad. Bloch insiste para eu aceitar o convite dele — dirigir uma nova revista, sobre a qual me escreveu o Justino. Ouvi ecos de um grande banzé entre os KaramaBloch — é verdade? Não sei de pormenores, nem ao menos do que se trata.
　Eu sou mesmo muito sem-vergonha de ainda lhe escrever…
　Ciao e abraço.

Otto

P.S.: Me lembrei do aniversário do PMC dia 28 de fevereiro. Daqui a pouco, tá com cem anos…
　O.
　Lembranças à Anne, Janet et caterva, incluindo os miúdos.

Lisboa, 7 de março de 1970

Fernando,
eu estava na praia de Copacabana — no Leme provavelmente. Tinha chegado naquele dia, de Lisboa. Trazia um capote preto (igual ao que tenho) inteiramente abotoado. Tão abotoado, fechado até a garganta, que parecia uma túnica. Por baixo, porém, trajava esporte. De pé no meio-fio, via passar a multidão. Um movimento desusado, imenso, com umas escadas atulhadas de gente que subia e descia. Afastei-me um pouco, ainda na calçada, no meio-fio, olhando para o mar, mas atento à pessoa que viria me encontrar. De repente, a poucos metros, no meio do povaréu, distingo o Hélio — de camisa esporte, bracinhos nus, cabeludo, desfigurado, um velho de cara vincada, nos seus oitenta anos no mínimo. Fingi que não o vi, mas ele, quando ia se retirando, como se também procurasse alguém que não tinha encontrado, deu comigo e me saudou daquela maneira, entre sem graça e efusiva: — Oh, siô! E, ainda sem graça, como cachorro que quebrou a panela, começou a conversar, de boca torta, a me dizer que não sabia que eu tinha chegado, por que eu não avisara etc. eu tinha chegado há pouco — expliquei, ainda não tinha visto ninguém. Intimamente, me trancava, queria que o Hélio fosse embora, para não atrapalhar o que vinha pela frente — o quê, não sei. Com os mesmos modos, muito gesticulante, o Hélio se despediu, afastou-se, um pouco adiante me olhou e riu — se contorceu de rir, com aquele riso e aquela cara muito conhecidos (eu me conservava no mínimo indiferente, senão irritado por aquela manifestação histriônico-humorística completamente fora de hora). Rígido, imperturbável, eu me mantinha de sobretudo negro, fechado até o pescoço, zelando bem para que todos

os botões estivessem direito, na minha túnica incompatível com a indumentária carioca (mas não sentia calor — e aliás o disse ao Hélio, que me achou parecido com o Mao). Sumiu o Hélio. E finalmente surgiu Você. Vinha batendo o molho de chaves na mão, meio assobiando, mãozinha no bolso, bermudas, camisa aberta ao peito, carinha serelepe e criançola, de sandálias. Ao se aproximar mais, vi que você estava descalço, com uns pés muito grandes, cada unha! Você me explicou que essa era a maneira ecológica de vestir-se no Rio — e gozou o meu sobretudo, o meu ar de corvo, todo de preto, no calorão (que eu não sentia). Começamos a subir a tal escada, esbarrando em mil pessoas que desciam e subiam. Aonde íamos? Não sei. Você ia me mostrar uma coisa muito importante e era decisivo que fosse logo, antes que eu tomasse contato com o Rio. Eu tinha acabado de chegar. Fora direto do Galeão para esse lugar (Leme?). Afinal, chegamos a um andar, depois de nos esfalfar escadas acima, você segurando o fôlego e eu botando os bofes para fora. Compus-me, ajeitei-me, verifiquei os botões da minha túnica-sobretudo, meus sapatos pretos, de fivela — e entramos num salão, espécie de imenso restaurante, cheio de mesas ocupadas, num burburinho louco (como faz barulho no Brasil! — eu disse, mas você não me ouviu e continuava a guiar-me para a frente, evitando encontrar conhecidos, fugindo de olhar para certas mesas, acenando de longe para circunstantes). E eu atrás, firme, meio aflito. De repente, paramos junto a uma série de mesas. O trânsito de clientes da casa se fazia junto de nós, uns e outros roçavam por nós, que, parados, enquanto você falava com umas senhoras numa mesa, atrapalhávamos a passagem. Diante de mim, um sujeito gordo, careca, cara de lua, muito seguro de si, comia vorazmente, dando-me as costas. Uma senhora madurona, com que eu tinha a maior cerimônia, me perguntou se eu tinha chegado de Lisboa. Disse que sim e expliquei que não estava cansado, que a viagem fora ótima, muito mais confortável do que uma ida de ônibus do Rio a São Paulo. Ela perguntou quantas horas demorara a travessia (me lembro desta palavra) e eu respondi umas seis horas. Ela se espantou que já estivessem usando os novos aviões, aqueles imensos, entre Lisboa e Rio. Eu retruquei que, dentro em pouco, seriam ainda menos horas, assim que pusessem a operar os novos aviões... — e não me lembrei do nome dos novos aviões, com motores ingleses. O tal gordinho redondo e presunçoso, de boca cheia, virou-se para trás (eu estava incomodamente de pé bem atrás dele, para responder à chata dessa matrona parlante) e informou que o percurso Rio-Lisboa seria feito em quatro horas, "quiçá" (sic) três e meia. E continuou a comer uma tremenda macarronada, de guardanapo ao pescoço (eta país cafajeste! — pensava eu). Você estava entretido com outras senhoras próximas, uma turma risonha, com que você trocava chistes e eu desconfiava, sem dar para perceber, que falavam de mim amigável, mas galhofeiramente. Levei a mão à garganta e verifiquei que o último botão do meu sobretudo estava bem fechado — por nada neste mundo eu despiria o meu sobretudo, que me descia quase aos pés. E já antes lhe tinha explicado que qual Flávio de Carvalho qual nada, aquela era a minha maneira de me vestir — e pronto!, cada um andava como queria. Nisto, a tal matrona perguntou se eu não conhecia o gordinho sinistro e apresentou-nos: "O professor Fulano; O OLR" — e o gordo levantou-se eufórico, estalou-me um tapinha na cara, abriu-me os braços, fez-me uma festa incrível, louvando muito o que eu tinha dito, isto é, o que eu comentei ao saber que aquele era o professor Fulano, ou seja: "Não conheço pessoalmente, mas vi logo que era um professor, pois já me deu, nestes poucos instantes, duas lições". Uma das lições referia-se ao tempo de voo Rio-Lisboa, que ele me corrigira. A outra referia-se ao nome do tal avião velocíssimo, de motores (sic) ingleses. Encabulado com a festança que o gordo me fazia naquela balbúrdia de gente passando, chamei Você, que tentou fugir e fingiu que não ouviu, como se me indicasse que sabia quem era aquele chato e que, pelo amor de Deus, não o apresentasse a você. Mas puxei você pelo braço (help) e disse ao gordo: "Este aqui é o FS", ao que o gordo fez uma reverência, mas logo manifestou uma certa distância, sem a euforia com que me tratava. Aí, Você dizia à senhora o nome do tal avião e até pegou um guardanapo e escreveu com a sua esferográfica: "CONCEYE", tendo esclarecido que se pronunciava tal qual se escrevia: concêi-e. A senhora estava muito interessada no novo avião e você dava pormenores técnicos ("Deve ter aprendido com o Gerson" — pensei, admirado). Pois foi aí que o professor, o gordo, de guardanapo preso ao pescoço, imenso agora, barrigudo, de colete, exuberante, uma cara imensa, carona de lua, pediu licença (?) para explicar que a pronúncia era "Concí-i" — e entrou a dizer por quê, com pormenores de conhecedor, de inoportunidade incrível, naquela hora, naquele lugar, com aquela gente toda passando, aquela barulheira — e o chato a dar uma aula de prosódia inglesa. Você insistiu e invocou sua permanência em Londres: é concêi-e — e escandia as sílabas, nariz fino, pálido e já meio irritado. O professor, encantando as senhoras, a começar pela tal que me dirigia a palavra, explicava que, na Escócia, também se podia dizer "Conçói-iê" — e revirava a língua na boca, de maneira que eu (pensei) jamais saberia repetir. E você: "Que mané Conçóiê, que nada!". E daí começou um bafafá, as senhoras gritavam como galinhas espantadas do ninho, mesas viravam, cadeiras no ar — e cadeiradas vibravam por todos os lados, enquanto você, repetindo, pálido, bravíssimo, "Concêi-e", sangrava abundantemente na cabeça e na cara. Eu, empurrado, no meu sobretudo fechado, renegava aquela confusão, sentia-me agredido etc. — Quando afinal acordei. Ciao. Não me escreva, se você pensa em fazê-lo. Vou-me embora logo. Um abraço do sonhador Otto.

P.S.: Antes do final do sonho, introduza uma parte em que você, a Anne e a Janet me mostravam um quarto enorme — um salão!, no qual havia uma cama de casal e quatro camas pequenas, tudo muito arrumadinho, mas sem paredes e sem portas. Esse salão era parte de um "complexo" que você tinha alugado e queria sublocar. Junto do tal lugar infernalmente cheio e barulhento. E pediam a minha opinião.

[ANOTAÇÃO NA LATERAL DA 2ª PÁGINA]

Sonhei também que fiz um livro editado pela Sabiá com o maior sucesso — vendiam-se milhares. Eram biografias de Nabuco, Rio Branco, Rui Barbosa e Machado de Assis (ou Euclides da Cunha?), para a juventude. Sei o livro de cor. Quer editar mesmo? É uma boa ideia, hein!

CRÉDITOS DAS IMAGENS

[pp. 1 / 2 / 3 / 4 / 5 / 7 / 8 (abaixo)]
Autor desconhecido
Coleção Otto Lara Resende/ Acervo Instituto Moreira Salles

[p. 6]
© Alécio de Andrade, ADAGP, Paris. Coleção Otto Lara Resende/ Acervo Instituto Moreira Salles

[p. 8 (acima à esquerda)]
Coleção Otto Lara Resende/ Acervo Instituto Moreira Salles

[p. 8 (acima à direita)]
Departamento de Filatelia e Produtos DEFIP/ Correios

Todos os esforços foram feitos para determinar a origem das imagens deste livro. Nem sempre isso foi possível. Teremos prazer em creditar as fontes, caso se manifestem.

ÍNDICE ONOMÁSTICO

Acosta, Walter, 12, 197-8, 210, 227, 232, 237, 239, 343, 366, 379
Adonias Filho, 253, 293, 306
Albert II, rei da Bélgica, 152
Alcântara, Pedro de, d., 208
Alencar, Heron de, 42, 140, 150, 154
Alencastro, Napoleão, 171
Almeida, Guilherme de, 358
Almeida, Narceu de, 204, 236, 264, 272, 283, 313, 355, 388, 391
Alonso, Dámaso, 125, 151
Alves, Hermano, 213
Alves, Márcio Moreira, 197, 217, 227
Amado, Genolino, 198
Amado, Gilberto, 48, 231, 275, 385
Amado, Gilson, 86, 207, 234
Amado, Jorge, 265
Amaral Neto, 207
Amaral, Zózimo Barrozo do, 230
Amorim, Paulo Henrique, 333
Anahory, Eduardo, 67, 71, 75, 80, 263
Andrade, Alécio de, 217, 222, 229, 323, 355
Andrade, Carlos Drummond de, 37, 46, 89, 111, 205, 229-30, 285, 303, 306-7, 324, 353, 370-1, 383, 386-7
Andrade, Evandro Carlos de, 200
Andrade, Luís Edgar, 235-6, 248
Andrade, Mário de, 13, 71, 133, 183, 225, 326, 341, 362-3, 370, 372-3, 380, 382

Andrade, Rodrigo Melo Franco de, 47-8, 353
Anjos, Augusto dos, 358
Anjos, Cyro dos, 90, 124, 185-6, 291, 357-8
Arantes, Altino, 89
Araújo Castro, João Augusto de, 33, 44, 68-9, 78-9, 90, 97-9, 101, 110, 114, 158, 204, 211, 220, 223, 229, 287, 292, 294, 321, 334
Araújo Castro, Luís de, 229
Araújo Neto, Francisco Pedro, 205, 238, 257, 334, 349, 360
Arinos Filho, Afonso, 40, 42-3, 51, 66, 91, 140, 149, 151, 157, 159, 171, 219, 234, 377
Assis, Machado de, 63, 400
Athayde, Tristão de, 22-3, 46, 50-1, 199, 213, 234, 353
Ávila, Affonso, 347
Ayala, Walmir, 306
Azorín, 276

Balduíno I, rei da Bélgica, 152
Balzac, Honoré de, 145, 235
Bandeira, Antônio, 76
Bandeira, Manuel, 41, 48, 192, 231, 285, 300, 302, 369
Baptista, António Alçada, 298, 327
Barata, Magalhães, 155, 167
Barbará, Jean, 81
Barbosa, Marcos, Dom, 43, 68
Barbosa, Rui, 96, 400

Barbusse, Henri, 70
Barreto, Luís Carlos, 81, 214, 229
Barroso, Maria Alice, 327
Bartolota, José, 133, 359
Basset, Anny Claude, 365
Bastos, Humberto, 298
Baudelaire, Charles, 29
Beauvoir, Simone de, 100
Bebiano, Maurício, 271, 275
Becker, Cacilda, 77, 231
Beckett, Samuel, 62
Bernanos, Georges, 119, 145, 163
Bernardes, Artur, 133
Bernardes, Moacir, 42
Bernardes, Sérgio, 40, 44
Bettoia, Franca, 165
Bittencourt, João Nascimento *ver* Pellegrino, Hélio
Bloch, Adolpho, 60, 62, 77, 81, 97, 153, 204, 206, 212, 215-6, 218, 228, 235, 250, 255, 291, 385, 388, 390, 395
Bloch, Lucy, 208, 385
Bloch, Oscar, 198
Bonaparte, Napoleão, 64
Borges, Mauro, 209
"Borjalo" *ver* Lopes, Mauro Borja
Braga, Antônio Carlos de Almeida, 219, 223, 360
Braga, Célia, 181
Braga, Murilo, 133
Braga, Odylon, 133
Braga, Rubem, 12, 29, 34, 44, 46, 51, 71, 107, 120, 197-200, 203, 210, 212, 214-7, 221, 224-6, 229, 232-3, 238, 250, 259, 263-4, 266-7, 269, 274, 278, 281-4, 287-8, 298, 301, 306, 314, 317, 342-3, 349, 356-7, 360-2, 364-8, 372, 376-7, 383, 385, 388-91
Brandão, Cláudio, 55
Brandão, Darwin, 146, 202, 210, 213, 229, 264, 333
Brandão, Maria Augusta, 264, 278, 333, 384
Brasil, Assis, 175, 253
Brito, Jorge Carvalho de, 32, 42, 50, 57
Brito, Manuel Francisco do Nascimento, 212, 220, 287
Brizola, Leonel, 203
Buarque, Chico, 350
Buarque, Sérgio, 231
"Burguesia" *ver* Pedrosa, Mário
Burle-Marx, Roberto, 80
Butor, Michel, 52

Cabral, João *ver* Melo Neto, João Cabral de
Cabral, Mário, 301
Caetano, Marcelo, 337
Calazans, Padre, 207, 352
Callado, Antonio, 205, 210, 217, 227-8, 232, 234, 276, 299, 302, 336, 355, 366, 371, 386
Câmara, Helder, Dom, 344
Câmara, José Sette, 157, 338, 357
Camboropoulos, Madame, 53-4
Caminha, Pero Vaz de, 10
Camões, Luís de, 385
Campos, Bernard, 275
Campos, Joan Abercrombie Mendes, 207
Campos, Mário Mendes, 153, 383
Campos, Milton, 200, 206, 218, 235, 242-3, 353
Campos, Paulo Mendes, 11, 31, 50,

52, 58, 62, 73, 76, 78, 80, 82, 85, 92, 95, 101, 107, 120, 154, 159, 179, 186-7, 199, 206-8, 216, 223, 226-7, 231-2, 237, 246, 249, 264, 266, 271, 278, 281, 283, 287, 291, 300, 313, 317, 343-4, 358, 365, 375, 380, 386-7, 392, 395, 398
Cardoso, Lúcio, 20, 120, 369-70, 379, 381, 384
Cardoso, Maria Helena, 381
Carlitos, 56
Carneiro, Fernando, 228, 247
Carneiro, Geraldo, 199, 201, 206, 244
Carneiro, Mário, 217
Carneiro, Maurina Dunshee de Abranches Pereira, 85
Carneiro, Paulo, 121
Carpeaux, Otto Maria, 154
Carvalho, Horácio de, 175, 186
Carvalho, José, 251
Carvana, Hugo, 270
Castejon Branco, João Batista, 35, 44, 51-2, 65, 84, 109, 122, 159, 200, 238, 276, 284-5, 287, 292, 302, 355, 361, 363, 366, 375-7, 379, 390, 395
Castello Branco, Carlos, 13, 31, 35, 41, 47, 61, 80, 83-5, 100-1, 111, 117, 129, 133-5, 152, 155, 159, 166, 170, 176-8, 182, 185, 190, 197, 201, 205, 224, 231, 244, 292-3, 345-6, 348-9, 361
Castello Branco, Humberto de Alencar, 218, 243-4
Castello Branco, Maria Luísa, 248
Castro, Amilcar de, 222, 229, 333-4, 349, 354, 360, 395
Castro, Araújo *ver* Araújo Castro, João Augusto de

Castro, Fidel, 203
Castro, Moacir Werneck de, 36, 107
Cavalcanti, Caio de Lima, 28, 31, 43, 57, 71, 122, 124, 128, 132, 134, 146-50, 178, 180, 186-90
Cavalcanti, Tenório, 220
Cavalheiro, Edgar, 133
Celi, Adolfo, 334
César, Guilhermino, 38
Ceschiatti, Alfredo, 214
Chabrol, Claude, 138
Chagas, C., 287
Chateaubriand, Assis, 47, 180, 186
Chateaubriand, Fred, 87
Chateaubriand, Gilberto, 39
Chatô *ver* Chateaubriand, Assis
Chavs, Nina, 290
Chodkiewicz, Michel, 133
Churchill, Winston, 203
Clark, Walter, 286, 339
Claudel, Paul, 368
Coelho, Antônio de Oliveira, 370
Coimbra, Marcos, 265
Coimbra, Roberto, 265
Condé, João, 76, 154, 179, 180
Cony, Carlos Heitor, 198, 213, 230
Cooper, Fenimore, 145
Coracy, d., 243
Corção, Gustavo, 50, 274, 306
Corrêa, Oscar, 81
Costa e Silva, Artur da, 209, 225
Costa, João Emílio, 70-1, 235
Costa, Maria Helena Resende, 283
Costa, Odylo, 231, 233, 245, 247, 256, 275, 327
Cotrim, Álvaro, 265
Coutinho, Afrânio, 146, 204, 234, 254
Coutinho, Benedito, 39, 42
Cruls, Gastão, 155, 167

Cruz, Osvaldo, 166
Cunha, Celso, 129, 345
Cunha, Euclides da, 143, 400
Cunha, Fausto, 233
Cunha, Vasco Leitão da, 210

Daniel, Mary L., 324
Dantas, João, 186, 230
Dantas, Orlando, 119, 133
Dantas, San Thiago, 48, 300
De Gaulle, Charles, 127, 194, 235, 286, 320
"Demetrius" *ver* Moraes, Vinicius de
Dias, Cícero, 42, 90
Dickens, Charles, 145
Dines, Alberto, 205, 215, 224, 231, 290, 335, 348, 384
Diniz, Celso, 334
Diniz, Saulo, 39
"Doce e Radical" *ver* Callado, Antonio
Dolores, Maria, 42
Dostoiévski, Fiódor, 64, 145
Dourado, Autran, 50, 60, 182, 197-8, 212, 217, 230, 232, 238, 263-5, 274, 291, 299, 347, 366, 370, 376, 387
Drummond, Carlos *ver* Andrade, Carlos Drummond de
Duarte, Eurilo, 205
Dumont, Santos, 191
Durrell, Lawrence, 12, 273
Dutra, Eurico Gaspar, 135, 355

Ellington, Duke, 107
Engels, Friedrich, 385
Estill, Anne Beatrice, 32, 39, 46, 52, 60, 67, 114, 117, 121-2, 124, 126, 132, 139-40, 149, 156, 169, 171, 176-7, 180, 183, 187-8, 193-4, 204, 211, 213, 219, 223, 229, 236, 239, 255-6, 259, 264, 266, 268, 271, 276-7, 283, 285-7, 292, 294-5, 299, 301-2, 305, 312, 314-6, 318-9, 322, 335, 337, 355-6, 360, 363, 365-6, 382, 386, 395, 400
Estill, Janet, 47, 60, 66-7, 121, 211, 215, 229, 239, 241, 249, 264, 266, 268, 271, 277, 287, 292, 296, 301, 356, 360, 382, 387, 395, 400
Etienne Filho, João, 40, 46, 63, 71, 95, 170, 231, 286, 292, 314, 347
Eulálio, Alexandre, 120

Farani, Lauro, 133
Faria, Otávio de, 48, 169-70, 226
Fernanda, Maria, 251
Fernandes, Hélio, 274
Fernandes, Millôr, 44, 47, 83, 122, 134, 221, 231, 234, 243
Figueiredo, Guilherme de, 204, 221, 272, 279
Figueiredo, Wilson, 205, 230, 251, 358
Fikoff, Nicolai, 58, 70, 273, 275, 360, 365, 367
Fitzgerald, F. Scott, 100, 135
Flaubert, Gustave, 9, 145
Fonda, Henry, 135
Fonseca, Edmur, 203
Fonseca, José Paulo Moreira da, 226
Fontes, Olavo, 250
Frade, Wilson, 290
França Júnior, Oswaldo, 278
Franco, Francisco, 127
Franco, Virgílio Melo, 133
Freitas, Newton, 29, 101, 333
Freyre, Gilberto, 267, 304

Galotti, Antonio, 340
Garbo, Greta, 142, 171
García Márquez, Gabriel, 389
Garcia, Irineu, 281, 283, 390
Garcia, Marcelo, 208, 241
Garcia, Othon Moacyr, 324
Garcia, Sílvio, 314
Goethe, Johann Wolfgang von, 233, 385
Góis, Carlos, 284
Gomes, Eugênio, 233
Gomes, Pedro, 78-9, 81-4, 110, 175, 205, 228, 242
Gonçalves, Dercy, 344
Gondim, Hugo Gouthier de Oliveira *ver* Gouthier, Hugo
Goulart, João, 181, 245
Gouthier, Hugo, 28, 33, 39, 44, 48, 56-7, 60, 71, 80, 87, 97, 99-100, 110, 133, 135, 141, 155, 173, 175, 188-90, 220
Gouthier, Laís, 32, 50, 92, 133, 139, 141
Grauman, Walter, 251
Green, Julien, 95
Gregory, padre, 190
Grilo, Heitor, 341
Guimarães, Josué, 271
Guimarães, Júlio Vito, 81
Guimarães, Maria Urbana, 81, 222, 285, 299, 344, 368
Guimarães, Vicente, 182
Gurjão, Cristina, 303, 308, 390
Gusmão, Oswaldo Herbster de, 86, 200, 265

Haberly, David T., 295
Havilland, Olivia de, 251
"Heitor" *ver* Moraes, Vinicius de

Hemingway, Ernest, 250
Heupel, Carl, 297
Hirszman, Leon, 270
Ho Chi Minh, 385
Holanda, Nestor de, 221
Horta, Arnaldo Pedroso d', 210
Houaiss, Antônio, 220, 235, 323-4, 359
Husák, Gustáv, 381

Iglésias, Francisco, 33, 49-50, 231
Ionesco, Eugène, 125, 136, 154

Jango *ver* Goulart, João
Janot, Mozart, 157-8, 178, 316, 349
Jerônimo, padre, 60
Jordan, André Spitzman, 271, 275
Jordão, Vera Pacheco, 282, 292
José, Paulo, 270

Kandinsky, Wassily, 32
Kepeller, Pedro Jack, 235
Klee, Paul, 32
Kubitschek, Juscelino, 28, 31, 123, 135, 150, 201, 206, 208, 220, 244, 296
Kubitschek, Sara, 180

Lacerda, Carlos, 107, 146, 200-1, 209, 211-2, 218-9, 230, 235, 243, 275, 296, 353
Lacerda, Jorge, 133
Lacerda, Sérgio, 209, 212, 216, 251
Lara Resende, André, 30, 33, 41, 53, 57, 102, 119, 125, 135, 142, 155, 162, 188, 204, 222, 238, 263, 269, 273, 289, 302, 305, 311, 331, 335, 390, 393

Lara Resende, Antônio de, 73, 80-1, 116, 132, 138, 153, 170, 231, 384
Lara Resende, Bruno, 30, 57, 102, 119, 125, 129, 135, 142, 155, 161, 204, 238, 269, 273, 289, 305, 311, 393, 395
Lara Resende, Cristiana, 30, 49, 51, 57, 70-1, 75, 102, 116, 119, 125, 142, 155, 179, 187, 204, 208, 222, 229, 249, 273, 289, 311, 393, 395
Lara Resende, Fernando, 31-3, 35, 47, 58, 61-2, 80, 84-5, 97, 112, 139, 153, 180, 184, 187, 206
Lara Resende, Gilberto, 81, 138, 242, 384
Lara Resende, Helena (esposa), 30, 41, 45-6, 50, 58-60, 64-5, 67, 70, 75, 77, 81-2, 88, 92, 94, 96, 99, 102, 104, 108, 114, 116, 118-9, 124-5, 133-5, 137-9, 144, 150, 155, 160-3, 166-9, 171-3, 175-7, 180-1, 183, 187-90, 193, 197, 199, 207, 215, 218, 229, 235-6, 240-1, 246, 248-9, 253, 255-6, 258, 267, 269-70, 272-3, 275, 277, 279, 283, 285, 287, 289, 296, 298-9, 305, 307, 310-2, 315-7, 319-21, 325, 328-9, 331, 335-6, 338-9, 341, 345, 351-2, 355, 359, 363, 365-8, 371-3, 377, 379, 385-6, 388
Lara Resende, Helena (filha), 289, 293, 331, 336, 345, 350, 352, 355, 378-9
Lara Resende, Luís, 204, 212, 264, 266, 274, 287, 311, 343, 395
Leal, Cláudio Murilo, 282-3, 285, 349
Lemos, Plínio, 300

Lênin, Vladimir, 385
Lima, Alceu Amoroso ver Athayde, Tristão de
Lima, Eloi Heraldo, 44, 71, 72, 199, 302, 305, 355
Lima, Everaldo D. de, 233
Lima, Francisco Negrão de, 79
Lima, Luís Costa, 324
Lima, Paula ver Paula Lima, Francisco Pontes de
Lima, Ruy Machado, 242
Lins, Álvaro, 162, 179, 185, 202, 310
Lins, Ivan, 204
Lins, José Luís de Magalhães, 198, 209, 215, 219-24, 229-31, 233, 238, 246, 249, 251, 253, 292, 304, 309, 325, 336, 340
Lins, Osman, 350, 365
Lispector, Clarice, 29, 31, 47, 79, 146, 232, 291, 345, 358, 360
Loanda, Fernando Ferreira de, 240
Lobato, Monteiro, 143, 372
Lollobrigida, Gina, 290
Longo, Pascoal, 75, 81
Longras, Raul, 344
Lopes, Fernando, 9
Lopes, Mauro Borja, 42, 47, 62
Loren, Sophia, 139
Lott, Henrique Duffles Teixeira, 135, 137, 171, 175, 181, 186
Lualdi, Antonella, 139
Lyra, Carlos, 373

Macedo, Benedito, 96, 102-3, 124, 131, 134, 140, 177, 295
Mafra, Léa, 219
Magaldi, Sábato, 249
Magalhães Jr., Raimundo, 253
Magalhães, Bernardo, 175

Magalhães, Juracy, 238
Magalhães, Raphael de Almeida, 209, 216
Malenkov, Geórgiy, 38
Malraux, André, 145, 194
Mamede, Jurandir Bizarria, 244
Mangabeira, João, 204
Manuel, o Venturoso, d., 10
"Marechal" ver Távora, Juarez
Maria, Antônio, 231
Marinho, Roberto, 145
Mariz, Vasco, 388
Martins, Hélcio, 324
Martins, Justino, 388
Martins, Wilson, 33, 35, 324
Marx, Karl, 385
Marzo, Claudio, 270
Mastroianni, Marcello, 64
Mata-Machado, Edgar de Godói da, 203
Matos, Marco Aurélio de Moura, 35, 41, 47, 62, 68-9, 99, 109, 121, 170, 207, 217, 238, 278, 307, 355, 366, 380, 386, 389, 395
Maupassant, Guy de, 145
Mauriac, François, 347
Médici, Emílio Garrastazu, 355
Meira, Mauritônio, 358
Meireles, Cecília, 251, 341-2, 362-3, 370, 372, 380, 382-3
Melo Filho, Murilo, 183
Melo Neto, João Cabral de, 66, 77, 104, 267, 269, 277, 280, 288, 300, 321, 349, 358, 376-7
Mendes, Murilo, 183-4, 291, 319, 349, 370, 372, 383-5
Mendonça, Renato, 60
Merquior, José Guilherme, 359
Mesquita Filho, Júlio de, 358

Mesquita, Alfredo, 241
Mesquita, Duque de, 242
Mesquita, Henrique, 27, 49
Meyer-Clason, Curt, 269
Miller, Henry, 12, 273
Monteiro, Góis, 120, 133
Montello, Josué, 77, 349
Moraes, Eneida de, 198
Moraes, Lauro Escorel de, 99
Moraes, Suzana de, 230, 245, 247
Moraes, Tati de, 47, 247
Moraes, Vinicius de, 22, 29, 41, 47-8, 101, 107, 207, 226, 228-9, 234, 236-8, 251-2, 255-6, 265, 269, 272, 275-6, 280-1, 287, 296, 302-8, 315-8, 320, 349, 361, 367, 390, 394
Morais, José, 77
Morais, Prudente de (neto), 47
Moravia, Alberto, 52
Moreira, Sandro, 254
Moreira, Thiers M., 135, 217
Moreyra, Alvaro, 231-2
Morgan, Michèle, 148
Motta, Nelson, 365
Moura, Emílio, 57, 65, 383
Mourão, Rui, 347
Mourão-Ferreira, David, 272

Nabokov, Vladimir, 332
Nabuco, Joaquim, 400
Namora, Fernando, 270
Navarra, Rubem, 133
Negreiros, Almada, 358
Nietzsche, Friedrich, 385
Nogueira, Armando, 47, 62, 200, 214, 220, 223-4, 229, 242, 254, 257, 286, 292-4, 299, 305, 311, 315, 328, 339-40, 351, 384
Nogueira, Djalma, 242

Nogueira, Paulo, 316, 349
Noronha, Hildegardo, 339

O'Neill, Alexandre, 120, 135, 148-9, 183, 185, 191, 307
Olinto, Antônio, 276, 349, 356
Oliveira Neto, Luiz Camilo de, 104, 295
Oliveira, José Aparecido de, 199-200, 208, 225, 231, 244, 355
Oliveira, José Auto de, 295
Oliveira, José Carlos, 200, 223, 231, 238, 265, 269, 279, 281, 313, 379
Oliveira, José Osório de, 362, 382
Oliveira, José Ribamar Franklin de, 359
Olympio, José, 35, 47, 89, 120, 166, 210, 221, 227, 253
Orico, Vanja, 44
Orwell, George, 120
Osório, Antônio Carlos, 338, 357
Otero, Léo Godoy, 89
Ovalle, Jayme, 37, 63, 86, 121, 133, 295, 300, 335, 346, 360

Pádua, João de Lima, 201, 207, 235
Paim, Alina, 253
Palmeira, Ruy, 81
Patiño, Antenor, 291, 365
Paula Lima, Francisco Pontes de, 59
Paula, Aluísio de, 228, 247
Pedro II, d., 204
Pedrosa, Mário, 48, 62, 120, 291, 302, 304, 312
Pedrosa, Vera, 62
Peixoto, Floriano, 204
Pelé, 136
Pellegrino, Assunta, 355
Pellegrino, Braz, 355

Pellegrino, Hélio, 11, 13, 21, 31-2, 34, 37, 44, 49-50, 58, 62-3, 68-9, 71, 78, 101, 118, 120, 124, 127, 136, 152-3, 159, 162, 199, 203-4, 209, 213, 222, 226, 238, 245, 249, 253, 256, 264, 266, 268, 276, 279, 283, 286, 291, 293, 298-9, 305-7, 312-3, 318, 344, 346, 348-9, 355, 359, 361, 363, 365-6, 368, 371, 373-5, 377, 379-81, 383-5, 387, 389, 395-7
Pellegrino, Maria Clara, 365, 389
Pena, Cornélio, 133
Penido, Basílio, Dom, 150
Penna, Meira, 99, 164, 173
Peralva, Osvaldo, 306
Pereira, Gonçalves, 265, 370
Pereira, Stella Batista, 96, 101, 117, 122, 135, 139, 155, 160
Pinheiro Filho, João, 133
Pinheiro, Israel, 99, 123, 129, 144, 152, 164-6, 175, 191, 193, 199, 235, 238
Pinheiro, João, 208
Pinheiro, Paulo, 133
Pinto, Bilac, 81
Pinto, José de Magalhães, 199, 209, 220, 234, 243
Pinto, Sobral, 300
Pinto, Sousa, 135, 185, 187, 191, 263, 267, 271, 281-2, 284, 293, 297, 300, 310, 314, 316
Pio XII, papa, 86
Pires, José Cardoso, 358, 365
Pitanguy, Ivo, 207
Pittman, Eliana, 207
Poe, Edgar Allan, 145
Ponte Preta, Stanislaw, 281
Portela, Eduardo, 360

Porto, Sérgio, 89, 100, 234, 281, 301
Proust, Marcel, 36, 145, 235

Quadros, Gabriel, 31
Quadros, Jânio, 31, 122, 135, 137, 150, 171, 175, 181, 183, 186, 208
Queiroz, José Augusto, 136
Queiroz, Rachel de, 233, 295, 306

Ramos, Graciliano, 51, 347
Rangel, Lúcio, 226
Rebelo, Marques, 202, 304
Rego, Alceu Marinho, 133
Rego, José Lins do, 34, 133, 253, 346
Rego, Pedro da Costa, 91, 119, 133
Ribeiro, Aluísio Clark, 335
Ribeiro, Carlos, 198, 210
Ribeiro, Darcy, 247
Ribeiro, Ivan, 253
Rio Branco, Barão do, 400
Rocha, Glauber, 217
Rocha, Nelita Abreu, 229, 275, 287, 373
Rodrigues, Evágrio, 360
Rodrigues, Jatir de Almeida, 204, 219
Rodrigues, Márcia, 276
Rodrigues, Nelson, 216, 230, 373
Rosa, João Guimarães, 35, 151, 210, 230, 246, 253-4, 268-70, 276
Rozemburgo, Regina, 287
Rubião, Murilo, 19, 28, 40, 66, 77, 127, 175, 184, 270, 357

Sabino, Antônio Tavares, 154, 174, 198
Sabino, Bernardo, 212, 271
Sabino, Domingos, 101, 375
Sabino, Eliana Valladares, 43, 46, 121, 131, 138, 174, 211, 271

Sabino, Gerson, 48, 67, 85, 93, 115, 121, 128, 132, 141, 148, 154, 174, 177, 185, 236, 294, 319, 321, 399
Sabino, Leonora, 174, 211, 271, 294-5
Sabino, Mariana, 271
Sabino, Odete Tavares, 67, 223
Sabino, Pedro Valladares, 32, 38, 59, 67, 80, 88, 91, 110, 211, 223, 235, 249
Sabino, Verônica, 204, 212, 226, 271, 288
Sabino, Virgínia Valladares, 50, 211, 238, 271, 287, 294, 347
Salazar, António de Oliveira, 127, 337
Santos, João Maria dos, 75, 80
Santos, Max da Costa, 200
Santos, Roberto, 270
Saraiva, Arnaldo, 362, 370, 382, 385
Sarraute, Nathalie, 151
Sartre, Jean-Paul, 350
Scheler, Max, 145
Schell, Maria, 64
Schmidt, Augusto Frederico, 74, 76, 171, 198, 234, 236, 251, 271, 295, 300, 359, 387
Segall, Lasar, 133
Seljan, Zora, 356
Serpa, Jorge, 234
Shakespeare, William, 24, 99, 145, 235
Sica, Carlos Joviano, 264-5
Silva, Aguinaldo, 353
Silva, Celso Sousa e, 220, 284, 334
Silva, Luís Gonzaga Nascimento, 390
Silva, Osny, 358
Silveira, Ênio, 201
Simenon, Georges, 42
Simões, Gaspar, 346

Simon, Michel, 279, 284-5, 385
Slesser, Malcolm, 349, 350
Soares, Ilka, 287
Sousa, Pompeu de, 240-1, 247
Souza, Cláudio de Mello e, 200, 205, 382
Staël, Madame, 269
Stendhal, 145
Stevenson, Robert Louis, 145
Sued, Ibrahim, 85, 290

Tate, Sharon, 378, 385
Távora, Juarez, 31, 34, 43, 122, 125, 128, 130-5, 137-9, 143, 150, 171, 201, 225, 233-4
Tchekhov, Anton, 145
Teffè, Antonio de, 165
Teixeira, Lucy, 40, 48, 53-6, 59, 62, 70, 75, 80-1, 86-8, 92, 101, 104, 125, 151, 175, 187
Thormes, Jacintho de, 162
Thyrso, Octávio, 357
Tolipan, Daniel, 217, 222
Tolipan, Hélio, 217
Tolstói, Liev, 145
Torquato Neto, 389
Trevisan, Dalton, 46, 60, 72, 105, 154, 166, 193, 233, 252, 275, 277, 291, 308, 335, 354
Twain, Mark, 145

Vailland, Roger, 52
Valente, Eliane, 61
Valente, Maury Gurgel, 29, 79
Valente, Mozart Gurgel, 29, 33, 43-4, 49, 56, 61, 68-9, 71, 78-80, 83, 204, 210, 220, 254-5
Valéry, Paul, 314
Valladares, Benedito, 135, 223
Valladares, Helena, 32, 34, 107, 201
Valle Junior, Henrique, 274, 299, 309
Vargas, Getúlio, 133, 215
Vasconcelos, Marcos de, 215, 234, 387
Vasconcelos, Sílvio de, 203
Veiga, Carmen Mairink, 223
Veiga, Tony Mairink, 223
Verissimo, Erico, 128, 134, 136, 284
Viana, Alfredo, 213, 234
Viana, Melo, 133, 254
Villa-Lobos, Heitor, 86, 136
Visconti, Luchino, 64

Wainer, Samuel, 202, 230
Woolf, Virginia, 198

Zahar, Jorge, 265
Zarur, Alziro, 234
Zico *ver* Freitas, Newton
Ziembinski, 230
Ziraldo, 231, 269, 274

ESTA OBRA FOI COMPOSTA PELA SPRESS E
IMPRESSA EM OFSETE PELA RR DONNELLEY
SOBRE PAPEL PÓLEN SOFT DA SUZANO PAPEL
E CELULOSE PARA A EDITORA SCHWARCZ EM
NOVEMBRO DE 2011.